Ingolfur Blühdorn

mit Beiträgen von Felix Butzlaff, Michael Deflorian,
Daniel Hausknost und Mirijam Mock

Nachhaltige Nicht-Nachhaltigkeit

X-Texte zu Kultur und Gesellschaft

Ingolfur Blühdorn
Nachhaltige Nicht-Nachhaltigkeit
Warum die ökologische Transformation
der Gesellschaft nicht stattfindet

mit Beiträgen von Felix Butzlaff, Michael Deflorian,
Daniel Hausknost und Mirijam Mock

[transcript]

Bibliografische Information der Deutschen Nationalbibliothek

Die Deutsche Nationalbibliothek verzeichnet diese Publikation in der Deutschen Nationalbibliografie; detaillierte bibliografische Daten sind im Internet über http://dnb.d-nb.de abrufbar.

© 2020 transcript Verlag, Bielefeld
2., aktualisierte Auflage

Alle Rechte vorbehalten. Die Verwertung der Texte und Bilder ist ohne Zustimmung des Verlages urheberrechtswidrig und strafbar. Das gilt auch für Vervielfältigungen, Übersetzungen, Mikroverfilmungen und für die Verarbeitung mit elektronischen Systemen.

Umschlaggestaltung: Maria Arndt, Bielefeld
Umschlagabbildung: »Plastic bottles at landfill«, aryfahmed / fotolia.com
Korrektorat: Dennis Schmidt
Satz: Francisco Bragança, Bielefeld
Druck: Majuskel Medienproduktion GmbH, Wetzlar
Print-ISBN 978-3-8376-5442-4
PDF-ISBN 978-3-8394-5442-8
https://doi.org/10.14361/9783839454428

Gedruckt auf alterungsbeständigem Papier mit chlorfrei gebleichtem Zellstoff.
Besuchen Sie uns im Internet: *https://www.transcript-verlag.de*
Unsere aktuelle Vorschau finden Sie unter
www.transcript-verlag.de/vorschau-download

Inhalt

Ingolfur Blühdorn
Im Zeichen des Virus
Vorwort zur zweiten Auflage 9
Repolitisierung | Hoffnungserzählungen | Simulative Politik |
Sehnsucht nach Normalität | Soziologie der Nicht-Nachhaltigkeit

Am Anfang 27

Ingolfur Blühdorn
Haben wir es gewollt?
Vorüberlegung 31

Ingolfur Blühdorn
Kein gutes Leben für Alle!
Annäherung an einen Paradigmenwechsel 47
Der *singuläre Moment* und seine Vorgeschichte | Zivilgesellschaft, Staat
und Parteien | Vernunft, Mündigkeit und Verantwortung |
Ein sozialwissenschaftlicher Perspektivenwechsel

Ingolfur Blühdorn
Die Gesellschaft der Nicht-Nachhaltigkeit
Skizze einer umweltsoziologischen Gegenwartsdiagnose 83
Erfolg und Scheitern des Nachhaltigkeitsparadigmas | Neue
Entschlossenheit? | Unsere Freiheit, unsere Werte, unser Lebensstil |
Das nicht-nachhaltige Ich | Zwischenbilanz | Politik der Nicht-
Nachhaltigkeit

Daniel Hausknost
Die gläserne Decke der Transformation
Strukturelle Blockaden im demokratischen Staat 161
Die Unmöglichkeit eines Nachhaltigkeits-Imperativs |
Lebensweltliche Nachhaltigkeit und systemische
Nicht-Nachhaltigkeit | Die soziale Konstruktion der gläsernen Decke
der Transformation | Mögliche Zukünfte

Felix Butzlaff
Der Verlust des Gestaltungsanspruchs
Über Parteien als programmatische Avantgarde einer
gesellschaftlichen Transformation 191
Gestaltungsfähigkeit und Willensbildungsaufgaben |
Steuerungsansprüche und Innenorientierung – Aufgaben von
Programmprozessen und politischen Zieldiskussionen | Umwelt,
Klima und Nachhaltigkeit in Parteiprogrammen | Sind Parteien noch
Schools of Democracy? Zukünftige Forschungsaufgaben

Michael Deflorian
Transformative Bewegungen?
Nischenaktivismus zwischen Management und Überwindung
der sozial-ökologischen Krise 223
Neue soziale Bewegungen und das *Vorher-bilden* einer alternativen
Gesellschaft | Die spätmoderne Gesellschaft und das flüchtig-
flüssige Ich | Das *Immer-wieder-bilden* eines autonomen und
integrierten Selbst | Denkblockaden und Forschungsaufgaben

Mirijam Mock
Verantwortliches Individuum?
Die (Un-)Haltbarkeit der Erzählung von
der Konsument*innenverantwortung 245
Grüne Konsument*innen – die *schlafenden Riesen*? | Zur Problematik
der Erzählung der Konsument*innenverantwortung | Interventionen
in nicht-nachhaltige Konsumpraktiken? | Gesellschaftstheoretische
Annahmen ernst nehmen

Felix Butzlaff
Transformation durch Demokratisierung?
Wertewandel und neue Konfliktlinien 273
Der Wandel des Wertewandels hat schon begonnen | Identitäre
Sehnsucht und neue Ängste | Exklusionsbestrebungen und neue
Gemeinschaften | Denkblockaden und Forschungsaufgaben |

Ingolfur Blühdorn
Demokratie der Nicht-Nachhaltigkeit
Begehung eines umweltsoziologischen Minenfeldes 303
Entzauberung und *anti-demokratisches Gefühl* | Dialektik der
Demokratie | Dysfunktionalität und Metamorphose | Metakritik
und Systemaffirmation

Autoren und Autorinnen 345

Im Zeichen des Virus
Vorwort zur zweiten Auflage

Ingolfur Blühdorn

Wenn bereits wenige Wochen nach der Erstveröffentlichung eines Buches eine zweite Auflage vorbereitet wird, kommt man als Autor normalerweise nicht auf den Gedanken, schon ein aktualisierendes Vorwort ergänzen zu wollen. Für wissenschaftliche Bücher gilt dies umso mehr, denn selbst wenn sie zeitdiagnostischen Charakter haben, erheben sie den Anspruch, in ihren Diagnosen und Analysen solide begründet und längerfristig gültig zu sein. Ein aktualisierendes Vorwort erweckt da leicht den Eindruck, man habe bereits das Bedürfnis nachzujustieren, und das wiederum weckt Zweifel an der wissenschaftlichen Haltbarkeit des zuvor Festgestellten. Im Zeichen der Corona-Pandemie jedoch ist alles anders; und in diesem Vorwort zur zweiten Auflage der *Nachhaltigen Nicht-Nachhaltigkeit* geht es auch nicht um Nachjustieren oder Korrektur. Vielmehr hat das Virus eine höchst außergewöhnliche Situation geschaffen, die die Diagnosen dieses Buches noch einmal aktueller macht. Sie unterstreicht erneut die große Bedeutung der Agenda, die das Buch verfolgt, und sie erhebt ein neues Vorwort – nicht wissenschaftlich, aber politisch – geradezu zur Notwendigkeit.

2019 war ein Jahr klimapolitischer Mobilisierung, die kaum größer hätte sein können. Verheerende Hitzewellen und Dürreperioden, riesige Waldbrände in Brasilien, Kanada, Sibirien, Grönland und zuletzt die katastrophalen Brände in Australien machten das Klimathema aktueller als jemals zuvor und hielten es konstant in den Schlagzeilen der medialen Berichterstattung. Greta Thunberg und ihre Fridays for Future-Bewegung politisierten unzählige Schüler*innen und Jugendliche, denen noch gerade nachgesagt worden war, politisch desinteressiert und apathisch zu sein. Die jungen Aktivist*innen fanden schneller denn je und bis an die höchsten politischen Stellen Gehör. Sie gingen hart mit der Generation ihrer Eltern ins Gericht, deren *neue soziale Bewegungen* das Umwelt-, Klima- und Nachhaltigkeitsthema zwar einst auf die politische Tagesordnung gebracht, die dann aber durch ihre konsumorientierten Lebensstile und ihre zögerliche Politik den folgenden Generationen die Zukunft verheizt hatten. Von der Politik forderte die neue Bewegung jetzt, dass sie die Erkenntnisse und Empfehlungen der Klimawissenschaft unverzüglich und strikt umsetzen müsse, und verbreitet weckte sie große Hoffnungen, dass es mit der großen sozialökologischen Transformation, die Umweltbewegungen bereits seit den 1970er Jahren dringend gefordert hatten, nun endlich einen großen Schritt vorangehen würde.

Während der Arbeit an diesem Buch haben auch wir uns immer wieder gefragt, ob diese überwältigende Mobilisierung und Politisierung, die zuletzt sogar dazu führte, dass das Europäische Parlament im November den Klimanotstand ausrief, vielleicht doch die nachhaltige Nicht-Nachhaltigkeit aufbrechen würde. Wir haben auf die transformative Energie der Bewegung gehofft, auch wenn wir aus sozialwissenschaftlicher Sicht an die verbreiteten Hoffnungsnarrative nicht glauben konnten. Gegen Ende des Jahres erschien die neue Klimabewegung dann etwas erschöpft – tief enttäuscht von dem UN Klimagipfel in Madrid, und auch festgefahren in einer unglücklichen Polarisierung zwischen ihren Unterstützer*innen und polemisch-aggressiven Gegenbewegungen, deren Formierung sie selbst provoziert hatte. Es fehlte eine strategische Perspektive, und Beobachter*innen beschlich das Gefühl, dass der Mobilisierungszyklus sich seinem Ende zuneigte, ohne dass in der konkreten Politik schon wirklich Nennenswertes erreicht worden wäre – bis unvermittelt ein Notstand ganz anderer Art hereinbrach, der das Klimathema völlig überlagerte und die Mobilisierung, nicht zuletzt im *social distancing*, zunächst weitgehend erstickte.

Doch obwohl dieser neue Notstand der Corona-Pandemie das Klima- und Nachhaltigkeitsthema tatsächlich auch längerfristig marginalisieren und verdrängen könnte, weil die Priorität nun nicht mehr bei Fragen der mittelfristigen Zukunft, sondern gesundheitspolitisch wie auch ökonomisch bei den Dringlichkeiten der unmittelbaren Gegenwart liegt, rückt er andererseits in völlig neuer Weise Dinge ins Zentrum, die auch für die Nachhaltigkeitsforschung und Klimabewegungen einen hohen Stellenwert haben. Die Corona-Krise macht zwar nichts grundsätzlich Neues sichtbar, sie ruft aber Bekanntes brutal in Erinnerung – wie etwa die soziale Zerstörungskraft des Neoliberalismus oder die Tatsache, dass die am wenigsten privilegierten sozialen Gruppen immer am stärksten von Krisen betroffen sind. Sie beleuchtet diese Dinge aus einer anderen Perspektive, setzt sie in einen anderen Kontext und schafft mit der radikalen Denormalisierung der alltäglichen Praxis und gesellschaftlichen Verhältnisse in der Tat eine Chance zu wirklich transformativer Repolitisierung.

Denn es könnte sein, dass das Corona-Virus die Nachhaltigkeitsdebatte und den Transformationsdiskurs, denen bisher – und das gilt auch für Fridays for Future – immer noch etwas Abstraktes und Bildungsbürgerlich-Elitäres anhaftete, geradezu gewaltsam erdet und in eine für alle nachvollziehbar *soziale* Frage übersetzt. Sie rückt gerade die prekären und flexibilisierten Unterschichten – sowie auch die ältere Generation – ins Zentrum, und schafft Raum für neue Koalitionen, die die bestehende Ordnung der Nicht-Nachhaltigkeit – inklusive der gesellschaftlichen Spaltung, die sie stabilisiert – aus den Angeln heben könnten. Solche Koalitionen sind der einzige Weg für eine demokratische Transformation zur Nachhaltigkeit. Für ihre Herausbildung zeichnete sich bisher aber keine realistische Perspektive ab, trotz der vielfältigen Postwachstumsbewegungen, Fridays for Future, des europäischen Klimanotstandes, der ungezählten sozial-ökologischen Nischeninitiativen und des von so vielen gesellschaftlichen Akteuren gepflegten Bekenntnisses zur Nachhaltigkeit. Überhaupt schienen moderne Gesellschaften bisher kaum steuerungsfähig. Es schien nicht möglich, Politik gegen den Markt zu machen. Dessen Imperative wurden als alternativlos dargestellt, und auch die Demokratie hatte, wie Angela Merkel es ausdrückte, *marktförmig* zu sein. Die Praktiken des Alltags schienen in mentalen und physischen Infrastrukturen so festgelegt, dass ein relevantes Ausbrechen kaum möglich erschien; und darüber hinaus schienen moderne Wertepräferenzen und Selbstverwirklichungsformen der Logik des neoliberalen Systems auch weitgehend zu entsprechen.

Doch der Corona-Notstand denormalisiert sehr vieles und stellt es neu zur Diskussion. Damit schafft er eine vielleicht einmalig günstige Gelegenheit, die grundlegende Erschütterung etlicher für unumstößlich gehaltenen Glaubenssätze, Praktiken und Prioritäten – mit neuen Akteurskoalitionen – für genau die sozial-ökologische Transformation der Gesellschaft zu nutzen, die Wissenschaftler*innen und soziale Bewegungen zwar schon seit Jahrzehnten gefordert haben, die bisher aber dennoch nicht stattgefunden hat. Ebenso ist es aber auch möglich, dass die Corona-Krise das Nachhaltigkeitsthema, das sich im Zeichen der beschleunigten Klimaerwärmung in der öffentlichen Wahrnehmung gerade einen zentralen Platz erobert hatte, wieder weitgehend verdrängt und die Politik der Nicht-Nachhaltigkeit noch einmal verfestigt. Denn die Pandemie und ihre wirtschaftlichen Folgen werden selbst die reichsten Länder der Welt aller Voraussicht nach auf Jahre hinaus schwer belasten. Sie könnten die politischen Prioritäten erneut in Richtung Wachstums- und Konsumstimulation verschieben, so dass das ohnehin nur sehr kurze Zeitfenster, das die Klimaforschung sieht, um eine katastrophale Erderwärmung noch zu vermeiden, endgültig ungenutzt bleibt.

In der Gleichzeitigkeit dieser konträren Szenarien liegt die außergewöhnliche Bedeutung der gegenwärtigen Konstellation. Es gibt keinen Determinismus, sondern tatsächlich wohl mehr Offenheit denn je. Aber wenn es gelingen soll, eine erneute Stärkung der Logik der Nicht-Nachhaltigkeit im Zeichen des Virus zu verhindern, dann ist es unbedingt nötig, über die Ursachen der bisher beeindruckend nachhaltigen Nicht-Nachhaltigkeit noch sehr viel mehr Klarheit zu bekommen. Die Gründe, warum die sozial-ökologische Transformation bisher nicht stattgefunden hat, müssen noch viel heller ausgeleuchtet werden, ebenso wie auch die Mechanismen, mit deren Hilfe die Ordnung der Nicht-Nachhaltigkeit stabilisiert und ihre sozial-ökologischen Konsequenzen gesellschaftlich verarbeitet werden. Genau hier einen Beitrag zu leisten, war von Anfang an die Zielsetzung dieses Buches. Es will damit die Grundlagen schaffen, um aus der nachhaltigen Nicht-Nachhaltigkeit vielleicht doch einmal auszubrechen. In der gegenwärtigen Lage ist das wichtiger denn je, und das verdient, an dieser Stelle noch etwas gründlicher ausgeführt zu werden.

Repolitisierung

Ein Indiz dafür, dass eine sozial-ökologische Transformation jetzt vielleicht tatsächlich möglich werden könnte, ist vor allem, dass der Corona-Notstand die Doktrin des Marktliberalismus bis in die Grundfesten erschüttert, und zwar international. Nach einer langen Phase der Entpolitisierung und Post-Politik bringt das Virus eine radikale Denormalisierung, die zu einer Neuverhandlung vieler schon lange nicht mehr zur Debatte stehenden Glaubenssätze nicht nur die Gelegenheit gibt, sondern sie geradezu erzwingt. Der Ausgang dieser Neuverhandlung ist offen, aber eine Rückkehr zum Status Quo Ante wird es sicher nicht geben. Gerade in den Vorreiterstaaten des Neoliberalismus und bei den Opfern der Spardiktate nach der Finanzkrise zeigt sich die verheerende Wirkung dieser Ideologie nun besonders deutlich. Sie wird nicht nur in der Unfähigkeit der privatisierten Gesundheitssysteme und der ausgezehrten sozialstaatlichen Infrastruktur erkennbar, die Bürger*innen angemessen vor den gesundheitlichen und ökonomischen Risiken zu schützen, sondern auch in der Auszehrung und Zerstörung der demokratischen Institutionen sowie in der – direkten oder indirekten – Machtübernahme des Rechtspopulismus, der im Zeichen der Krise vollständig versagt. Dessen Konjunktur stützte sich unter anderem auf ein neues Sicherheitsversprechen an die vielzitierten Verlierer*innen der Modernisierung, gerade auch der neoliberalen. Doch genau die gesellschaftlichen Gruppen, die von der Politik der Flexibilisierung, Deregulierung, Privatisierung und Prekarisierung am stärksten betroffen sind, sind nun auch den Belastungen und Risiken der Corona-Pandemie besonders ausgeliefert; sei es, weil sie die Notstandsmaßnahmen mit ihren Familien in beengten Wohnverhältnissen aussitzen müssen, weil sie zu jenen Berufsgruppen gehören, deren Arbeit sich nicht ins Homeoffice verlagern lässt und mit erhöhter Infektionsgefahr einhergeht, oder weil Krankenversicherung und Gesundheitsversorgung für sie einfach gar nicht zur Verfügung stehen.

Galten die Märkte noch bis vor kurzem als unantastbar, der Staat als ineffizient und inkompetent und politische Intervention in die Wirtschaft als Teufelszeug, so wird nun von allen Seiten – auch von denen, die von der deregulierten Ökonomie am meisten profitiert haben – wie selbstverständlich Schutz und Hilfe vom Staat eingefordert. Der Markt hingegen – vor allem der globalisierte und liberalisierte – erweist sich derweil statt als der angeblich beste Mechanismus zur Verteilung öffentlicher Güter und zur Sicherung des gesamtgesellschaftlichen Wohlergehens einfach nur als besonders geeigneter Mechanismus zur Bereicherung bestimmter Teile der (globalen) Gesellschaft bei gleichzeitiger Marginalisierung und Ausbeutung anderer Teile. Und wurde bisher noch davon ausgegangen, dass die Politik in funktional ausdifferenzierten Gesellschaften nur sehr eingeschränkt koordinations- und steuerungsfähig ist, erzwingt sie plötzlich Maßnahmen, die im Normalbetrieb unvorstellbar wären, die im Zeichen des Virus aber breite gesellschaftliche Unterstützung finden. Ganz selbstverständlich stellt der Staat nun die individuellen Freiheitsansprüche der Bürger*innen zurück. Im Namen des Gemeinwohls fordert er Verzicht, Selbstdisziplin, Solidarität, Einsicht und Mündigkeit ein. Die Unterscheidung zwischen privat und öffentlich wird plötzlich durchlässig, und es wird voll anerkannt, dass das Private und Privatisierte – etwa das persönliche Reise- oder Partyverhalten – in hohem Maße öffentlichkeitsrelevant und daher unbedingt politisch und zu regulieren ist. Ganze Berufsgruppen, die bisher wenig geachtet und schlecht bezahlt wurden, werden plötzlich als *systemrelevant* erkannt und als *Held*innen des Alltags* gefeiert. Nicht nur im Pflegesektor sondern auch in der Landwirtschaft wird plötzlich die Abhängigkeit von ausländischen Billigkräften thematisiert. Sogar die globalisierte Arbeitsteilung, die endlosen Zuliefer- und Transportketten sowie der internationale Massentourismus stehen zur Diskussion. Und verantwortliche Regierungen tun im Zeichen des Virus genau das, was sie Umweltaktivist*innen wie Greta Thunberg und Fridays for Future sonst gern als Panikmache und Hysterie vorwerfen: Sie malen Horrorszenarien an die Wand, um die Bürger*innen zu Verhaltensänderungen zu bewegen, die anders kaum zu erreichen sind. Was im Klimanotstand eben noch unangemessen und unmöglich erschien, ist im Corona-Notstand offenbar plötzlich legitim und notwendig. Klarer denn je wird damit: Bei der zögerlichen Umwelt- und Klimapolitik ging es entgegen aller anderslautenden Bekenntnisse all die Jahre nie wirklich um *nicht können*, sondern ganz wesentlich auch um *nicht wollen*, also um gegenläufige Präferenzen und Prioritäten. Ist diese Erkenntnis nicht ein Trumpf in der Hand der Klimabewegung?

Hoffnungserzählungen

Diese Repolitisierung könnte tatsächlich transformativ wirken, und entsprechend haben jetzt wieder überall Hoffnungsnarrative Konjunktur. Sie setzen unmittelbar da an, wo das Feuilleton und aktivistische Nachhaltigkeitsforscher*innen aufgehört hatten, als sie die Erfolge – die erreichten und die erwarteten – von Greta Thunberg und Fridays for Future feierten. Viele wollen jetzt positiv sein, Mut machen, sich konstruktiv zeigen, praktikable Lösungen anbieten, Forschungsgelder akquirieren, Unterstützung mobilisieren – und vor allem auf gar keinen Fall pessimistisch erscheinen. All das ist in Situationen der akuten Krise in der Tat essentiell, führt aber auch leicht dazu, dass der klare Blick auf die empirischen Realitäten verloren geht: »Wir sehen, wie die Welt zusammenkommen kann, um gemeinsam gegen eine globale Bedrohung vorzugehen und um die Verletzlichen unter uns zu schützen«, heißt es etwa in einer Stellungnahme von Greenpeace. »Harnessing a new sense of solidarity, citizens of states and cities will rise to face the enormous challenges ahead such as climate change and transforming our era of historic inequality into one of economic inclusion«, schreibt ein Professor für Politikwissenschaft von der Harvard University.

Ganz in diesem Sinne wird nun mehr Wertschätzung für die jetzt als *systemrelevant* eingestuften Berufe in Aussicht gestellt, ebenso wie für die meist von Frauen und oft unbezahlt geleistete Fürsorge- und Pflegearbeit. Die Dominanz des individual-wettbewerblichen, postgesellschaftlichen Denkens sei an ihr Ende gekommen. Von der Rückkehr der Gesellschaft jenseits von Differenzierung, Fragmentierung und Singularisierung ist die Rede. Die Rekonfiguration beschleunigter und sozial-ökologisch auszehrender Lebensweisen wird vorhergesehen. Eine Abwendung vom Massenkonsum und die Rückbesinnung auf das Einfache und Wesentliche, auf *verschüttete Werte*, seien nun denkbar. Der Abschied von der Marktgesellschaft und die Überwindung von gesellschaftlicher Spaltung und Polarisierung seien möglich, und die Solidarität habe eine ganz neue Zukunft. Massive Investitionen in öffentliche Infrastruktur, Versorgungssysteme und einen neuen *Vorsorgestaat* werden erwartet. Eine grundlegende Aufwertung der Politik gegenüber dem Markt, von wissenschaftlichen *facts* gegenüber populistischem *fake*, und des Öffentlichen gegenüber dem Privaten zeichne sich ab. Als *heilsamer Schock* werde die Pandemie wirken. Das Vertrauen in politische Institutionen werde zurückkehren. Der Multilateralismus und die internationale Zusammenarbeit würden wieder gestärkt. Eine gewisse Deglobalisierung, Entdifferenzierung der internationalen Arbeitsteilung, mehr Eigenständigkeit der nationalen Wirtschaften sowie eine Regionalisierung der Produktion und Märkte seien wahrscheinlich; und vor allem ein Ende der neoliberalen Hybris, dass man aus der Gemeinschaft aussteigen, sich entsprechender Verantwortlichkeiten entledigen und sich so neue Freiräume für ein gutes Leben erschließen könne.

All das war in den unzähligen Titelgeschichten, Dossiers und Sonderbeilagen der verschiedenen Zeitungen und Magazine, in denen gerade in den ersten Wochen der Corona-Krise fast jede*r von Rang und

Namen Orientierung gab, überreichlich zu lesen. In der Summe klang das nach der umfassenden Abkehr von praktisch allem, was in diesem Buch als charakteristisch für die *Gesellschaft der Nicht-Nachhaltigkeit* beschrieben ist, nach einer radikalen Umkehrung des nachhaltigkeitspolitischen *Paradigmenwechsels*, der spätestens mit der Wahl von Donald Trump unübersehbar geworden ist. Eine alte Welt sei im Zeichen des Corona-Virus an ihr Ende gekommen, und eine neue werde sich nun entfalten.

Die Sehnsucht, dass all dies wahr werden möge, ist groß; die Bereitschaft, derartigen Prophezeiungen zu folgen, ebenfalls. Mit Blick auf die Nachhaltigkeitswende wäre all dies ein Geschenk. Die Gelegenheit für eine sozial-ökologische Transformation scheint gigantisch. Und zumindest einige dieser Hoffnungen sind sicher auch nicht gänzlich unbegründet. Aber Zweifel sind unbedingt angebracht. Warum sollte die Transformation gerade jetzt gelingen? Was ist mit Corona sichtbar geworden, das nicht auch vorher schon gründlich dokumentiert, erforscht und publiziert worden wäre? Was genau ist jetzt so grundlegend anders, dass es diese transformative Kraft entfalten könnte? Die zerstörerischen Folgen des Neoliberalismus waren doch längst bekannt. Ähnlich wie beim Klimawandel liegen umfassende und belastbare Daten seit langem vor, und die Analysen ihrer Implikationen sowie der absehbaren Entwicklungstrends ebenfalls. Zudem ist die Corona-Pandemie nach der Banken-, Finanz- und Eurokrise ab 2008, der Flüchtlingskrise ab 2015 und der Klimakrise, die zumindest in der gesellschaftlichen Wahrnehmung 2019 einen vorläufigen Höhepunkt erreichte, innerhalb weniger Jahre bereits die vierte wesentliche Krise, die unsere Gesellschaften erschüttert. Jedes Mal war da von den katastrophalen Konsequenzen und dem Ende des Neoliberalismus die Rede, vom bevorstehenden Zusammenbruch des Kapitalismus und vom notwendigen Übergang zur demokratischen Postwachstumsgesellschaft. Immer wurde das radikale Umdenken und der gesellschaftliche Wertewandel beschworen, und die präfigurative Politik der Pionier*innen des Wandels, die die sozial-ökologische Transformation bereits einleiten würden. Ungezählte Studien beleuchteten das neue *commoning*, die wiedergefundene Solidarität, das *capacity building* für die große Transformation und Experimente mit neuen Praktiken der Nachhaltigkeit – ganz zu schweigen von all den technologischen Innovationen, die diesen Kulturwandel erleichtern und beschleunigen sollten. Aber nichts davon hat die Logik der Nicht-Nachhaltigkeit aus den Angeln gehoben. Warum also sollte das gerade jetzt gelingen?

Womöglich helfen die stetig erneuerten Hoffnungsnarrative vor allem darüber hinweg, dass es bisher weder angesichts der sozial-ökologischen Zerstörungskraft des neoliberalen Konsumkapitalismus noch angesichts des illiberalen und demokratiefeindlichen Rechtspopulismus gelungen ist, eine Vorstellung einer alternativen Gesellschaft zu entwerfen, die tatsächlich transformative Mobilisierungskraft entwickeln und eine Aussicht auf praktische Umsetzbarkeit eröffnen könnte. An dieser Aufgabe sind Occupy Wallstreet und seine europäischen Ableger gescheitert, obwohl sie 99 Prozent der Bevölkerung gegen nur ein Prozent auf ihrer Seite sahen. Das ist bei der Flüchtlingskrise nicht gelungen, die statt einer gerechteren und solidarischen Weltgesellschaft den Weg zu ebnen, die Konjunktur des ausgrenzenden Rechtspopulismus befeuerte. Und das hat auch die neue Klimabewegung nicht geschafft, die mit ihrer wissenschafts- und staatszentrierten Fixierung auf das 1,5-Grad-Ziel nur wenig *alternativgesellschaftliche* Vorstellungskraft entwickelt hat. Immer behielt die etablierte Ordnung der Nicht-Nachhaltigkeit die Oberhand. Immer blieb sie letztlich attraktiver. Auch hier war es bezüglich der großen Transformation wohl nicht einfach eine Frage des *Nicht-Könnens*, sondern – natürlich uneingestanden – zumindest auch eine des *Nicht-Wollens*. Und auf sonderbare Weise führten diese früheren Krisen sogar immer zur Stärkung der Ordnung der Nicht-Nachhaltigkeit: Die Finanz- und Eurokrise führte mit ihrer drakonischen Austeritätspolitik zu einem nachhaltigen Rückbau der Sozialsysteme und einer massiven gesellschaftlichen Umverteilung des Reichtums von unten nach oben. Die Flüchtlingskrise schuf mit dem Rechtspopulismus einen mächtigen politischen Akteur, der seither – gegebenenfalls aus der Opposition heraus – höchst effektiv alle Bemühungen um sozialen Ausgleich und Integration, um eine Klima- und Nachhaltigkeitswende und um internationale Solidarität verhindert. Und die neue Klimabewegung um Greta Thunberg hat, ohne dies beabsichtigt und vorhergesehen zu haben, erheblich zur Verhärtung der jeweiligen Positionen sowohl bei den dringenden Befürworter*innen als auch bei radikalen Gegner*innen einer effektiven Klimapolitik beigetragen, so dass sich nun ausgerechnet marktliberale Parteien wie die deutsche FDP als Schutzschild gegen die politischen Extreme und als Retter der liberalen Demokratie inszenieren.

Vor diesem Hintergrund sind die Hoffnungserzählungen, die nun wieder angeboten werden, wirklich mit großer Skepsis zu betrachten. Sie sind ein wohlbekanntes und vorhersagbares Phänomen. Sie mögen zunächst trösten und Mut machen, sind erfahrungsgemäß aber nicht lange haltbar und werden von der praktischen Politik kaum bestätigt. Aus psychologischer Hinsicht sind diese Narrative unverzichtbar. Aus aktivistisch-mobilisierungstaktischer Perspektive vielleicht auch. Aus sozialwissenschaftlicher Perspektive aber sind sie mitunter unverantwortlich, vor allem, wenn sie den klaren Blick auf die realgesellschaftlichen Verhältnisse und die Erfahrungen früherer Krisen vernebeln. Gerade im Moment, wo es unerwartet vielleicht noch einmal ein Gelegenheitsfenster für echte Veränderungen gibt, ist es entscheidend, sich nicht erneut zu trösten und beruhigen, um dann ein weiteres Mal alles beim Alten zu belassen. Das gilt umso mehr, als die radikale Denormalisierung im Notstand eben nicht nur für ökologisch-demokratische Bewegungen ein Gelegenheitsfenster bietet, sondern auch für die weitere Verfestigung der etablierten Nicht-Nachhaltigkeit.

Simulative Politik

Entscheidend an der Corona-Pandemie und das wirklich Neue am gegenwärtigen Notstand ist, dass sie exponieren, wie fest und notwendig die Freiheitsverständnisse, Selbstverwirklichungsformen und Lebensstile, die große Teile moderner Gesellschaften für sich in Anspruch nehmen und als unverhandelbar betrachten, nicht nur *zwischen*gesellschaftlich – das hatte schon die Flüchtlingskrise deutlich gemacht – sondern auch *inner*gesellschaftlich auf der Ausbeutung, Ungleichheit und Exklusion großer sozialer Gruppen beruhen. Wenn im Corona-Notstand nun von *systemrelevanten* Berufen und Dienstleister*innen die Rede ist, die weder angemessen bezahlt noch gesellschaftlich gewürdigt werden, und die in unsicheren Anstellungsverhältnissen und unter inakzeptablen Arbeitsbedingungen ihren Lebensunterhalt verdienen müssen, dann gerät leicht aus dem Blick, dass diese Verhältnisse nicht zufällig und gleichsam *aus Versehen* entstanden sind. Der prekarisierte und flexibilisierte Niedriglohnsektor ist ebenso wie die Welt der *Ich-AGs* und jetzt bedrohten *Solo-Selbstständigen* vielmehr gezielt geschaffen worden, so wie auch der Abbau der wohlfahrtstaatlichen Sicherung systematisch betrieben worden ist. Damit sollten die Wettbewerbsfähigkeit, Profitabilität und Renditen gesichert, die Staatsausgaben gesenkt und weitere Steuererleichterungen ermöglicht werden. Das System und diejenigen, denen es zu Wohlstand und Reichtum verhilft, betreiben und schüren die Ungleichheit und Exklusion der *Systemrelevanten* also systematisch. Die sogenannte Effizienz, Produktivität und Profitabilität des Systems ist auf genau dieser Ungleichheit und Exklusion aufgebaut. Sie sind für das System und das gute Leben derer, die von ihm profitieren, konstitutiv. Unterbezahlung, Ausbeutung, Ungleichheit und Exklusion sind also nicht weniger *systemrelevant* als die Berufsgruppen, die jetzt so bezeichnet werden. Und das Gleiche gilt für die Globalisierung der Märkte, die internationale Arbeitsteilung, die Beschleunigung und die Entsolidarisierung. Schon ihre vorsichtige Korrektur, ganz zu schweigen von ihrer etwaigen Umkehrung, würde nicht nur das Wirtschaftssystem, sondern die gesamte Ordnung und Lebensweise moderner Gesellschaften auf den Kopf stellen.

Entsprechend sind die Hoffnung und das Versprechen, dass die jetzt als *Held*innen des Alltags* Titulierten in Zukunft angemessen bezahlt und ihre Arbeitsverhältnisse nennenswert verändert würden, wenig plausibel. Genau genommen ist das Bekenntnis, den *systemrelevanten* Gruppen nun eine angemessene Wertschätzung zuteilwerden zu lassen, ein Ding der Unmöglichkeit, solange moderne Gesellschaften weiterhin mit aller Entschiedenheit verteidigen, was sie gern pathetisch als *unsere Freiheit, unsere Werte und unseren Lebensstil* bezeichnen. Und ebenso unmöglich sind dann die in Aussicht gestellte neue Solidarität oder eine Entschleunigung. Denn diese Freiheit, diese Werte und dieser Lebensstil beruhen eben unverzichtbar auf dem Prinzip der Entsolidarisierung, Ausbeutung und Exklusion. Und ihre bedingungslose Verteidigung impliziert, so wie es in diesem Buch gründlich ausgeführt wird, dass *ein gutes Leben für alle* einfach nicht zur Debatte steht.

Der Corona-Notstand ist aus dieser Perspektive betrachtet weit mehr als eine Krise der öffentlichen Gesundheit; hier wird eine sozialpsychologische Pathologie viral, eine kognitive Dissonanz: Corona zerrt ans Licht und repolitisiert, was in diesem Buch als der Widerspruch zwischen *Weiter so auf keinen Fall!* und *Weiter so um jeden Preis!* thematisiert wird. Im Zeichen des Virus erleben wir den zumindest temporären Zusammenbruch der Strategien, mit denen dieser Widerspruch gesellschaftlich erträglich gehalten wird. Aus soziologischer und sozialpsychologischer Sicht müssen die nun blühenden Hoffnungsnarrative daher wohl vor allem als Bewältigungsdiskurse verstanden werden, die nicht etwa eine Transformation der Gesellschaft vorzeichnen, sondern vielmehr den Fortbestand der bestehenden Ordnung ermöglichen. Sie reagieren auf eine grundlegende Inkompatibilität zwischen sorgfältig gepflegten Selbstbeschreibungen und Selbstverständnissen moderner Gesellschaften und ihren völlig gegenläufigen aber nicht zur Diskussion stehenden Wertepräferenzen, Lebensstilen und Selbstverwirklichungsmustern.

In diesem Sinne ist der Corona-Notstand vielleicht weniger die Stunde der großen Transformation als die der symbolischen oder genauer *simulativen* Politik. In diese Kategorie fallen das Prädikat *systemrelevant*, der allabendliche Applaus für die *Held*innen des Alltags*, die einmalige Sonderzulage für bestimmte Berufsgruppen, die Handvoll Intensivbetten für Corona-Patient*innen aus dem Ausland oder die Aufnahme einiger Flüchtlingskinder aus dem überfüllten Lager auf Lesbos. Das ist aber nicht symbolische Politik im hergebrachten Sinne der strategischen Täuschung der Massen durch selbstinteressierte Eliten, sondern es ist *simulative* Politik, die eher auf kollektive Selbsttäuschung zielt, darauf, bestimmte Selbstverständnisse und Wertorientierungen praktisch erlebbar zu machen, ohne dabei die gegenläufigen aber auf keinen Fall zur Diskussion stehenden Präferenzen – eben *unsere Freiheit, unsere Werte und unseren Lebensstil* – aufgeben zu müssen. Für die Ordnung der Nicht-Nachhaltigkeit ist diese simulative Politik ebenso systemrelevant wie die jetzt in den Blick rückenden *Held*innen des Alltags* und deren systematische Unterbezahlung. Entsprechend ist sicher zu erwarten, dass der Notstand Maßnahmen wie etwa die Erhöhung der Mindestlöhne oder einen vorläufigen Stopp für den seit Jahren betriebenen Abbau angeblich überzähliger Krankenhausbetten nach sich ziehen wird. Maßnahmen, die tatsächlich die Logik der Nicht-Nachhaltigkeit suspendieren würden, sind aber sehr viel weniger wahrscheinlich.

Sehnsucht nach Normalität

Das deutet sich nicht zuletzt in den Forderungen nach einer schnellen Rückkehr zur Normalität an, nach der zügigen Wiederherstellung der vorübergehend beschränkten Freiheiten. Dass genau diese Normalität und diese Verständnisse von Freiheit – gemeint sind dabei natürlich nicht z.B. die Versammlungs- oder die Demonstrationsfreiheit – schon seit Jahren von Umweltbewegungen und der Klima- und Nachhaltigkeitsforschung als völlig unhaltbar, katastrophal und unbedingt transformationsbedürftig kritisiert werden, klingt bei solchen Forderungen nicht sehr hörbar mit. Dass zuletzt sogar das Europäische Parlament genau diese vor-coronale Normalität ihrerseits als Notstand bezeichnet hatte, und dass statt einer *Renormalisierung* nun also eigentlich ein tiefgreifender Umbau der Wirtschaft und eine umfassende Umverteilung des gesellschaftlichen Reichtums geboten wären, ebenso wie eine neue, sozial und ökologisch wertschätzende Bepreisung aller Konsumgüter und eine grundlegende Neuverhandlung der Freiheitsverständnisse und Berechtigungsansprüche, die gerade von privilegierten Teilen der Gesellschaft gepflegt werden, gerät hier schon wieder aus dem Blick.

Stattdessen werden große Rettungsschirme aufgespannt und riesige Sicherungspakete geschnürt. Sie sind dringend erforderlich, um den Menschen aus ihrer unmittelbaren Not und ökonomischen Verzweiflung zu helfen. Sie markieren auch durchaus einen Bruch mit früheren Rettungsschirmen, die nur über strauchelnde Banken gebreitet wurden, weil die für *too big to fail* und *too big to jail* gehalten wurden. Aber letztlich zielen sie wiederum darauf, die bestehende Ordnung zu stabilisieren – und die Repolitisierung der Grundprinzipien, auf denen sie beruht, unter Kontrolle zu halten. Sie fungieren gewissermaßen als der materielle Gegenpart zur psychologischen Beruhigung durch die Hoffnungserzählungen der großen Transformation. Sie werden bereitgestellt und verteilt von genau den politischen Eliten, die zuvor die neoliberale Transformation und die Austeritätspolitik betrieben haben. *Koste es, was es wolle*, hatte bereits der damalige EZB-Chef Draghi gesagt, als es darum ging, die Banken und den Euro zu retten. Genau das ist auch jetzt wieder das ausdrückliche Leitprinzip. Es lässt sich unschwer übersetzen in *Weiter so um jeden Preis*. Konjunkturprogramme, Investitionspakete, Steuersenkungen und Spardiktate werden absehbar folgen. Sicher wird man sich bemühen, dabei auch Aspekte der Nachhaltigkeit zu berücksichtigen, aber im Wesentlichen wird es wohl darum gehen, ein weiteres Mal das Wachstum und den Konsum anzukurbeln. Das Überangebot an billigem Rohöl wird dabei sicher eine wichtige Rolle spielen, und auch die erneute Unterstützung für die Luftfahrt- und Autoindustrie deuten nicht auf einen Paradigmenwechsel und eine neue Welt, sondern auf den Versuch, ein weiteres Mal die alten Rezepte wiederzubeleben, die eigentlich längst totgesagt waren – mit all den wohlbekannten Konsequenzen, von denen sich die Wachstumswirtschaft eben nicht entkoppeln lässt.

So bringt der Corona-Notstand neben den Gedankenspielen zu einer sozial-ökologischen Transformation auch die Möglichkeit, den längst vorhergesagten Zusammenbruch des Kapitalismus noch einmal zu verschieben. Schon seit der Bankenkrise kann dieses System nur durch die auf Dauer gestellten Notmaßnahmen der Notenbanken am Leben erhalten werden. Aber die neuen Rettungsschirme und Konjunkturprogramme bringen nun wohl eine weitere Periode *gekaufter Zeit*. Denormalisierung und Repolitisierung sind eben keine Einbahnstraße: Ebenso wie Corona ein Gelegenheitsfenster für eine progressive Politik der sozialen und ökologischen Nachhaltigkeit bieten könnte, ist der Notstand auch eins für die Erneuerung der Ökonomie und Gesellschaft der Nicht-Nachhaltigkeit; und die Zeche könnten ein weiteres Mal diejenigen zahlen, die schon die Leidtragenden des Neoliberalismus waren und die durch die gigantischen Belastungen der Corona-Schulden dann endgültig um ihre Zukunftsperspektiven gebracht werden. Tatsächlich ist dieses Szenario wohl wahrscheinlicher als die Prophezeiungen der Hoffnungsnarrative: Corona als Treibsatz für einen gesellschaftlichen Strukturwandel, der die Prinzipien der Nicht-Nachhaltigkeit noch fester verankert als zuvor. Und dieses Szenario würde Öl ins Feuer des Rechtspopulismus gießen, der im Moment zwar nichts Konstruktives zur Krisenbewältigung beizutragen hat, dessen Speerspitzen aber nur darauf warten, die Corona-Verlierer*innen später einzusammeln. Tatsächlich ist massive Mobilisierung von rechts auch deswegen zu befürchten, weil die Corona-Pandemie den Zusammenbruch ganzer Wirtschaften und Staaten samt der gewaltsamen Konflikte und Migrationswellen, die mit solcher Destabilisierung oftmals einhergehen, bewirken könnte. Dem Projekt der demokratischen, sozial-ökologischen Transformation würde das vielleicht endgültig den Garaus machen. Und zumindest bisher hätten die emanzipatorischen Bewegungen dem nicht viel entgegenzusetzen.

Soziologie der Nicht-Nachhaltigkeit

Im Zeichen des Virus wird eine Soziologie der Nicht-Nachhaltigkeit also noch wichtiger als zuvor. Sie kann und soll die etablierte Umweltsoziologie und Nachhaltigkeitsforschung nicht ablösen, aber sie muss sie in wichtigen Bereichen ergänzen. Ihre außergewöhnliche Dringlichkeit ergibt sich in der gegenwärtigen Konstellation daraus, dass moderne Gesellschaften nach den Erkenntnissen der Klimawissenschaft ohnehin nur ein sehr kurzes Zeitfenster hatten, um eine katastrophale Erderwärmung zu verhindern und eine sozial-ökologische Transformation zu vollbringen. Dieses Zeitfenster wurde in den vergangenen Jahren nicht konstruktiv genutzt. Die Corona-Pandemie könnte nun sehr leicht dazu führen, dass diese letzte Chance endgültig verstreicht. Zwar säubern der Einbruch der Wirtschaft und die Demobilisierung der Bürger*innen derzeit spürbar die Luft, so dass einige Länder ihre Klimaschutzziele vielleicht doch noch erreichen können. Die erzwungene Konsumreduktion vermindert auch den Rohstoffverbrauch und bietet Gelegenheit zur Besinnung auf *verschüttete Werte*. Aber die Negativ-Effekte zeichnen sich bereits deutlich ab: Die Pandemie bewirkt eine deutliche Refokussierung auf den Nationalstaat, schwächt die internationale Solidarität und bewirkt massive Anstrengungen für die Wiederbelebung der Wachstums- und Konsumwirtschaft. Sie heizt soziale Verteilungskämpfe erneut an, wird die soziale Ungleichheit und Spaltung voraussichtlich erheblich verstärken, dadurch anti-ökologischen und anti-demokratischen Bewegungen weiteren Auftrieb geben, und mit alldem die Ordnung der Nicht-Nachhaltigkeit erneut befestigen.

Gerade in dieser Konstellation der Unsicherheit und Orientierungssuche muss die Soziologie der Nicht-Nachhaltigkeit daher sichtbar machen, welche Parameter die notstandsbedingte Repolitisierung und Neuverhandlung vieler Glaubenssätze bestimmen, die plötzlich wieder zur Diskussion stehen. Das sind nicht primär die *verschütteten Werte*, die in Zeiten des Notstands mitunter wiederentdeckt werden, sondern über längere Zeiträume verfestigte Gesellschaftsstrukturen, Machtverhältnisse und Wertepräferenzen. Bezüglich der Herrschaftsstrukturen und Machtverhältnisse hat die kritische Soziologie viel geleistet, was die Umweltsoziologie aufnehmen kann. Aber in Bereichen wie der Gesellschaftstheorie und der politischen Kultur, d.h. der sich verändernden Wertepräferenzen, Identitätsideale, Subjektivitätsbegriffe, Selbstverwirklichungsmuster oder Vorstellungen von Freiheit und Emanzipation hat die sozialwissenschaftliche Nachhaltigkeitsforschung erhebliche Defizite. Hier muss die Soziologie der Nicht-Nachhaltigkeit noch sehr viel gründlicher ausleuchten, warum eine sozial-ökologische Transformation bisher noch nicht stattgefunden hat

– und auch jetzt nicht unbedingt wahrscheinlich ist. Sie muss sichtbar machen, dass die Ordnung der Nicht-Nachhaltigkeit sich längst nicht mehr allein auf die Macht der Eliten und die Repressionskräfte des Kapitalismus stützt, sondern eine breite gesellschaftliche Zustimmung findet und mehrheitsdemokratisch legitimiert ist. Darüber hinaus muss die Soziologie der Nicht-Nachhaltigkeit sich sehr viel ausführlicher mit den Mechanismen und Praktiken befassen, mit deren Hilfe die Spannung zwischen sorgsam gepflegten Selbstbeschreibungen auf der einen Seite und der eisern verteidigten Nicht-Nachhaltigkeit auf der anderen Seite gesellschaftlich erträglich gemacht wird. Denn diese Praktiken sind ein konstitutiver Teil der Politik der Nicht-Nachhaltigkeit – was die derzeitige Konjunktur der Hoffnungsnarrative wieder deutlich illustriert.

Dass die Soziologie der Nicht-Nachhaltigkeit auch Abwehrreaktionen auslöst, versteht sich von selbst. Wenn grundlegende Annahmen der kritischen Soziologie, der innovations- und technologieorientierten Lösungsliteratur und der aktivistischen Bewegungsnarrative ihrerseits kritisch zur Diskussion gestellt werden, können solche Reaktionen nicht ausbleiben. Der in diesem Buch ausgeführte Verdacht etwa, dass die hergebrachten Lösungs- und Hoffnungsdiskurse möglicherweise selbst einen Beitrag zur Stabilisierung der Nicht-Nachhaltigkeit leisten; der Zweifel an den in der Nachhaltigkeitsdebatte immer noch verbreiteten Entfremdungs- und Befreiungstheoremen oder der Fokus auf die privilegierte, sich oft als besonders umweltbewusst verstehende bürgerliche Mittelklasse als wesentliche Akteurin der Nicht-Nachhaltigkeit sind für die jeweils Angesprochenen natürlich schwer verdaulich. Gegenüber allzu vorschnellen Einwänden ist aber festzuhalten, dass die Kritik an den gängigen Lösungs- und Hoffnungsdiskursen keineswegs unbedingt *pessimistisch* und erst recht nicht *unkonstruktiv* ist. Ebenso wenig ist die Kritik an den entgrenzten Freiheitsverständnissen gewisser Teile der Gesellschaft notwendig *anti-emanzipatorisch*. Die Analyse sich verändernder Subjektivitätsverständnisse und ihrer nachhaltigkeitspolitischen Implikationen hat auch nichts mit *Kulturkonservatismus* zu tun, ebenso wie die Diagnose konsumbasierter Selbstverwirklichungsmuster noch kein Plädoyer für *Askese* bedeutet. Und erst recht ist die Untersuchung der nachhaltigkeitspolitischen Schwächen bestimmter Verständnisse von Demokratie nicht sogleich *anti-demokratisch* oder gleichzusetzen mit der Fürsprache für autokratische oder gar autoritäre Ansätze.

In vielfältigen Gesprächen und Diskussionsrunden zu diesem Buch sind all dies immer wiederkehrende Argumentationsmuster. Gerade diese vereinfachenden Gegenüberstellungen sind aber nicht nur schlicht falsch; letztlich können sie auch als ein rhetorisches Instrument wirken, das die kritische Analyse in verfälschenden Dualismen zuspitzt und damit politisch neutralisiert. Sie schütten jeweils das Kind mit dem Bade aus und festigen so – beabsichtigt oder nicht – die Politik der Nicht-Nachhaltigkeit. In verschiedenen Kapiteln dieses Buches werden diese Abwehrargumente vorwegnehmend ausführlich thematisiert. Trotzdem haben einige in der Analyse der nachhaltigen Nicht-Nachhaltigkeit gar die *Rhetorik der Reaktion* gewittert. Dieser Verdacht ist blanker Unsinn. Wenn er aber doch aufkommt, ist es umso wichtiger, hier noch einmal klarzustellen, dass hergebrachte Annahmen und Narrative der Nachhaltigkeitsliteratur in diesem Buch ausschließlich in Frage gestellt werden, um zu prüfen, ob und wie sie vielleicht selbst zur Stabilisierung der nachhaltigen Nicht-Nachhaltigkeit beitragen. Letztlich geht es darum, diese Politik der Nicht-Nachhaltigkeit zu durchbrechen und die Möglichkeiten ihrer Repolitisierung voll auszuschöpfen. Neue Koalitionen für eine demokratische Transformation zur Nachhaltigkeit zu schmieden, ist im Zeichen des Virus vielleicht schwieriger denn je, aber es ist ganz sicher auch dringender denn je. Unvermeidlich geht das mit politischen Kämpfen einher, für die dieses Buch wichtige Grundlagen schafft.

Ingolfur Blühdorn
Wien, im April 2020

Am Anfang ...

dieses Buchprojekts standen eine tiefe Verunsicherung und das Gefühl, dass die umwelt-, nachhaltigkeits- und klimapolitische Debatte sich in einer Art Endlosschleife verfangen hat. Seit Jahren – zum Teil seit Jahrzehnten – werden von engagierten Wissenschaftler*innen und Aktivist*innen Forderungen und Warnungen ausgesprochen, die sich in ihrer Substanz kaum verändert haben: *Es ist fünf vor Zwölf. Wende oder Ende!* Immer hat es geheißen, es sei noch soeben nicht zu spät, und das Umweltbewusstsein und die Handlungsbereitschaft der Bürger*innen nähmen gerade jetzt zum Glück auch schon zu. Doch heute verschwindet der Regenwald am Amazonas schneller denn je, Gletscher werden als »geschmolzen« gemeldet, in Sibirien tauen die Permafrostböden auf, und im öffentlichen Diskurs ist vermehrt zu hören, es sei jetzt zu spät, es sei nun nichts mehr zu ändern, und statt sich mit teuren Klimaschutzmaßnahmen zu belasten, sei es für Nationalstaaten wie auch auf der persönlichen Ebene jetzt effizienter, nach Kräften die eigene Position im unvermeidbaren Ausscheidungskampf zu stärken.

In dieser neuen Situation ist das vorliegende Buch eine Orientierungssuche. Es bemüht sich um eine klare Analyse der *Gesellschaft der Nicht-Nachhaltigkeit* und erkundet die veränderten Möglichkeiten, Grenzen und Verantwortlichkeiten der sozialwissenschaftlichen Nachhaltigkeitsforschung. Es dokumentiert einen Suchprozess, der keineswegs abgeschlossen ist, der aber bereits wesentliche Teilergebnisse erbracht hat. Sehr viel mehr Wissenschaftler*innen sind und waren an diesem Prozess beteiligt als die fünf, die als Autor*innen zu diesem Buch beigetragen haben. Zum engsten Kreis gehörten die weiteren Mitarbeiter*innen des INSTITUTS FÜR GESELLSCHAFTSWANDEL UND NACHHALTIGKEIT [IGN] an der Wirtschaftsuniversität Wien. Zu nennen sind hier insbesondere Hauke Dannemann, Margarete Haderer und Karoline Kalke, die in endlosen Lektüre-, Kommentierungs- und

Diskussionsrunden zur Entstehung aller Kapitel wesentlich beigetragen haben. Sie sind auch Mitautor*innen verschiedener anderer Publikationen, die im Rahmen der Arbeit an diesem Buch entstanden sind. Leonie Bleiker hat in gründlicher Detailarbeit das gesamte Manuskript bearbeitet und zur Publikation vorbereitet. Im engsten Umkreis des IGN haben vor allem Fred Luks und Andreas Novy wesentliche intellektuelle Beiträge geleistet. Ihnen allen gilt unser großer Dank.

Begleitet wurde das Projekt von zahlreichen Vortragsabenden, wissenschaftlichen Workshops und internationalen Tagungen, die vom IGN in den letzten Jahren ausgerichtet worden sind. Die vielen Beteiligten können hier nicht einzeln namentlich genannt werden, aber auch ihnen gilt unser Dank. Im weitere Sinne wurde die Entstehung des Buches auch von Greta Thunberg und der neuen Klimabewegung begleitet, die uns immer wieder vor die Frage gestellt haben, ob sich nun – in letzter Minute – vielleicht doch noch ein politisches Gelegenheitsfenster für eine große sozial-ökologische Transformation öffnet. Diese neue Bewegung – ebenso wie etwa auch die jüngsten Wahlerfolge Grüner Parteien in verschiedenen europäischen Ländern – hat immer wieder unsere politischen Hoffnungen gestärkt. Gleichzeitig haben die entsprechenden Diskussionen uns immer erneut deutlich gemacht, wie leicht gerade solche Hoffnungen die sozialwissenschaftliche Analyse ein- und schönfärben können. Wie ein roter Faden zieht sich daher die Selbstermahnung durch das Buch, sich vom Bedürfnis nach Hoffnung nicht Sand ins sozialwissenschaftliche Auge streuen zu lassen.

Wo dieses Buchprojekt nun an seinem Abschluss steht, befällt uns Fassungslosigkeit: Nachdem das ganze Jahr über Millionen Schüler*innen weltweit auf die Straße gegangen sind, am Amazonas, in Grönland, in Indonesien und Sibirien die Wälder brennen, und kein Thema so heiß, breit und dauerhaft diskutiert wird wie der Klimawandel, halten die deutsche *Klimakanzlerin*, Angela Merkel, und ihr Klimakabinett im September 2019 einen Einstiegspreis in die CO_2-Bepreisung von 10 Euro pro Tonne für das Maximum des klimapolitisch Machbaren. Und auch diese Maßnahme wollen sie erst 2021 einführen, zusätzlich abgefedert durch eine üppige Erhöhung der Pendlerpauschale. Hatte es nicht geheißen, der Klimawandel sei die bisher größte Herausforderung und Bedrohung für die Menschheit? Derweil kündigen die Alternative für Deutschland (AfD) und die österreichische FPÖ an, den Kampf gegen den Klimaschutz zu einem ihrer zentralen Themen machen zu wollen. Und Vertreter*innen der Tourismusindustrie berichten in Österreichs

Kleiner Zeitung triumphierend: »Reisebranche trotzt ... Greta«. Ein Greta-Thunberg-Effekt sei in der Reisebranche bisher nicht festzustellen. »Wir merken angesichts der Debatten über den Klimawandel überhaupt keine Veränderung des Reiseverhaltens« (1. Okt., S. 40f). Sowohl ihrem Inhalt nach als auch in ihrer Mischung aus Trotz und Unbekümmertheit ist diese Erfolgsmeldung – ebenso wie die Ergebnisse des deutschen Klimakabinetts und die Strategie von AfD und FPÖ – symptomatisch für die *Gesellschaft der Nicht-Nachhaltigkeit*. Eigentlich hatten wir uns mit der Arbeit an diesem Buch ziemlich genau erklärt, wie es zu diesen Phänomenen kommt. Aber sie machen uns trotzdem fassungslos; wir wollen uns selbst nicht glauben.

Das Buch entwickelt einen sozialwissenschaftlichen Forschungsansatz und ein Forschungsprogramm für die *nachhaltige Nicht-Nachhaltigkeit*, die das INSTITUT FÜR GESELLSCHAFTSWANDEL UND NACHHALTIGKEIT [IGN] systematisch weiter verfolgen wird. Es will Interessierte – auch jenseits der universitären Sozialwissenschaft – zur konstruktiven Mitarbeit einladen.

Ingolfur Blühdorn
Wien, im Oktober 2019

Haben wir es gewollt?
Vorüberlegung

Ingolfur Blühdorn

> Als die Rechtspopulisten Geflüchtete eine
> *Ladung Menschenfleisch* nannten,
> haben wir geschwiegen; wir waren ja nicht auf der Flucht.
> Als sie kritische Journalisten zu Volksfeinden erklärten,
> haben wir geschwiegen; wir waren ja keine Journalisten.
> Als sie unabhängige Richter entließen und den
> Rechtsstaat demontierten,
> haben wir geschwiegen; wir waren ja nicht angeklagt.
> Als die Demokratie illiberal, ausgrenzend und autoritär wurde,
> wurde uns klar, dass unsere Freiheit anders nicht zu halten ist.
>
> Sie haben es getan; haben wir es gewollt?
>
> Wir bewegen uns wie Schauspieler mit einem falschen Text
> in den Kulissen eines längst abgespielten Stücks.
> *(nach Martin Niemöller, Jean Baudrillard und Philipp Blom)*

Nachhaltige Nicht-Nachhaltigkeit ist eigentlich ein Ding der Unmöglichkeit – aber doch auch eine treffende Beschreibung der sozial-ökologischen Realität moderner Konsumgesellschaften an der Schwelle von der post-industriellen zur digitalen Moderne. Dabei vollzieht sich in diesen Gesellschaften eine fundamentale Transformation, die mit atemberaubender Geschwindigkeit voranschreitet. Die technologische Entwicklung, die Erwärmung des globalen Klimas und die Auszehrung der natürlichen Ressourcen greifen dabei ineinander mit der Verschärfung sozialer Konflikte, einem umfassenden Werte- und Kulturwandel und dem Niedergang der liberalen Demokratie. All das bewirkt einen gesellschaftlichen Umbruch, den die Sozialwissenschaften in seinen Aus- und Wechselwirkungen bisher nur behelfsmäßig beschreiben und nur andeutungsweise erklären können. Versprechungen von einer goldenen digitalen Zukunft und neuen Technologien, die soziale, ökologische und wirtschaftliche Nachhaltigkeit endlich möglich machen sollen, stehen neben Warnungen vor einer neuen Heißzeit, dem Zusammenbruch des Kapitalismus und der Erschöpfung der europäischen Aufklärung. Parallel zur rechtspopulistischen Revolution entfalten sich linksemanzipatorische Protestzyklen, und Grüne Parteien erleben unerwartete Höhenflüge. Kaum möglich, sich angesichts der Vielzahl, Verschiedenheit und Widersprüchlichkeit der Bewegungen, Diagnosen und Vorhersagen ein auch nur halbwegs klares Bild davon zu machen, wohin die gesellschaftliche Entwicklung tatsächlich geht. Sicher ist jedoch:

- Eine *große Transformation* findet definitiv statt. Weit hinausgehend über die üblichen graduellen Neuerungen verändert sie westliche Gesellschaften und die Welt insgesamt in grundsätzlicher Art und Weise. Politisch sind Donald Trump und seine *Politik der Abrissbirne* für diese Zeitenwende gewissermaßen zum Symbol geworden. Sie sind aber nur ein Symptom und ein Beschleuniger, nicht ihre eigentliche Ursache.
- Die verschiedenen Dimensionen dieser gesellschaftlichen Veränderung sind in ihrer gegenseitigen Bezüglichkeit und Wechselwirkung nicht voneinander zu trennen. Es gibt nicht den einen wesentlichen Auslöser und auch keine klare Kette von Effekten. Es ist nicht nur eine ökologische oder nur eine technologische oder nur eine politische Transformation, sondern ein alle Bereiche umfassender Struktur-, Kultur- und Gesellschaftswandel.
- Dieser Wandel ist eindeutig nicht die sozial-ökologische *große Transformation*, die emanzipatorische Bewegungen, Umweltaktivist*innen, Klimawissenschaftler*innen und Nachhaltigkeitsforscher*innen seit Jahren oder sogar Jahrzehnten dringend fordern, und die nach Ansicht zahlloser Expert*innen unbedingt erforderlich ist, wenn katastrophale Konsequenzen vermieden werden sollen.
- Trotz dieser Katastrophenprognosen und erheblicher, bereits realer Veränderungen – soziale Spannungen, Extremwetterlagen, instabile Wirtschaft, Flüchtlingsbewegungen, Rechtspopulismus – lebt es sich in westlichen Konsumgesellschaften und für die globale,

privilegierte Mittelklasse einstweilen ausgesprochen gut und komfortabel.

- Das liegt nicht zuletzt daran, dass sich auch die gesellschaftlich vorherrschenden Vorstellungen davon verändern, was eigentlich akzeptabel oder inakzeptabel ist, und was erhalten werden soll, für wen, für wie lange, in welcher Menge, aus welchen Gründen und zu welchem Preis. Wir haben es also mit einer doppelten Transformation zu tun, die sowohl die empirisch-realen Verhältnisse betrifft, als auch die Formen ihrer sozialen Wahrnehmung und die Maßstäbe ihrer Bewertung.

- Die Konsum- und Wohlstandsgesellschaften des globalen Nordens haben, gerade weil es sich trotz dunkler Vorhersagen und unübersehbarer Nebenwirkungen mit den gegenwärtigen, nie gekannten Reise-, Kommunikations-, Einkaufs-, Unterhaltungs- und Selbstverwirklichungsmöglichkeiten ausgesprochen gut leben lässt, die Verteidigung gerade dieser Verhältnisse und Lebensstile zum obersten Projekt erhoben – auch wenn vielfältige Protestbewegungen und Reformprojekte nachdrücklich einen Willen zur sozialökologischen Transformation bezeugen.

Die Aussage und das Bekenntnis, dass ein Weiter-So für moderne Gesellschaften angesichts natürlicher Grenzen schlicht keine Option mehr sei, und ein radikaler Wandel, eine sozial-ökologische Transformation, unbedingt vollzogen werden müsse, fällt also in sonderbarer Weise zusammen damit, dass jenseits von Protestbewegungen und Reformprojekten genau dieses Weiter-So faktisch offenbar nicht nur eine Option ist, sondern das demokratisch legitimierte Prioritätsprojekt moderner Konsumgesellschaften – ganz egal, ob das so offen artikuliert wird oder nicht. Diese widersprüchliche Gleichzeitigkeit von *Weiter-So ist keine Option!* und *Weiter-So, auf jeden Fall!* ist, was der Titel dieses Buches einfangen will und was seine Kapitel aus sozialwissenschaftlicher Perspektive ausleuchten.

*

Als die Gefolgsleute von Osama Bin Laden im September 2001 mit den Zwillingstürmen des World Trade Centers das Symbol des globalen Finanzkapitalismus in Schutt und Asche legten, als sie symbolisch die westliche Konsumkultur zum Einsturz gebracht hatten, schrieb Jean

Baudrillard (2002: 12-15), dass »wir von diesem Ereignis geträumt« hätten, dass »ausnahmslos alle Welt davon geträumt« hätte, weil nämlich »niemand umhin kann, von der Zerstörung einer derart hegemonial gewordenen Macht zu träumen«. Er behauptete eine »tiefgreifende Komplizenschaft« zwischen den Terroristen und all jenen, die sich der Zerstörungsgewalt des hegemonialen Kapitalismus auch nur halbwegs bewusst waren. Diese tiefgreifende Komplizenschaft könne zwar »nie eingestanden werden«, aber ohne sie hätte »das Ereignis nicht jenen Widerhall« gefunden, schrieb Baudrillard, »den es gehabt hat«. Zugespitzt könne man sagen, behauptete er, »dass sie es sind, die es getan haben, aber wir es sind, die es gewollt haben«. Unerschütterlich war sein Glaube an die Kraft des Projekts der Freiheit. Die »Allergie gegen jede definitive Ordnung, jede definitive Macht« sei ein »universelles Phänomen«, und es sei »vollkommen logisch und unausweichlich, dass die stete Machtzunahme einer Macht auch den Wunsch verstärkt, sie zu zerstören«. In guter dialektischer und emanzipatorisch-kritischer Tradition befand er: »Das System selbst hat die objektiven Bedingungen für diesen brutalen Gegenstoß geschaffen« (Baudrillard 2002: 15). Schon damals war Baudrillards Interpretation *unserer* Träume eine höchst fragwürdige Generalisierung und bestenfalls noch der Nachhall »eines längst abgespielten Stücks« (Blom 2018: 7). Seither hat sich noch einmal Grundsätzliches verändert. Aber die Frage nach der Komplizenschaft ist aktuell geblieben.

Das hegemoniale System hat unter Beweis gestellt, dass es sich von terroristischer Gewalt nicht in die Knie zwingen lässt. Auch nach weiteren Anschlägen – etwa auf das Büro der Satirezeitschrift Charlie Hebdo in Paris im Januar 2015 oder auf den Weihnachtsmarkt an der Berliner Gedächtniskirche im Dezember 2016 – haben Politiker*innen jeder Couleur immer wieder unisono und international vereint geschworen, dass die westlichen Länder jeden Angriff auf *unsere Freiheit, unsere Werte und unseren Lebensstil* mit aller Entschiedenheit zurückschlagen werden. Die Bürger haben *Haltung gezeigt*, hieß es nach solchen Anschlägen regelmäßig in den Medien, sie sind nicht vor der Gewalt eingeknickt und haben ihr Leben unbeirrt weiter geführt. Und tatsächlich haben *unsere Freiheit, unsere Werte, unser Lebensstil* und der globale Finanzkapitalismus einstweilen nicht nur die islamistischen Terroranschläge weitgehend unbeschadet überlebt, sondern auch die Banken-, Finanz- und Wirtschaftskrise, die sich seit 2008 entfaltete. Viele sahen zu der Zeit das längst vorhergesagte Ende, die Selbstzerstörung, des Kapitalismus gekommen (Mason 2016; Streeck 2013). Die Einsicht in die soziale und ökologische (Selbst-)Zerstörungskraft und Nicht-Nachhaltigkeit dieses Systems setzte sich im Zeichen der Krise – und der sich beschleunigenden Erderwärmung – noch viel breitenwirksamer durch, als das bereits in den vorherigen Jahrzehnten geschehen war. Die *große Transformation*, die Notwendigkeit eines grundsätzlichen sozio-ökologischen Strukturwandels der modernen Gesellschaft, wurde nun von allen Seiten gefordert und wurde fester Bestandteil der öffentlichen Diskussion (WBGU 2011). Es bildete sich sogar eine neue Postwachstumsbewegung, und nicht wenige Beobachter sahen in ihr die Pionier*innen des großen Wandels.

Parallel dazu vollzog sich allerdings auch der Siegeszug der Rechtspopulist*innen. Sie eigneten sich die Kritik der emanzipatorischen Bewegungen an den politischen Eliten, an den etablierten Institutionen, an der Globalisierung, an der Wissenschaft, an den Medien und am *System* ebenso an, wie deren politisches Vokabular und Strategien: Kampf den Eliten! Mehr direkte Demokratie! Das System ist korrupt! Wir sind das Volk! Dabei verfolgen sie jedoch eine Agenda, die sowohl den liberalen, egalitären, ökologischen und kosmopolitischen Wertorientierungen früherer Emanzipationsbewegungen entschieden den Kampf ansagt, als auch den Ansätzen zu einer kooperativen und integrativen Weltinnenpolitik. Gibt es so etwas wie eine *rechts-emanzipatorische* Politik? *Macht kaputt, was Euch kaputt macht!* hatte es bei den emanzipatorischen Revolutionären der 1970er Jahre geheißen. Der Geist dieses Schlachtrufs lebt fort. Aber die neuen Herren der Abrissbirne verfolgen eine Politik der radikalen Abgrenzung und Ausgrenzung: Great Britain First! America First! Italy First! Austria First! Hungary First! Germany First!

Außengrenzen werden aufwendig befestigt; nach innen wird überall der Wohlfahrtsstaat um- und abgebaut. Angesichts der Verschiebung globaler Machtverhältnisse, anhaltend niedriger Wachstumsraten der Wirtschaft, der Verknappung natürlicher Ressourcen, der Verschärfung des sozialen Wettbewerbs sowie der Überschreitung ökologischer Belastungsgrenzen geht es um die Verteidigung gewohnter Privilegien und hart erkämpfter Errungenschaften. *Wirtschaftsflüchtlinge, Arbeitsscheue, Kopftuchmädchen, Taugenichtse, Messermänner, Wohlfahrtsparasiten, Sozialbetrüger* (z.B. Weidel 2018) – mitunter auch Menschenrechte, Menschenwürde und Rechtstaatlichkeit – werden da zur untragbaren Belastung und ihre Abwehr zum Prioritätsprojekt.

Umweltpolitisch werden wissenschaftliche Erkenntnisse geleugnet oder ignoriert, Abkommen nicht umgesetzt, Vorschriften gelockert und Verträge aufgekündigt, weil auch sie als untragbare Belastung gesehen werden und als Hindernis für die jeweils eigenen Interessen und die eigene Entwicklung. Sozialwissenschaftler*innen sprechen von einer neuen, *regressiven Moderne* (Nachtwey 2016). Im *Juste Milieu* der kultivierten Mittelklassen wird moralisiert gegen den verrohten, verkommenen, entzivilisierten Pöbel, der seinen niedersten Instinkten freien Lauf lasse (Müller 2016). Entrüstet zeigt man klare Kante: »Nicht in meinem Namen!« (Stiftung Futurzwei 2018) Aber gibt es vielleicht tatsächlich bzw. weiterhin jene *tiefgreifende Komplizenschaft*, die bereits Baudrillard unterstellt hatte – nur heute mit verändertem Vorzeichen?

Auch heute könnte eine solche Komplizenschaft freilich nie eingestanden werden, und es wäre ganz sicher verfehlt, irgendeine bewusste oder gar intendierte Kollaboration zwischen den Rechtspopulisten und den Verteidigern des emanzipatorischen Projekts zu unterstellen. Aber der Verdacht drängt sich auf, dass der *unmoralische* und *entzivilisierte* Pöbel hier vielleicht eine dreckige Arbeit übernimmt, die das gepflegte Bürgertum zwar weit von sich weist, die ihm aber doch unverzichtbar ist. Denn die Freiheit, die Werte und die Lebensstile, die moderne Gesellschaften mit aller Entschiedenheit verteidigen, beruhen eben auf dem »im Prinzip unbegrenzten Zugriff auf das Arbeitsvermögen, die natürlichen Ressourcen und die Senken« anderer Weltregionen; sie sind strukturell und unvermeidbar »imperial« (Brand/Wissen 2017: 43). Das gängige Argument, die soziale Not im eigenen Land sei, abgesehen von den wenigen *wirklich Bedürftigen*, allzu oft durch Bequemlichkeit, Arbeitsverweigerung oder mangelnde Flexibilität *selbst verschuldet*, kommt da nicht ungelegen; ebenso die Behauptung die Armut, die Kriege, die Umweltzerstörung und die Hungersnöte anderswo seien vor allem auf die Korruption und Misswirtschaft der dortigen Eliten zurückzuführen. Doch letztlich ist klar, dass die soziale Ungleichheit, national und international, nicht zufällig ist und durch Reformpolitiken und wirtschaftliche Entwicklung auch nicht überwunden werden wird. Vielmehr geht es, wie Stephan Lessenich richtig festhält, »den einen gut bzw. besser, *weil* es den anderen schlecht oder jedenfalls weniger gut geht« (Lessenich 2016: 23). Der Wettbewerb, die Ungleichheit, die Exklusion und die »Externalisierung« sind eben Grundprinzipien des kapitalistischen Weltsystems und der *imperialen Lebensweise*: »Wir leben gut, weil andere schlechter leben«, heißt es bei Lessenich; »wir leben gut, weil wir von anderen leben – von dem, was andere leisten und erleiden, tun und erdulden, tragen und ertragen müssen« (ebd.: 25).

All das ist hinlänglich dokumentiert und bekannt, und natürlich auch, dass es nicht nur ökologisch verheerend wäre, wenn etwa alle so ein Auto fahren würden, so gut bezahlt würden, so viel reisen würden, so viele Rechte hätten, sich so ernähren würden, oder so viel Wohnfläche beanspruchen würden, wie es nicht bloß die oberen Zehntausend, sondern breite, sich als modern und fortschrittlich verstehende Mittelschichten ganz selbstverständlich und mit sicherem Berechtigungsbewusstsein für sich in Anspruch nehmen. Und so macht es die Verteidigung *unserer Freiheit, unserer Werte und unseres Lebensstils* eben unverzichtbar, klare Linien zu ziehen zwischen solchen, deren entsprechende Ansprüche als berechtigt bezeichnet werden, und anderen, bei denen das nicht der Fall ist. Soziale Ungleichheit und Exklusion lassen sich in dieser Situation immer weniger als ungewollte und therapiebedürftige Nebenwirkungen des Systems darstellen, sondern werden klar erkennbar als unbedingtes Erfordernis und politisches Ziel. Ihre praktische Umsetzung kann nicht mehr allein an den unpersönlichen Markt delegiert werden, sondern sie muss politisch organisiert und legitimiert werden. Am besten ist es dann freilich, wenn sich für diese Agenda Akteure finden lassen, von denen man sich selbst moralisierend distanzieren kann, während man die Früchte ihrer Arbeit aber gerne erntet. So arbeitsteilig und outsourcend ist der Kapitalismus seit jeher verfahren. Und entsprechend sind die Inanspruchnahme des illiberalen, ausgrenzenden und anti-ökologischen Rechtspopulismus, sowie das Moralisieren gegen ihn, vielleicht im selben Sinne Externalisierungsstrategien, wie die preisgünstige Entsorgung von Problemmüll in Indonesien, die Auslagerung schmutziger Industrien nach Asien oder die Beschaffung von Rohstoffen in Ländern mit minimalen Sozial- und Umweltstandards. Zugespitzt könnte man dann sagen, dass *sie es sind, die es getan haben, aber wir haben es gewollt.*

War Baudrillard also noch davon ausgegangen, dass unser heimlicher Wille auf den Untergang des hegemonialen Kapitalismus zielt, weil man einfach nicht umhin könne, vom Untergang eines derart zerstörerischen Systems zu träumen, so ist die alte kritische Erzählung, die bei ihm noch nachhallt heute zweifelhafter denn je. Zwar ist der alte emanzipatorische *Text*, also die Rede von der Befreiung aus der Knechtschaft der Konsumindustrie, der wahren Erfüllung jenseits der entfremdeten Verhältnisse und der gerechten, befriedeten Weltgesellschaft weiterhin überall präsent. Im Brustton der Überzeugung moralisieren die Rechtschaffenen über die Verrohten. Engagierte Schüler*innen werfen der Generation ihrer Eltern und Großeltern vor, den Jungen die Aussicht auf ein gutes und erfülltes Leben verheizt zu haben. Und wesentliche Teile der kritischen Soziologie wiederholen unverdrossen ihre schon seit Jahrzehnten fast unveränderten Erzählungen. Aber vor dem Hintergrund der faktischen Identifikation moderner Bürger*innen mit der digitalen Konsumgesellschaft, und angesichts der realpolitischen Entschlossenheit, unter keinen Umständen etwas von dem preiszugeben, was immer weniger als Entfremdung und Knechtschaft, sondern eben vielmehr als *unsere Freiheit, unsere Werte und unsere Lebensstils* erfahren wird, klingt all dies seltsam realitätsfern und entrückt – eben wie ein *Schauspiel* und die Wiederholung eines eigentlich *längst abgespielten Stücks*. Und tatsächlich wird der Abschied von der Würde, der Mündigkeit, der Vernunft und dem weltbürgerlichen Projekt auch keineswegs nur im rechtspopulistischen Lager vollzogen, sondern auch in der gesellschaftlichen Mitte, wo ein umfassender Werte- und Kulturwandel die Brauchbarkeit dieser kantischen Normen sowie die mit ihnen verbundenen Verpflichtungen radikal in Frage stellt. Am Übergang zum digitalen Zeitalter sind dieser Abschied und die Bewältigung seiner Implikationen letztlich wohl so etwas wie ein gesamtgesellschaftliches Projekt.

Die Analyse der gesellschaftlichen Realität, die wir in diesem Buch als *nachhaltige Nicht-Nachhaltigkeit* bezeichnen, erfordert daher einen Ansatz, der nicht nur von den Erzählungen des hegemonialen Neoliberalismus und der rechtspopulistischen Revolte kritischen Abstand hält, sondern auch von den gesellschaftlichen Selbstbeschreibungen, wie sie von links-emanzipatorischen Bewegungen, der aktivistischen Transformationsforschung oder auch der normativen Demokratietheorie angeboten werden. Dieser Abstand ist nicht zuletzt deshalb dringend geboten, weil der Verdacht besteht, dass deren soziologisch oft wenig plausiblen Aktivierungs- und Hoffnungserzählungen – ungewollt und unbewusst – vielleicht selbst zur Stabilisierung genau dessen beitragen, wogegen sie sich wenden. Denn entgegen solchen Mobilisierungsnarrativen sind moderne Konsum- und Digitalisierungsgesellschaften tatsächlich nicht bereits auf dem richtigen Weg! Die Wende zur Nachhaltigkeit hat nicht bereits begonnen! Nichts deutet darauf hin, dass die Logik der Nicht-Nachhaltigkeit wirklich ernsthaft angeschlagen wäre. Eine Gesellschaft der Nachhaltigkeit ist – trotz neuer Klimabewegung, Grüner Wahlerfolge und vielfältiger ökologischer Modernisierungsprojekte – nirgends in Sicht. Und jede Behauptung, dass es doch so sei, spinnt gewissermaßen *das längst abgespielte Stück* fort und trägt zur Rechtfertigung des Weiter-So bei.

Dieses Buch unternimmt entsprechend den Versuch, aus der Rolle der *Schauspieler* und aus dem *falschen Text* auszusteigen, einen Blick hinter *die Kulissen des längst abgespielten Stücks* zu werfen, und ein Verständnis dessen zu bekommen, was vielleicht das *aktuelle Stück* ist. Es geht darum, einen Schritt in Richtung einer meta-kritischen soziologischen Analyse zu tun, die sich zu klären bemüht, warum die altbekannten Entfremdungs-, Verelendungs- und Zusammenbruchsprophezeihungen auch im Zeichen des Klimawandels politisch offenbar nicht greifen und die öko-emanzipatorischen Narrative von der befreiten und befriedeten (Welt-)Gesellschaft offenbar ihre Kraft verloren haben. Warum bleibt die von praktisch allen Seiten geforderte sozial-ökologische Transformation aus, obwohl doch Klimawandel, Artenverlust, Ressourcenauszehrung, die Zuspitzung sozialer Konflikte etc. zum Teil noch viel schneller voranschreiten, als Wissenschaftler*innen und Aktivist*innen es vorausgesagt hatten? Warum entfaltet sich stattdessen eine neue, ihrerseits massiv konflikt- und krisenverstärkende *Politik der Nicht-Nachhaltigkeit*, die jenseits des hergebrachten, progressiven Glaubens an ökologische Aufklärung und Bewusstseinsbildung im vollsten Wissen der sozialen und ökologischen Konsequenzen mit aller Entschiedenheit an der etablierten Ordnung und ihrer Logik festhält? Wie gelingt es der *Gesellschaft der Nicht-Nachhaltigkeit* sich politisch zu stabilisieren und ihre Resilienz gegen die gleichermaßen bekannten wie unvermeidlichen (Neben-)Wirkungen ihres Konstruktionsprinzips zu stärken? Und wie könnte es möglich sein, am Erbe der aufklärerischkritischen Tradition festzuhalten, ohne dabei soziologisch unplausible Narrative zu reproduzieren und selbst regressiv oder gar reaktionär zu werden?

Bestimmend für unsere Überlegungen ist also erstens die sozialwissenschaftlich durchaus irritierende Feststellung, dass sich im Zuge dieser Politik der Nicht-Nachhaltigkeit in vielen der bislang modernsten, fortschrittlichsten, demokratischsten und umwelt- beziehungsweise nachhaltigkeitsbewusstesten Gesellschaften in schnellem Tempo eine politische Kultur und politische Institutionen herausbilden, die immer offener die Prinzipien der Gleichheit und Gerechtigkeit in Frage stellen, Grund- und Menschenrechte aussetzen, Exklusion organisieren und unverhohlen menschenverachtend agieren – und zwar auf der Grundlage und mit der Legitimation von demokratischen Mehrheiten und deren Interpretation von *unserer Freiheit, unseren Werten und unserem Lebensstil*.

Entscheidend ist zweitens, dass die hergebrachten, emanzipatorisch-progressiven Begriffe, Diagnosen, Strategien und Visionen – Entfremdung, Würde, Aufklärung, Demokratisierung, Vernunft, Mündigkeit etc. – offenbar nicht mehr viel taugen. Sie sind nicht verschwunden, aber im Zuge eines umfassenden Werte-, Kultur- und Gesellschaftswandels haben sie radikal ihre Bedeutung verändert. Ein neues Idiom, in dem sich eine radikale Alternative zum hegemonialen Status Quo überhaupt nur denken, geschweige denn politisch umsetzen ließe, ist aber noch nicht gefunden. Für die reflexiv-kritische Sozialwissenschaft bedeutet das ein fundamentales Problem: Sie kann sich bemühen, sich der fundamentalen Unsicherheit der neuen Konstellation zu stellen. Aber bereits der Versuch, die neuen Realitäten überhaupt nur zu beschreiben, stößt an Denkblockaden, erfordert Tabubrüche und ist stets bedroht von der Gefahr des Rückfalls in den *falschen Text*. Für den Versuch konkrete Handlungsperspektiven zu entwerfen gilt das noch viel mehr.

Drittens: Die hergebrachte Unterscheidung und Gegenüberstellung zwischen den Rechtschaffenen, den Guten, den ökologisch und sozial Progressiven aber noch Unterdrückten, auf der einen Seite und den Tätern, den Bösen, den Herrschenden und den Regressiven, auf der anderen, die in weiten Teilen der sozialwissenschaftlichen Diskussion und der aktivistisch-kritischen Literatur immer noch gepflegt wird, funktioniert so offenbar nicht mehr. Diese verbreiteten Übungen der Selbstdistanzierung erzählen eine Lügengeschichte; sie sind Teil des *längst abgespielten Stücks*. Denn gerade die in vielfacher Hinsicht privilegierten, moralischen und umweltbewussten Mittelschichten gehören ökologisch gesehen zweifellos zu den Tätern, und was die *große Regression* (Geiselberger 2017) anbetrifft, gehören sie zumindest zu den Mitverursachenden und stillen Nutznießenden der rechtspopulistischen Revolte.

Der metakritische Blick auf die bekannten kritischen Diagnosen, Ziele und Strategien, also gewissermaßen die soziologische *Beobachtung zweiter Ordnung* (Luhmann 1997), ist angesichts der fortgesetzten Politik der Nicht-Nachhaltigkeit dringend geboten, aber für sich allein freilich nicht hinreichend. Auch eine metakritische Soziologie wird sich einst fragen lassen müssen, warum sie nur beschrieben und erklärt hat, als die rechtspopulistische Politik immer unverblümter menschenverachtend wurde und statt von Menschenrechten und Menschenwürde von »Menschenfleisch« (Süddeutsche Zeitung 2018; Rüb 2018) sprach. Die Tausenden Ertrunkenen im Mittelmeer und die Leichenberge der braunen Vernichtungslager haben bei aller Unterschiedlichkeit der beiden Fälle etwas Wesentliches gemein. Derartige Parallelen sind unerträglich – die normativen Kriterien zu ihrer Kritik scheinen modernen Gesellschaften aber zwischen den Fingern zu zerrinnen. Und auch in diesem Buch können wir jenseits des *längst abgespielten Stücks* kaum aussichtsreiche, handlungspraktische Antworten geben. Das klingt wie ein Bekenntnis zur Hilflosigkeit. Doch wer zur Politik der Menschenverachtung nicht *schweigen* will; wer es mit dem Projekt der sozial-ökologischen Transformation ernst meint, und sich auch mit dem *falschen Text* der üblichen Nachhaltigkeitsbekenntnisse und der schlichten Behauptung, diese Transformation habe bereits begonnen, nicht bescheiden will, der muss sich hinaus wagen über das, was angeblich hilft und Hoffnung macht. Informationsverbreitung, Bewusstseinsbildung, praktische Lösungsansätze und Mobilisierungsaufrufe sind weiterhin wichtig und unverzichtbar. Aber von all dem gibt es heute mehr als reichlich. Und die primäre Frage ist in dieser Situation, *warum* eigentlich die unendliche Vielzahl weithin bekannter Problemdiagnosen, Strategievorschläge und Handlungsaufrufe in der Praxis so wenig Wirkung zeigt und *die sozial-ökologische Transformation einfach nicht stattfindet*.

Sich auf diese – genuin sozialwissenschaftliche – Frage zu konzentrieren bedeutet keineswegs, sich aus der politischen Verantwortung zu stehlen und sich in die wissenschaftliche Behaglichkeit zurückzuziehen. Tatsächlich wäre es sogar viel bequemer (und mit Blick auf wissenschaftliche Fördertöpfe auch lukrativer), weitere Lösungskonzepte in Aussicht zu stellen und Geschichten vom ökologischen Aufbruch zu erzählen. Umgekehrt verbrennt man sich mit der Frage nach den Blockaden der großen Transformation sehr leicht und gefährlich die Finger. Denn ein nicht unwesentlicher Grund, warum diese Transformation nicht in Gang kommt, ist, wie gesagt, dass auch die Umweltsoziologie und Transformationsforschung selbst eifrig mitgezimmert haben an einer Hegemonie der Wohlfühlnarrative, und dabei haben sie gleichzeitig mächtige Denkverbote gepflegt, die bewirken, dass die entscheidenden Fragen nicht einmal ernsthaft gedacht werden dürfen. Und jeder Verdacht einer solchen »Komplizenschaft« (Blühdorn/ Dannemann 2019) verursacht absehbar allergische Reaktionen. Paradigmatisch zeigt sich, was hier mit Denkverbot gemeint ist, aber etwa an der gängigen Behauptung, dass »der Wandel zu nicht wachstumsbasierten Sozialordnungen« unvermeidlich kommen werde, entweder »*by design* oder *by disaster*«, denn »ohne eine praktikable Antwort werden Stabilität und Zusammenhalt westlicher Sozialordnungen längerfristig nicht zu sichern sein« (Adloff 2018: 302; Herv. i. O.). Diese Argumentation enthält zwar richtige Elemente, klammert aber nach der Christian Morgenstern Logik, *dass nicht sein kann, was nicht sein darf* (Morgenstern 2002), das entscheidende Szenario, eben die Fortsetzung der Politik der Nicht-Nachhaltigkeit, mit allen ihren unvermeidlichen gewaltsamen Konsequenzen, von vorne herein als Möglichkeit einfach aus. Solche Denkblockaden müssen dringend durchbrochen werden, ebenso wie die nicht weniger mächtigen Sprechgebote, wie etwa, dass, wer nachhaltigkeitsbezogen denkt, forscht und vorträgt, unbedingt Hoffnung machen, *policy*-relevant sein und lösungsorientiert arbeiten müsse. Beides gehört zu dem, was Philipp Blom den *falschen Text* und etwa John Foster unsere »pervasive culture of denial« (Foster 2015: 35) nennt. Diese Kultur blüht einstweilen ganz unbeschadet davon, dass die Diskussion um die Nicht-Nachhaltigkeit allgegenwärtig ist, dass Grüne Parteien mitunter große Wahlerfolge feiern und Greta Thunberg eine beeindruckende neue Klimabewegung ins Leben gerufen hat.

Damit ist die Zielsetzung dieses Buches klar umrissen. Nur zu gern würden wir praktische Lösungsvorschläge präsentieren. Aber wir sehen die Sozialwissenschaften vor allem in der Verantwortung zu klären, warum die längst vorhandenen vielfältigen Lösungsangebote nicht greifen und mitunter sogar eher stabilisierend als transformativ wirken. Diese sozialwissenschaftliche Aufgabe können weder die Politikberatung noch aktivistische Bewegungen übernehmen, denn beide folgen einer grundsätzlich anderen – und wiederum auch nicht beide derselben – Funktionslogik. Auch die naturwissenschaftliche Nachhaltigkeitsforschung verfügt hier nicht über das erforderliche Sensorium und Instrumentarium. In Bezug auf sozial-ökologische Lösungsvorschläge oder praktische Politikberatung ist dieses Buch also bewusst zurückhaltend. Aber zum Verständnis der nachhaltigen Nicht-Nachhaltigkeit leistet es einen erheblichen Beitrag. Und natürlich hoffen wir weiter, dass eine gründlichere Analyse und ein besseres Verständnis der Politik und Gesellschaft der Nicht-Nachhaltigkeit, sowie ein selbstkritisches Bewusstsein des Beitrages, den die Umweltsoziologie und die kritische Sozialwissenschaft vielleicht selbst zu deren Stabilisierung leisten, letztlich neue Handlungsperspektiven eröffnen und politische Energien freisetzen werden, die wir im Moment noch nicht erkennen können. Hoffnung – die eigentlich keine sozialwissenschaftliche Kategorie ist – macht uns dabei vor allem die feste Überzeugung, dass es keinerlei Determinismus gibt. Trotz aller Zweifel an den gängigen Aktivierungs-, Beruhigungs- und Selbstbestätigungserzählungen, gibt es auch keinen Grund zu der Annahme, dass eine gesellschaftliche Transformation zur Nachhaltigkeit grundsätzlich unmöglich wäre. Und wer argumentiert, es sei ohnehin bereits zu spät und nunmehr klüger, auf den neuen Realismus der Rechtspopulist*innen – das Recht und die Macht des Stärkeren – einzuschwenken, der gießt Öl in ein Feuer, das schon jetzt gefährlich brennt. Wer diese Strategie vertritt, *hat es nicht nur ausdrücklich gewollt, sondern auch selbst getan.*

Nach diesen Vorüberlegungen beleuchtet das folgende Kapitel im Sinne einer erweiterten Einleitung nun zunächst den Zerfall verschiedener Sicherheiten, die im Umwelt- und Nachhaltigkeitsdiskurs bisher Orientierung gegeben hatten. Vorsichtig tastet es sich an das kategorisch Neue heran, das Grund dazu gibt, von einem umweltpolitischen *Paradigmenwechsel* zu sprechen. Dann wird die Analyse der Einzelaspekte vertieft und in eine umweltsoziologische Diagnose der *Gesellschaft der Nicht-Nachhaltigkeit* zusammengeführt. Vor diesem Hintergrund wird anschließend verschiedenen politischen Akteuren der geforderten sozial-ökologischen Transformation ein jeweils eigenes Kapitel gewidmet: dem Staat, den politischen Parteien, den Nischeninitiativen im Bewegungssektor, dem vor allem als Konsument*in gedachten Individuum, und dem kollektiven Subjekt gesamtgesellschaftlicher vorherrschender Wertorientierungen. Bei all diesen Akteuren – wirtschaftliche Akteure sowie der Markt und die Technologie werden in diesem Band jeweils nur indirekt thematisiert – geht es darum, einerseits die Erwartungen herauszuarbeiten, die an sie gestellt werden, und andererseits die Irrtümer und blinden Flecken, die in guten Teilen der jeweiligen Literatur festzustellen sind. Gemeinsam vertiefen und nuancieren diese Beiträge die Analyse der nachhaltigen Nicht-Nachhaltigkeit. Abschließend wendet sich das Buch der vielleicht größten Errungenschaft moderner Gesellschaften zu, der liberalen Demokratie, und untersucht Anzeichen einer Verwandlung der Demokratie vom wichtigsten Mittel des ökologisch-emanzipatorischen

Projekts in das vielleicht wichtigste Instrument der Politik der Nicht-Nachhaltigkeit. Alle Kapitel sind fest in die übergreifende Architektur des Buches und in sein sozialwissenschaftliches Gesamtprojekt eingebunden. Sie sind aber so konzipiert, dass sie jeweils auch alleinstehend gelesen werden können. Gerade wo mit innovativen und manchmal auch kontroversen Hypothesen experimentiert wird, sollten diese jeweils nur der ausgewiesenen Autor*in zugerechnet werden, nicht dem gesamten Autor*innenteam.

Literatur

Adloff, Frank (2018): »Zivilgesellschaft in der sozialökologischen Krise. Zur Transformation von Kapitalismus und Demokratie«, in: Forschungsjournal Soziale Bewegungen 31 (1-2), S. 298-309.

Baudrillard, Jean (2002): Der Geist des Terrorismus, Wien: Passagen.

Blom, Philipp (2018): Rede zur Eröffnung der Salzburger Festspiele 2018, https://archive.salzburgerfestspiele.at/Portals/0/Festrede_2018_PhilippBlom.pdf, zuletzt geprüft am 10.09.2019.

Blühdorn, Ingolfur/Dannemann, Hauke (2019): »Der post-ökologische Verteidigungskonsens. Nachhaltigkeitsforschung im Verdacht der Komplizenschaft«, in: Carolin Bohn/Doris Fuchs/Antonius Kerkhoff et al. (Hg.), Gegenwart und Zukunft sozial-ökologischer Transformation, Baden-Baden: Nomos, S. 113-134.

Brand, Ulrich/Wissen, Markus (2017): Imperiale Lebensweise. Zur Ausbeutung von Mensch und Natur in Zeiten des globalen Kapitalismus, München: oekom.

Foster, John (2015): After sustainability. Denial, hope, retrieval, London: Routledge.

Geiselberger, Heinrich (Hg.) (2017): Die große Regression. Eine internationale Debatte über die geistige Situation der Zeit, Berlin: Suhrkamp.

Lessenich, Stephan (2016): Neben uns die Sintflut. Die Externalisierungsgesellschaft und ihr Preis, München: Hanser.

Luhmann, Niklas (1997): Die Kunst der Gesellschaft, Frankfurt a.M.: Suhrkamp.

Mason, Paul (2016): Postkapitalismus. Grundrisse einer kommenden Ökonomie, Berlin: Suhrkamp.

Morgenstern, Christian (2002): Galgenlieder, München: Piper.

Müller, Jan-Werner (2016): Was ist Populismus? Ein Essay, Berlin: Suhrkamp.

Nachtwey, Oliver (2016): Die Abstiegsgesellschaft. Über das Aufbegehren in der regressiven Moderne, Berlin: Suhrkamp.

Niemöller, Martin: Als die Nazis die Kommunisten holten... Martin-Niemöller-Stiftung e.V., http://martin-niemoeller-stiftung.de/martin-niemoeller/als-sie-die-kommunisten-holten, zuletzt geprüft am 09.10.2019.

Rüb, Matthias (2018): Italien hilft nur den Italienern. Frankfurter Allgemeine Zeitung, https://www.faz.net/aktuell/politik/ausland/salvini-italien-hilft-nur-den-italienern-15652179.html, zuletzt geprüft am 27.09.2019.

Stiftung Futurzwei (Hg.) (2018): #NIMN, https://www.futurzwei.org/article/862, zuletzt geprüft am 25.08.2019.

Streeck, Wolfgang (2013): Gekaufte Zeit. Die vertagte Krise des demokratischen Kapitalismus, Berlin: Suhrkamp.

Süddeutsche Zeitung (Hg.) (2018): Mittelmeer: 220 Tote – Salvini bleibt bei hartem Kurs, https://www.sueddeutsche.de/politik/fluechtlinge-mittelmeer-220-tote-salvini-bleibt-bei-hartem-kurs-dpa.urn-newsml-dpa-com-20090101-180622-99-844878, zuletzt geprüft am 27.09.2019.

WBGU (2011): Welt im Wandel. Gesellschaftsvertrag für eine Große Transformation, Berlin: Wissenschaftlicher Beirat der Bundesregierung Globale Umweltveränderungen (WBGU).

Weidel, Alice (2018): Rede im deutschen Bundestag zur Haushaltsdebatte, http://dipbt.bundestag.de/doc/btp/19/19032.pdf, zuletzt geprüft am 25.08.2019.

Kein gutes Leben für Alle!
Annäherung an einen Paradigmenwechsel

Ingolfur Blühdorn

Das umwelt- und nachhaltigkeitspolitische Terrain ist sonderbar unsicher geworden. Wieviel Sinn macht der Kauf biologischer Bergbauernmilch in der wiederverwendbaren Glasflasche? Sind Elektroautos oder die CO_2-Besteuerung wirklich ein Schritt in die richtige Richtung? Bedeuten der Klimawandel und der Artenverlust tatsächlich einen planetarischen Notstand? Hat der wissenschaftliche Konsens bezüglich des Eintritts in ein neues erdgeschichtliches Zeitalter, das Anthropozän, alltagspraktisch irgendwelche Relevanz? Kann man angesichts gewählter Autokraten wie Donald Trump, Boris Johnson oder Jair Bolsonaro noch glauben, dass moderne Gesellschaften und die viel beschworene internationale Gemeinschaft die Kraft haben, eine *große Transformation* (WBGU 2011) zur Nachhaltigkeit zuwege zu bringen? Ist es sozialwissenschaftlich verantwortbar und politisch sinnvoll, entsprechende Hoffnungen zu nähren? Wie soll man sich eine ökologisch und sozial nachhaltige Gesellschaft heute überhaupt vorstellen – und wie attraktiv wäre das Leben in einer solchen Gesellschaft eigentlich? Wo verlaufen nachhaltigkeitspolitisch heute die Konfliktlinien; wer ist eigentlich der politische Gegner? Ist man anti-demokratisch oder reaktionär, wenn man nicht mehr bedenkenlos mehr Demokratie wagen mag? Wie weit trägt letztlich das eigene Bekenntnis zu Solidarität und Gerechtigkeit? Was signalisieren zum Beispiel die neue Klimabewegung von Greta Thunberg oder der elektorale Höhenflug einiger Grüner Parteien? Was kann man von derartigen Themenkonjunkturen und Mobilisierungszyklen realistisch erwarten – wenn gleichzeitig der Regenwald am Amazonas brennt und in Sibirien die Permafrostböden auftauen? Oder gelingt jetzt in letzter Minute vielleicht doch noch der Einstieg in die große, sozial-ökologische Transformation?

Die Banken- und Finanzkrise seit 2008 ist praktisch vergessen. Die Occupy-Wall-Street-Proteste sind vergangen wie andere Protestwellen vor ihnen, ohne nennenswerte Spuren hinterlassen zu haben. Die Vorhersagen vom Ende des Finanzkapitalismus (Streeck 2013, 2016; Mason 2016) haben sich jedenfalls nicht bewahrheitet, und von einer Abwendung vom Megakonsum ist ebenfalls nichts zu bemerken. Gibt es einen Grund zu der Annahme, dass heutige Mobilisierungswellen mehr erreichen könnten als ihre Vorgänger? Gewiss, die Wetterextreme, die soziale Ungleichheit oder die gesellschaftliche Spaltung sind nun gravierender und direkter erfahrbar denn je. Aber ist deswegen irgendjemand willens und in der Lage, vom etablierten Pfad und der bekannten Logik der gesellschaftlichen Entwicklung abzuweichen? Jedenfalls wehren sich die Bürger überall vehement gegen Maßnahmen, die nachhaltigkeitspolitisch wirklich effektiv wären, und Regierungen einigen sich nicht nur beim Klimaschutz stets auf den kleinsten gemeinsamen Nenner, den sie dann als das Maximum des politisch Machbaren bezeichnen. Die neue Klimabewegung artikuliert zwar ihre Angst und kritisiert die Politik für ihre Tatenlosigkeit. Mit ihrer zentralen Forderung, die Einhaltung des Pariser UN Klimaabkommens über das 1,5-Grad-Ziel von 2015, verbleibt sie aber auf der Ebene höchster Abstraktion. Eher gegenwarts- und lebensweltlich orientierte Mehrheiten und die von ihnen legitimierten Regierungen vollziehen derweil mehr oder weniger explizit den Abschied vom global-solidarischen Projekt der ökologischen und sozialen Nachhaltigkeit. Mit aller Entschiedenheit verteidigen sie Werte, verfestigen Strukturen und forcieren Entwicklungen – auch durch neue Freihandelsabkommen oder die nachhaltigkeitspolitisch verheerende Politik der EZB –, die in Jahrzehnten mühevoller Forschungs-, Informations-, Bewusstseinsbildungs- und Mobilisierungsarbeit eigentlich klar und eindeutig als nicht-nachhaltig erwiesen worden sind: *Nachhaltige Nicht-Nachhaltigkeit*. Was genau ist da passiert?

Nichts, könnte man antworten, das war schon immer so! Tatsächlich wäre jede Verklärung einer umweltpolitisch vermeintlich übersichtlicheren und entschiedeneren Vergangenheit verfehlt. Die Umwelt-, Klima- und Nachhaltigkeitspolitik war seit jeher das Feld vielschichtiger Konflikte zwischen verfeindeten Akteuren, einander widersprechenden Interessen und gegensätzlichen Denkrichtungen. Immer gab es ein Auf und Ab von erfolgreicheren und weniger erfolgreichen Phasen, einen Wechsel – je nach Perspektive – von Fortschritten und Rückschlägen. Aber ebenso wie eine rückblickende Romantisierung verfehlt wäre, wäre es irrig zu verkennen, dass sich gegenwärtig umweltpolitisch Grundsätzliches verschiebt. Wir erleben, um einen anspruchsvollen Ausdruck von Martin Held aufzugreifen, einen »singulären Moment der Geschichte« (Held 2016: 324), einen Paradigmen- und Epochenwechsel, mit dem der normative Kompass, der uns in der Klima-, Umwelt- und Nachhaltigkeitsdebatte in den letzten Jahrzehnten Orientierung gab, zunehmend unbrauchbar wird.

Tagespolitische Ereignisse verstellen hier leicht den Blick. Phänomene der Gegenwart und die dringende Sehnsucht, dass sich die Spannungen und Widersprüche der vielfachen Nachhaltigkeitskrise nun vielleicht doch auflösen werden, verführen mitunter zu vereinfachenden Interpretationen. Politisch-strategisch gesehen scheint es unbedingt vorrangig, das Momentum aktueller Themenkonjunkturen und Mobilisierungszyklen zu nutzen. Doch solche Konjunkturen können eben schnell vorüber sein, und längerfristig betrachtet ist es daher höchst wichtig zu verstehen, wie sich das Entstehen und Verebben solcher Konjunkturen erklärt, welche Funktionen sie erfüllen und welche Wirkungen sie haben, wie sich die gesellschaftlichen Rahmenbedingungen für die Umwelt-, Klima- und Nachhaltigkeitspolitik verändern, und ob es Grund zu der Annahme gibt, dass die Gegenwartsphänomene, die uns Hoffnung machen, die fest etablierte Logik der Nicht-Nachhaltigkeit wirklich in Frage stellen. Das ist die Logik der Vergrößerung, Vermarktlichung, Beschleunigung, Differenzierung, Individualisierung, Flexibilisierung, Singularisierung etc. Das Bedürfnis, es so zu sehen, ist, wie gesagt, groß, aber wie begründet ist diese Hoffnung?

Jahrzehnte der umweltpolitischen Aufklärung, Forschung, Bewusstseinsbildung, Mobilisierung und Institutionalisierung hatten zumindest über Grundparameter einen gewissen Konsens hergestellt: Westliche, kapitalistische Wachstumsgesellschaften und die von ihren Bürger*innen gepflegten, oder zumindest favorisierten, konsumorientierten Lebensstile sind nicht nachhaltig. Sie verschwenden begrenzte, nicht-nachwachsende Ressourcen und verursachen vielfältige Umweltprobleme, die sich stetig verschärfen und ökologische, ökonomische und soziale Krisen auslösen. Weil diese Probleme und Krisen vor nationalen Grenzen nicht Halt machen, müssen die umweltpolitischen Anstrengungen nationaler Regierungen durch intensive Zusammenarbeit auf internationaler Ebene integriert und ergänzt werden. Und weil ökologische Katastrophen letztlich alle Menschen – wenn auch nicht alle sofort und in gleichem Maße – betreffen und das Überleben der Menschheit insgesamt bedrohen, ist koordiniertes und effektives Handeln dringend und eine Fortsetzung des Status Quo keine Option. Ob wir es wollen oder nicht, so das übereinstimmende Bekenntnis, die Probleme müssen früher oder später angegangen und gelöst werden. Das ist alternativlos. Und das doppelte Ziel dabei ist – oder war? – allemal der Erhalt der natürlichen Umwelt und das, was seit einigen Jahren als *ein gutes Leben für Alle* firmiert (Nussbaum 1999; Novy 2013, 2017; I.L.A. Kollektiv 2017, 2019; Muraca 2014).

So war und ist es in entsprechenden Gesetzeswerken, Erklärungen, Strategiepapieren und internationalen Abkommen festgeschrieben. Mit dieser breiten institutionellen Verankerung, dem technologischen Fortschritt, einer ausdifferenzierten Nachhaltigkeitsforschung, markttauglichen Umsetzungsstrategien, einer Vielzahl engagierter Akteure und der internationalen Umweltdiplomatie bot sich auch eine aussichtsreiche – wenn auch immer verbesserungsbedürftige – Umsetzungsperspektive. Und Soziologen diagnostizierten schon seit den 1970er Jahren gerade bei den jungen Generationen einen kontinuierlichen Werte- und Kulturwandel, eine *stille Revolution* (Inglehart 1977), durch die die Umwelt- und Lebensqualität sowie die demokratische Selbstbestimmung gegenüber den älteren Prioritäten der materiellen Sicherheit und Verteilung zunehmend an Bedeutung gewinnen würden. Mit ihrer fortschreitenden Modernisierung würden selbst die fortschrittlichsten Gesellschaften noch immer umweltbewusster, demokratischer und kosmopolitischer. Nischenbewegungen, in denen neue Formen des Wirtschaftens, sozialen Zusammenlebens und demokratischen Entscheidens erprobt werden, seien die Reallabore einer ökologisch und sozial befriedeten Gesellschaft und die Pionier*innen eines Wandels, der bottom-up letztlich die gesamte Gesellschaft erfassen würde. All das gab Sicherheit, Orientierung und Hoffnung.

Überall ist der Versuch sichtbar, etwas von dieser Sicherheit zu retten. Buchtitel sprechen von der *Gesellschaft der Nachhaltigkeit* (Neckel et al. 2018), vom *neuen Gesellschaftsvertrag für eine große Transformation* (WBGU 2011), von der *sozial-ökologischen Transformation der Welt* (Brand 2017), so als ob die sich bereits vollziehe. Wissenschaftler*innen geben eine Einführung in die *Kunst des gesellschaftlichen Wandels* (Schneidewind 2018) oder behaupten sogar explizit, »dass die Nachhaltigkeitstransformation [...] am Beginn ist: jetzt« (Held 2016: 335, 340). Doch solche Narrative werden seit nunmehr einem halben Jahrhundert – zunächst nur von Vordenkern, dann immer breiter – in fast gleichlautender Form kontinuierlich wiederholt, ohne dass das die Grundstruktur und den Entwicklungspfad moderner, kapitalistischer Konsumgesellschaften, also die fortschreitende Auszehrung sozialer und natürlicher Ressourcen, bisher in nennenswerter Art und Weise verändert hätte. Entsprechend lässt sich diese Sicherheit immer schwieriger und letztlich nur noch in aktivistischen Echokammern erhalten, in denen man sich – in mobilisierungsstrategischer Absicht – mit aller Kraft gegen die übermächtige Ahnung stemmt, dass sich das politische Gelegenheitsfenster, wenn es je eines gab, für den Traum von der ökologisch und sozial befreiten und befriedeten Weltgesellschaft in Wahrheit vielleicht schon geschlossen hat. Und wenn derzeit allenthalben von *Ausnahmezustand* (Luks 2018) die Rede ist, von *Vielfachkrise* (Demirović et al. 2011) und *großer Transformation* (WBGU 2011; Karl-Werner Brand 2017; Schneidewind 2018), dann betrifft das trotz evidenter sozialer und politischer Turbulenzen letztlich wohl weniger die Strukturprinzipien, Logik und Dynamik der unbestritten nicht-nachhaltigen modernen, kapitalistischen Konsumgesellschaft, als vielmehr den Umweltdiskurs und die Klima- und Nachhaltigkeitspolitik selbst. Denn überdeutlich zeichnet sich ab: »Die von engagierten Klimawissenschaftlern geschürte Hoffnung auf eine – auf wissenschaftliche Analysen gestützte, in kürzester Zeit zu gestaltende – Große Transformation ist illusorisch« (Karl-Werner Brand 2017: 145). »Die große staatlich aktiv gestaltete und international synchronisierte post-fossile Transformation wird es nicht geben« (ebd.: 452). Kein gutes Leben für Alle!

Diese Aussage ist radikal. Sie markiert einen Abschied, einen Umbruch, den Zusammenbruch einer Erzählung. Sie stiftet Unordnung. Ist sie begründet? Ist sie eine bloße Feststellung? Formuliert sie eine normative Forderung? Vielleicht sogar ein reaktionäres Projekt? Sie klingt apodiktisch, soll hier aber weder totalen Determinismus, noch resignierten Pessimismus transportieren. Es geht nicht darum zu bestreiten, dass es auch weiterhin durchaus Spielräume für ökologische und soziale Maßnahmen gibt, die für einige auch weiterhin ein gutes und besseres Leben sichern werden. Auch soll nicht behauptet werden, dass eine gesamtgesellschaftliche Transformation zur Nachhaltigkeit grundsätzlich unmöglich wäre. Diese Feststellung ist zunächst nur die Plattform, von der ausgehend erkundet werden soll, warum es bisher offenbar nicht gelungen ist, einen solchen Gesellschaftswandel zu organisieren, und wie sich, nach vorne schauend, die Rahmenbedingungen für die weitere Umwelt-, Klima- und Nachhaltigkeitspolitik in modernen Gesellschaften verändert haben. Und was den Pessimismus betrifft, so können sich solche Gemütsverfassungen nur dort entfalten, wo beobachtete gesellschaftliche Entwicklungen als Niedergang und Verfall beziehungsweise als stetige Entfernung von geltenden Idealen und Erwartungen wahrgenommen werden. Ist das aber überhaupt der Fall? In welchem Maße haben hergebrachte, öko-emanzipatorische Entfremdungs- und Untergangserzählungen sowie die zugehörigen Visionen einer radikal anderen Zukunftsgesellschaft heute eigentlich noch gesellschaftliche Resonanz? Diese Frage berührt sogleich den Kern der angesprochenen Rahmenbedingungen. In diesem Kapitel geht es aber zunächst noch um eine vorsichtig einkreisende Annäherung an das Konzept der nachhaltigen Nicht-Nachhaltigkeit. Dazu werden zuerst der Kontext und die Vorgeschichte dessen rekonstruiert, was hier als Paradigmenwechsel beschrieben wird. Dann geht es um auffällige Veränderungen bezüglich der Hoffnungen und Erwartungen, die an zivilgesellschaftliche Akteure, den Staat und die politischen Parteien gestellt werden. Drittens wird der Abschied von der ökologischen Vernunft, Mündigkeit und Verantwortlichkeit als konstitutives Element des behaupteten Paradigmenwechsels thematisiert. Und abschließend wird ein sozialwissenschaftlicher Perspektivenwechsel skizziert, der zur Analyse der Gesellschaft und Politik der Nicht-Nachhaltigkeit erforderlich ist.

Der *singuläre Moment* und seine Vorgeschichte

Der Begriff *Paradigmenwechsel* ist schweres Geschütz (Kuhn 1976). Bei seiner Verwendung ist Vorsicht geboten, nicht zuletzt, weil es kaum möglich ist, so einen Wechsel zu diagnostizieren, wenn er nicht bereits abgeschlossen ist. Dazu bedarf es des historischen Abstands. Erst im Rückblick lassen sich wirklich paradigmatische Veränderungen als solche erkennen und beschreiben. Andererseits sind Paradigmenwechsel – auch in der Debatte um Umweltfragen – keineswegs ungewöhnlich. Das Verhältnis der modernen Gesellschaft zur Natur wurde seit dem ausgehenden 19. Jahrhundert in sehr verschiedenen Rahmungen debattiert, wobei etwa der bürgerliche *Naturschutz*, der national-konservative *Heimatschutz*, der sozialdemokratische *Umweltschutz*, die kapitalismuskritische *politische Ökologie* und das technokratische, marktkonforme Denken der Nachhaltigkeit jeweils als umweltpolitische Paradigmen betrachtet werden können, die sich mit ihren je eigenen Referenznormen, Problemdiagnosen, Zielvorstellungen und Lösungsstrategien recht klar voneinander abgrenzen lassen. Hier geht es aber um mehr. Und der hier behauptete Bruch kommt auch keineswegs unvorbereitet. Bereits in der zweiten Hälfte der 1980er Jahre beschrieb Ulrich Beck die Auflösung des Dualismus von Natur und Gesellschaft durch die *Vergesellschaftung der Natur* bei gleichzeitiger *Naturalisierung der Gesellschaft* (Beck 2000 [1986], 1993). Ebenfalls Ende der 1980er Jahre erschien Klaus Eders Buch *Die Vergesellschaftung der Natur* (Eder 1988), das in überarbeiteter Form später als *The Social Construction of Nature* (Eder 1996) breite, internationale Resonanz fand. 1990 diagnostizierte Bill McKibben *The End of Nature* (McKibben 1990). Kurz darauf schrieb Gernot Böhme über *Natur im Zeitalter ihrer technischen Reproduzierbarkeit* (Böhme 1992), Rolf Peter Sieferle unternahm einen *Rückblick auf die Natur* (Sieferle 1997) und die Fachzeitschrift *Environmental Politics* publizierte den ersten Entwurf meiner *Theory of Post-Ecologist Politics* (Blühdorn 1997, 2000). Diese soziologische Theorie fragt nach der Möglichkeit und den Bedingungen einer Umweltpolitik, die sich nicht mehr auf außergesellschaftliche und vermeintlich objektive Referenznormen, wie etwa *die Natur*, stützen kann. Die Schwerpunktsetzung war in diesen Publikationen jeweils verschieden, aber gemein war ihnen die mehr oder weniger bestimmte Erfahrung eines Verlusts von normativer Sicherheit und politischer Orientierung. Gleichermaßen neu und erschütternd war die Erkenntnis: »Without nature, in the post-natural world, there is nothing but us« (McKibben 1990: 55). Diese Publikationen nahmen vorweg, was heute als wissenschaftlicher Konsens über den Anbruch des Anthropozäns (Crutzen 2002; Crutzen/Steffen 2003; Schwägerl 2010) fest etabliert ist.

Der nachhaltigkeitspolitische Paradigmenwechsel, der hier behauptet wird, hatte sich also schon lange angekündigt, und heute wird lediglich immer greifbarer, was er bedeutet. Die Schwierigkeit, ihn bereits früher zu fassen, lag wesentlich auch darin begründet, dass das große ökopolitische Projekt, das heute verabschiedet wird, genau zu dem Zeitpunkt, als die ersten Beobachter*innen seinen Niedergang diagnostizierten, überhaupt erst auf höchster Ebene institutionalisiert wurde. Mit dem Erdgipfel der Vereinten Nationen 1992 in Rio bekam die internationale Umweltpolitik nicht nur einen global integrierenden institutionellen Rahmen, sondern aufbauend auf den *Brundtlandbe-*

richt von 1987 auch ein international integrierendes Leitbild, die *nachhaltige Entwicklung*, sowie eine demokratisch-partizipatorische Strategie, die *Lokale Agenda 21*, die bei der Umsetzung dieses Leitbildes den Gegenpart zur Gipfeldiplomatie und zwischenstaatlichen Vereinbarungen bilden sollte (WCED 1987). Auf derselben Konferenz wurde auch die zuvor in New York ausgehandelte Klimarahmenkonvention unterzeichnet. All das signalisierte zunächst einen mächtigen umweltpolitischen Aufbruch, verbreitete erheblichen Optimismus und leitete die große Phase der internationalen Umwelt-, Klima- und Nachhaltigkeits-Governance ein. Zwar fanden sich die kapitalismuskritischen, emanzipatorischen Ideale der politischen Ökologie, die Anfang der 1980er Jahre zum Entstehen einer ganz neuen Parteienfamilie *jenseits von rechts und links* geführt hatten, in dem technokratisch-marktkonformen Paradigma der nachhaltigen Entwicklung nur noch in höchst abgeschwächter Form wieder (vgl. Blühdorns Kapitel zur *Gegenwartsdiagnose* in diesem Band), aber die emanzipatorische Kernidee, dass die gesamte Menschheit, einschließlich zukünftiger Generationen, das Recht auf ein freies, würdiges und selbstbestimmtes Leben in einer wohlbehaltenen natürlichen Umwelt hat, und dass dieses Ziel mit Hilfe internationaler Institutionen und einer koordinierten *global governance* der einen gemeinsamen Welt praktisch umzusetzen sei, erlebte im folgenden Jahrzehnt – zumindest auf der Ebene der Vereinten Nationen – den Höhepunkt ihrer politischen Bedeutung. Dieses Jahrzehnt ließe sich als der Zenit des ökologisch erweiterten Aufklärungsprojekts des *Auszuges der Menschheit aus ihrer selbst verschuldeten Unmündigkeit* beschreiben, und als der Versuch, die kantischen Vernunftideen einer *allgemeinen Geschichte in weltbürgerlicher Absicht*, einer *kosmopolitischen Ordnung* und des *ewigen Friedens* (Kant 1983) auch umwelt- und nachhaltigkeitspolitisch auszubuchstabieren und umzusetzen.

Gleichzeitig aber, und scheinbar in krassem Widerspruch, entfaltete sich betrieben von sozialdemokratischen Spitzenpolitikern wie Bill Clinton, Gerhard Schröder und Tony Blair die Politik des sogenannten *Dritten Weges* (Giddens 1999; Hombach 2000), die den Marktliberalismus, der bereits seit den frühen 1980er Jahren stetig an Bedeutung gewonnen hatte, endgültig hegemonial machte. Der schlanke Staat, die Privatisierung öffentlichen Eigentums, die Deregulierung der Märkte, die Selbstverantwortung der Bürger*innen, der Rückbau des Sozialstaats samt Ächtung des Prinzips der Umverteilung, Steuerentlastungen vor allem für die Wohlhabenden und die Wirtschaft, und die Entwicklung des Finanzkapitalismus befeuerten das ökonomische Wachstum und bescherten vor allem privilegierten Teilen der Gesellschaft erhebliche Wohlstandsgewinne – bis die Pleite der Lehman Bank 2008 die Blase zum Platzen brachte. Nachhaltigkeitspolitisch hatte sich bereits beim Rio+10 Gipfel in Johannesburg 2002 eine deutliche Abkühlung der Aufbruchsdynamik der frühen 1990er abgezeichnet, aber die große Zäsur folgte erst mit dem ergebnislosen UN-Klimagipfel in Kopenhagen 2009 (Blühdorn 2011), auf dem es den Verhandlungspartner*innen nicht gelang, ihre Interessengegensätze zu überbrücken und ein wirksames Klimaschutzabkommen zu verabschieden. Dabei blieb zu diesem Zeitpunkt zunächst durchaus noch offen, in welche Richtung sich die Nachhaltigkeitspolitik weiter entwickeln würde.

Denn mehr als je zuvor war nun international von einer großen gesellschaftlichen Vielfachkrise die Rede, vom Kollaps des Neoliberalismus, sogar vom Ende des Kapitalismus (Streeck 2013; Mason 2016). Der Zusammenbruch des internationalen Finanzsystems wurde nicht bloß als eine der für den Kapitalismus typischen zyklisch wiederkehrenden, sondern vielmehr als strukturelle Krise interpretiert, die signalisierte, dass der globale Finanzkapitalismus nunmehr an seine strukturellen Grenzen gestoßen war. Hatten sich Grüne Parteien in den 1980er Jahren mit ihrer Behauptung, »das System ist bankrott« (Kelly 1983: 13-19), noch offensichtlich geirrt, schien sich diese Diagnose nun endgültig bewahrheitet zu haben, und ein radikaler wirtschaftlicher, ökologischer und politischer Gesellschaftswandel schien jetzt nicht nur möglich, sondern geradezu unvermeidlich. Anknüpfend an Karl Polanyi, der bereits in den 1940er Jahren ausgeführt hatte, dass »die institutionelle Trennung von Politik und Wirtschaft«, also das zentrale Anliegen des Neoliberalismus, eine »tödliche Gefahr für die Substanz der Gesellschaft« sei (Polanyi 1978 [1944]), erlebte der Begriff der *großen Transformation* eine unerwartete Renaissance. Polanyi hatte die These vertreten (vgl. Blühdorns Kapitel zur *Gegenwartsdiagnose* in diesem Band), dass die Utopie des sich selbst regulierenden Marktes eine Illusion sei, die eine »pervertierte Freiheit« für wenige »auf Kosten von Gerechtigkeit und Sicherheit« für die Gesellschaft erkaufe, bis sie schließlich notwendig zerplatzen werde (ebd.: 336-337). Das entsprach sehr genau dem, was seit 2008 realpolitisch zu beobachten war. Aber es gab Hoffnung.

Verschiedenste Akteure von Grünen Parteien bis hinauf zu Barak Obama und dem Umweltprogramm der Vereinten Nationen sprachen nun von einem *Green New Deal* (Stern 2009) als einer aussichtsreichen

Strategie, die Krisen der Weltwirtschaft, des Weltklimas und der globalen Ökologie gleichzeitig in den Griff zu bekommen. Sehr viel radikaler propagierten dann die neu entstandene Postwachstumsbewegung und ihre Degrowth-Konferenzen (ab 2008) sowie die vielfältigen urbanen Initiativen des *new everyday environmentalism* (Schlosberg/Coles 2016) die endgültige Verabschiedung – statt der verzweifelten Reanimierung – der zerstörerischen Wachstumslogik zugunsten der Idee des guten Lebens für Alle. Die *Square-Movements* in Barcelona, Athen oder Istanbul, der *Arabische Frühling* in Tunesien und Ägypten, und die *Occupy-Wall-Street-Proteste*, die sich von New York in viele europäische Städte ausbreiteten, signalisierten eine große internationale Bewegung für die Überwindung des Finanzkapitalismus, für eine post-fossile, post-kapitalistische Postwachstumsgesellschaft und für eine wahrhafte Demokratie jenseits der entpolitisierten, neoliberalen *Postdemokratie* (Crouch 2008). Hatten die emanzipatorischen Bewegungen der 1970er und frühen 1980er Jahre ihre ökologisch-demokratischen Forderungen noch vor allem aus der Perspektive der post-marxistischen Kritischen Theorie formuliert und begründet, so stützte sich eine in vieler Hinsicht ähnliche politische Agenda nun zusätzlich auf ein detailliertes, naturwissenschaftliches Verständnis der fossilenergetisch fundierten Zivilisation, die an klar benennbare *planetarische Grenzen* (Biermann 2012; Rockström 2015; Rockström et al. 2009) gestoßen war. Und war in den 1970er und frühen 1980er Jahren die Rede vom *Spätkapitalismus* (Habermas 2004 [1973]; Offe 1972) noch eindeutig verfrüht gewesen, so schien die Wirtschaftskrise ab 2008 anzuzeigen, dass ein Ende des Kapitalismus nun tatsächlich absehbar (Streeck 2016) und die Zeit für eine postkapitalistische Weltordnung gekommen sei (Mason 2016). Ganz im Geiste von Polanyis These, dass »das Ende der Marktgesellschaft [...] den Anfang einer Ära nie dagewesener Freiheit bedeuten« könnte, und zwar »nicht nur für die wenigen, sondern für alle« (Polanyi 1978 [1944]: 339), waren viele Aktivist*innen und Bewegungen daher entschlossen, die »große Aufgabe«, von der Polanyi gesprochen hatte, anzunehmen: Die Aufgabe, »mit allen uns zur Verfügung stehenden Mitteln« für die aus der »zusammengebrochenen Marktwirtschaft überkommenen Werte« zu kämpfen, damit sie »die erklärten Ziele der Gesellschaft werden, der wir zustreben« (ebd.: 337).

Doch obwohl die Vorbedingungen für das Projekt einer wirklich großen Transformation zur post-fossilen, post-kapitalistischen Post-Konsumgesellschaft angesichts der Vielfachkrise nun viel aussichtsreicher schienen als etwa zu Zeiten der frühen Grünen (vgl. differenzierter Blühdorns Kapitel zur *Gegenwartsdiagnose* in diesem Band), hatten die vielfältigen Bewegungen und Akteure weder einzeln noch im Verein die Kraft, dem bereits totgesagten Neoliberalismus eine Wirtschafts- und Gesellschaftsvision entgegenzusetzen, die genügend politische Strahlkraft und nennenswerte Wirksamkeit entwickelt hätte. Obwohl die neoliberale Austeritätspolitik, breit rezipierte Studien über rasant zunehmende soziale Ungleichheit (Piketty 2016; Milanović 2017), sowie die sich stetig verschärfenden Diagnosen und Warnungen des Weltklimarates die soziale und ökologische Zerstörungskraft des Kapitalismus immer erneut vor Augen führten; obwohl Beschreibungen und die Kritik der *imperialen Lebensweise* (Brand/Wissen 2017) in modernen *Externalisierungsgesellschaften* (Lessenich 2016) sich mitunter auf Bestsellerlisten fanden; und obwohl Forschung und Wissenschaft mehr denn je bereit waren, sich als *transformative Forschung* (Schneidewind 2009, 2015; Schneidewind/Singer-Brodowski 2014; WBGU 2011) in den Dienst des großen Projekts zu stellen, blieb der Strukturwandel zur ökologisch und sozial nachhaltigen Gesellschaft – zumindest bisher – eine realpolitisch eher kraftlose Idee.

Schon wenige Jahre nach der Banken- und Finanzkrise wurde klar erkennbar, dass die Logik der Vermarktlichung keineswegs erschöpft ist, sondern mit der Digitalisierung und der Künstlichen Intelligenz vielmehr in eine entscheidende neue Phase eintritt, in der der innerste Kern des modernen Denkens, die bürgerliche Idee des autonomen und identitären Vernunftsubjekts, selbst zur Zielscheibe wird. Diese Idee ist – oder war? – für das ökologisch-emanzipatorische Projekt einmal zentral (vgl. Blühdorns Kapitel zur *Gegenwartsdiagnose* in diesem Band). Doch ebenso wie die Auflösung von Identitätsbildung und Selbstverwirklichung in den Konsumgütermarkt heute längst zur Normalität geworden ist und immer weniger als Unfreiheit und entfremdend wahrgenommen wird, wird auch die Ablösung des vermeintlich autonomen Subjekts als Bezugspunkt aller Entscheidungen durch Datensätze und Profile, die von der natürlichen und moralischen Person abstrahieren, offenbar nur in kleinen Teilen der Gesellschaft als ernsthaftes Problem und als Entfremdung wahrgenommen. Jedenfalls gibt es kaum Anzeichen für eine nennenswerte oder wirkmächtige Abwehrbewegung gegen diese Ablösung und Auflösung des dem Anspruch nach autonomen Subjekts, das immerhin die Zentralkategorie der Moderne überhaupt ist. Vielmehr ist international ein aggressiv ausgrenzender Rechtspopulismus zur die Agenda bestimmenden politischen Kraft avanciert, der einen Frontalangriff nicht nur auf die alte Vision der *nie dagewesenen Freiheit für Alle* betreibt, sondern auf das Projekt einer sozial-ökologischen Transformation überhaupt.

Die Wahl Donald Trumps zum Präsidenten der USA, dessen umgehender Ausstieg aus dem Pariser Abkommen von 2015, seine Distanzierung von der UN-Politik insgesamt und seine neo-nationalistische Agenda des *America First* wurden zum zentralen Symbol für das Ende dieses Projekts. Donald Trump artikulierte, sanktionierte und beschleunigte letztlich aber nur, was sich lange schon unterschwellig entwickelt hatte, bis dahin aber nicht offen ausgesprochen werden konnte, weil dies geltende Normen verletzt und entsprechende internationale Ächtung nach sich gezogen hätte. Trumps Aufkündigung des Multilateralismus und der internationalen Kooperation wirkte jedoch wie ein Befreiungsschlag und als Katalysator für eine ausdrückliche Refokussierung auf nationale Eigeninteressen weit über die USA hinaus. Seine *Politik der Abrissbirne* und die rechtspopulistische Revolution international erklärten dem kosmopolitischen Projekt der globalen Kooperation und Solidarität eine offene Absage, erklärten die Interessen und die weltpolitische Vormachtstellung der etablierten Industrieländer für ausdrücklich prioritär, rehabilitierten das Recht des Stärkeren, und offenbarten die Entschiedenheit, mit der diese Gesellschaften all das zu verteidigen gedenken, was sie – jenseits ihrer bis dato vorgetragenen Selbstbeschreibungen – als *unsere Freiheit, unsere Werte und unseren Lebensstil* betrachten. Dass etwa die deutsche AfD in ihren Wahlprogrammen explizit und mit beträchtlichem elektoralen Erfolg jegliche Klimaschutzpolitik ablehnen und den Ausstieg Deutschlands aus allen internationalen Bemühungen sowie aus der Förderung sämtlicher Klimaschutzorganisationen fordern kann (AfD 2017, 2019), wäre vordem vollständig undenkbar gewesen.

Westliche demokratische Konsumgesellschaften erleben also in der Tat einen »singulären Moment der Geschichte« (Held 2016: 324), einen wahren *Ausnahmezustand* (Luks 2018). Der liegt aber nicht darin, dass das etablierte sozio-ökonomische System nun aufhörte zu funktionieren und diese Gesellschaften, ob sie das wollen oder nicht, zusammenbruchsbedingt in eine gesellschaftliche Transformation »von der fossil geprägten Nichtnachhaltigkeit zu einer postfossilen nachhaltigen Entwicklung« (Held 2016) einträten, sondern der singuläre Moment, der Paradigmenwechsel, liegt in der Verabschiedung des Nachhaltigkeitsprojekts selbst und des kantischen Aufklärungsprojekts insgesamt. In Anlehnung an Polanyi könnte man sagen: Er liegt in der Befreiung der fossilen Moderne und ihrer exklusiven Lebensformen aus ihrer aufklärungsphilosophischen Einbettung und Zähmung. Das Erreichen und Überschreiten sogenannter *planetarischer Grenzen* bewirkt also nicht eine große Transformation zur Nachhaltigkeit, sondern gerade weil zunehmend sichtbare ökonomische und ökologische Grenzen immer offener mit den zunehmend entgrenzten, unverhandelbaren Freiheits- und Selbstverwirklichungsansprüchen, die sich in den Mittel- und Oberschichten moderner Gesellschaften fest etabliert haben (vgl. dazu detaillierter Blühdorns Kapitel zur *Gegenwartsdiagnose* in diesem Band), kollidieren, werden der Abschied vom Projekt der sozialen und ökologischen Integrität und eine Politik der radikalen Ungleichheit und Exklusion offenbar unverzichtbar: eine *Politik der Nicht-Nachhaltigkeit*.

Mit dieser Diagnose soll hier freilich keinerlei Rechtfertigung ausgesprochen werden. Es soll auch nicht behauptet werden, dass vordem alle gemeinsam für ein gutes Leben für Alle gestritten hätten, noch soll geleugnet werden, dass die neue Klimabewegung weltweit Millionen junge Menschen auf die Straße gebracht hat, um für die Einhaltung des Pariser Klimaabkommens zu demonstrieren. Der entscheidende Punkt liegt woanders: Gleichheit, Gerechtigkeit und die unantastbare Würde aller Menschen waren bisher ein unbestrittenes *regulatives Ideal der Vernunft*, ein emanzipatorisches Ideal, ein Kernbestand der sich als *zivilisiert* verstehenden Welt und ein moralischer Imperativ im kantischen Sinne, dem zumindest auf der deklaratorischen Ebene allgemein gehuldigt wurde. Und auch in umweltpolitischer Hinsicht hatten Jahrzehnte der Information und Mobilisierung dazu geführt, dass es praktisch nicht mehr möglich war, sich offen nachhaltigkeitspolitisch desinteressiert oder sogar ablehnend zu zeigen. Heute hingegen werden genau diese Normen offen und ausdrücklich als *politisch korrekt* abgelehnt und als veraltetes *Gutmenschentum* aktiv bekämpft – am deutlichsten im politisch nun tonangebenden rechtspopulistischen Diskurs, etwas verhaltener aber auch weit darüber hinaus. Hatte es bisher jenseits des offen Sagbaren vielleicht einen *stillen* Gesellschaftsvertrag für die Politik der Nicht-Nachhaltigkeit gegeben (Blühdorn 2007), so ist der inzwischen recht öffentlich. In genau diesem Sinne steht hinter der Überschrift dieses Kapitels ein Rufzeichen. Das ist tatsächlich eine große Transformation – aber nicht die, die viele Wissenschaftler*innen und Aktivist*innen immer wieder einfordern. Demgegenüber scheinen die politischen Institutionen und das kulturelle Kapital, also die institutionellen und normativen Ressourcen, die für eine große Transformation im ökologisch-emanzipatorischen Sinne unbedingt erforderlich wären, ausgezehrter denn je. Oder signalisiert die Fridays-for-Future-Bewegung vielleicht doch das Gegenteil?

Zivilgesellschaft, Staat und Parteien

Westliche Konsum- und Wohlstandsgesellschaften sind also im Begriff, so die hier formulierte These, sich von einem politisch-kulturellen Projekt zu verabschieden, das offenbar nicht haltbar, nicht nachhaltig, nicht zu halten ist. Dabei haben sie ihre Freiheits- und Selbstbestimmungsansprüche keineswegs aufgegeben, sondern – genau das ist der entscheidende Punkt – vielmehr radikalisiert. Allerdings hat diese Diagnose hier einstweilen nur den Status einer These, denn während sich rechtspopulistische Kräfte, die international im Moment politisch tonangebend sind, offen zur imperialen Lebensweise und zur Externalisierungsgesellschaft bekennen und entsprechende Sicherungs- und Verteidigungsmaßnahmen forcieren, entfalten sich immerhin auch vielfältige Gegeninitiativen, die vehement protestieren und politischen Druck ausüben, die gesellschaftlichen Wohlstand anders definieren, mit alternativen Formen des Wirtschaftens und gesellschaftlichen Zusammenlebens experimentieren und neue kulturelle Ressourcen, soziale Praktiken und institutionelle Kapazitäten schaffen und mobilisieren wollen. Ob hier tatsächlich Wertorientierungen, Strukturen und Fähigkeiten geschaffen werden, die – vielleicht erst jenseits der rechtspopulistischen Konjunktur – ihr transformatives Potenzial voll entfalten werden, steht einstweilen dahin. Sehr wenig an diesen neuen Bewegungen ist allerdings wirklich neu, und es ist nicht einfach ersichtlich, warum diese heutigen Initiativen mehr transformative Kraft entfalten und bessere Erfolgsaussichten haben sollten als ihre Vorgänger. Zahlreiche Beobachter sind jedoch auch heute wieder optimistisch, dass der *cultural backlash* (Norris/Inglehart 2019) und die *große Regression* (Geiselberger 2017), die sich gegenwärtig vor allem im Rechtspopulismus artikulierten, sich zwar in der Tat unmittelbar gegen die emanzipatorisch-ökologischen Werte progressiver Bewegungen und der *stillen Revolution* (Inglehart 1977) wenden, dass sich auf längere Sicht aber die demokratisch-emanzipatorischen Werte gegenüber der rechtspopulistischen Revolte durchsetzen werden (Alexander/Welzel 2019, 2017).

Zerfalls- und Restrukturierungsphasen wie die derzeitige, betont Karl-Werner Brand, seien »immer mit verschärften Polarisierungen zwischen den Vertretern restaurativer, fundamentalistischer und nationalistischer Gesellschaftsentwürfe auf der einen und den Vertretern zukunftsorientierter, kosmopolitischer, solidarischer Gesellschaftsentwürfe auf der anderen Seite verbunden« (Karl-Werner Brand 2017: 74). In welche Richtung die politische Entwicklung letztlich gehen wird, sei derzeit aber noch nicht absehbar. Und wie bereits Polanyi davon ausgegangen war, dass nach dem Zusammenbruch der Wettbewerbsgesellschaft eine neue demokratisch-emanzipatorische Bewegung die *nie dagewesene Freiheit für alle* erkämpfen könnte, sind bis heute viele Beobachter*innen davon überzeugt, dass die Krise des Neoliberalismus, die Folgen des Brexit sowie die praktische Erfahrung des Klimawandels und mit dem Rechtspopulismus dazu führen könnten, dass die emanzipatorische Linke sich rekonstituiert. In diesem Sinne vertraute André Gorz bereits in den 1980ern auf das *post-industrielle Service-Proletariat* (Gorz 1980, 1983). Anfang der 2000er Jahre – also schon deutlich vor der Banken- und Finanzkrise ab 2008 – war Colin Crouch überzeugt, die Gelegenheit sei nun günstig »für all diejenigen, die in den neunziger Jahren durch die scheinbare Überlegenheit des *shareholder*-Modells eingeschüchtert« worden waren, »zum Gegenangriff überzugehen« (Crouch 2008: 137, Herv. i. O.). Heute sieht etwa Chantal Mouffe in einem *linken Populismus* die große Chance (Mouffe 2018). Und Nancy Fraser bezeichnet die amerikanische Trump-Administration ausdrücklich als ein *Interregnum*, das nicht nur Gefahren bedeute, sondern auch große Möglichkeiten biete. Im *guten Leben für Alle* sieht sie weiterhin ein aussichtsreiches Leitbild, und der »wachsende gesellschaftliche Widerwille gegen die derzeitige Ordnung«, so glaubt sie, lasse sich mobilisieren für das Projekt einer erneuerten Linken (Fraser 2017c). Eine neue Linke könne »auf das breite und wachsende Reservoir an sozialem Widerstand gegen die herrschende Ordnung zurückgreifen« (Fraser 2017b: 88).

Doch diese Hoffnung auf eine linke Sammlungsbewegung steht auf schwachen Füßen, ebenso wie die Rede von einem neuen Gesellschaftsvertrag für die große Transformation und die Behauptung, Nischeninitiativen wie Gemeinschaftsgärten, Essenskooperativen oder Leihläden seien Pionier*innen und Reallabore des gesamtgesellschaftlichen Wandels zur Nachhaltigkeit. Eher erklären sich solche Initiativen möglicherweise als Nischen zur Pflege bestimmter Identitätsverständnisse und Selbstbeschreibungen (vgl. den Beitrag von Deflorian in diesem Band). Auffällig ist jedenfalls – wie etwa bei den jüngsten internationalen Klimaprotesten – die verbreitete Rückbesinnung auf den Staat und *die Politik*, von denen nach einer langen Phase der Skepsis plötzlich wieder verstärkt erwartet wird, dass sie bei der Nachhaltigkeitstransformation die Führung übernehmen. Jahrzehnte lang hatten emanzipatorische soziale Bewegungen den Staat und die Politik vor allem der Komplizenschaft mit Wirtschaft und Technologie verdächtigt und waren überzeugt, dass der eigentliche Sitz und Ort des öffentlichen Interesses, der wahren Vernunft und des Gemeinwohls allein die Zivilgesellschaft ist. Entsprechend galt als sicher, dass Visionen vom guten Leben für Alle und eine sozial-ökologische Transformation zur Nachhaltigkeit auch nur von der Zivilgesellschaft ausgehen und von selbstorganisierten sozialen Bewegungen getragen werden können.

Eben dieses überwältigende Selbstvertrauen der sozialen Bewegungen und der Zivilgesellschaft ist aber durch die zunehmende Pluralisierung, Differenzierung und Komplexität moderner Gesellschaften, durch die offensichtliche Übermacht der globalisierten Konzerne und deregulierten Märkte, sowie durch den sichtbaren Zerfall dessen, was Almond und Verba in den 1960er Jahren als *civic culture* (Almond/Verba 1963) und Robert Putnam später als *social capital* (Putnam 2000) bezeichnet hatten, heute tief erschüttert. Und obwohl die Klima- und Nachhaltigkeitsforschung den älteren, notorisch unspezifischen Befürchtungen, dass der Kapitalismus und die Konsumindustrie das authentische Selbst, das wahrhaft gute Leben und die Natur entfremden, ausbeuten, unterdrücken und ersticken, längst umfassende, empirisch gesicherte Erkenntnisse zu sozialer Ungleichheit, Artenverlust, Klimawandel und Ressourcenauszehrung zur Seite gestellt haben, sind soziale Bewegungen immer weniger in der Lage, gesellschaftlich resonanzfähige und mobilisierende Visionen von einer radikal anderen, ökologisch und sozial befriedeten Gesellschaft zu entwerfen und zu kommunizieren.

Vor diesem Hintergrund wird vom Staat nun wieder sehr viel lauter gefordert, dass er nicht nur bei der Bankenrettung, sondern auch als *Umweltstaat* oder *Green State* (Eckersley 2004; Hausknost/Hammond 2020) interveniert, reguliert und das leistet, was die sozialen Bewegungen letztlich doch nicht selbstorganisiert und aus eigener Kraft schaffen konnten. Für die ehemals so selbstbewussten Bewegungen bedeutet das eine große Ernüchterung. Was den Staat betrifft, ist jedoch höchst unsicher, inwieweit er seinerseits überhaupt den Willen und die Fähigkeit hat, diese Aufgaben zu übernehmen. Denn die Rhetorik der Rückgewinnung nationalstaatlicher Kontrolle und Souveränität ist derzeit zwar unüberhörbar, aber Staat und Politik bleiben auch weiterhin im Zangengriff globalisierter Konzerne und Märkte einerseits und der Abhängigkeit von demokratischer Legitimation andererseits, und sind daher kaum in der Lage, die politischen Maßnahmen zu initiieren, die für eine sozial-ökologische Transformation wohl unverzichtbar wären (vgl. den Beitrag von Hausknost in diesem Band). Nicht nur rechtspopulistische Regierungen, sondern auch Angela Merkels Verbeugungen vor der Automobilindustrie und den deutschen Autofahrer*innen legen davon deutlich Zeugnis ab.

Die staatliches Handeln vorbereitende Aufgabe, konkurrierende Entwürfe für eine zukünftige Gesellschaft und ein gutes Leben für alle anzubieten, kommt in der formalisierten Politik, also jenseits der zivilgesellschaftlichen sozialen Bewegungen, eigentlich vor allem den politischen Parteien zu. Sie galten bisher als die wichtigsten Institutionen der Interessenbündelung und öffentlichen Meinungsbildung. Doch die bereits vor Jahrzehnten diagnostizierte Krise der Parteien (Wiesendahl 2006; Dalton/Wattenberg 2000; Mair 2013) hat sich gerade in Bezug auf die traditionellen Volksparteien stetig weiter zugespitzt, und derzeit ist zu beobachten, wie sich charismatische Polit-Unternehmer – Kurz, Macron, Trump, Orban, Putin, Erdogan – gegenüber ihren Parteien zunehmend verselbständigen, und an Stelle formaler Parteistrukturen flexible Bewegungen zu schaffen versuchen, die ihnen politische Rückendeckung und gesellschaftliche Verankerung geben sollen (Butzlaff 2018; Priester 2018). Besonders irritierend an dieser offensichtlichen Transformation der Parteien und ihrer politischen Bedeutung ist, dass gerade die emanzipatorische Linke große Schwierigkeiten hat, attraktive und mobilisierungsfähige Narrative von einer zukünftigen, besseren Gesellschaft zu entwickeln (vgl. den Beitrag von Butzlaff zu *Parteien* in diesem Band). Angesichts der Wiedergeburt der sozialen Frage und sich verschärfender sozialer Ungleichheit läge die Vermutung nahe, dass linke und sozialdemokratische Parteien hohe Konjunktur haben. Stattdessen erleben jedoch gerade sozialdemokratische Parteien einen auffälligen Niedergang und haben dem Rechtspopulismus wenig entgegenzusetzen (Hillebrand 2015; Leggewie 2017; vgl. auch den Beitrag von Butzlaff zum *Wertewandel* in diesem Band). Grüne Parteien wiederum, die, wie man erwarten könnte, in ganz besonderer Weise von der sich zuspitzenden Nachhaltigkeitskrise profitieren müssten, erfreuen sich bei Wahlen zwar mitunter erheblicher Stimmenzuwächse, tun sich aber ebenfalls äußerst schwer damit, sozial-ökologische Konzepte zu entwickeln, die transformationspolitisch effektiv und dabei gleichzeitig noch für die Wähler*innen ansprechend sind.

Als die jüngsten Statthalter des emanzipatorisch-progressiven Projekts waren Grüne Parteien einst entschlossen, sich jenseits von rechts und links, also jenseits von Wachstumsfixiertheit, Produktivismus und Konsumkultur, zu positionieren, und als basisdemokratische Anti-Parteien Parteien das etablierte System und seine Eliten herauszufordern. Eine solche Positionierung könnte heute aussichtsreicher erscheinen denn je, doch Grüne Parteien haben sich von der Systemopposition längst verabschiedet. Auch nach der internationalen Banken-, Finanz- und Wirtschaftskrise ab 2008 haben etwa die deutschen Grünen es gezielt vermieden, auf den Zug der Postwachstumsbewegungen und Postkapitalismusdebatte aufzuspringen. Maßnahmen etwa zur wirksamen Begrenzung von gerade in bestimmten Gesellschaftsschichten rasant ansteigenden Ansprüchen auf Wohnraum, Mobilität und verschiedenste *Kolonialwaren* standen kaum je ernsthaft zur Diskussion und erwiesen sich im Einzelfall als strategisches Risiko. Und wenn etwa die deutschen Grünen heute beeindruckende elektorale Zugewinne erzielen, dann hat das seine Ursache ganz wesentlich auch in der Schwäche der traditionellen Volksparteien sowie darin, dass sie sich inzwischen als bürgerliche und stabilisierende Kraft gegen die illiberale Revolte von rechts präsentieren. In welchem Maße sie ihre jüngsten Wahlerfolge in ambitionierte Konzepte für eine sozial-ökologische Transformation übersetzen können und wollen, wird sich noch weisen. Klarer absehbar ist dagegen, dass die Grünen als bürgerliche Partei mit erheblicher Resonanz bei den Mehrfachprivilegierten ihrerseits anti-intellektualistische und elitenfeindliche Sensibilitäten in anderen Teilen der Gesellschaft bestätigen und rechtspopulistische Abwehrreflexe wohlmöglich weiter verstärken werden. Jedenfalls scheuen die Grünen deutlich sichtbar vor der zentralen Aufgabe zurück, ihre Leitidee der Emanzipation grundsätzlich zu überdenken und der fortschreitenden Befreiung – auch von ökologischen und sozialen Verantwortlichkeiten – ein Projekt der neuen Grenzziehung und Beschränkung entgegenzusetzen. Die Angst, als *Verbotspartei* gebrandmarkt zu werden, blockiert dieses Überdenken. Und was sich auf dem Wege der politischen *Anreize* erreichen lässt, ist der grünen Klientel oft längst zum Lifestyle-Element und zum Mittel der Imagebildung und sozialen Distinktion *innerhalb* der bestehenden Ordnung geworden (Neckel 2018a, 2018b).

Vernunft, Mündigkeit und Verantwortung

Genau darin, also in der Spannung zwischen dem emanzipatorischen Projekt der Freiheit und Befreiung und dem ökologischen Projekt der Begrenztheit und Einschränkung lag freilich seit jeher das Grundproblem Grüner Parteien (Raschke 1993: 854). Und in dem Unvermögen zu verhindern, dass Freiheit und Befreiung in Maßlosigkeit, Unmäßigkeit und Verantwortungslosigkeit ausufern, liegt das entscheidende Versäumnis der emanzipatorischen Linken insgesamt (vgl. Blühdorns Kapitel zur *Gegenwartsdiagnose* und zur *Demokratie* in diesem Band), das ihnen neuerdings den irritierenden Vorwurf einträgt, für die Konjunktur des Rechtspopulismus selbst mitverantwortlich zu sein. Tatsächlich erweist sich nämlich die Linke nicht nur als unfähig, eine aktualisierte, mobilisierungskräftige Agenda für ein gutes Leben für Alle zu formulieren, sondern sie selbst hat mit dazu beigetragen, die politische Flanke aufzumachen, die der Rechtspopulismus inzwischen höchst erfolgreich besetzt hat. Im Anschluss an Didier Eribon (2016) haben Mark Lilla (2018), Ronald Inglehart (Inglehart 2018; Norris/Inglehart 2019), Nancy Fraser (2017b), Francis Fukuyama (2019) und zahllose andere die These entwickelt, dass die emanzipatorische Linke der *großen Regression* (Geiselberger 2017) gewissermaßen selbst mit den Boden bereitet habe, indem sie sich zunehmend auf die Selbstbestimmungs- und Identitätsinteressen privilegierter, bürgerlicher Mittelschichten beziehungsweise immer kleinerer Randgruppen und Minderheiten konzentriert habe, und darüber die materiellen Gleichheits-, Gerechtigkeits- und Teilhabeforderungen ihrer traditionellen Klientel weitgehend aus dem Blick verloren habe. Sehr ähnliche Bedenken, nämlich, dass sie über die neue *ökologische Frage* die alte und keineswegs gelöste *soziale Frage* vernachlässigen würden, waren von gewerkschaftlicher Seite bereits in den frühen 1980er Jahren an die Umweltbewegung und die damals noch jungen Grünen herangetragen worden (Raschke 1993). Seither haben verschiedene Autor*innen immer wieder gezeigt, dass die von den emanzipatorischen Bewegungen seit den 1970er Jahren erstrittenen Reformen nicht wirklich ein gutes Leben *für alle* befördert, sondern in erster Linie neue politische und gesellschaftliche Freiräume geschaffen haben, die vor allem von bereits vorher privilegierten Teilen der Gesellschaft genutzt werden konnten (Schäfer 2015). Und seit die soziale Frage mit dem Siegeszug des Neoliberalismus ein deutliches Comeback erlebt hat, ist dieses Bedenken aktueller denn je.

Gerade in der Zuspitzung von Nancy Fraser, die von einem *progressiven Neoliberalismus* spricht, also einer Interessenkonvergenz oder gar stillen Komplizenschaft zwischen emanzipatorisch-libertären Kosmopoliten und privatisierungsfixierten Marktliberalen (Fraser 2017a), reißt diese These normative Abgründe auf, die die emanzipatorische Linke und die kritischen Sozialwissenschaften vor fundamentale Probleme stellen. Fraser stützt ihre Analyse vor allem auf die Gegebenheiten in den USA. Doch auch für europäische Gesellschaften ist unbestreitbar, dass die emanzipatorisch-progressiven, mit verschiedenen Formen von Kapital gut ausgestatteten Bevölkerungsschichten in besonderem Maße von der neoliberalen Auszehrung der Gleichheits-, Gerechtigkeits- und Umverteilungsagenda profitiert haben, und dass gerade sozialdemokratische – in Deutschland sogar Rot-Grüne – Regierungen diese Auszehrung seit Mitte der 1990er Jahre intensiv mit betrieben haben, in Deutschland namentlich mit der berüchtigten Hartz-IV-Gesetzgebung. Gleichzeitig haben gerade die Milieus, die nach ihrem Selbstverständnis besonders emanzipatorisch-progressiv waren, sich selbst mobilitäts-, konsum- und technologieaffine Lebensstile angeeignet und zum gesamtgesellschaftlichen Ideal erhoben, die nicht nur mit weit überdurchschnittlichen Umweltbelastungen verbunden sind (z.B. Moser/Kleinhückelkotten 2018; Eversberg/Schmelzer 2016), sondern auch in hohem Maße auf soziale Ungleichheit und Exklusion beruhen (Brand/Wissen 2017; Lessenich 2016).

Das stellt grundsätzlich das progressiv-emanzipatorische Ideal von vernünftigen, mündigen und verantwortlichen Bürger*innen in Frage. Die neuen sozialen Bewegungen seit den 1970er Jahren hatten dieses Ideal aus der protestantisch-kantischen Tradition übernommen und in besonderer Weise auf die Erziehung zur Mündigkeit und Verantwortlichkeit gesetzt. Aufklärung, Bewusstseinsbildung, politische Partizipation und Demokratie als transformativer Prozess sollten die aufs sozial-ökologische Gemeinwohl orientierte Gesinnung befördern (vgl. dazu auch Blühdorns Kapitel zu *Demokratie* in diesem Band). Sie sollten einen grundsätzlichen Werte- und Kulturwandel bewirken und letztlich den neuen Menschen sowie eine neue Gesellschaft hervorbringen, die erkennen, dass eine sozial und ökologisch nachhaltige Lebensweise und Vergemeinschaftungsform nicht nur ein Gebot der Vernunft und der moralischen Verantwortung sind, sondern auch der einzige Weg zur wahren Selbsterfüllung, die letztlich nur jenseits der kapitalistischen Waren- und Konsumwelt zu erreichen sei. In der Gewissheit, eine gesellschaftliche Avantgarde und Pionier*innen dieses Wandels zu sein, hatten die emanzipatorischen Bewegungen diese Mündigkeit, Vernunft und Verantwortlichkeit für sich selbst schon in besonderem Maße beansprucht und es sich zur Aufgabe gemacht, sie auch bei denjenigen herauszubilden, bei denen einstweilen noch Einsichtsmangel, Unvernunft und Verantwortungslosigkeit vorherrschen. Wenig später hatte sich auch der Neoliberalismus diesen Glauben an die Mündig- und Verantwortlichkeit der Bürger*innen zunutze gemacht und insistiert, dass die Bürger*innen mit ihren vielfältigen, alltäglichen Entscheidungen als *verantwortliche* Konsument*innen den entscheidenden Hebel für umfassende gesellschaftliche Veränderungen und eine Weichenstellung zugunsten der Nachhaltigkeit in ihrer Hand hielten (vgl. den Beitrag von Mock in diesem Band). Zahlreiche Aktivist*innen und auch Sozialwissenschaftler*innen hatten diese Argumentation übernommen und sich optimistisch gezeigt, dass politischer beziehungsweise ethischer Konsum zum Beispiel über LOHAS- (Life of Health and Sustainability) oder Fair-Trade-Bewegungen einen strukturwandelnden Effekt haben könnten (Unfried 2008; Busse 2006; Micheletti 2003).

Wenn inzwischen aber Donald Trump auf Massenveranstaltungen seine Fans mit offenem Sexismus und Rassismus zu Sprechchören animieren kann wie *Lock her up!* im Wahlkampf 2016 und *Send them home!* im Wahlkampf 2019, dann besteht offenbar keinerlei Anspruch mehr auf Mündigkeit, kritische Urteilsfähigkeit und Rationalität. Ebenso stellen wesentliche Teile der öko-emanzipatorischen Eliten mit ihren eigenen Lebensstilen und Selbstverwirklichungsmustern deutlich unter Beweis, dass auch bei ihnen der Glaube an die Mündigkeit, Verantwortlichkeit und strukturwandelnde Wirkmächtigkeit des vermeintlich autonomen Subjekts und mündigen Bürgers zumindest sehr überschätzt wurde. Mit möglicherweise besten Intentionen mobilisieren sie gegen die *Irrationalen*, *Enthemmten* und *Verrohten* und verstehen sich selbst als Statthalter*innen des sozial-ökologischen Projekts der Gleichheit, Gerechtigkeit und Inklusion. Doch ihre eigenen Werte und ihr Verständnis von ihrer unantastbaren Freiheit sind letztlich kaum weniger anti-egalitär, unsozial und exklusiv als die Glaubenssätze der Rechtspopulisten. Zumindest sind ihre eigenen Lebensstile und der demokratisch verfasste und rechtsstaatlich geschützte Konsumkapitalismus, dessen Vorzüge sie genießen, fest gegründet auf das moralische Recht zur freien Verfügung über globale Güter, auf das Recht, die ganze Welt als Absatzmarkt, Erlebnispark und Entsorgungsdeponie zu nutzen, oder das Recht, etwa in der Pflege, der Medizin oder in der Bauindustrie jederzeit auf ausländische Billigarbeitskräfte zurückzugreifen, zu deren Ausbildung sie nichts beigetragen haben, und die in ihren jeweiligen Heimatländern als wichtige Ressource verloren gehen. Diese Lebensstile und Rechtsansprüche sind weder generalisierbar noch nachhaltig. Sie sind neokolonial oder gar *imperial* (Brand/ Wissen 2017) und insofern zutiefst inkompatibel mit den Idealen der Demokratie und Ökologie. Die einfache Gegenüberstellung zwischen den vermeintlich Einsichtigen, Vernünftigen und Mündigen auf der einen Seite und den Regressiven, Unmoralischen und Unzivilisierten auf der anderen ist also nicht mehr haltbar. Und die moralische Empörung, mit der die Debatte gegen den Rechtspopulismus geführt wird, ist wohl nicht zuletzt Ausdruck einer tiefen Ahnung, dass die moralische Distanz zum kritisierten Gegenüber tatsächlich sehr viel kleiner sein könnte, als die diskursiven Inszenierungen es nahelegen.

Ein sozialwissenschaftlicher Perspektivenwechsel

All dies ist zutiefst verunsichernd. Viele bisher Orientierung schaffende Annahmen zerfallen also, so scheint es, und neue Orientierungspunkte und Lösungsperspektiven zeichnen sich nicht ohne weiteres ab. Klima- und Umweltpolitische Themenkonjunkturen und Mobilisierungswellen sowie die tiefe Sehnsucht, dass vielleicht nun doch bald *alles anders* werden könnte (Klein 2014), verführen dazu, nicht allzu kritisch nachzuforschen, sondern sich lieber an naheliegenden Hoffnungsszenarien festzuhalten. Aber tatsächlich betrifft diese neue Verunsicherung nicht nur die hier angesprochenen politischen Akteure und die ihnen traditionell zugeschriebenen Rollen, sondern in einem viel umfassenderen Sinne auch den Konsens über nachhaltigkeitspolitische Probleme, die Erklärung ihrer Ursachen, die genauen Ziele einer sozial-ökologischen Transformation und die politischen Mittel und Strategien zu deren praktischer Umsetzung. Das bedeutet nicht, dass in diesen Hinsichten zu früheren Zeiten je Klarheit und Einigkeit bestanden hätte. Aber im Zeichen moderner Freiheitsverständnisse, *alternativer Fakten*, des postrationalen politischen Diskurses, der Zersplitterung der politischen Öffentlichkeit und fundamentaler Zweifel an der modernen Demokratie (vgl. Blühdorns Kapitel zur *Gegenwartsdiagnose* und zur *Demokratie* in diesem Band), zerfallen auch jene Sicherheiten wieder, die über Jahrzehnte der umweltpolitischen Kampagne, Forschung, Aufklärung und Bewusstseinsbildung mühevoll aufgebaut worden waren.

Von der Umweltsoziologie und der kritischen Sozialwissenschaft im weiteren Sinne darf man in dieser Situation erwarten, dass sie ihre hergebrachten Annahmen und gesellschaftskritischen Narrative metakritisch hinterfragen und sich um eine anspruchsvollere Beschreibung und Erklärung dessen bemühen, was hier als nachhaltigkeitspolitischer Paradigmenwechsel bezeichnet wird. Tatsächlich entsteht aber der Eindruck, dass nicht nur aktivistische Bewegungen – für die das verständlich und normal ist –, sondern auch wesentliche Teile der sozialwissenschaftlichen Nachhaltigkeitsforschung in sonderbarer Weise von der sozialwissenschaftlichen Analyse abgekoppelt sind (Blühdorn et al. 2018) und sich mit ihren Diagnosen und Therapievorschlägen in einer Art Endlosschleife verfangen haben. Die strukturellen und vor allem auch die kulturellen Rahmenbedingungen der sich stetig verschiebenden nachhaltigkeitspolitischen Problemwahrnehmungen, Reaktionsmuster, Handlungsprioritäten und Bewältigungsstrategien moderner Gesellschaften werden in weiten Teilen der einschlägigen Literatur jedenfalls kaum reflektiert. Dieses sozialwissenschaftliche Defizit diagnostizierte Niklas Luhmann bereits in den 1980er Jahren, als die Umweltsoziologie und Nachhaltigkeitsforschung noch in den Kinderschuhen steckten (Luhmann 1986). Ein viertel Jahrhundert später stellten die Herausgeber eines Bandes zu Luhmanns Schrift *Ökologische Kommunikation* (1986) ernüchtert fest, dass »in den aktuellen öffentlichen Debatten über Problemlösungen hinsichtlich einer *ökologischen Krise* soziologische Argumente« weiterhin »keinerlei Rolle spielen« (Büscher/Japp 2010: 7). »Die Rettung der Welt«, so formulierten sie es vor zehn Jahren, werde immer noch »sozusagen ohne Vorstellungen von *Gesellschaft* betrieben« (ebd.). Und an diesem Zustand hat sich auch bis in die heutige Gegenwart erstaunlich wenig verändert. Doch wer bei der Diagnose und Bearbeitung nachhaltigkeitspolitischer Problemlagen den »umfassenderen (welt-)gesellschaftlichen Kontext ausblendet«, betont Karl-Werner Brand zurecht, »wird keine realistischen Veränderungsperspektiven entwickeln können« (Karl-Werner Brand 2018: 500). Mehr noch, sie*er wird gerade durch die handlungsstrategisch vermeintlich nützliche Verengung der Perspektive an transformationspolitisch aussichtslosen Strategien mitstricken, und damit ungewollt zur Stabilisierung der nachhaltigen Nicht-Nachhaltigkeit beitragen.

Gerade durch das Zusammenspiel der Wissenschafts-, Rationalitäts- und Faktenfeindlichkeit des blühenden Rechtspopulismus einerseits und der neo-positivistischen Tendenzen andererseits, die sich als Antwort auf diese Verweigerungshaltung derzeit entfalten, wird dieses gesellschaftstheoretische Defizit heute vielleicht sogar wieder größer. In den 1990er Jahren hatte sich noch eine relativ breite sozialwissenschaftliche Debatte entfaltet über die wichtige Unterscheidung zwischen empirisch messbaren Zuständen und Veränderungen in der biophysischen Welt einerseits und gesellschaftlichen Problemwahrnehmungen und den Mustern ihrer politischen Bearbeitung beziehungsweise Bewältigung andererseits (Luhmann 1986; Eder 1996; Latour 1993). Inzwischen hat sich das Bewusstsein der unhintergehbar *kulturellen Qualität* und *politischen Rahmung* von Umweltproblemen und ihrer gesellschaftlichen Verhandlung jedoch wieder weitgehend verflüchtigt – und dies, obwohl im Bereich der Subjekttheorie inzwischen eine höchst instruktive Literatur vorliegt (vgl. dazu auch Blühdorns Kapitel zur *Gegenwartsdiagnose* in diesem Band; Beck/Beck-Gernsheim 1994; Bauman 2003; Rosa 2005; Reckwitz 2017; Fuchs et al. 2018) und Identität, Identitätsverlust und Identitätssicherung ein Zentralthema der Rechtspopulismusforschung sind (Blühdorn/Butzlaff 2018). Für die sozialwissenschaftliche Nachhaltigkeitsforschung wäre es also dringend an der Zeit, gegenüber den neo-positivistischen, objektivierenden Ansätzen, die nicht nur in der naturwissenschaftlich und ökonomisch orientierten Forschung bestimmend sind, sondern auch in der neuen Klimabewegung oder der neuerlichen Kampagne für einen Green New Deal (Rifkin 2019; Klein 2019), der subjektiv-kulturellen Dimension von (Nicht-)Nachhaltigkeitsfragen wieder sehr viel mehr Aufmerksamkeit zu widmen.

Nicht zuletzt um ein gründlicheres Verständnis der Entstehung und Bedeutung von jeweils aktuellen Themenkonjunkturen und Bewegungszyklen zu erhalten, müsste die sozialwissenschaftliche Nachhaltigkeitsforschung sich zweitens aus ihrer derzeitigen Verpflichtung auf das Bereitstellen praxisnaher Handlungsanweisungen und zügig umsetzbarer Lösungsangebote für die Nachhaltigkeitskrise befreien.

Gleichzeitig müsste sie sich von der verbreiteten Forderung lösen, die sozialwissenschaftliche Nachhaltigkeitsforschung müsse unbedingt Hoffnung und Optimismus verbreiten. Je weiter sich soziale und ökologische Krisen zuspitzen, desto dringender ermahnen sich moderne Gesellschaften, nicht weiter zu analysieren, diagnostizieren und theoretisieren, sondern stattdessen konkrete Lösungsangebote zu entwickeln und endlich wirksame Maßnahmen zu ergreifen. Entsprechend wird die Brauchbarkeit sozialwissenschaftlicher Beiträge häufig danach beurteilt, ob sie praktische Lösungsvorschläge anbieten, politisch motivieren und Grund zur Hoffnung geben. Sozialwissenschaftler*innen sehen sich ihrerseits unter Rechtfertigungsdruck und fühlen sich verpflichtet, solchen Erwartungen nachzukommen. Sie bemühen sich optimistische Perspektiven zu bieten, denn entsprechende Forderungen werden nicht nur von ihren Geldgeber*innen sondern auch innerhalb der aktivistisch-wissenschaftlichen Community mitunter recht angriffig vorgetragen. »Wir haben keinen Mangel an Analyse, sondern an Engagement für eine offene Gesellschaft«, betont etwa Harald Welzer und glaubt, das aktive Handeln könne zwar »etwas unbequem sein«, habe »jetzt aber Vorrang vorm routinierten Beobachten, Analysieren und Kommentieren«. Letzteres könnten »wir zwar alle ziemlich gut«, aber es »nütze nichts« und sei »nicht einmal mehr cool« (Welzer 2018).

Angesichts des hohen Tempos, mit dem sich die Klimaerwärmung, die Ressourcenausbeutung oder der Artenverlust fortsetzen, und mit dem die Politik der sozialen Ungleichheit und Exklusion sich entfaltet, sind solche Aufrufe verständlich. Sie bezeugen aber eine Reihe von grundlegenden Missverständnissen: Der hier aufgebaute Widerspruch zwischen *Analysieren* und *Engagement* impliziert höchst fragwürdige, anti-intellektualistische Wertungen, vor denen sich jede (meta-)kritische Sozialwissenschaft dringend in Acht nehmen sollte. Auch wird es der soziologischen Nachhaltigkeitsforschung weder darum gehen, *cool* zu sein, noch wird sie eine Analyse, die metakritisch bisher gängige Annahmen des Nachhaltigkeitsdiskurses in Frage stellt, wirklich *bequemer* finden, als die vielfältigen Formen des sofort umsetzbaren praktischen Handelns, die den Bürger*innen von den verschiedensten Seiten nahegelegt werden. Und erst recht wird sie nicht die Ansicht teilen können, dass Analysen und Diagnosen überreichlich vorhanden seien, denn gerade wegen des beschriebenen – einstweilen aber kaum thematisierten oder gar akzeptierten – Paradigmenwechsels im Umwelt- und Nachhaltigkeitsdiskurs, bestehen tatsächlich ganz erhebliche Analyse- und

Diagnosedefizite. Eine sehr viel gründlichere Diagnose und Analyse dieses Paradigmenwechsels, der neuen Konstellation der nachhaltigen Nicht-Nachhaltigkeit und des Ausbleibens der sozial-ökologischen Transformation wäre also dringend erforderlich.

Die Forderung, den Schwerpunkt der sozialwissenschaftlichen Nachhaltigkeitsforschung von der Entwicklung konkreter Problemlösungsangebote auf die sehr viel genauere Beschreibung und Analyse neuartiger gesellschaftlicher Konstellationen und Problemlagen zu verschieben, bedeutet freilich weder einen Freibrief zum beliebigen Spekulieren, noch, dass etwa die Erarbeitung von Problemlösungen ausgesetzt werden sollte. Vielmehr geht es erstens darum, die Unterscheidung und Arbeitsteilung zwischen sozialwissenschaftlicher Beschreibung und Analyse auf der einen und technokratischer beziehungsweise strategischer Politikberatung auf der anderen Seite sehr viel klarer hervorzuheben; denn beide – oder alle drei – folgen ihrer je eigenen, klar von den jeweils anderen unterschiedenen, Logik. Zweitens geht es darum anzuerkennen, dass in der Nachhaltigkeitspolitik schon lange kein Mangel mehr an konkreten Lösungsangeboten besteht, die bei konsequenter Umsetzung wahrscheinlich auch ökologisch effektiv wären. Der Knackpunkt liegt vielmehr darin, dass diese Angebote nicht umgesetzt werden. Das Verständnis der Gründe für dieses Umsetzungsdefizit ist jedoch einstweilen noch sehr beschränkt oder auch sehr eingleisig festgelegt auf bestimmte Analyse- und Erklärungsmuster, die für moderne Konsumgesellschaften nur noch sehr bedingt tauglich sind. Diese Muster aufzubrechen ist allerdings keineswegs *bequem*, sondern führt mitunter zu höchst allergischen Abwehrreaktionen. So hat etwa die These, dass die liberale Demokratie und die Errungenschaften der emanzipatorisch-partizipatorischen Revolution nachhaltigkeitspolitisch auch kontraproduktiv sein könnten (vgl. Blühdorns Kapitel zu *Demokratie* in diesem Band), für viele weiterhin den Status einer inakzeptablen Provokation. Die Überlegung, dass es zwischen dem hegemonial gewordenen Neoliberalismus und den emanzipatorischen Bewegungen – vielleicht sogar zwischen emanzipatorischen und rechtspopulistischen Bewegungen – gewisse Konvergenzen oder gar eine Art unbewusste Komplizenschaft geben könnte (Fraser 2017b; Blühdorn/Butzlaff 2018; Blühdorn/Dannemann 2019), stößt mitunter auf aggressive Gegenwehr. Und auch die Überlegung, dass nachhaltigkeitsbezogene Verhaltensweisen und Lebensstile möglicherweise nicht primär auf eine große gesellschaftliche Transformation zielen, sondern viel mehr mit dem gerade für die Mittelschichten kennzeichnenden Bedürfnis nach sozialer Distinktion und Statussicherung zu tun haben könnten (Neckel 2018b), erscheint aus traditionell-kritischer Perspektive leicht als kontraproduktiv und reaktionär (vgl. Blühdorns Kapitel zur *Gegenwartsdiagnose* in diesem Band). Solcherlei Abwehrreaktionen sind ihrerseits ein dringend erklärungsbedürftiges Phänomen.

Die Realität des Klimawandels, des Artenverlusts, der Ressourcenausbeutung oder der sich rasant verschärfenden sozialen Polarisierung bleibt bei alldem freilich unbestritten. Auch die dringende Forderung nach geeigneten Gegenmaßnahmen wird hier nicht in Frage gestellt. Allerdings wird die metakritische sozialwissenschaftliche Analyse sehr wohl im Blick behalten müssen, dass das Argument der Dringlichkeit und die Notstandsrhetorik immer schon politische Strategien gewesen sind, die ganz verschiedene politische Akteure und mit höchst unterschiedlicher Absicht zu nutzen versuchen. Solche Strategien zielen darauf, Komplexität zu reduzieren, gesellschaftliche Akteure auf bestimmte Sichtweisen und Handlungsstrategien festzulegen und alternative Problemdiagnosen, Ursachenerklärungen und Lösungsperspektiven zu blockieren. Ökologisch-demokratische Bewegungen haben selbst stets gefürchtet und gewarnt, dass ökologische und soziale Notstände einst dafür hergenommen werden könnten, im Schnellverfahren Maßnahmen zu erzwingen, die letztlich nicht der ökologischen Sache dienen, sondern vor allem den Interessen bestimmter Eliten. Und ebenso, wie derzeit Rechtspopulist*innen – etwa in Fragen der Migration – die Notstands- und Dringlichkeitsrhetorik für ihre antiegalitären, illiberalen und autoritären Agenden benutzen, könnte auch in der Nachhaltigkeitspolitik die Festlegung auf praktikable Lösungsangebote und schnelles Handeln – bei gleichzeitiger Polemik gegen *routiniertes*, *unnützes* und *uncooles* Beobachten und Analysieren – vor allem die besonderen Interessen bestimmter Gesellschaftsteile schützen. Ein sozialwissenschaftlicher Perspektivenwechsel in der Nachhaltigkeitsforschung würde sich daher mit Nachdruck gegen die Vereinnahmung der Sozialwissenschaften als Provider von Lösungsangeboten für als dringlich dargestellte Probleme wenden, die als solche selbst nicht mehr zur Diskussion stehen sollen.

Tatsächlich ist die Richtigkeit oder Plausibilität sozialwissenschaftlicher Diagnosen, Analysen oder Erklärungen ja auch gänzlich unabhängig davon, ob diese von Lösungsvorschlägen und Hoffnungsnarrativen begleitet werden. Diagnosen mögen erträglicher werden, wenn sie direkt verknüpft werden mit entsprechenden Therapie- oder Lösungsvorschlägen, sie werden dadurch aber nicht gültiger beziehungsweise durch das Fehlen solcher Vorschläge nicht ungültiger. Die sozialwissenschaftliche Diagnosekapazität auf das zu beschränken, wofür direkt eine Lösungsperspektive bereitsteht, wäre daher fatal. Und insbesondere *unmittelbar umsetzbare* Lösungsansätze stehen stets unter dem Verdacht, für *transformative* Zwecke nicht wirklich geeignet zu sein. Sie sind unmittelbar umsetzbar und geben Hoffnung, gerade weil sie die wesentlichen Grundstrukturen der Gegenwartsgesellschaft unangetastet lassen. Und eben damit verfehlen sie notwendig das Ziel der Transformation. Das nährt den Verdacht, dass, was Hoffnung macht, tendenziell eher dazu angetan ist, oberflächliche Korrekturen vorzunehmen als die bestehende Ordnung grundsätzlich in Frage zu stellen. Und so wirkt die Verpflichtung auf praktikable und Hoffnung bringende Lösungsansätze nicht nur tendenziell systemstabilisierend, sondern indem sie längerfristig die weitere Zuspitzung von sozialen und ökologischen Krisen in Kauf nimmt, bereitet sie möglicherweise selbst mit den Boden für zukünftige Notstände, autoritäre Maßnahmen und vermeintlich starke Führer. Umso selbstbewusster sollte die sozialwissenschaftliche Forschung sich daher einstweilen darauf konzentrieren, nicht mehr primär Lösungen anzubieten und Hoffnung zu machen, sondern die hegemoniale Logik der Nicht-Nachhaltigkeit zunächst noch sehr viel gründlicher zu durchleuchten. Das könnte politische Energien freisetzen, die vielleicht gerade dann wahrhaft transformativ werden, wenn man sie eben nicht bereits im Keim wieder neutralisiert, indem man sie – wie etwa bei der E-Mobilität oder anderen Formen des grünen Konsums – in vermeintlich Hoffnung stiftende Bahnen kanalisiert, die tatsächlich vor allem bestehende Strukturen stabilisieren.

Literatur

AfD (2017): Programm für Deutschland. Wahlprogramm der Alternative für Deutschland für die Wahl zum Deutschen Bundestag am 24. September 2017, https://www.afd.de/wp-content/uploads/sites/111/2017/06/2017-06-01_AfD-Bundestagswahlprogramm_Onlinefassung.pdf, zuletzt geprüft am 05.09.2019.

AfD (2019): Europawahlprogramm. Programm der Alternative für Deutschland für die Wahl zum 9. Europäischen Parlament 2019, https://www.afd.de/wp-content/uploads/sites/111/2019/03/AfD_Europawahlprogramm_A5-hoch_web_150319.pdf, zuletzt geprüft am 05.09.2019.

Alexander, Amy C./Welzel, Christian (2017): »The Myth of Deconsolidation: Rising Liberalism and the Populist Reaction«, Online Debatte, in: Journal of Democracy. https://www.econstor.eu/bitstream/10419/170694/1/ile-wp-2017-10.pdf, zuletzt geprüft am 05.11.2019.

Alexander, Amy C./Welzel, Christian (2019): »Democratic Horizons: What Value Change reveals about the Future of Democracy«, in: World Values Research, im Erscheinen.

Almond, Gabriel A./Verba, Sidney (1963): The civic culture. Political attitudes and democracy in five nations, Princeton, NJ: Princeton University Press.

Bauman, Zygmunt (2003): Flüchtige Moderne, Frankfurt a.M.: Suhrkamp.

Beck, Ulrich (1993): Die Erfindung des Politischen. Zu einer Theorie reflexiver Modernisierung, Frankfurt a.M.: Suhrkamp.

Beck, Ulrich (2000 [1986]): Risikogesellschaft. Auf dem Weg in eine andere Moderne, Frankfurt a.M.: Suhrkamp.

Beck, Ulrich/Beck-Gernsheim, Elisabeth (Hg.) (1994): Riskante Freiheiten. Individualisierung in modernen Gesellschaften, Frankfurt a.M.: Suhrkamp.

Biermann, Frank (2012): »Planetary boundaries and earth system governance: Exploring the links«, in: Ecological Economics 81, S. 4-9.

Blühdorn, Ingolfur (1997): »A theory of post-ecologist politics«, in: Environmental Politics 6 (3), S. 125-147.

Blühdorn, Ingolfur (2000): Post-ecologist politics. Social theory and the abdication of the ecologist paradigm, London: Routledge.

Blühdorn, Ingolfur (2007): »Sustaining the unsustainable: Symbolic politics and the politics of simulation«, in: Environmental Politics 16 (2), S. 251-275.

Blühdorn, Ingolfur (2011): »The Politics of Unsustainability: COP15, Post-Ecologism, and the Ecological Paradox«, in: Organization & Environment 24 (1), S. 34-53.

Blühdorn, Ingolfur/Butzlaff, Felix (2018): »Rethinking Populism: Peak democracy, liquid identity and the performance of sovereignty«, in: European Journal of Social Theory 22 (2), S. 191-211.

Blühdorn, Ingolfur/Butzlaff, Felix/Deflorian, Michael/Hausknost, Daniel (2018): Transformationsnarrativ und Verantwortlichkeit: Die gesellschaftstheoretische Lücke der Transformationsforschung, in: IGN-Interventions Jan/2018, https://www.wu.ac.at/fileadm in/wu/d/i/ign/IGN_Interventions_01_2018.pdf, zuletzt geprüft am 05.09.2019.

Blühdorn, Ingolfur/Dannemann, Hauke (2019): »Der post-ökologische Verteidigungskonsens. Nachhaltigkeitsforschung im Verdacht der Komplizenschaft«, in: Carolin Bohn/Doris Fuchs/Antonius Kerkhoff et al. (Hg.), Gegenwart und Zukunft sozial-ökologischer Transformation, Baden-Baden: Nomos, S. 113-134.

Böhme, Gernot (1992): Natürlich Natur. Über Natur im Zeitalter ihrer technischen Reproduzierbarkeit, Frankfurt a.M.: Suhrkamp.

Brand, Karl-Werner (Hg.) (2017): Die sozial-ökologische Transformation der Welt. Ein Handbuch, Frankfurt a.M.: Campus.

Brand, Karl-Werner (2018): »Disruptive Transformationen. Gesellschaftliche Umbrüche und sozial-ökologische Transformationsdynamiken kapitalistischer Industriegesellschaften – ein zyklisch-struktureller Erklärungsansatz«, in: Berliner Journal für Soziologie 28 (3-4), S. 479-509.

Brand, Ulrich/Wissen, Markus (2017): Imperiale Lebensweise. Zur Ausbeutung von Mensch und Natur in Zeiten des globalen Kapitalismus, München: oekom.

Büscher, Christian/Japp, Klaus P. (2010): »Vorwort«, in: Christian Büscher/Klaus P. Japp (Hg.), Ökologische Aufklärung. 25 Jahre »Ökologische Kommunikation«, Wiesbaden: VS Verlag für Sozialwissenschaften, S. 7-16.

Busse, Tanja (2006): Die Einkaufsrevolution. Konsumenten entdecken ihre Macht, München: Blessing.

Butzlaff, Felix (2018): »Die soziale Bewegung als Zielbild«, in: Indes 7 (3), S. 108-116.

Crouch, Colin (2008): Postdemokratie, Frankfurt a.M.: Suhrkamp.

Crutzen, Paul J. (2002): »Geology of mankind«, in: Nature 415 (6867), S. 23.

Crutzen, Paul J./Steffen, Will (2003): »How Long Have We Been in the Anthropocene Era?«, in: Climatic Change 61 (3), S. 251-257.

Dalton, Russell J./Wattenberg, Martin P. (Hg.) (2000): Parties without partisans. Political change in advanced industrial democracies, Oxford: Oxford University Press.

Demirović, Alex/Dück, Julia/Becker, Florian/Bader, Pauline (Hg.) (2011): VielfachKrise. Im finanzmarktdominierten Kapitalismus, Hamburg: VSA Verlag.

Eckersley, Robyn (2004): The green state. Rethinking democracy and sovereignty, Cambridge, Mass: MIT Press.

Eder, Klaus (1988): Die Vergesellschaftung der Natur. Studien zur sozialen Evolution der praktischen Vernunft, Frankfurt a.M.: Suhrkamp.

Eder, Klaus (1996): The social construction of nature. A sociology of ecological enlightenment, London: SAGE.

Eribon, Didier (2016): Rückkehr nach Reims, Berlin: Suhrkamp.

Eversberg, Dennis/Schmelzer, Matthias (2016): »Über die Selbstproblematisierung zur Kapitalismuskritik. Vier Thesen zur entstehenden Degrowth-Bewegung«, in: Forschungsjournal Soziale Bewegungen 32 (1), S. 9-16.

Fraser, Nancy (2017a): »Progressive Neoliberalism versus Reactionary Populism: A Hobson's Choice«, in: Heinrich Geiselberger (Hg.), The great regression, Cambridge, UK, Malden, MA: Polity, S. 40-48.

Fraser, Nancy (2017b): »Vom Regen des progressiven Neoliberalismus in die Traufe des reaktionären Populismus«, in: Heinrich Geiselberger (Hg.), Die große Regression. Eine internationale Debatte über die geistige Situation der Zeit, Berlin: Suhrkamp, S. 77-92.

Fraser, Nancy (2017c): »The End of Progressive Neoliberalism«, in: Dissent Magazine vom 02.01.2017, https://www.dissentmagazine.org/online_articles/progressive-neoliberalism-reactionary-populism-nancy-fraser, zuletzt geprüft am 05.09.2019.

Fuchs, Thomas/Iwer, Lukas/Micali, Stefano (Hg.) (2018): Das überforderte Subjekt. Zeitdiagnosen einer beschleunigten Gesellschaft, Berlin: Suhrkamp.

Fukuyama, Francis (2019): Identität. Wie der Verlust der Würde unsere Demokratie gefährdet, Hamburg: Hoffmann und Campe.

Geiselberger, Heinrich (Hg.) (2017): Die große Regression. Eine internationale Debatte über die geistige Situation der Zeit, Berlin: Suhrkamp.

Giddens, Anthony (1999): Der dritte Weg. Die Erneuerung der sozialen Demokratie, Frankfurt a.M.: Suhrkamp.

Gorz, André (1980): Abschied vom Proletariat. Jenseits des Sozialismus, Frankfurt a.M.: Europäische Verlagsanstalt.

Gorz, André (1983): Wege ins Paradies. Thesen zur Krise, Automation und Zukunft der Arbeit, Berlin: Rotbuch.

Habermas, Jürgen (2004 [1973]): Legitimationsprobleme im Spätkapitalismus, Frankfurt a.M.: Suhrkamp.

Hausknost, Daniel/Hammond, Marit (2020): »Beyond the Environmental State? The Political Prospects of a Sustainability Transformation«, in: Environmental Politics, im Erscheinen.

Held, Martin (2016): »Große Transformation. Von der fossil geprägten Nichtnachhaltigkeit zu einer postfossilen nachhaltigen Entwicklung«, in: Martin Held/Gisela Kubon-Gilke/Richard Sturn (Hg.), Politische Ökonomik großer Transformationen, Marburg: Metropolis, S. 323-352.

Hillebrand, Ernst (Hg.) (2015): Rechtspopulismus in Europa. Gefahr für die Demokratie?, Bonn: Dietz.

Hombach, Bodo (2000): The politics of the new centre, Cambridge, UK, Malden, MA: Polity.

I.L.A. Kollektiv (2017): Auf Kosten anderer? Wie die imperiale Lebensweise ein gutes Leben für alle verhindert, München: oekom.

I.L.A. Kollektiv (2019): Das gute Leben für alle. Wege in die solidarische Lebensweise, München: oekom.

Inglehart, Ronald F. (1977): The silent revolution. Changing values and political styles among western publics, Princeton, NJ: Princeton University Press.

Inglehart, Ronald F. (2018): Cultural evolution. People's motivations are changing, and reshaping the world, Cambridge: Cambridge University Press.

Kant, Immanuel (1983): »Schriften zur Anthropologie, Geschichtsphilosophie, Politik und Pädagogik«, in: Wilhelm Weischedel (Hg.), Immanuel Kant Werkausgabe in sechs Bänden, Darmstadt: Wissenschaftliche Buchgesellschaft.

Kelly, Petra K. (1983): Um Hoffnung kämpfen. Gewaltfrei in eine grüne Zukunft, Bornheim-Merten: Lamuv.

Klein, Naomi (2014): This changes everything. Capitalism vs. the climate, New York, NY: Simon & Schuster.

Klein, Naomi (2019): Warum nur ein Green New Deal unseren Planeten retten kann, Hamburg: Hoffmann und Campe.

Kuhn, Thomas S. (1976): Die Struktur wissenschaftlicher Revolutionen, Frankfurt a.M.: Suhrkamp.

Latour, Bruno (1993): We have never been modern, Cambridge, MA: Harvard University Press.

Leggewie, Claus (2017): »Populismus in Europa und die Antwort der Sozialdemokratie. Ein progressives Gegennarrativ«, in: Neue Gesellschaft Frankfurter Hefte (5), S. 17-22.

Lessenich, Stephan (2016): Neben uns die Sintflut. Die Externalisierungsgesellschaft und ihr Preis, München: Hanser.

Lilla, Mark (2018): Der Glanz der Vergangenheit. Über den Geist der Reaktion, Zürich: NZZ Libro.

Luhmann, Niklas (1986): Ökologische Kommunikation. Kann die moderne Gesellschaft sich auf ökologische Gefährdungen einstellen?, Opladen: Westdeutscher Verlag.

Luks, Fred (2018): Ausnahmezustand. Unsere Gegenwart von A bis Z, Marburg: Metropolis.

Mair, Peter (2013): Ruling the void. The hollowing of Western democracy, London: Verso.

Mason, Paul (2016): Postkapitalismus. Grundrisse einer kommenden Ökonomie, Berlin: Suhrkamp.

McKibben, Bill (1990): The end of nature, London u.a.: Penguin.

Micheletti, Michele (2003): Political virtue and shopping. Individuals, consumerism, and collective action, New York, Basingstoke: Palgrave Macmillan.

Milanović, Branko (2017): Haben und Nichthaben. Eine kurze Geschichte der Ungleichheit, Darmstadt: Theiss.

Moser, Stephanie/Kleinhückelkotten, Silke (2018): »Good Intents, but Low Impacts. Diverging Importance of Motivational and Socioeconomic Determinants Explaining Pro-Environmental Behavior, Energy Use, and Carbon Footprint«, in: Environment and Behavior 50 (6), 626-656.

Mouffe, Chantal (2018): Für einen linken Populismus, Berlin: Suhrkamp.

Muraca, Barbara (2014): Gut leben. Eine Gesellschaft jenseits des Wachstums, Berlin: Wagenbach.

Neckel, Sighard (2018a): »Die Gesellschaft der Nachhaltigkeit. Soziologische Perspektiven«, in: Sighard Neckel/Martina Hasenfratz/Sarah M. Pritz et al. (Hg.), Die Gesellschaft der Nachhaltigkeit. Umrisse eines Forschungsprogramms, Bielefeld: transcript, S. 11-23.

Neckel, Sighard (2018b): »Ökologische Distinktion«, in: Sighard Neckel/ Martina Hasenfratz/Sarah M. Pritz et al. (Hg.), Die Gesellschaft der Nachhaltigkeit. Umrisse eines Forschungsprogramms, Bielefeld: transcript, S. 59-76.

Neckel, Sighard/Hasenfratz, Martina/Pritz, Sarah M./Wiegand, Timo/ Besedovsky, Natalia/Boddenberg, Moritz (Hg.) (2018): Die Gesellschaft der Nachhaltigkeit. Umrisse eines Forschungsprogramms, Bielefeld: transcript.

Norris, Pippa/Inglehart, Ronald F. (2019): Cultural backlash. Trump, Brexit, and authoritarian populism, Cambridge: Cambridge University Press.

Novy, Andreas (2013): »Ein gutes Leben für alle. Ein europäisches Entwicklungsmodell«, in: Journal für Entwicklungspolitik 29 (3), S. 77-104.

Novy, Andreas (2017): »Gutes Leben braucht eine andere Globalisierung«, in: Zukunft. Diskussionszeitschrift für Politik, Gesellschaft und Kultur (4), S. 14-19.

Nussbaum, Martha C. (Hg.) (1999): Gerechtigkeit oder Das gute Leben, Frankfurt a.M.: Suhrkamp.

Offe, Claus (1972): Strukturprobleme des kapitalistischen Staates. Aufsätze zur politischen Soziologie, Frankfurt a.M.: Suhrkamp.

Piketty, Thomas (2016): Ökonomie der Ungleichheit. Eine Einführung, München: C.H. Beck.

Polanyi, Karl (1978 [1944]): The great transformation. Politische und ökonomische Ursprünge von Gesellschaften und Wirtschaftssystemen, Frankfurt a.M.: Suhrkamp.

Priester, Karin (2018): »Bewegungsparteien auf der Suche nach mehr Demokratie: La France insoumise, En marche, die Fünf-Sterne-Bewegung«, in: Forschungsjournal Soziale Bewegungen 31 (1-2), S. 60-67.

Putnam, Robert D. (2000): Bowling alone. The collapse and revival of American community, New York, NY: Simon & Schuster.

Raschke, Joachim (1993): Die Grünen. Wie sie wurden, was sie sind, Köln: Bund-Verlag.

Reckwitz, Andreas (2017): Die Gesellschaft der Singularitäten. Zum Strukturwandel der Moderne, Berlin: Suhrkamp.

Rifkin, Jeremy (2019): Der globale Green New Deal. Warum die fossil befeuerte Zivilisation um 2028 kollabiert – und ein kühner ökono-

mischer Plan das Leben auf der Erde retten kann, Frankfurt a.M.: Campus.
Rockström, Johan (2015): Bounding the Planetary Future: Why We Need a Great Transition. Great Transition Intitiative, https://greattransition.org/images/GTI_publications/Rockstrom-Bounding_the_Planetary_Future.pdf, zuletzt geprüft am 10.09.2019.
Rockström, Johan/Steffen, Will/Noone, Kevin/Persson, Åsa/Chapin, F. S./Lambin, Eric F./Lenton, Timothy M./Scheffer, Marten/Folke, Carl/Schellnhuber, Hans J./Nykvist, Björn/Wit, Cynthia A. de/Hughes, Terry/van der Leeuw, Sander/Rodhe, Henning/Sörlin, Sverker/Snyder, Peter K./Costanza, Robert/Svedin, Uno/Falkenmark, Malin/Karlberg, Louise/Corell, Robert W./Fabry, Victoria J./Hansen, James/Walker, Brian/Liverman, Diana/Richardson, Katherine/Crutzen, Paul/Foley, Jonathan A. (2009): »A safe operating space for humanity«, in: Nature 461 (7263), S. 472-475.
Rosa, Hartmut (2005): Beschleunigung. Die Veränderung der Zeitstrukturen in der Moderne, Frankfurt a.M.: Suhrkamp.
Schäfer, Armin (2015): Der Verlust politischer Gleichheit. Warum die sinkende Wahlbeteiligung der Demokratie schadet, Frankfurt a.M.: Campus.
Schlosberg, David/Coles, Romand (2016): »The New Environmentalism of Everyday Life. Sustainability, Material Flows and Movements«, in: Contemporary Political Theory 15 (2), S. 160-181.
Schneidewind, Uwe (2009): Nachhaltige Wissenschaft. Plädoyer für einen Klimawandel im deutschen Wissenschafts- und Hochschulsystem, Marburg: Metropolis.
Schneidewind, Uwe (2015): »Transformative Wissenschaft. Motor für gute Wissenschaft und lebendige Demokratie«, in: GAIA – Ecological Perspectives for Science and Society 24 (2), S. 88-91.
Schneidewind, Uwe (2018): Die große Transformation. Eine Einführung in die Kunst gesellschaftlichen Wandels, Frankfurt a.M.: Fischer.
Schneidewind, Uwe/Singer-Brodowski, Mandy (2014): Transformative Wissenschaft. Klimawandel im deutschen Wissenschafts- und Hochschulsystem, Marburg: Metropolis.
Schwägerl, Christian (2010): Menschenzeit. Zerstören oder gestalten? Die entscheidende Epoche unseres Planeten, München: Riemann.
Sieferle, Rolf P. (1997): Rückblick auf die Natur. Eine Geschichte des Menschen und seiner Umwelt, München: Luchterhand.

Stern, Nicholas H. (2009): Der Global Deal. Wie wir dem Klimawandel begegnen und ein neues Zeitalter von Wachstum und Wohlstand schaffen, München: Beck.

Streeck, Wolfgang (2013): Gekaufte Zeit. Die vertagte Krise des demokratischen Kapitalismus, Berlin: Suhrkamp.

Streeck, Wolfgang (2016): How will capitalism end? Essays on a failing system, London, New York, NY: Verso.

Unfried, Peter (2008): Öko. Al Gore, der neue Kühlschrank und ich, Köln: DuMont.

WBGU (2011): Welt im Wandel. Gesellschaftsvertrag für eine Große Transformation, Berlin: Wissenschaftlicher Beirat der Bundesregierung Globale Umweltveränderungen (WBGU).

WCED (1987): Our common future, Oxford: Oxford University Press.

Welzer, Harald (2018): »Die Rückkehr der Menschenfeindlichkeit«, in: Die Zeit vom 30.05.2018, https://www.zeit.de/2018/23/rechtspopulismus-rechtsruck-afd-migration-konsensverschiebung, S. 7, zuletzt geprüft am 05.09.2019.

Wiesendahl, Elmar (2006): Mitgliederparteien am Ende? Eine Kritik der Niedergangsdiskussion, Wiesbaden: VS Verlag für Sozialwissenschaften.

Die Gesellschaft der Nicht-Nachhaltigkeit
Skizze einer umweltsoziologischen Gegenwartsdiagnose

Ingolfur Blühdorn

Der Zerfall vieler Annahmen und Sicherheiten, die in den reichen, hochentwickelten Gesellschaften des globalen Nordens noch bis in die jüngste Vergangenheit hinein den öffentlichen Umweltdiskurs bestimmt haben, führt zu erheblicher Irritation und einem umweltpolitischen Orientierungsverlust (vgl. Blühdorns Kapitel zum *Paradigmenwechsel* in diesem Band). Zu diesen Sicherheiten gehörte unter anderem die Überzeugung, dass zunehmendes Wissen über Veränderungen in der biophysischen Welt und ihre gesellschaftlichen Ursachen und Auswirkungen letztlich ganz bestimmt zu grundlegenden Verhaltensänderungen bei den Bürger*innen und einem gesamtgesellschaftlichen Werte-, Kultur- und Strukturwandel zur Nachhaltigkeit führen werde. Ebenso hatte sich seit den ausgehenden 1980er Jahren die sichere Annahme etabliert, dass die ökologische Krise durch innovative Effizienztechnologien, *grünes* Wirtschaftswachstum und eine Umorientierung des Konsums auf ökologisch und sozial zertifizierte Produkte und Dienstleistungen auch innerhalb der kapitalistisch-marktwirtschaftlichen Ordnung bewältigt werden könne, dass also ein kategorischer Abschied vom Konsumkapitalismus nicht unbedingt erforderlich sei. Und bereits etwas früher hatte sich – auch gegenüber schon in den 1970er Jahren aufkeimenden öko-autoritären Überlegungen (Heilbroner 1974; Harich 1975; Ophuls 1977; Jonas 1979) – die Sichtweise durchgesetzt, dass der emanzipatorische Kampf um die Selbstbestimmung bisher unterdrückter Subjektivitäten und der ökologische Kampf um die Befreiung der geknechteten Natur zwei Seiten desselben Projekts seien, dass also die Demokratisierung und die Ökologisierung moderner Gesellschaften Hand in Hand mit einander gehen würden (vgl.

hierzu auch Blühdorns Kapitel zur *Demokratie* in diesem Band). Demokratie und Ökologie würden also – genau wie auch Ökologie und kapitalistische Ökonomie – nicht mit einander konfligieren, sondern sich gegenseitig befördern. Im Zeichen sich weiter beschleunigender Umweltvernutzung, unübersehbarer Klimaveränderungen, der Konjunktur rechtspopulistischer Bewegungen und Regierungen sowie der kompromisslosen Verteidigung evident nicht-nachhaltiger Lebensstile, die gesellschaftliche Mehrheiten als ihr unverhandelbares Recht und ihre Freiheit betrachten, sind viele derartige Sicherheiten jedoch inzwischen wieder ins Wanken geraten.

Der Zerfall solcher Sicherheiten und das erneute Aufbrechen grundlegender Fragen etwa nach dem Verhältnis zwischen dem Schutz biophysischer Systeme und der kapitalistischen Wirtschaftsweise, zwischen der Vorstellung unbedingter ökologischer Notwendigkeiten und demokratischen Forderungen nach Freiheit und Selbstbestimmung, oder zwischen nationalem Selbstinteresse und internationaler Solidarität beziehungsweise Verantwortlichkeit lassen sich als ein *Paradigmenwechsel* im modernen Umweltdiskurs beschreiben (vgl. Blühdorns Kapitel zum *Paradigmenwechsel* in diesem Band). Dieser Begriff will zum Ausdruck bringen, dass es sich bei den derzeit zu beobachtenden Veränderungen um mehr als einen nur graduellen Wandel handelt, dass ein radikaler Bruch mit bisherigen Prinzipien und eine grundlegende Verschiebung in der Art und Weise festzustellen sind, wie moderne Gesellschaften – ohne hier innergesellschaftlich oder zwischengesellschaftlich etwa Einheitlichkeit zu behaupten – ihre sozial-ökologischen Verhältnisse denken, verhandeln und politisch ausbuchstabieren. Bestimmend für diesen Paradigmenwechsel und kennzeichnend für das, was im Folgenden als die *Gesellschaft der Nicht-Nachhaltigkeit* und dann die *Politik der Nicht-Nachhaltigkeit* (Blühdorn/Welsh 2007; Blühdorn 2013b, 2014) beschrieben wird, ist unter anderem die Gleichzeitigkeit eines nie dagewesenen Wissensstandes über – und öffentlichen Bewusstseins von – ökologische(n) und klimatische(n) Veränderungen, ihre(n) Ursachen und ihre(n) Auswirkungen einerseits und der entschiedenen Verteidigung von Strukturen und Lebensweisen andererseits, die bekanntermaßen ökologisch und sozial zerstörerisch sind. Nicht weniger kennzeichnend ist der ausdrückliche, offen artikulierte Rückzug verschiedener Akteure vom Ethos der Vernunft, Mündigkeit und gesamtgesellschaftlichen sowie internationalen Verantwortlichkeit, wie er sich etwa – aber keineswegs ausschließlich

– bei der britischen Debatte um den Brexit, in der Politik der führenden Weltmacht, den USA, in der auffälligen Zersplitterung der Europäischen Union und vor allem in der gezielt und aggressiv spaltenden Politik aller rechtspopulistischen Bewegungen, Parteien und Regierungen artikuliert. Ein weiteres unterscheidendes Merkmal ist auch die aggressive Exklusionspolitik, die sich am deutlichsten in den Grenzmauerprojekten von Donald Trump oder dem bis September 2019 amtierenden italienischen Innenminister Matteo Salvini zeigt, oder in der Haltung der EU-Staaten gegenüber den Flüchtlingsschiffen auf dem Mittelmeer. Parallel zu alldem bilden sich auf allen gesellschaftlichen Ebenen vielfältige Strategien heraus, die offenbar dazu beitragen, die psychologischen, sozialen und ökologischen Konsequenzen zu bewältigen, die das entschiedene Festhalten an Nicht-Nachhaltigem klar absehbar und unvermeidlich mit sich bringt. Auch solche Resilienzstrategien gehören zu den konstitutiven Merkmalen der Gesellschaft und Politik der Nicht-Nachhaltigkeit.

Der begriffliche Bezugspunkt und zeitgeschichtliche Hintergrund des Konzeptes der *Gesellschaft der Nicht-Nachhaltigkeit* ist – unübersehbar – das in den 1990er Jahren hegemonial gewordene umweltpolitische Paradigma der Nachhaltigkeit. Nachhaltige Entwicklung und Nachhaltigkeit wurden in den frühen 1990er Jahren nicht einfach nur zum Leitbegriff der Umweltpolitik, sondern international zum »ideological masterframe« (Eder 1996: 183) der Umweltdebatte, d.h. zum hegemonialen Muster, das festlegt, wie *die ökologische Frage* gesellschaftlich gedacht und ausbuchstabiert wird, welche Diagnosen gestellt und Ursachen benannt werden, welche Ideale und Zielvorstellungen formuliert werden, und welche konkreten Handlungsstrategien für angemessen und aussichtsreich gehalten werden. Die Konzepte der Nachhaltigkeit und nachhaltigen Entwicklung, die zunächst im UN *Brundtlandbericht* von 1987 (WCED 1987) eingeführt und definiert worden waren, waren damals ein kaum zu überschätzender Impuls für den internationalen Umweltdiskurs. Sie marginalisierten alle früheren beziehungsweise konkurrierenden Rahmungen der *ökologischen Frage* wie den konservativen Naturschutz oder die antikapitalistische politische Ökologie, blieben inhaltlich aber immer unterbestimmt und umstritten und wurden ihrerseits auf sehr verschiedene Weise interpretiert (Dobson 1998; Baker 2006). Verständnisse von Nachhaltigkeit, die zum Beispiel viel Gewicht auf Fragen der Gerechtigkeit – national, international und zwischen den Generationen – legten, sowie auf politische Intervention,

Regulierung und vorsorgende staatliche Verantwortlichkeit, standen neben anderen, die viel Vertrauen in die Kräfte und Instrumente des Marktes setzten, sowie in technologische Innovation und den Einfluss informierter und verantwortlicher Konsument*innen. In der umweltpolitischen Praxis waren letztere immer klar dominant. Bis heute versuchen die Akteure der staatlichen Umwelt- und Klimapolitik nach Kräften, regulierende Interventionen zu vermeiden und stattdessen mit positiven, marktkonformen Anreizen zu arbeiten. Sie entsprechen damit den Präferenzen signifikanter Mehrheiten in der Bevölkerung, die eine Politik der Vorschriften, Beschränkungen und Verbote entschieden ablehnen.

Die Konzepte der Nachhaltigkeit und nachhaltigen Entwicklung, die zuletzt mit den 2015 von den Vereinten Nationen beschlossenen *Sustainable Development Goals* (UN 2015) aktualisiert worden sind, sind inzwischen überall präsent. Auf allen gesellschaftlichen Ebenen und in allen Planungs-, Verhandlungs- und Entscheidungsprozessen sind sie fest etablierte Parameter. Daher sprechen etwa Sighard Neckel und seine Co-Autor*innen von der *Gesellschaft der Nachhaltigkeit* (Neckel et al. 2018) – eine Diagnose, die man auch durch die beeindruckende Resonanz der neuen Klimabewegung bestätigt sehen könnte, sowie durch die Tatsache, dass deren Initiatorin, Greta Thunberg, auch von den höchsten internationalen Institutionen empfangen und von allen Seiten mit viel Lob bedacht wird. Als umweltsoziologische Gegenwartsdiagnose oder umweltpolitischer Gesellschaftsbegriff scheint diese Bezeichnung aber dennoch wenig geeignet, denn erstens werden Nachhaltigkeit und nachhaltige Entwicklung, wie auch Neckel betont (Neckel 2018a: 12-13), inhaltlich eben höchst verschieden ausbuchstabiert, und selbst die 17 *Sustainable Development Goals* der Vereinten Nationen sind nicht ohne weiteres miteinander kompatibel. Zweitens fühlen sich gerade seit der Konjunktur rechtspopulistischer Bewegungen, Parteien und Regierungen keineswegs mehr alle gesellschaftlichen Akteure der Idee der Nachhaltigkeit verpflichtet. Vielmehr lehnen vor allem – aber keineswegs ausschließlich (vgl. die *Vorüberlegung* in diesem Band) – rechtspopulistische Akteure Agenden der Nachhaltigkeit ausdrücklich als elitäre Einmischung in private Freiheiten und Entscheidungen ab (vgl. auch Butzlaffs Beiträge zu *Parteien* und zum *Wertewandel* in diesem Band). Und auch im politischen Mainstream wird der Konflikt zwischen Ökologie und Ökonomie wieder offen zugegeben, wobei dem wirtschaftlichen Wachstum allemal klare Priorität gegeben wird. Drittens ist heute unübersehbar, dass die Politik im Zeichen des Nachhaltigkeitsparadigmas bisher weder jene Agenden umgesetzt hat, die die neuen sozialen Bewegungen in den frühen 1980er Jahren formuliert hatten und die zum Entstehen der neuen *grünen* Parteienfamilie geführt hatten, noch eine Entkoppelung des wirtschaftlichen Wachstums von der fortschreitenden Ressourcenvernutzung erreicht hat, oder im umfassenderen Sinne eine Abkehr von der zerstörerischen Logik der Vermarktlichung, des Wettbewerbs, der Konsumkultur oder der Akkumulation von Reichtum eingeleitet hätte.

Vor diesem Hintergrund ist der Begriff *Gesellschaft der Nachhaltigkeit* kaum passend. Tatsächlich betrachten zahlreiche Beobachter das Paradigma der Nachhaltigkeit heute sogar als erschöpft und gescheitert. Bereits beim Rio+20 Gipfel im Jahr 2012, behauptet etwa Harriet Bulkeley, sei deutlich geworden, dass die Idee der nachhaltigen Entwicklung ihre Zugkraft weitgehend verloren hatte; und trotz sich zuspitzender ökologischer und sozialer Krisen sei bereits damals nur noch »wenig politischer Appetit auf ernsthaft transformative Maßnahmen« zu verspüren gewesen (Bulkeley et al. 2013: 958-959; Linnér/Selin 2013). John Foster sieht in seinem Buch *After Sustainability* (2015) kaum noch Hinweise auf »ernsthafte Bemühungen um echten Wandel« und beklagt, dass die als »Nachhaltigkeit und nachhaltige Entwicklung zum Mainstream gewordene« Umweltpolitik »daran gescheitert ist, auch nur in entfernt angemessener Art und Weise den Einfluss des Menschen auf die Biosphäre zu reduzieren« (ebd.: 2). Er bezeichnet nachhaltige Entwicklung und Nachhaltigkeit als »unrettbar abwegige« Konzepte und als ein »trügerisch irreführendes Politikziel« (ebd.: IX-X, eigene Übersetzung; Benson/Craig 2014, 2017). Ähnliche Bedenken äußert auch Karl-Werner Brand mit seiner Feststellung, dass gerade nach der internationalen Banken- und Finanzkrise seit 2008 das Leitbild der Nachhaltigkeit »keine adäquate Antwort mehr auf die *multiple Krise* und das Bedürfnis nach einer grundlegenden, strukturellen Veränderung« geben konnte. Der Begriff, so betont er, scheine vielmehr »zu einer Leerformel verkommen« zu sein (Karl-Werner Brand 2018: 481).

Allerdings wäre es falsch, das Paradigma der Nachhaltigkeit vorschnell und einseitig als gescheitert zu betrachten. Nicht nur haben die Vereinten Nationen wie gesagt mit *Transforming our world: The 2030 Agenda for Sustainable Development* erst jüngst den Versuch einer umfassenden Aktualisierung dieses Leitbildes unternommen; und nicht nur ist der Begriff ungeachtet der Tatsache, dass viele akademische und aktivistische Beobachter*innen das Vertrauen in das Konzept verloren haben, in der gesellschaftlichen Klima- und Umweltdebatte unübersehbar weiterhin zentral (etwa Schneidewind 2018). Sondern das Konzept hätte wohl nie solche Bedeutung gewonnen und würde sich auch nicht so sichtbar in der Debatte behaupten können, wenn es nicht in entscheidenden Hinsichten sehr genau den Bedürfnislagen und Dilemmata moderner Gesellschaften entsprochen hätte und sehr passend auf diese reagieren würde. Es ist daher wichtig, das Paradigma der Nachhaltigkeit nicht einseitig als gescheitert zu betrachten, sondern zumindest ebenso sehr auch als einen erheblichen Erfolg.

Als Grundlage für den hier entwickelten Begriff der *Gesellschaft der Nicht-Nachhaltigkeit* werden im Folgenden deshalb zunächst nicht nur die bereits angedeuteten Defizite sondern eben auch dieser Erfolg des Nachhaltigkeitsparadigmas differenzierter ausgeleuchtet. Daran anschließend wird untersucht, inwieweit heutige Debatten um eine *große* und/oder *sozial-ökologische Transformation* die älteren Konzepte der nachhaltigen Entwicklung und Nachhaltigkeit auffrischen, erweitern und ihnen neue Energie verleihen können. Im dritten Schritt werden die Normen und Werte ausgelotet, auf deren Grundlage in modernen Konsumdemokratien Fragen repolitisiert werden, die im Zeichen des Nachhaltigkeitsparadigmas zwischenzeitlich stillgestellt waren. Denn diese Normen und Werte bestimmen, wie *die ökologische Frage* in der Gesellschaft der Nicht-Nachhaltigkeit neu formuliert, verhandelt und entschieden wird. Schließlich werden einige grundlegende Einwände gegen dieses Konzept besprochen und Kernelemente der *Politik der Nicht-Nachhaltigkeit* benannt. Insgesamt sollen auf diesem Wege die Vorüberlegungen und tastenden Annäherungen der vorhergehenden Teile dieses Buches vertieft, systematisiert und in eine umweltsoziologische Gegenwartsdiagnose zusammengeführt werden. Diese Gegenwartsdiagnose behält den Status eines Entwurfs, der auch zwischen den Autor*innen, die zu diesem Band beigetragen haben, in Einzelaspekten durchaus umstritten bleibt. Gleichwohl bietet er aber eine konzeptuelle und gesellschaftstheoretische Grundlage für die in den weiteren Kapiteln folgende Betrachtung bestimmter politischer Akteure – des Umweltstaates, der Parteien, sozialer Bewegungen, der Konsument*innen – sowie auch für die Analyse der *Demokratie der Nicht-Nachhaltigkeit*, die dieses Buch beschließt.

Erfolg und Scheitern des Nachhaltigkeitsparadigmas

Als die Begriffe der nachhaltigen Entwicklung und der Nachhaltigkeit Ende der 1980er Jahre ihren kometenhaften Aufstieg begannen, lag ihr großes Versprechen darin, dass sie die neuen ökologischen und gesellschaftspolitischen Sorgen ernst nehmen würden, die gerade von der zunehmend gebildeten, artikulationsstarken und materiell verhältnismäßig gut abgesicherten jüngeren Generation in westlichen Gesellschaften bereits seit den 1970er Jahren vermehrt artikuliert worden waren. Gleichzeitig würden sie aber auch die Interessen derer berücksichtigen, die – in den Industrieländern ebenso wie im globalen Süden – dringend auf weitere wirtschaftliche Entwicklung und eine Verbesserung ihrer Lebensverhältnisse hofften. Der *Brundtlandbericht* (WCED 1987) bestätigte ausdrücklich das Problem der internationalen Ungleichheit und der Armut in vielen Ländern des globalen Südens sowie die Untauglichkeit des Entwicklungsmodells der westlichen Industrienationen als Vorbild für eine nachholende Modernisierung in anderen Teilen der Welt. Er versprach, dem Erhalt der natürlichen Umwelt zukünftig mehr Priorität zu geben und bestätigte, dass es biophysische Grenzen gibt, die unbedingt einzuhalten sind. Ausdrücklich betonte der Bericht auch, dass in den etablierten Industrieländern ein struktureller Wandel erforderlich sei, damit die ökonomische Entwicklung »innerhalb der Grenzen des ökologisch Möglichen« (ebd.: 55) bleibt. Gleichzeitig stellte die Brundtland Kommission aber auch klar, dass weder die Überwindung des Konsumkapitalismus erforderlich sei, noch auch eine radikale Abkehr vom bisherigen Pfad der Modernisierung oder gar »die Beendigung des Wirtschaftswachstums« (ebd.: 40). Im Gegenteil unterstrich der Bericht ausdrücklich, dass »die internationale Wirtschaft noch schneller wachsen müsse« als bisher (ebd.: 89). Die Förderung der Wissenschaft, die beschleunigte Entwicklung ressourcensparender Technologien, verbesserte Management- und Monitoringverfahren sowie die Internalisierung von sozialen und ökologischen Kosten, die bisher vernachlässigt worden waren, sollten geeignete Mittel sein, »wirtschaftliche, soziale und ökologische Katastrophen« dennoch wirksam zu verhindern (ebd.).

Westliche Industriegesellschaften sollten sich also gewissermaßen aus den sozialen und ökologischen Schieflagen, in die ihr bisheriger Modernisierungspfad sie geführt hatte, hinaus*modernisieren*. Die Wirtschaft sollte über sie hinaus*wachsen*. Ähnlich wie Ulrich Beck sich eine *zweite* oder *reflexive* Moderne (Beck 1991) vorstellte, die die Probleme der *Risikogesellschaft* (Beck 2000 [1986]) bearbeiten und die bisher noch nicht eingelösten Versprechen der Moderne endlich erfüllen sollte, sollte eine *ökologische Modernisierung* (Jänicke 1988; Mol/Spaargaren 2000; Spaargaren/Mol 1992; Blühdorn 2010) die unbeabsichtigten Nebenwirkungen der bisherigen Entwicklung korrigieren und die weitere Entwicklung der Industriestaaten sowie der Welt insgesamt auf einen sozial und ökologisch verträglichen – einen nachhaltigen – Pfad bringen.

Gerade vor dem Hintergrund der *politischen Ökologie* und des *ökologischen Fundamentalismus*, die sich seit den 1970er Jahren als eigenständige politische Ideologie (Dobson 1990), klare Stimme und innovative Kraft formiert hatten (Gorz 1975; Die Grünen 1980; Bookchin 1985; Lipietz 1995, 2000), war das Konzept der Nachhaltigkeit und nachhaltigen Entwicklung ein signifikanter Durchbruch. Immerhin hatte die politische Ökologie mit ihren radikalen Zweifeln an dem gesellschaftlichen Entwicklungsmodell, das bis dato als uneingeschränkte Erfolgsgeschichte gegolten hatte, erhebliche Irritation ausgelöst. Die Kombination von Konsumkapitalismus, liberaler, repräsentativer Demokratie und der Entwicklung neuer, unbeherrschbarer Großtechnologien, so hatte sie gewarnt, werde westliche Gesellschaften und die menschliche Zivilisation insgesamt in die ökologisch-atomare Katastrophe führen. Angesichts der kapitalistischen Entfremdung und Unterdrückung der Menschen, steigender Arbeitslosigkeit, ökonomischer Instabilität, globaler Ungerechtigkeit, massiver Umweltschäden, des neoliberalen Angriffs auf den Wohlfahrtstaat sowie des atomaren Wettrüstens war die politische Ökologie zu dem Schluss gekommen, »das System sei bankrott« (Kelly 1983: 13-18). Grundlegende Zweifel sowohl am Kapitalismus als auch an der Konsumkultur und der repräsentativen Parteiendemokratie hatten relativ breite gesellschaftliche Resonanz gefunden. Eine gleichermaßen resonanz- und anschlussfähige Handlungsperspektive gab es allerdings nicht. Zumindest gab es sowohl gegenüber den basisdemokratischen, radikal antikapitalistischen und konsumkritischen Idealen als auch gegenüber den zum Teil technologie- und modernisierungsfeindlichen Tendenzen der politischen Ökologie erhebliche Vorbehalte, und die politische Debatte hatte sich festgefahren in ideologischen Grabenkämpfen und einer Polarisierung zwischen Ökologie und Ökonomie.

In diesem Dilemma bot das Nachhaltigkeitsparadigma eine vielversprechende Perspektive. Es ermöglichte den Brückenschlag zwischen verfeindeten Positionen und die Entwicklung neuer umweltpolitischer Akteurskoalitionen über ideologische Gräben hinweg. Einerseits erkannte es entscheidende Elemente der Diagnose der politischen Ökologie an. Mit der *Lokalen Agenda 21*, die auf dem Erdgipfel in Rio 1992 zu einem wesentlichen strategischen Instrument der nachhaltigen Entwicklung erklärt wurde (UN 1993), sollte auch die demokratische Beteiligung der gesellschaftlichen Basis zu einem Grundpfeiler eines umfassenden sozial-ökologischen Wandels werden. Andererseits erforderte das Leitbild der Nachhaltigkeit aber eben nicht die radikale Abkehr vom Kapitalismus, vom Konsum, vom Prinzip des Wachstums und vom technologischen Fortschritt. Vielmehr ebnete es den Weg für die sehr viel intensivere wissenschaftliche Erforschung von Umweltveränderungen, ihren Ursachen, ihren Auswirkungen und von aussichtsreichen Gegenstrategien. Damit kam das neue Leitbild der Nachhaltigkeit nicht nur den politischen Gegnern der neuen Umweltbewegungen entgegen, sondern adressierte auch die zentrale Schwachstelle sowohl der politischen Ökologie als auch aller früheren Rahmungen der *ökologischen Frage*: die normative Grundlage für die ökologische Problem- und Krisendiagnose und für die politischen Zielvorstellungen und Umsetzungsstrategien. Diese Grundlage musste nicht nur gesamtgesellschaftlich stark genug sein, einen Konsens oder zumindest eine beständige demokratische Mehrheit für eine wirksame und langfristige Umweltpolitik zu mobilisieren. Sie musste auch innerhalb der neuen sozialen Bewegungen einen grundlegenden Konflikt lösen können, nämlich die Spannung zwischen der emanzipatorischen, etablierte Grenzen überwindenden Dimension des Bewegungsprojekts und der Forderung, ökologische und soziale Beschränkungen und Grenzen anzuerkennen beziehungsweise bewusst neu zu setzen und gesellschaftlich durchzukämpfen (vgl. hierzu auch Blühdorns Kapitel zur *Demokratie* in diesem Band).

Historisch war die Forderung, die Natur zu schützen, zunächst vor allem ästhetisch und/oder religiös begründet worden. Sie ergab sich aus der Ehrfurcht vor der Schönheit und Erhabenheit der Natur, oder wurde abgeleitet aus dem christlichen Gebot, die Schöpfung zu bewahren – und die Strafe Gottes oder die Rache der Natur zu vermeiden. Die politische Ökologie begründete ihre Imperative dann unter anderem, der kritischen Theorie folgend (Marcuse 1994 [1964], 1973), aus der ökologischen Verlängerung der Kantischen Lehre vom *autonomen Subjekt* und dessen unantastbarer Würde. Der Natur wurde nun verbreitet ein sehr ähnliches Recht auf Freiheit, Würde und Integrität zugesprochen, auf das auch menschliche Subjekte selbstverständlichen Anspruch erheben. Ethische beziehungsweise moralische Imperative traten an die Stelle des Ästhetischen und Religiösen. Diese Strategien der Objektivierung, Legitimierung und Entpolitisierung waren aber ebenfalls nicht hinreichend stark und dauerhaft tragfähig. Der moralisierende Umweltdiskurs und die Politik der Angst – Wir rasen auf den Abgrund zu! Es ist fünf vor Zwölf! Wende oder Ende! – waren nicht in der Lage, den gesellschaftlichen Konsens und politischen Willen zu mobilisieren, die für einen ernsthaften ökologischen Strukturwandel erforderlich gewesen wären. Die mit dem Nachhaltigkeitsparadigma in Aussicht gestellte Ausweitung der Forschung, Aufklärung, Information und öffentlichen Bewusstseinsbildung hingegen eröffnete die Aussicht auf eine neue verlässliche wissenschaftliche Basis, auf deren Grundlage die Umweltpolitik endlich wirklich durchsetzungsfähig und wirksam werden könnte.

Objektivierung durch Wissenschaft

Mit dem Aufstieg des Paradigmas der Nachhaltigkeit wurde die Aufgabe der Objektivierung und Legitimierung umweltpolitischer Diagnosen und Forderungen also ganz wesentlich an die Wissenschaft übertragen. Die Nachhaltigkeitsforschung entwickelte sich fortan als ein ausgedehntes und vieldimensionales Wissenschaftsfeld. In der Überzeugung, so die notorischen Wertkonflikte vermeiden zu können, die die Umweltpolitik bisher allzu oft behindert hatten, begannen empirisch ausgerichtete Nachhaltigkeitsforscher ökologische Veränderungen systematischer als zuvor zu dokumentieren und analysieren, ökologische *Fußabdrücke* (Wackernagel/Rees 1996) und *Rucksäcke* (Schmidt-Bleek 1994, 1998) zu berechnen, die Stoffströme und Grenzen der Belastbarkeit bio-physischer Systeme zu vermessen, Nachhaltigkeitskriterien zu formulieren und *planetarische Grenzen* (Rockström et al. 2009) zu benennen, die nicht überschritten werden dürfen. Entscheidend war dabei die Absicht, die Umweltpolitik aus ihrer Abhängigkeit von weichen, subjektiven, kulturellen Kriterien zu befreien und sie stattdessen auf eine objektive, wissenschaftliche Grundlage zu stellen, der man nicht mehr widersprechen können würde. Ingenieur*innen entwickelten derweil neue Effizienztechnologien (Weizsäcker et al. 1997; Weizsäcker/Seiler-Hausmann 1999), die Wirtschaftswachstum und Ressourcenverbrauch voneinander entkoppeln und die Einhaltung der spezifizierten Grenzen ermöglichen sollten. Und *new environmental policy instruments* (Jordan et al. 2003), die meist die Kräfte des Marktes zu nutzen versuchten, sollten sicherstellen, dass die gesetzten Ziele auch in der Praxis umgesetzt werden. Gerade in jüngster Zeit, im Zeichen der Debatte um das neue erdgeschichtliche Zeitalter, das Anthropozän (Crutzen 2002; Crutzen/Steffen 2003; Schwägerl 2010), hat die Idee einer wissenschafts- und technologiegestützten *earth systems governance* (Rockström 2015; Biermann 2012; Shearman/Smith 2007) noch einmal erheblichen Auftrieb erhalten (Schneidewind 2018). Doch ebenso wie ihre Vorgänger erwies sich auch diese wissenschaftsgestützte Strategie der umweltpolitischen Objektivierung und Legitimationsbeschaffung als nicht dauerhaft tragfähig. Zumindest ist inzwischen deutlich, dass auch das Paradigma der Nachhaltigkeit und nachhaltigen Entwicklung wesentliche Hoffnungen und Erwartungen nicht erfüllt hat.

Abgesehen davon, dass das Leitbild der Nachhaltigkeit gerade in jenen Varianten, die in der praktischen Umweltpolitik immer dominant gewesen sind, tatsächlich nie darauf abgezielt hatte, das hergebrachte Verständnis von Fortschritt und Entwicklung grundsätzlich zu revidieren, hat das seinen Grund vor allem genau darin, dass die Rahmung und Debatte der *ökologischen Frage* im Zeichen des Nachhaltigkeitsparadigmas stets bemüht war, normative Fragen zu vermeiden, und umweltpolitische Problemlagen als wissenschaftliche, technologische, ökonomische oder administrative Fragen auszubuchstabieren und damit zu entpolitisieren. Das war einerseits eine höchst erfolgreiche Strategie, andererseits wurde dabei aber systematisch ausgeblendet, dass für die emanzipatorische Umweltbewegung und gerade für die politische Ökologie auch Themen der Subjektivität, der Entfremdung, der Selbstbestimmung und der freien Selbstverwirklichung, also ausdrücklich normative Fragen des guten Lebens und der befreiten Gesellschaft, einen ganz zentralen Stellenwert hatten. Darüber hinaus verweigerte sich das objektivierende Denken im Paradigma der Nachhaltigkeit auch der Tatsache, dass Umweltprobleme überhaupt nie wissenschaftlich mess- und bestimmbare Verhältnisse in der biophysischen Umwelt sind, sondern im Kern immer die gesellschaftlich wahrgenommene und als inakzeptabel empfundene Verletzung bestimmter Normen und Erwartungen. Oder anders formuliert: Die Klima-, Umwelt- und Nachhaltigkeitspolitik befasst sich nie primär mit empirisch messbaren und wissenschaftlich feststellbaren Zuständen oder Veränderungen in der biophysischen Welt, sondern mit breitenwirksam mobilisierenden Normen, Sorgen und Ängsten bestimmter gesellschaftlicher Akteure. Es geht also nicht primär um *bio-physical facts*, sondern sogenannte Umweltprobleme sind vor allem immer *socio-cultural concerns*, und zwischen beiden liegt bekanntlich ein Abgrund (Luhmann 1986; Latour 1993, 2004). Entsprechend gilt: Die nachhaltigkeitspolitische Zentralfrage, was für wen, in welchem Maße, mit welcher Begründung, mit welchen Mitteln und für wie lange erhalten werden soll, ist wissenschaftlich nicht zu klären, sondern bleibt allemal eine Angelegenheit sozialer Normen und politischer Entscheidungen. Auch planetary boundaries, die angeblich nicht überschritten werden dürfen, sind immer nur genau so verpflichtend, wie die gesellschaftlich ausgehandelten Normen, anhand deren sie definiert werden und die im Überschreitungsfalle verletzt würden (Blühdorn 2000). Das entscheidende Kriterium ist also allemal die soziale Nachhaltigkeit im Sinne von gesellschaftlicher Erträglichkeit und Bewältigungsfähigkeit. Dafür jedoch, was gesellschaftlich haltbar, erträglich und verkraftbar ist, gibt es keine objektiven, wissenschaftlich berechenbaren Maßstäbe oder Grenzwerte (vgl. hierzu auch den Beitrag von Hausknost und seine Ausführungen zur Unmöglichkeit von Nachhaltigkeitsimperativen in diesem Band).

Für die Diagnose der Gesellschaft und Politik der Nicht-Nachhaltigkeit ist diese Feststellung zentral, und es muss später noch genauer erkundet werden, nach Maßgabe welcher Werte und Normen heutige Konsumgesellschaften ihre *ökologische Frage* formulieren, verhandeln und entscheiden. Auch in den 1980er Jahren schon war diese Erkenntnis, dass sogenannte Umweltprobleme vor allem die Verletzung gesellschaftlicher Normen und Erwartungen sind, aber nicht wirklich neu. Immerhin hatte Habermas bereits Anfang der 1970er Jahre richtig festgehalten: »Erst wenn die Gesellschaftsmitglieder Strukturwandlungen als bestandskritisch erfahren und ihre soziale Identität bedroht fühlen, können wir von Krisen sprechen« (Habermas 2004 [1973]: 10). Soziale Identität sah er also als die zentrale Kategorie, und Habermas' Beobachtung lässt sich uneingeschränkt auch auf Umwelt- und Nachhaltigkeitskrisen anwenden. Für eine effektive Umweltpolitik sind umfassende wissenschaftliche Kenntnis und Technologien, die etwa helfen, knappe Ressourcen zu sparen, freilich unbedingt nützlich. Aber egal wie differenziert dieses Wissen und wie ausgefeilt solche Technologien auch sein mögen, können sie normative Maßstäbe und Werturteile niemals ersetzen. Im Prinzip hätte gerade die neue Rahmung der Umweltkrise – ein Begriff, der das Problem ausdrücklich jenseits der Gesellschaft, in ihrer natürlichen Umwelt, ansiedelt – als Nachhaltigkeitskrise die Gelegenheit geboten, den unhintergehbar normativen und sozialen Kern aller Umweltprobleme klarer in den Blick zu nehmen. Und die in den 1990er Jahren relativ breit geführte sozialwissenschaftliche Debatte über das Ende der Natur (McKibben 1990; Böhme 1992), die Vergesellschaftung der Natur und die Naturalisierung der Gesellschaft (Eder 1996; Beck 1993; Macnaghten/Urry 1998) hätte dafür auch eine gute Grundlage geboten. Aber die Suche und Sehnsucht nach objektiven, wissenschaftlichen Kriterien verdrängte immer wieder die Einsicht, dass Nachhaltigkeit weder etwas ist, das sich ökonomisch berechnen, noch naturwissenschaftlich objektiv feststellen, noch auch vermittels von innovativen Effizienztechnologien erreichen lässt. Sondern ebenso wie Freiheit oder Demokratie ist auch Nachhaltigkeit ein seinem Wesen nach umstrittenes Konzept (Gallie 1956), dessen Inhalt auf der Grundlage von jeweils vorherrschenden sozialen Normen und Wertvorstellungen immer wieder neu gesellschaftlich ausgehandelt werden muss (Grunwald 2016: 353-355). Die Bedeutung des Begriffs wandelt sich kontinuierlich im Zuge des gesellschaftlichen Wandels – der freilich weder unidirektional noch einheitlich ist. Diese Offenheit ist der Grund, warum das Nachhaltigkeitsparadigma weder in Bezug auf umweltpolitische Diagnosen, noch bezüglich der Zielvorstellung eines ökologisch und sozial befriedeten, guten Lebens für alle, noch auch hinsichtlich geeigneter Umsetzungsstrategien Sicherheit und Orientierung bieten und tatsächlich strukturwandelnde Kräfte mobilisieren konnte. Es sei daher »an der Zeit, das Konzept der Nachhaltigkeit hinter sich zu lassen«, resümieren Benson und Craig: »In einer Welt extremer Komplexität, Unsicherheit und Instabilität müssen wir uns der Unmöglichkeit stellen, das Ziel Nachhaltigkeit zu definieren oder gar umzusetzen« (Benson/Craig 2014: 777). Tatsächlich werde dieses »pseudo-wissenschaftliche Modell der Umweltbesorgnis«, heißt es bei John Foster, mit seinem unerfüllbaren Versprechen der Objektivierbarkeit eher zum »tief verwurzelten Teil des Problems« als zum wesentlichen Baustein der Lösung der gesellschaftlich wahrgenommenen Vielfachkrise (Foster 2015: 35).

Demokratisierung der Objektivität

Als zusätzlicher wichtiger Faktor ist an dieser Stelle zu berücksichtigen, dass die Verwissenschaftlichung der von den Umweltbewegungen initiierten Debatten gewissermaßen einen Keil zwischen die Bürger*innen und die Nachhaltigkeitspolitik getrieben hat. Angesichts immer komplexer werdender Problemlagen war die immer größere Bedeutung von wissenschaftlicher Erkenntnis und Vermittlung zwar absehbar und unverzichtbar. Sie hat die sozialen Bewegungen, die die entsprechenden Themen ursprünglich auf die politische Agenda gesetzt hatten, aber gewissermaßen ihrer Anliegen enteignet, ihnen die Definitionsmacht aberkannt und die Nachhaltigkeits-, Umwelt- und Klimapolitik von ihrer gesellschaftlichen Basis und lebensweltlichen Erdung abgekoppelt. Ungewollt hat sie die Zivilgesellschaft und die zunehmend expertokratische Nachhaltigkeitspolitik voneinander entfremdet und damit eine höchst brisante Dialektik in Gang gesetzt, die heute darin kulminiert, dass nennenswerte Teile moderner Gesellschaften nachhaltigkeitspolitische Maßnahmen als elitäre Agenda und inakzeptable Einmischung in ihre privaten Angelegenheiten empfinden. So stellt sich etwa die deutsche Partei Alternative für Deutschland (AfD) ausdrücklich »auf die Seite der Bürger«, hält jegliche Klimaschutzpolitik für einen »Irrweg« und bezeichnet das Projekt der Dekarbonisierung als »illegitime gesellschaftliche Wende hin zu einem ökologistischen Planungs- und Zwangsstaat mit gewollter Mangelwirtschaft« (AfD 2019: 44, 79). Und die Sozialdemokraten in Österreich plakatierten zur Nationalratswahl im September 2019: *Klimaschutz: Ja! Bevormundung: Nein! ...das sage ich als Linker!* (Wahlplakat von Robert Laimer, Nationalratsabgeordneter, SPÖ).

Bewegungsaktivist*innen und die kritische Sozialwissenschaft hatten die Gefahr dieser Enteignung und Entfremdung durchaus frühzeitig erkannt. Angesichts der gerade von der sogenannten Expertenkultur getragenen Verflechtung zwischen Wissenschaft, Wirtschaftsinteressen und staatlicher Politik beziehungsweise Macht hatten sie gegen die Übernahme bewegungspolitischer Belange durch Expert*innen und die drohende Marginalisierung der Bürger*innen und Bewegungen mobilisiert. Wissenschaft, Forschung und Technologie, forderten sie, dürften nicht die alleinige Definitionsmacht und Deutungshoheit erhalten, sondern müssten demokratisiert werden, d.h. nachhaltigkeitspolitische Problemdiagnosen und Lösungsstrategien sollten unter Einbeziehung verschiedenster gesellschaftlicher Gruppen und deren jeweiliger Erfahrung formuliert werden. Auf diese Weise sollte gesichert werden, dass alle Wissenschaft und Expertise an die gesellschaftlichen Realitäten sowie die lebensweltlichen Problemlagen und Bedürfnisse der Bürger*innen angebunden bleiben. Gleichzeitig sollte dies – wie demokratische Beteiligungsverfahren überhaupt – helfen, die Komplexität von Nachhaltigkeitsproblemen besser zu erfassen und die Qualität, Legitimität und Effektivität entsprechender Gegenmaßnahmen zu verbessern.

Gestützt auf die moderne Wissenschaftstheorie (Irwin 1995; Ravetz 1999; Jasanoff 2005, 2012) und das Argument, dass jede Expertenwahrheit immer nur innerhalb begrenzter *epistemic communities* Bestand habe, forderten kritische Aktivist*innen also die möglichst gleichberechtigte Berücksichtigung von unterschiedlichen Formen von Wissen, Rationalität und Wahrheit jenseits der Expertenkultur, etwa von Laien, besonders Betroffenen, Minderheitengruppen oder indigenen Bevölkerungen. Der gesellschaftliche Kontext und soziale Bodensatz jeder Rationalität, Wahrheit und Objektivität sollte damit anerkannt und den Bürger*innen wahrhaftes *empowerment* zu Teil werden. Genau diese Demokratisierung der Wissenschaft und Wahrheit, diese *epistemic democratisation*, hat aber zugleich auch die Autorität wissenschaftlicher Diagnosen relativiert. Sie hat rein wissenschaftsinterne Konflikte zwischen science und counter-science, Expertise und Gegenexpertise, verschärft und um eine zusätzliche Dimension erweitert: den Konflikt zwischen wissenschaftlich und nicht-wissenschaftlich begründeten Wahrheiten, wie sie unter anderem von Evangelikalen, Kreationist*innen oder den sogenannten Klimaleugner*innen behauptet werden (Fischer 2019). Emanzipatorische Aktivist*innen haben damit zwar – durchaus zurecht – die angeblich objektive Gültigkeit wissenschaftlicher Wahrheit und vermeintlich alternativloser Imperative in Frage gestellt. Sie konnten aber die normative Leerstelle, die sich damit ergab, nicht füllen. Und ungewollt bereitete der emanzipatorisch-demokratische Protest gegen die Verwissenschaftlichung und Entpolitisierung umwelt- und nachhaltigkeitspolitischer Belange auch das Feld für die Auffächerung von Wahrheit und Weltsichten, die in der Wissenschaftstheorie und in den Debatten des sozialen Konstruktivismus (Berger/Luckmann 1969) freilich schon längst vorher angelegt waren.

So haben öko-emanzipatorische Bewegungen also einerseits darauf gehofft, dass die wissenschaftliche Forschung ihre ökologische Agenda auf eine Grundlage stellen würde, die verlässlicher und belastbarer ist als bloß moralische Appelle und die Kommunikation von Angst. Andererseits haben sie aber mit ihrer Forderung nach einer Demokratisierung des Wissens und der Wahrheit genau diese Objektivität auch wieder in Frage gestellt und so entscheidende Grundlagen etwa für die Repolitisierung des Weltklimarates und seiner Erkenntnisse gelegt. Unbeabsichtigt und wohl auch unverhinderbar haben sie selbst mit vorbereitet, was sie heute als die Irrationalität und Wahrheitsverweigerung der Klimaleugner*innen (Jacques et al. 2008; Dunlap/McCright 2011; Norgaard 2011) und all derer anprangern, die von *Lügenpresse, fake science* und *alternativen Fakten* sprechen (Fischer 2019). Die wirklich authentische Wahrheit hatten eben auch die links-emanzipatorischen Kritiker*innen der Expertenherrschaft immer vor allem in der Zivilgesellschaft verortet. Und im gleichen Maße, wie heute die Kategorien des Wahren, Rationalen und Vernünftigen haltlos zerfallen, breiten sich grundlegende Unsicherheit und radikales Misstrauen aus. In der Ära des *post-truth*, der *post-factuality* und *post-rationality* erfahren Wissenschaft, Aufklärung, Vernunft und rationaler Diskurs als Grundlage der Umwelt- und Klimapolitik das gleiche Schicksal wie längst vorher schon die Ästhetik, Religion und Moral.

Gekaufte Zeit I

Aus der Perspektive der politischen Ökologie und all jener, die heute wieder oder weiterhin einen radikalen gesellschaftlichen Strukturwandel, den Abschied vom Konsumkapitalismus, vom Wachstumszwang und von der gesamten Logik der Nicht-Nachhaltigkeit fordern, ist das Paradigma der Nachhaltigkeit also umfassend gescheitert. Erstens muss man ihm jedoch zugutehalten, dass die Verfechter*innen dieses Ansatzes nie wirklich behauptet hatten, einen radikalen Strukturwandel im Sinne der politischen Ökologie einleiten zu wollen, sondern im Gegenteil gerade versprochen hatten, an der Logik des Kapitalismus, des Marktes und des Wachstums festzuhalten. Zweitens war und ist dieses Paradigma in mehrfacher Hinsicht eben doch auch höchst erfolgreich (Blühdorn 2014): In wesentlichen ideologischen Fragen hat es für politische Befriedung gesorgt. In etlichen Gebieten wie etwa der Luft- oder Gewässerreinhaltung sind durchaus Fortschritte erreicht worden. Und zudem hat die Umweltpolitik im Zeichen des Nachhaltigkeitsparadigmas das auch für die emanzipatorischen Bewegungen höchst heikle Thema der Grenzen und Begrenzung entschärft und in eine Zukunft verschoben, in der die Wissenschaft dafür belastbare Grundlagen geschaffen und Kriterien benannt haben würde. Genau damit hat das Nachhaltigkeitsparadigma neue Freiräume für die weitere Entfaltung der Selbstbestimmung und Selbstverwirklichung geschaffen, die gerade für jene sozialen Schichten besonders wichtig und nutzbar waren, die nach dem Modernisierungsschub der 1960er und 1970er Jahre – oft erstmals – über verschiedene Formen von Kapital (Bildung, soziale Netzwerke, Artikulationsfähigkeit, Flexibilität, finanzielle Mittel etc.) verfügten, das sie dringend für den sozialen Aufstieg und ein gutes Leben produktiv machen wollten.

In gewisser Hinsicht bot das Nachhaltigkeitsparadigma also, um einen Begriff von Wolfgang Streeck zu adaptieren, *gekaufte Zeit* (Streeck 2013), die die eigentlich bereits in den frühen 1980er Jahren abgelaufene Haltbarkeit des schon damals klar als nicht-nachhaltig Erkannten noch einmal verlängerte. Es vertagte – gerade auch für die Anhänger der politischen Ökologie – die Entscheidung des Konflikts zwischen dem emanzipatorisch-progressiven Projekt der Überwindung etablierter Beschränkungen einerseits und der sozial-ökologischen Notwendigkeit neuer Begrenzungen andererseits. Für alle Beteiligten – und eben auch für viele derer, die befürchteten, das System sei bankrott – war dies ein substanzieller Gewinn. Genau darin liegt letztlich wohl auch ein wesentlicher Grund, warum das Konzept so begeistert aufgenommen wurde, so schnell hegemonial geworden ist, und bis heute so große Bedeutung behält (Blühdorn 2014). Und während die emanzipatorischen Bewegungen selbst dazu beigetragen haben, die vermeintlich objektiven und unverrückbaren Wahrheiten der Expert*innen zu politisieren und demokratisieren, haben gerade die gesellschaftlichen Leitmilieus – zu denen auch sie selbst gehörten – ihre Vorstellungen von Freiheit, ihre Ansprüche auf Selbstverwirklichung und ihr Bewusstsein entsprechender Berechtigung stetig weiter entfaltet.

Je umfassender dann aber das empirische Wissen über die Veränderung der biophysischen Welt und deren Ursachen, Auswirkungen und Wechselwirkungen wurde; je deutlicher wurde, dass diese Veränderungen sich nicht etwa verlangsamen, sondern sich in vielen Bereichen trotz aller Nachhaltigkeitsbemühungen weiter beschleunigen; und je klarer wird, dass es in der Klima-, Umwelt- und Nachhaltigkeitspolitik eben nicht allein um wissenschaftlich feststellbare Fakten geht, sondern mindestens ebenso sehr – oder sogar noch mehr – um subjektive Wahrheiten (mitunter alternative Fakten) und die Maßstäbe ihrer Bewertung, desto deutlicher brechen all jene Fragen und Konflikte wieder auf, die das Nachhaltigkeitsparadigma kurzfristig stillgestellt und entpolitisiert hatte. Die Postwachstumsbewegung, die neuen Klimaproteste und die Konjunktur des Rechtspopulismus zeigen das unmissverständlich an. Zwischenzeitlich haben sich allerdings die Perspektiven für die Lösung dieser Konflikte nicht gerade verbessert. Vielmehr hat sich eben – bei gleichzeitiger Beschleunigung der Veränderungen – eine weitere umweltpolitische Hoffnung und Strategie als ungeeignet erwiesen, um einen wirklichen Strukturwandel zu erreichen. Genau das macht den Umweltdiskurs heute so irritierend, beunruhigend und desorientierend (vgl. Blühdorns Kapitel zum *Paradigmenwechsel* in diesem Band). Die ungewöhnlich schnelle und deutliche Reaktion der Politik auf die neue internationale Klimabewegung sowie die Anerkennung, die Greta Thunberg auch von höchster Stelle erfährt, sind deutliche Anzeichen dieser Irritation. Und dass die emanzipatorischen Bewegungen – ganz ohne dies bemerkt oder gar intendiert zu haben – selbst zur Destabilisierung der objektiven Wahrheit, die zur Lösung dieser Konflikte dringend benötigt worden wäre, beigetragen haben, macht das Dilemma nur noch schlimmer. Für das Konzept der Gesellschaft der Nicht-Nachhaltigkeit ist dieses Dilemma entscheidend. Und ebenso entscheidend ist es für ein angemessenes Verständnis der neuen Debatte um eine große, sozial-ökologische Transformation, die sich im Zeichen dieses Dilemmas entwickelt hat.

Neue Entschlossenheit?

Das »Ende der Nachhaltigkeit«, so hatten manche vermutet, würde »eine tiefe Krise in der Umweltdebatte« (Foster 2015: 1) auslösen, ein »Ende des Als-ob« erzwingen und kapitalistische Konsumgesellschaften über ihren »gegenwärtigen Zustand der Realitätsverleugnung« hinaustreiben (ebd.: 23-45). Das ist bisher nicht eingetreten. Vielmehr ist der Begriff der *großen* oder *sozial-ökologischen Transformation* gewissermaßen in die Lücke getreten, die der »zur Leerformel verkommene« Begriff der nachhaltigen Entwicklung hinterlassen hat (Karl-Werner Brand 2017; Ulrich Brand 2016; Luks 2019; Brand et al. 2019). Das gilt zwar nur oder vor allem für akademische und aktivistische Kreise, aber gerade seit die internationale Banken- und Finanzkrise ab 2008 unmissverständlich klar gemacht hat, dass die Konzepte der Nachhaltigkeit und nachhaltigen Entwicklung auf die Vielfachkrise moderner Gesellschaften keine zufriedenstellenden Antworten mehr anbieten, hat der Begriff der sozial-ökologischen Transformation – ebenso wie Karl Polanyis Buch *The Great Transformation* (1978 [1944]), an das besonders im deutschen Sprachraum Teile der entsprechenden Debatte anknüpfen – hohe Konjunktur. Ohne nähere Bestimmung eines Transformationsziels taugt der Begriff *große Transformation* zwar kaum als umweltpolitisches Leitbild; intuitiv scheint er aber ambitionierter und radikaler als das immer nur reformistische Denken der Nachhaltigkeit. Er signalisiert einen neuen Aufbruch, eine neue Entschlossenheit, wie sie sich auch in Teilen der Postwachstums- und Degrowth-Literatur (Paech 2012; Muraca 2013, 2015; D'Alisa et al. 2016; Latouche 2015) und in der neuen Klimabewegung andeuten. Wenn der WBGU von einem neuen »Gesellschaftsvertrag« für einen »umfassenden Umbau aus Einsicht, Umsicht und Voraussicht« (WBGU 2011: 5) spricht; wenn die Vereinten Nationen von *Transforming our World* sprechen und einen Zeithorizont bis 2030 festsetzen, um »die Menschheit von der Tyrannei der Armut und der Not zu befreien«, »unseren Planeten zu heilen« und dabei »niemanden zurückzulassen« (UN 2015: 1); wenn Uwe Schneidewind und das Wuppertal Institut den Begriff der großen Transformation »zur Grundlage für ein identitätsstiftendes transdisziplinäres Narrativ« und eine »kulturelle Revolution« (Schneidewind 2018: 10, 21) erklären, dann kommuniziert all das eine ganz neue umweltpolitische Entschlossenheit und Radikalität. Und gerade wenn an Polanyi angeknüpft wird (WBGU 2011; Schneidewind 2018; Ulrich Brand et al. 2019), der mit dem Begriff *große Transformation* den »Zusammenbruch der Welt des 19. Jahrhunderts« beschrieb, beziehungsweise eine ökonomische und gesellschaftliche Auszehrung, die letztlich zum Kollaps der liberalen Zivilisation und in den Faschismus führte (Polanyi 1978 [1944]: 19), dann legt das noch viel stärker nahe, dass nun endlich – nicht zuletzt, um genau solche Konsequenzen zu verhindern – die schon in den 1980er Jahren geforderte Überwindung des sozial und ökologisch zerstörerischen Konsumkapitalismus sowie der Marktgesellschaft anstehe. Diese Aufbruchssignale scheinen der Diagnose und dem Begriff der Gesellschaft der Nicht-Nachhaltigkeit diametral zu widersprechen. Eher scheinen sie auf eine Art Revival der politischen Ökologie hinzudeuten. Die Konjunktur des Transformationsbegriffs verdient an dieser Stelle deshalb nähere Betrachtung.

Tatsächlich ist das Konzept der großen oder sozial-ökologischen Transformation ähnlich offen für verschiedene Interpretationen wie das der Nachhaltigkeit und der nachhaltigen Entwicklung. Wenn die Vereinten Nationen ihr Projekt der *Transformation unserer Welt* mit Hilfe von 17 *Sustainable Development Goals* umsetzen wollen, dann scheinen sie beide Begriffe sogar unmittelbar gleichzusetzen. Ähnliches gilt für Schneidewind und das Wuppertal Institut, die ihr *Die große Transformation* betiteltes Buch ausdrücklich als »Beitrag zur aktuellen Nachhaltigkeitsdebatte« beschreiben (Schneidewind 2018: 11), sowie auch für die gängige Rede von der *sustainability transition* (Loorbach 2010; Grin et al. 2010; Markard et al. 2012; Köhler et al. 2019) oder von der großen Transformation als »die neue große Nachhaltigkeitserzählung« (Luks 2019). Hier wird offenbar vor allem der Versuch unternommen, dem verblassten Nachhaltigkeitsbegriff durch das Hinzufügen von *Transformation* oder *Transition* frische Kraft zu verleihen. Gerade beim WBGU oder den Vereinten Nationen erfüllt die Rede von der großen Transformation wohl auch eine sehr ähnliche Funktion wie in den 1990ern der Nachhaltigkeitsbegriff: Angesichts der überwältigenden Vielschichtigkeit und Bedrohlichkeit der festgestellten Krisen moderner Gesellschaften geht es erneut darum, einen fundamentalen Vertrauensverlust abzufedern, den Abgrund zu überbrücken, der sich aufgetan hat zwischen der Ahnung, dass *das System* nun endgültig bankrott ist, und dem Interesse, es dennoch zu erhalten. Wieder geht es darum, einen Kurswechsel und Aufbruch zu signalisieren, neue Akteurskoalitionen zu schmieden, und sich zu verpflichten, die Probleme des Klimawandels, der Umweltpolitik, des Nord-Süd Gefälles und der sozialen Gerechtigkeit zukünftig noch ernster zu nehmen, und ein »Hoffnung gebendes Gestaltungsprogramm« (Schneidewind 2018: 10) zu formulieren.

Auch bei dem neuen Begriff lassen sich – wo er nicht retrospektiv-analytisch verwendet wird, sondern ein Zukunftsprojekt beschreiben soll – *starke* Verständnisse, die unter dem Begriff der sozial-ökologischen Transformation ausdrücklich *Das Ende des Kapitalismus denken* (Tauss 2016; Aulenbacher et al. 2019) wollen, von eher reformistischen Verständnissen unterscheiden (Ulrich Brand et al. 2019). Wenn die große Transformation vor allem als die *Dekarbonisierung* der modernen Gesellschaft verstanden wird, d.h. als Ausstieg aus der fossilen Energie, oder als der Übergang zur *8-Tonnen-Gesellschaft*, d.h. als die Begrenzung des durchschnittlichen jährlichen Ressourcenverbrauchs pro Kopf auf acht Tonnen (Lettenmeier et al. 2014; Schneidewind 2018), so dass die nationalen Ökonomien und die Weltwirtschaft zukünftig »innerhalb der planetarischen Leitplanken« bleiben (WBGU 2011: 87-88, 417), ist die Ähnlichkeit zu den schwachen Interpretationen des Nachhaltigkeitskonzepts unübersehbar. Anvisiert wird dann offenbar wiederum ein vor allem technokratisches Projekt im Sinne der ökologischen Modernisierung. Hier wird das eigentlich bereits gescheiterte Projekt der Objektivierung der *ökologischen Frage* noch einmal fortgeschrieben. Die subjektiv-kulturelle Dimension, emanzipatorische Fragen, gesellschaftliche Machtverhältnisse und politische Konflikte werden erneut ausgeblendet (Ulrich Brand 2016; Ulrich Brand et al. 2019). Schneidewind etwa spricht zwar von einem »kulturellen Projekt«, sogar einer »kulturellen Revolution« (Schneidewind 2018: 21, 23), die aber versteht er als »gestaltbares« Projekt. Wenn Schneidewind von »Zukunftskunst« spricht (ebd.: 25, 32-35) und gesellschaftlichen Wandel als eine »Kunst« beschreibt, in die sein Buch eine »Einführung« geben will, dann wird sofort klar, wie sehr es hier um Technik, Strategie, Management, Beherrschbarkeit, Design und Machbarkeit geht. Dem entspricht auch die Forderung, »die Transformation« müsse »auf Grundlage wissenschaftlicher Risikoanalysen« (WBGU 2011: 5) geplant und durchgeführt und von einer »transformativen Wissenschaft« begleitet werden, die »als Katalysator für gesellschaftliche Veränderungsprozesse« wirken soll (Schneidewind/Singer-Brodowski 2014: 68-69). Diese transformative Wissenschaft soll darauf zielen, »die Werte und Errungenschaften der Moderne vor den ungewollten Dynamiken eben dieser Moderne zu sichern« (ebd.). Unübersehbar soll hier vor allem das seit den 1980er Jahren bekannte Projekt der *reflexiven Modernisierung* erneuert und letztlich das Nachhaltigkeitsparadigma verlängert werden.

Diese Form der *Transformation* bewegt sich jedenfalls klar innerhalb der bestehenden ökonomischen und politischen Ordnung, verlässt sich auf die bekannten Akteure und Institutionen, und vertraut auf die bekannten Instrumente wie die Wissenschaft, den Markt und die technologische Innovation. Entsprechend sind etwa für den *Aufbruch zu einer neuen Klimapolitik* CO_2 Steuern und/oder der Emissionshandel die favorisierten Instrumente (Sachverständigenrat 2019). Inner- und zwischengesellschaftliche Umverteilung, konkrete Maßnahmen zur Begrenzung, Reduktion oder Rationierung gerade in den wohlhabenden Ländern des globalen Nordens, sowie das zumindest partielle Aussetzen der Logik des Wachstums und der Vermarktlichung spielen demgegenüber in den schwachen Interpretationen der großen Transformation keine nennenswerte Rolle. Wesentlich geht es hier vielmehr darum, wenigstens so viel von dem verlorenen Vertrauen in die Politik und ihre Steuerungsfähigkeit, in die bestehenden Institutionen und das ökonomische System und in die Möglichkeit der *reflexiven Modernisierung* wiederherzustellen, dass der Fortbestand des »bankrotten« Systems zumindest für den Moment gesichert ist. Ein Abschied von der Logik der Nicht-Nachhaltigkeit, also der Logik des Wachstums, der Beschleunigung, der Vermarktlichung, des Wettbewerbs, der Effizienzsteigerung, der sozialen und ökologischen Ausbeutung etc. steht jedoch nicht zur Debatte. Im Gegenteil wird die ökologische Modernisierung ein weiteres Mal als Win-Win-Projekt präsentiert, also als Motor für neues wirtschaftliches Wachstum, die Schaffung von neuen Arbeitsplätzen, die Erschließung neuer Märkte und die weitere Befestigung des Kapitalismus (Blühdorn 2010). Nirgends wird das so deutlich wie bei der *Transformation unserer Welt*, die die Vereinten Nationen mit ihren 17 Sustainable Development Goals anstreben: Der Erfolg dieses Projekts ist nicht nur deswegen unwahrscheinlich, weil der Zeithorizont für diese geradezu vermessen ambitionierte Agenda völlig realitätsfern knapp bemessen ist und die verschiedenen Ziele sichtbar miteinander konfligieren, sondern vor allem, weil die meisten dieser Sustainable Development Goals – ganz in der Tradition des Brundtlandberichts von 1987 – erhebliches wirtschaftliches Wachstum erforderlich machen. Viele Beobachter*innen sehen aber gerade hier das entscheidende Problem und in der Verabschiedung des Wachstumsdogmas den wesentlichen Kern einer wahren sozial-ökologischen Transformation (Paech 2012; Latouche 2015; Muraca 2015; AK Postwachstum 2016; Jackson 2017).

Rückbesinnung auf Polanyi

Erhellend ist in diesem Kontext noch einmal die Rückbesinnung auf Karl Polanyi (vgl. Blühdorns Kapitel zum *Paradigmenwechsel* in diesem Band), von dem sich die jüngste Variante des Nachhaltigkeitsdiskurses also zwar den Zentralbegriff borgt, um so neue Entschlossenheit, Kraft und Radikalität zu kommunizieren, auf dessen Analysen sie sich darüber hinaus aber auffällig wenig einlässt. Polanyis *The Great Transformation* ist aus heutiger Perspektive insbesondere deswegen inspirierend, weil er in seiner Analyse der frühen Industriegesellschaft beziehungsweise des Zusammenbruchs der Gesellschaftsordnung der Zwischenkriegszeit einen unmittelbaren Zusammenhang herstellt zwischen drei auch heute wieder hochaktuellen Elementen, nämlich einer zunehmend verselbständigten – aus ihrem gesellschaftlichen Kontext entbetteten – kapitalistischen Marktökonomie, der sukzessiven Auszehrung und Zerstörung der ökologischen und sozialen Substanz der Marktgesellschaft, und der Entfaltung des Nationalismus oder Faschismus gerade im Zeichen einer fundamentalen Wirtschaftskrise. Polanyi hatte »die Idee eines selbstregulierenden Marktes«, wie sie auch der in den 1990er Jahren hegemonial gewordene Neoliberalismus wieder favorisierte, als eine »krasse Utopie« bezeichnet, der »Philosophie des Liberalismus« umfassendes Versagen vorgeworfen und betont, dass eine reine Marktgesellschaft »über längere Zeiträume nicht bestehen« kann, »ohne die menschliche und natürliche Substanz der Gesellschaft zu vernichten« (Polanyi 1978 [1944]: 19-20). Die Logik der Vermarktlichung, also »die Transformation der natürlichen und menschlichen Substanz der Gesellschaft in Waren« (ebd.: 70), beschrieb Polanyi als eine »Teufelsmühle« (ebd.: 59-61), einen »teuflischen Mechanismus« (ebd.: 109), der »den Menschen physisch zerstört« (ebd.: 19), die Bürgerschaft »zu formlosen Massen zermahlt« (ebd.: 59), ihre »Umwelt in eine Wildnis verwandelt« (ebd.: 19-20) und letztlich, als »das unausweichliche Ergebnis der liberalen Philosophie« (ebd.: 340), »praktisch unvermeidlich« in den »Sieg des Faschismus« und die »völlige Vernichtung der Freiheit« führen werde (ebd.).

Die Finanz- und Wirtschaftskrise ab 2008, die zunehmend akut werdende Klimakrise und die blühende Konjunktur des Rechtspopulismus schienen oder scheinen all das voll zu bestätigen. Für ein lösungsorientiertes, Hoffnung spendendes Gestaltungsnarrativ im Sinne der vorherrschenden schwachen Transformationsverständnisse; für eine »vor allem aus klimatischen Gründen geforderte neue Große Transformation« bietet Polanyi allerdings kaum brauchbare Hilfestellung (Karl-Werner Brand 2017: 26). Dass etwa der WBGU in seinem Gutachten von 2011 zwar verschiedentlich ausdrücklich auf Polanyi verweist und seinen Begriff instrumentalisiert, inhaltlich auf seine Analyse aber kaum Bezug nimmt, ist daher wenig verwunderlich. Trotzdem ist *The Great Transformation* aber weit mehr als nur ein »exemplarisches Beispiel« für eine retrospektive Analyse von Entwicklungsdynamiken, die in eine große Krise hineingeführt haben (ebd.). Denn eine Zielbestimmung für ein zukunftsgerichtetes Transformationsprojekt ergibt sich aus der Umkehrung des Entbettungs-, Auszehrungs- und Verlustprozesses, den Polanyi beschreibt, sowie aus dem Versprechen der Freiheit für alle, die verwirklicht werden könne, wenn die Wirtschaft wieder »in die sozialen Beziehungen eingebettet« ist und die Gesellschaft nicht mehr »als Anhängsel des Marktes« behandelt werde (Polanyi 1978 [1944]: 88). Polanyi hatte prophezeit, dass »der Industrialismus […] zur Auslöschung der Menschheit führen« werde, wenn er nicht »den Erfordernissen der menschlichen Natur untergeordnet« werde (ebd.: 329), und dass der Marktliberalismus mit seinem Widerstand »gegen jegliche […] Planung, Regelung und Kontrolle« unausweichlich in den Faschismus und die »völlige Vernichtung der Freiheit« führen werde (ebd.: 340). Wenn aber »das Wirtschaftssystem nicht länger der Gesellschaft das Gesetz vorschreibt«, sondern »der Vorrang der Gesellschaft vor diesem System gesichert ist« (ebd.: 322), so hatte er in Aussicht gestellt, könnten »rechtliche und praktische Freiheiten größer und allgemeiner werden als je zuvor« (ebd.: 339). Politische Regelung und Kontrolle könnten Freiheit »nicht nur für die wenigen, sondern für alle verwirklichen« (ebd.). Aus den »Ruinen der alten Welt« könnten sich so »die Ecksteine einer neuen« erheben (ebd.: 335).

Es ist also offensichtlich, wie Polanyis *Great Transformation* in ähnlicher Weise zur Inspirationsquelle für eine starke Interpretation des Transformationskonzepts werden kann (etwa Ulrich Brand et al. 2019), wie *Die Dialektik der Aufklärung* (Horkheimer/Adorno 1969 [1944]), *Die Antiquiertheit des Menschen* (Anders 1952, 1980), *Der eindimensionale Mensch* (Marcuse 1994 [1964]) oder *Konterrevolution und Revolte* (Marcuse 1973) wichtige Bezugspunkte für die politische Ökologie der 1970er und frühen 1980er Jahre waren. Die neuerliche Forderung – mit oder ohne Bezug auf Polanyi –, den Konsumkapitalismus zu überwinden und die verselbständigte Marktökonomie wieder in ihren gesellschaftlichen Kontext einzubetten und an die gesellschaftlichen Bedürfnisse anzubinden, verbleibt in der Regel allerdings auf der Ebene des normativen Wünschens oder moralischen Sollens und weitgehend abgekoppelt von der Analyse der faktischen Strukturen moderner Gesellschaften, der sie bestimmenden Dynamiken und vorherrschender Selbstverständnisse und Lebensideale gesellschaftlicher Mehrheiten (Blühdorn et al. 2018). Weitgehend unberücksichtigt bleibt etwa, dass funktional ausdifferenzierte und gleichzeitig stark international vernetzte Gesellschaften kaum über die politische Koordinations- und Steuerungsfähigkeit verfügen (Luhmann 1986; Blühdorn 2000; Willke 2016), die das »Hoffnung gebende identitätsstiftende Narrativ« von der »Zukunftskunst« und dem »lösungsorientierten Gestaltungsprogramm« unbedingt voraussetzt. Ebenso wird ausgeblendet, dass tief gespaltene und in hohem Maße pluralisierte und dynamisierte Gesellschaften der *flüchtigen Moderne* (Bauman 2003) – oder gar die Reste der im Zeichen der expliziten Rückorientierung auf sogenannte nationale Interessen sichtbar zerfallenden *internationalen Gemeinschaft* – immer weniger in der Lage sind, einen auch nur halbwegs inklusiven und beständigen Konsens über konkrete politische Prioritäten und geeignete Strategien zu deren Umsetzung herzustellen. Und auch die Darstellung der anvisierten großen Transformation als eine »moralische Revolution«, bei der die Ausgangssituation der »Ignoranz« gefolgt werde von der »Anerkennung des Problems«, das im dritten Schritt dann in seinem »persönlichen Bezug« erkannt werde, bevor schließlich »innovative Lösungen und Institutionalisierungen« die »Übersetzung der moralischen Intuitionen« vollziehen und dem »zivilisatorischen Sprung« zum »endgültigen Durchbruch« verhelfen (Schneidewind 2018: 28-30), ist von befremdlicher gesellschaftstheoretischer Schlichtheit.

Ähnlich wie der Brundtlandbericht abstrakt von den *Bedürfnissen* gegenwärtiger und zukünftiger Generationen und den *Grenzen des ökologisch Möglichen* gesprochen hatte, wird auch in der heutigen Transformationsdebatte wieder so getan, als gebe es klare Kriterien zur Einhegung und gesellschaftlichen Rückbindung der Wirtschaft – und aussichtsreiche Strategien, mit denen sie politisch-praktisch erreicht werden kann. Wieder überdeckt die Fokussierung auf wissenschaftlich definierte, vermeintlich objektive Notwendigkeiten – Dekarbonisierung, 1,5-Grad-Ziel, planetarische Grenzen – grundlegende normative Unsicherheiten und politische Konfliktlinien. Genau hier hatte aber schon bei der politischen Ökologie und beim Nachhaltigkeitsparadigma das Problem gelegen, und seither haben sich die Bedingungen nicht etwa verbessert. Tatsächlich waren sowohl die politische Ökologie als auch das Denken der Nachhaltigkeit insofern vielleicht sogar besser aufgestellt als der heutige Transformationsdiskurs, als beide sowohl ein zu ihrer jeweiligen Zeit für brauchbar und tragfähig gehaltenes Instrument zur Problemdiagnose benennen konnten (politische Ökologie: emanzipatorische Ideale; Nachhaltigkeitsparadigma: objektivierende Wissenschaft) als auch eine Vision (ökologisch und sozial befreite und befriedete Gesellschaft; heutige und zukünftige Bedürfnisse innerhalb biophysischer Grenzen), sowie drittens auch eine Übergangsstrategie

(Demokratisierung, Befreiung der unterdrückten Vernunft; Technologie, Management und Marktinstrumente). Diese Instrumente, Ziele und Strategien haben sich inzwischen aber klar als nicht hinreichend erwiesen. Doch die heutige Transformationsdebatte bringt keine zusätzlichen Einsichten, Kriterien oder Strategievorschläge, die über das Denken der politischen Ökologie und das Nachhaltigkeitsparadigma hinausreichen würden. Sie kann sich auf neue wissenschaftliche Erkenntnisse berufen und mit der Dekarbonisierung benennt sie ein vermeintlich ganz konkretes Ziel. Bei der entscheidenden Frage des *Wer? In welchem Maße? Mit welcher Begründung? Mit welchen Mitteln?* bringt sie aber keine innovativen Elemente, die dem Projekt der sozial-ökologischen Transformation in neuartiger Weise Orientierung und Antrieb geben könnten.

Auch für das Verständnis dieser faktischen Transformationsblockade könnte die Rückbesinnung auf Polanyi allerdings instruktiv sein. Denn in dessen *Great Transformation* geht es jenseits der Analyse der Verselbständigung der Marktökonomie eigentlich weniger um die Ablösung als vielmehr um die Stabilisierung des in die Krise geratenen Industrialismus und Marktkapitalismus. Polanyi betont, dass die fortschreitende Verselbständigung der kapitalistischen Wirtschaft und die Logik der Vermarktlichung die Gesellschaft zerstören werden, »wenn ihre menschliche und natürliche Substanz sowie ihre Wirtschaftsstruktur gegen das Wüten dieses teuflischen Mechanismus nicht geschützt würden« (Polanyi 1978 [1944]: 109). Er entwickelt die These, dass die gesellschaftszerstörenden Kräfte des unbeschränkten Kapitalismus Gegenkräfte im politischen System mobilisieren. Anders als Marx ging er aber davon aus, dass diese Gegenkräfte nicht etwa zur Überwindung des Kapitalismus führen, sondern vielmehr dessen Resilienz stärken und seinen Fortbestand sichern. Konkret dachte Polanyi an ein gesellschaftliches *re-embedding* der Marktökonomie vermittels wohlfahrtsstaatlicher Institutionen, die aber *das Wüten der teuflischen Logik* des Kapitalismus bekanntlich nicht aussetzen, sondern »die entstehende Marktwirtschaft« überhaupt »erst gesellschaftlich erträglich und damit letztlich durchsetzungsfähig machen« (Nutzinger 2016: 101; Streeck 2013). Denn ebenso wie etwa der moderne Umweltstaat (Hausknost/Hammond 2020; vgl. den Beitrag von Hausknost in diesem Band), zielt auch der moderne Wohlfahrtsstaat – gerade in der neoliberalen Ausprägung, die sich nicht mehr um Ausgleich und Umverteilung bemüht, sondern nur noch um die *wirklich Bedürftigen* – vor allem darauf, die schlimmsten Konsequenzen der etablierten Ordnung abzufedern und so radikalen Transformationsforderungen vorzubeugen.

Schon Polanyi hielt »die Marktwirtschaft trotz ihrer destruktiven Tendenzen noch auf lange Zeit für unhintergehbar« (Nutzinger 2016: 101). Er fühlte sich zu der »unausweichlichen Schlussfolgerung« gedrängt, dass »die Möglichkeit der Freiheit schlechthin fraglich ist« (Polanyi 1978 [1944]: 340). Zwar zeigte er mit besorgniserregender Klarheit, dass »der Sieg des Faschismus« eine »praktisch unvermeidliche« Folge des Liberalismus ist, beziehungsweise des »Widerstand[es] der Liberalen gegen jegliche Reform, die Planung, Regelung und Kontrolle beinhaltete« (ebd.). Jenseits moralischer Appelle gibt er aber keinerlei Indikation, woher die Kriterien solcher Planung, Regelung und Kontrolle abzuleiten wären, die das *disembedding*, die durchdringende Landnahme und die vollständige Vermarktlichung überstanden hätten und von ihnen unberührt geblieben wären. Polanyi beschreibt »die völlige Vernichtung der Freiheit durch den Faschismus« als »das unausweichliche Ergebnis der liberalen Philosophie, die besagt, dass Macht und Zwang von Übel seien, dass die Freiheit erfordere, Macht und Zwang aus der menschlichen Gemeinschaft auszuschließen« (ebd.). Er sagt auch, dass Letzteres »ein Ding der Unmöglichkeit« (ebd.) sei. Aber seine Analyse zeigt eben auch – ähnlich übrigens wie die von Horkheimer und Adorno in deren *Dialektik der Aufklärung*, dass kapitalistische Gesellschaften nach ihrem vollständigen *disembedding* und ihrer totalen Vermarktlichung nicht mehr über die normativen Ressourcen verfügen, die für die neuerliche, auf das gesamtgesellschaftliche Wohlergehen zielende Planung, Regelung und Kontrolle unabdingbar wären (vgl. hierzu Blühdorns Kapitel zur *Demokratie* in diesem Band).

Für heutige Gesellschaften gilt das umso mehr: Sie haben längst nicht mehr – und nicht erst seit der Hegemonie des Neoliberalismus – den politischen Willen und die Kraft, wohlfahrtsstaatliche Institutionen einzurichten und zu erhalten, die den gesellschaftlichen Zusammenhalt und die gesellschaftliche Teilhabe auch nur halbwegs sichern. Das Ideal der sozialen Marktwirtschaft und Ludwig Erhards Verpflichtung auf Wohlstand und ein gutes Leben *für Alle* (Erhard 1957) sind längst verabschiedet. In marginalen Bewegungsnischen lebt die Idee des *guten Lebens für Alle* zwar fort (Nussbaum 1999; Novy 2013, 2017; Muraca 2014; I.L.A. Kollektiv 2017; I.L.A. Kollektiv 2019; vgl. auch Blühdorns Kapitel zum *Paradigmenwechsel* in diesem Band), aber die mehrheitsdemokratisch legitimierte staatliche Politik hat sich im Interesse der wirtschaftlichen Wettbewerbsfähigkeit und einer als *effizient* betrachteten Verwendung von Steuergeldern längst darauf geeinigt, nur noch eine Minimalsicherung der *wirklich Bedürftigen* öffentlich zu finanzieren. Und je mehr modernen Gesellschaften die normativen Kriterien und Strategien für ein *re-embedding*, also eine große Transformation im *starken* Sinne, verloren gehen, desto mehr konzentrieren sich alle Kräfte auf *die große Resilienz* – also das Bemühen, die bestehende Ordnung immer genau so weit zu stabilisieren, dass sie gerade nicht kollabiert (Benson/Craig 2017; Graefe 2019).

Gekaufte Zeit II

Das Konzept der großen oder sozial-ökologischen Transformation ist also – zumindest betrachtet aus der Perspektive der politischen Ökologie – klar erkennbar nicht in der Lage, die Lücke zu füllen, die das »zur Leerformel verkommene« Leitbild der Nachhaltigkeit hinterlassen hat. Aktuelle Transformationsdebatten beschwören, auch wenn es vordergründig stets um empirische Fakten und wissenschaftliche Erkenntnisse geht, vor allem die moralische Dringlichkeit einer wirklich großen Transformation. Aber weder die reformistischen noch die radikaleren Interpretationen des Begriffs eröffnen eine sozialwissenschaftlich plausible Hoffnung, dass ein grundlegender gesellschaftlicher Strukturwandel gelingen könnte, der die Auszehrung der sozialen und natürlichen Substanz der Gesellschaft beendet. Ein Revival der politischen Ökologie gibt es also bestenfalls auf der rhetorisch-diskursiven Ebene, die aber von den materiellen und kulturellen Realitäten heutiger Konsumgesellschaften noch viel stärker abgekoppelt ist, als das bereits in den 1980er Jahren der Fall gewesen war. Ulrich Brand hat die Transformationsdebatte und das Drängen auf einen schnellen gesellschaftlichen Strukturwandel daher mit Recht als eine »new critical orthodoxy« beschrieben, für die kennzeichnend sei, dass über den dringenden Wunsch, unverzüglich zur transformativen Tat zu schreiten, die genaue Problemanalyse vernachlässigt wird (Ulrich Brand 2016: 24; Ulrich Brand et al. 2019). Hier verortet er den wesentlichen Grund, warum die sozial-ökologische Transformation bisher noch nicht stattgefunden hat (Ulrich Brand 2016: 23). Das Defizit bei der Problemanalyse sieht er vor allem darin, dass in den gesellschaftlichen Machtverhältnissen, den sie befestigenden Institutionen und der Kategorie der

Emanzipation in der gängigen Transformationsdebatte viel zu wenig Beachtung geschenkt werde (ebd.: 25; Ulrich Brand et al. 2019).

Diese Kritik ist berechtigt, denn gerade die schwachen Verständnisse des Transformationsbegriffs blenden diese Dimensionen in der Tat weitgehend aus, genau so, wie das bereits im Nachhaltigkeitsdiskurs der Fall gewesen war. Brands Defizitbestimmung bleibt allerdings ihrerseits fest im Muster der *old critical orthodoxy*, die stets davon ausgegangen war, dass eine aus den kapitalistischen Herrschaftsstrukturen befreite Zivilgesellschaft schnell zur wahren Vernunft finden, der zerstörerischen – aber ja letztlich nur aufgezwungenen – Auszehrung der ökologischen und sozialen Substanz der Gesellschaft ein Ende machen, und den Übergang zu einem guten und selbstbestimmten Leben für alle organisieren würde. In modernen Gesellschaften gibt es jedoch immer weniger Grund zu der Annahme, dass dies tatsächlich der Fall sein könnte. Eine differenziertere Analyse der Gründe, warum eine sozial-ökologische Transformation bisher noch nicht stattgefunden hat, muss daher über die *old critical orthodoxy*, der die kritische Soziologie schon seit Jahrzehnten folgt, einen wesentlichen Schritt hinausgehen. Sie muss ihre vereinfachenden Annahmen und Schuldzuweisungen sowie ihre hergebrachten Begriffe von Beherrschung und Entfremdung neu überdenken. Sie muss ihre unterkomplexe Gesellschaftsanalyse ausdifferenzieren, die sich in ihrer Fixierung auf Herrschaftsverhältnisse auf die Realitäten der Gegenwartsgesellschaft nicht wirklich einlässt. Und vor allem muss sie die Kategorie der Emanzipation selbst zum Gegenstand der kritischen Untersuchung machen – und als mögliche Ursache für die Fortdauer der Nicht-Nachhaltigkeit in Betracht ziehen (vgl. hierzu auch Blühdorns Kapitel zur *Demokratie* in diesem Band).

Eine solche Perspektive macht es dann auch möglich, die heutige Transformationsdebatte nicht nur als eine *new critical orthodoxy* zu kritisieren, sondern ihr innerhalb der Gesellschaft und Politik der Nicht-Nachhaltigkeit eine bestimmte Funktion zuzuordnen: Möglicherweise überspielt und verwaltet sie – wenn auch sicher nicht bewusst und intentional – vor allem das sich im Zeichen der Vielfachkrise stetig verschärfende Dilemma, dass belastbare Kriterien, Kategorien und Normen für eine große Transformation nicht verfügbar sind, gleichzeitig die zerstörerischen Konsequenzen der bestehenden Ordnung aber immer unübersehbarer werden. In dieser Konstellation ist die Transformationsdebatte möglicherweise vor allem ein Ausweichmanöver und

Verdrängungsphänomen, das davor schützt, das zugrundeliegende Dilemma, d.h. die zugrundeliegenden Interessen- und Wertkonflikte klar benennen und austragen zu müssen. Und insofern absehbar ist, dass jenseits einiger die Lebensqualität sichernder oder verbessernder Reformen eine grundlegendere Transformation nicht stattfinden wird (vgl. hierzu auch den Beitrag von Hausknost in diesem Band), *kauft sie* – bei gleichzeitiger Rückversicherung, dass ein radikaler Wandel unbedingt erwünscht und dringend ist – *noch einmal Zeit* für die weitere Entfaltung moderner Vorstellungen von Freiheit, Selbstverwirklichung und einem guten Leben, in deren Namen die gesellschaftliche Mehrheit, ganz so, wie es bei Polanyi nachzulesen ist, jeden Versuch der politischen Intervention und Regelung »als Unfreiheit denunziert« und »als Tarnung der Versklavung verspottet« (Polanyi 1978 [1944]: 339): *Klimaschutz: Ja! Bevormundung: Nein! …das sage ich als Linker.*

Aus dieser Perspektive betrachtet wirkt die Debatte um die große, sozial-ökologische Transformation, auch wenn man weder Bewusstheit noch Intentionalität unterstellen darf, dann selbst als Mittel zur Steigerung der Resilienz der Gesellschaft der Nicht-Nachhaltigkeit. Auch insofern ist die Funktion des Transformationsbegriffs möglicherweise also sehr ähnlich wie die des Nachhaltigkeitskonzepts. An dem Punkt aber, an dem die vom Nachhaltigkeitsparadigma zwischenzeitlich stillgestellten Fragen wieder vehement aufgebrochen sind; an dem Punkt, an dem rechtspopulistische Parteien und Regierungen sich ungeachtet aller wissenschaftlichen Erkenntnisse und im Namen eines »ehrlichen Umweltschutzes« (Götze 2019) offen gegen jede Form von Klimapolitik aussprechen, die etwa die Wettbewerbsfähigkeit der nationalen Wirtschaft beeinträchtigen oder Beschränkungen für den individuellen Lebensstil bedeuten könnte, während Bewegungen wie Fridays-for-Future – ebenfalls im Namen einer ehrlichen Umwelt- und Klimapolitik – mit Nachdruck von *der Politik* einschneidende und endlich wirksame Maßnahmen fordern, ist es an der Zeit, den Normen und Wertvorstellungen gründlicher nachzugehen, nach deren Maßgabe *die ökologische Frage* in modernen Gesellschaften ausbuchstabiert und verhandelt werden. Denn für die Diagnose der Gesellschaft der Nicht-Nachhaltigkeit ist eben nicht nur die Auszehrung der Objektivierungs- und Entpolitisierungsstrategien des Nachhaltigkeitsparadigmas von zentraler Bedeutung, sondern ebenso auch die Maßstäbe der Repolitisierung der *ökologischen Frage*. Gesellschaftlich vorherrschende Verständnisse von Subjektivität, Identität, Selbstbestimmung,

Selbstverwirklichung und einem guten, gelungenen Leben sind hier entscheidend. Bestimmend werden nun genau die Wertorientierungen und Wertepräferenzen, die sich im Schatten des Nachhaltigkeitsparadigmas, in der (Doppel-)Phase der *gekauften Zeit*, stetig entfaltet haben.

Unsere Freiheit, unsere Werte, unser Lebensstil

Nachdem also erneut deutlich geworden ist, dass *die ökologische Frage* sich nicht objektivieren und entpolitisieren lässt, sondern nach verschiedenen, immer wieder gescheiterten Entpolitisierungsversuchen derzeit die alten Konflikte und Unsicherheiten vehement wieder aufbrechen, geht es nun darum, das Subjektive, das Kulturelle, das unhintergehbar Politische wieder in die sozialwissenschaftliche Untersuchung von (Nicht-)Nachhaltigkeitsfragen einzubringen: Subjektivierung als Gegenstück zu der auch im heutigen Transformationsdiskurs eifrig weiter betriebenen Objektivierung. Dabei ist klärend festzuhalten, dass die derzeitige Repolitisierung der *ökologischen Frage* vor allem in Bezug auf die Klimaerwärmung natürlich nicht das Ende der Bemühungen um Entpolitisierung bedeutet. Entpolitisierung ist vielmehr die älteste und wichtigste Aufgabe – und ein unverzichtbarer Bestandteil – aller Politik (Rancière 1995: 9, 19; Offe 1985: 819), und gerade die Fridays-for-Future-Bewegung verfolgt wie gesagt – als Antwort auf die rechtspopulistische Politik der Wissenschaftsleugnung und der *alternativen Fakten* und unterstützt von den Zehntausenden Unterzeichnern der Scientists-for-Future-Deklaration (Scientists for Future 2019) – eine in höchstem Maße wissenschaftsfokussierte Strategie, deren positivistische Perspektive keinerlei Erinnerung an die, oder Bewusstsein der, Jahrzehnte währenden Diskussionen um den subjektiven Kern aller vermeintlich objektiven Wissenschaft und um die Verantwortung gerade auch der alle Objektivität monopolisierenden Expert*innen für die Misere der modernen Gesellschaft mehr erkennen lässt – was gerade den Schüler*innen mit Blick auf ihr junges Lebensalter freilich kaum vorzuwerfen ist.

Für die politische Ökologie der 1970er und frühen 1980er Jahre war die subjektive Dimension insofern entscheidend gewesen, als es ihr zentrales Anliegen gewesen war, das wahre, authentische, autonome Subjekt aus der Herrschaft und der Unterdrückung durch den Kapitalismus und die instrumentelle Vernunft zu befreien. Der geknechteten

Natur wurde hier oftmals ein ähnlicher Subjektstatus, also ein ähnlicher Eigenwert und ein ähnliches Recht auf Selbstbestimmung, Würde und Unversehrtheit zugesprochen wie dem menschlichen Subjekt. Daraus ergab sich auch auf die Natur bezogen ein Verbot der Verdinglichung, Objektivierung und Instrumentalisierung, und es wurde davon ausgegangen, dass nach Überwindung der stets herrschaftsorientierten instrumentellen Vernunft das authentische Subjekt und die Natur gleichermaßen befreit und die gesellschaftlichen Naturverhältnisse versöhnt sein würden.

Die politische Ökologie hatte sich aber – ähnlich wie die Kritische Theorie – das authentische, nicht entfremdete Subjekt als eine Art normativen Fixpunkt und objektiven Referenzwert vorgestellt. Für die Frage, wie gesellschaftliche Vorstellungen von *Authentizität* und *Subjektivität*, also von der wahren, zu befreienden Selbstbestimmung und Selbstverwirklichung des Subjekts, sich möglicherweise über die Zeit verändern, hatte sie sich nicht sehr interessiert, denn im Vordergrund der Aufmerksamkeit stand für sie zunächst allemal dessen Beherrschung und Unterdrückung durch die bestehende Ordnung. Wenn es jenseits des Nachhaltigkeitsparadigmas, das die Dimension des Subjektiven wie gesagt planmäßig zu vermeiden suchte, nun aber darum geht, das Subjekt und das Subjektive wieder ins Zentrum zu rücken, dann sind genau diese Veränderungen der entscheidende Punkt. Mit Subjektivierung ist dann aber weder die Individualisierung von umweltpolitischer Verantwortung gemeint oder die Vorstellung, dass vor allem die Einzelnen und ihre Handlungen der zentrale nachhaltigkeitspolitische Hebel wären (vgl. den Beitrag von Mock in diesem Band). Noch geht es auch darum, dass moderne Subjekte sich in der beschleunigten Wettbewerbs- und Selbstverantwortungsgesellschaft immer mehr der »zunehmenden Vernutzung und Erschöpfung auch subjektiver Ressourcen« bewusst werden, und Nachhaltigkeit entsprechend nicht nur für gesellschaftliche Organisationen und Institutionen zum »Leitprinzip« wird, sondern zunehmend auch »für das Subjekt und sein Ressourcenmanagement« (Pritz 2018: 78). Vielmehr geht es eben um die Frage, wie moderne Subjektivitätsverständnisse, Identitätsverständnisse und Ideale von Selbstverwirklichung und vom guten, gelungenen und erfüllten Leben sich verändern. Denn jenseits aller wissenschaftlichen Erkenntnisse geben ja genau diese Ideale den normativen Maßstab dafür ab, was nach gesellschaftlicher Verhandlung erhalten werden soll, für wen, für wie lange, in welcher Menge etc. Es geht also um die Normen, die in der politischen Aushandlung dessen zum Tragen kommen und ausschlaggebend sind, was die Wissenschaft eben nicht objektiv feststellen kann, sondern das unhintergehbar sozial und politisch und entsprechend subjektiv ist.

Tatsächlich hat sich in modernen Gesellschaften im Schatten des Nachhaltigkeitsparadigmas, also in der beschriebenen Doppelphase *gekaufter Zeit*, ein tiefgreifender Werte- und Kulturwandel vollzogen, der mit der von verschiedenen Seiten geforderten großen, sozial-ökologischen Transformation radikal konfligiert – auch wenn das Klimathema, Veganismus, das Insektensterben oder E-Mobilität heute mitunter hohe Konjunktur haben. Entgegen der immer wieder geäußerten Hoffnung und Behauptung, der Wertewandel zur Nachhaltigkeit, »eine globale Transformation der Werthaltungen«, habe »bereits begonnen« (WBGU 2011: 71-85), haben sich gerade in den neuen privilegierten Mittelschichten moderner Gesellschaften eine *imperiale Lebensweise* (Brand/Wissen 2017) und ein Lebensstil *auf Kosten anderer* (Lessenich 2016) etabliert, die eine sozial-ökologische Transformation mindestens ebenso wirksam verhindern wie das Machtmonopol der kapitalistischen Konzerne. Das gilt unabhängig davon, dass der gesellschaftliche Informationsstand über Nachhaltigkeitsfragen, die Wertschätzung einer gesunden Umwelt und das deklarierte Umweltbewusstsein in der Tat kontinuierlich gestiegen sind, dass immer mehr Menschen bestimmte Verhaltensweisen ablegen – wie etwa Heizen mit Kohle oder Öl – oder annehmen – wie etwa Mülltrennung –, dass Grüne Parteien mitunter große Wahlerfolge feiern können, oder dass ökologisch zertifizierte Produkte inzwischen auch bei allen Billigdiscountern angeboten werden.

Stille Revolution?

Die Hoffnung und Behauptung, ein gesellschaftlicher Wertewandel zur Nachhaltigkeit habe bereits begonnen, wird nicht zuletzt beim WBGU (2011) verbreitet auf die alte These von der *stillen Revolution* (Inglehart 1977) gestützt. Inglehart hatte in den 1970er Jahren festgestellt, dass in postindustriellen Gesellschaften Werte der Selbstbestimmung, Selbstverwirklichung, kulturellen Identität und allgemeinen Lebensqualität – zu der wesentlich auch eine intakte Umwelt gehöre – stetig an Bedeutung gewinnen, wohingegen Werte der materiellen Sicherheit und Akkumulation an relativer Bedeutung verlieren würden. Prozesse der gesellschaftlichen Modernisierung und Postmodernisierung (Inglehart 1997), die sich gewissermaßen evolutionär entfalten, würden außerdem nicht nur die relative Bedeutung von Bedürfnissen der kulturellen Selbstentfaltung gegenüber dem materiellen Massenkonsum der fordistischen Gesellschaft stärken, sondern auch das Interesse an politischer Partizipation und Selbstbestimmung. Die im Zuge der Bildungsrevolution zunehmende Aufklärung und kritische Urteilsfähigkeit der Bürger*innen, verbesserte Fähigkeiten der politischen Artikulation und Organisation, sowie ein gestärktes Selbstbewusstsein und Selbstvertrauen im Umgang mit politischen Institutionen und Autoritäten, würden nicht nur einen ökologischen Bewusstseinswandel begünstigen, sondern eine umfassende Demokratisierung der Gesellschaft bewirken und damit auch die politischen Voraussetzungen für eine Neuordnung der gesellschaftlichen Naturverhältnisse schaffen (Inglehart/Welzel 2005; Inglehart 2018).

Der von Inglehart beobachtete Werte- und Kulturwandel korrespondierte mit der Agenda der Kritischen Theorie, das *authentische* Selbst aus seiner bisherigen Unterdrückung zu befreien. Die stille Revolution, so die Annahme, stemmt sich gegen die von Tradition, Religion oder Konsumkapitalismus aufgezwungenen Werte und Lebensformen, befördert die Selbstbestimmung, überwindet die Entfremdung, bricht der Verwirklichung des authentischen Subjekts eine Bahn und etabliert ein neues Verständnis von individuellem und gesellschaftlichem Wohlstand, Wohlergehen und einem guten Leben. Implizit geht das Vertrauen in die *stille Revolution* davon aus, dass kulturelle Selbstentfaltung und materielle Wertorientierungen in einem Spannungsverhältnis zueinander stehen, weil wahre Identität – der christlich-bürgerlichen Tradition folgend – vor allem als eine Frage sogenannter *innerer* Werte und Anlagen verstanden wird, deren Entfaltung von bloß äußerlichen, materiellen Verführungen eigentlich vor allem behindert und kompromittiert wird. Entsprechend wird hier vorausgesetzt, dass der moderne Massenkonsum keine selbstbestimmte und authentische Selbstverwirklichung, keine wahrhafte Zufriedenheit und Erfüllung, zulässt, sondern nur eine entfremdete, pervertierte, scheinhafte und vom Kapitalismus aufgezwungene, von der das zu seinem wahren Selbst findende Individuum sich letztlich zweifellos abwenden wird. Und schließlich wird hier auch angenommen, dass die aus den Zwängen des Kapitalismus befreite, authentische Selbstverwirklichung die Rechte der Natur und den verallgemeinerten Anspruch auf Freiheit,

Gleichheit und Selbstbestimmung respektieren würde, oder zumindest die gestärkte Demokratie diese Rechte absichern wird.

In diesem Sinne hoffen aktivistische Beobachter*innen bis heute auf eine *Befreiung vom Überfluss* (Paech 2012) und aus dem *stahlharten Gehäuse des Konsumismus* (Jackson 2017), aus der kapitalistischen *Kolonisierung der Vorstellungskraft* (Latouche 2015) und auf einen *alternativen Hedonismus* (Soper 2007, 2008). Auch Inglehart selbst hält bis heute an wesentlichen Elementen seiner Theorie fest (Inglehart 2018; Norris/Inglehart 2019). Aber das Narrativ vom fortschreitenden Wertewandel zur Nachhaltigkeit geht in mehrfacher Hinsicht an den Realitäten moderner Gesellschaften vorbei: Nicht nur werden die klima- und nachhaltigkeitspolitischen Forderungen der Wissenschaft und vieler Aktivist*innen von wesentlichen Teilen der Gesellschaft als elitär und statusbedrohend wahrgenommen und entschieden abgelehnt (Norris/Inglehart 2019; vgl. auch den Beitrag von Butzlaff zum *Wertewandel* in diesem Band), sondern auch in den Teilen der Gesellschaft, in denen solche Narrative entwickelt und in besonderem Maße gepflegt werden, sind sie oft vor allem Selbstdarstellungen und Sollvorstellungen, die weit entfernt sind von den real praktizierten Handlungsformen, Lebensstilen und Selbstverwirklichungsmustern (vgl. den Beitrag von Deflorian in diesem Band).

In ausdifferenzierten modernen Gesellschaften gibt es freilich kein einheitliches Verständnis von Subjektivität, Identität und Selbstverwirklichung. Subjektivitäts- und Identitätsverständnisse, Selbstverwirklichungsmuster und Vorstellungen von einem guten Leben sind individuell verschieden und waren immer schon klassen-, schicht-, gruppen- oder milieuspezifisch. Das gilt in der heutigen *Gesellschaft der Singularitäten* (Reckwitz 2017) mehr denn je. Gleichzeitig haben sich aber in den Leitmilieus moderner Gesellschaften bestimmte Selbstverständnisse und als fortschrittlich und erfolgreich wahrgenommene Lebensstile herausgebildet, die zum gesamtgesellschaftlichen Ideal und zum für moderne Gesellschaften generell gültigen Leitbild geworden sind. Zu deren konstitutiven Elementen gehört zum Beispiel, dass im Zuge der fortschreitenden Modernisierung die individuelle Dimension von Subjektivität, Identität und Selbstverwirklichung gegenüber der kollektiven kontinuierlich an Bedeutung gewonnen hat. Immer schon haben Modernisierung und Emanzipation – im gleichen Sinne, wie Polanyi vom *disembedding* der Wirtschaft spricht – die fortschreitende Freisetzung des Individuums aus hergebrachten sozialen Ordnungen und Zwängen bedeutet (Giddens 1991; Beck/Beck-Gernsheim 1994). Heute sind Identitätsbildung und Selbstverwirklichung mehr denn je ein individuelles Projekt, das jede*r Einzelne selbstbestimmt und selbstverantwortlich verfolgt (Bauman 2003; Reckwitz 2017). Mehr denn je gelten an traditionellen Rollen oder hergebrachten Normvorstellungen orientierte Lebensentwürfe als unemanzipiert und rückständig. Und mehr denn je wird jede politische Regulierung im Namen übergeordneter Werte oder kollektiver Ziele als bevormundender Eingriff in persönliche Freiheiten zurückgewiesen. Gleichsam als Gegenpol zu dieser Individualisierung hat zwar auch die Erfahrung sozialer Gemeinschaft und Gruppenzugehörigkeit etwa in der Partnerschaft, der Familie oder in den virtuellen Communities der sozialen Medien einen hohen Stellenwert. Das tut aber der Logik der fortschreitenden sozialen Entbettung und Selbstverantwortlichkeit keinen Abbruch, sondern diese Formen der Gemeinschaftserfahrungen bestätigen diese Logik. Zu ihrer Verfestigung trägt der hegemoniale Neoliberalismus wesentlich bei.

Zweitens werden Subjektivität, Identität und das gute Leben immer weniger in bewusster Abgrenzung von Markt und Konsum gedacht, sondern für wesentliche Teile der Gesellschaft sind Markt und Konsum – und sei es beim Billig-Discounter – längst der wichtigste Ort und Modus der Selbstverwirklichung und Selbsterfahrung (Bauman 2009; Reckwitz 2017). Bereits in den 1960er Jahren hatte Marcuse festgestellt, dass die Menschen sich zunehmend mit ihren Konsumgütern identifizieren. Der Kapitalismus, erklärte er damals, habe »die Objektwelt in eine Verlängerung von Geist und Körper der Menschen überführt«; die »Menschen erkennen sich in ihren Waren wieder; sie finden ihre Seele« in den Produkten der Konsumindustrie (Marcuse 1994 [1964]: 29). Das gilt im Zeitalter des Smartphones, der Digitalisierung und der Sozialen Medien mehr denn je. Und je mehr die Erzeugnisse der Konsumindustrie den Bürger*innen aller gesellschaftlichen Klassen zugänglich würden, meinte Marcuse schon damals, desto mehr höre »die mit ihnen einhergehende Indoktrination auf, Reklame zu sein« (ebd.: 32). Was zunächst nur aufgezwungen und Täuschung gewesen sei, werde dann vielmehr »ein Lebensstil, und zwar ein guter – viel besser als früher«, der sich als solcher »qualitativer Änderung« widersetze (ebd.). Wieder ist die Parallele zur Gegenwart unübersehbar. Marcuse erkannte frühzeitig, dass vor diesem Hintergrund »der Begriff der Entfremdung fraglich zu werden« droht (ebd.: 31). Er versuchte das Entfremdungsparadigma zu retten, indem er die Identifikation der Menschen mit den Angeboten des Konsumkapitalismus als »eine fortgeschrittene Stufe der Entfremdung« bezeichnete (ebd.), sah aber klar, dass »alle Befreiung vom Bewusstsein der Knechtschaft« abhängt, und ein solches Bewusstsein sich auf der »fortgeschrittenen Stufe« immer weniger einstellt (ebd.: 27). Und wenn Marcuse daraus bereits in den 1970er Jahren »das Vorherrschen eines nicht-revolutionären, ja antirevolutionären Bewusstseins« (Marcuse 1973: 12) ableitete und feststellte, »der höchsten Stufe der kapitalistischen Entwicklung« entspreche »in den fortgeschrittenen kapitalistischen Ländern ein Tiefstand revolutionären Potenzials« (ebd.: 11), so gilt auch das heute mehr denn je. Das Versprechen, *weniger sei in Wahrheit mehr* (Paech 2012), und das wahrhaft gute Leben werde erst jenseits der Errungenschaften des Konsumkapitalismus möglich, erscheint heute weniger überzeugend denn je. Wenig verwunderlich ist daher, dass derartige Argumentationsmuster in der neuen Schüler*innen-Klimabewegung – zumindest bisher – kaum Bedeutung haben. Und je mehr der »Begriff der Entfremdung selbst fragwürdig« wird (Marcuse 1994 [1964]: 29); je weiter der bereits von Marcuse prognostizierte Zerfall der »rationalen Grundlage zum Transzendieren dieser Gesellschaft« (ebd.: 16) voranschreitet, desto mehr bekommt die in anderen Bewegungsteilen durchaus weiterhin gepflegte Kritik am Konsumkapitalismus und der imperialen Lebensweise – ohne dass diese Beschreibung hier ihrerseits eine Wertung implizieren soll – als *old critical orthodoxy* selbst den Status eines identitätsstiftenden Selbsterfahrungsdiskurses (Blühdorn 2006).

Drittens haben moderne Erwartungen der Vielseitigkeit, Innovationsoffenheit und Flexibilität das bürgerliche Ideal der gereiften, gerundeten und in sich gefestigten Identität relativiert (Gergen 1996; Reckwitz 2006). Die Vorstellung einer homogenen und konsistenten Identität oder Persönlichkeit war freilich immer nur ein Ideal. In der *flüchtigen Moderne* (Bauman 2003) sind Kohärenz, Konsistenz und Konsequenz aber kaum mehr überhaupt Leitprinzipien. Vielschichtige, anpassungsfähige und auch für Widersprüche jederzeit offene Selbstverständnisse erlauben eine sehr viel reichhaltigere Lebensführung, Welterfahrung und Selbstverwirklichung. Darüber hinaus gelten die Bereitschaft und Fähigkeit, sich jederzeit schnell und flexibel auf sich stetig beschleunigende Veränderungsprozesse einzustellen und sich unerwartet ergebene Möglichkeiten spontan und konstruktiv zu nutzen, in der modernen Wettbewerbsgesellschaft als unbedingte Voraussetzungen für Erfolg und Anerkennung. Sie sind integraler Bestandteil der neoliberalen Selbstverantwortlichkeit und des unternehmerischen Selbst. Das konsequente Festhalten an unverbrüchlichen Regeln oder Prinzipien ist demgegenüber eine immer weniger aussichtsreiche Strategie oder erwartete Haltung, sondern mit Blick auf das Management des eigenen Lebens geradezu verantwortungslos.

Befreiung aus der Mündigkeit

Insgesamt können diese Veränderungen rückwärts blickend als Verfall bürgerlicher Ideale und Tugenden aufgefasst werden. In diesem Sinne spricht etwa Richard Sennett im Titel der englischsprachigen Originalversion seines Buches *Der flexible Mensch* (Sennett 2007) noch moralisierend von *The Corrosion of Character* (Sennett 1999). Nach vorne schauend können diese aktualisierten Verständnisse von Subjektivität und Muster der Selbstverwirklichung aber auch als eine Befreiung aus Normen verstanden werden, die für das bürgerliche Vernunftsubjekt konstitutiv waren und in der Vergangenheit einmal das emanzipatorische Projekt bestimmt haben, die in modernen Gesellschaften aber immer mehr als unzumutbare Einschränkung, ja sogar als nicht hinnehmbare Belastung, wahrgenommen werden: Verantwortlichkeit gegenüber der sozialen Gemeinschaft oder Gesamtgesellschaft; Verortung des wahren Selbst und seiner Würde jenseits der *Äußerlichkeit* und *Scheinhaftigkeit* der Warenwelt; Anspruch auf Vernunftbestimmtheit, Konsistenz und Konsequenz. Mit dieser Aktualisierung vorherrschender Selbstverständnisse vollzieht sich die Befreiung aus dem, was Almond und Verba als *civic culture* bezeichneten (Almond/Verba 1963), was Hans Jonas *Das Prinzip Verantwortung* nannte (Jonas 1979) und was Dobson und andere später als den Kern von *environmental citizenship* (Dobson 2003; Dobson/Bell 2006) betrachteten. Mit Polanyi gesprochen geht es um die *Entbettung* des Selbst, seiner Selbstverwirklichung und Selbsterfahrung aus hergebrachten Zusammenhängen, Beschränkungen und Begrenzungen. Inglehart beschreibt diesen Werte- und Kulturwandel als »einen Prozess, in dem Gesellschaften ihre Überlebensstrategien aktualisieren« (Inglehart 2018: 140).

Insofern hier eine Revision hergebrachter emanzipatorischer Normen – insbesondere der Vorstellung des bürgerlichen Vernunftsubjekts – vollzogen wird, die das emanzipatorische Projekt auf eine neue

Stufe hebt, kann dieser Werte- und Kulturwandel als *Emanzipation zweiter Ordnung* (Blühdorn 2013a) beschrieben werden. Zielten emanzipatorische Bestrebungen zunächst – als Emanzipation erster Ordnung – auf die Befreiung aus erstarrten Traditionen, von der Religion und von anderen bisher hingenommenen Zwängen, an deren Stelle die wahre Vernunft, die politische Aushandlung und die *Kraft des besseren Arguments* (Habermas) treten sollte, zielt diese reflexive Emanzipation nun auf die Befreiung aus Verantwortungen, Verpflichtungen, Beschränkungen und Prinzipien, die frühere Emanzipationsbewegungen sich im Namen dieser Vernunft selbst politisch gesetzt hatten, die inzwischen aber ihrerseits zur Behinderung geworden sind. Anders formuliert: Bedeutete die Emanzipation erster Ordnung den berühmten Kantischen *Auszug aus der selbstverschuldeten Unmündigkeit*, so bedeutet die Emanzipation zweiter Ordnung, die *Befreiung aus* eben *der Mündigkeit*, die in der kantischen Tradition immer als das große Ziel galt (Blühdorn 2019a; Blühdorn/Kalke 2019; vgl. auch Blühdorns Kapitel zur *Demokratie* in diesem Band).

Bei deren Überwindung greift die von Staat und Markt geforderte Innovationsbereitschaft und Flexibilität Hand in Hand mit individuellen Agenden der Selbstbestimmung und Selbstverwirklichung. Entsprechende Verschiebungen von Wertepräferenzen, Lebensstilen und Selbstverwirklichungsmustern vollziehen sich nicht in allen Teilen der Gesellschaft gleichmäßig (Reckwitz 2017). Gerade in den sogenannten Leitmilieus werden aber Vorstellungen von einem *guten Leben* gepflegt und Ideale gesellschaftlicher Entwicklung propagiert, die griffig in die generalisierende Formel *Unsere Freiheit, unsere Werte, unser Lebensstil* gefasst und über parteipolitische und ideologische Grenzen hinweg mit großer Entschiedenheit – als *gesamtgesellschaftliche* Priorität – gegen alle Herausforderungen verteidigt werden. Das bedeutet freilich nicht, dass die entsprechenden Ansprüche und Erwartungen notwendig auch in Zukunft mit genau denselben Mitteln befriedigt werden müssen wie bisher. Spielräume für ökologische Modernisierungen etwa sind durchaus vorhanden. Doch diese Freiheitsverständnisse, Selbstverwirklichungsmuster und Berechtigungsansprüche selbst stehen nicht zur Diskussion. Und genau diese Interpretationen von Freiheit, Identität und Subjektivität sind das unverhandelbare normative Fundament, auf dessen Grundlage moderne Gesellschaften *ihre ökologische Frage* ausbuchstabieren und verhandeln. Sie stecken den Rahmen ab, innerhalb dessen empirische Fakten und wissenschaftliche – aber aus sich selbst heraus noch nicht gesellschaftlich relevante – Erkenntnisse wahrgenommen, interpretiert, bewertet – also mit Werten aufgeladen – oder gegebenenfalls schlicht ignoriert werden.

Wenn also etwa Ulrich Brand kritisch anmerkt, die Dimensionen der Subjektivität und Emanzipation würden in der bisherigen Transformationsdebatte zu wenig berücksichtigt (Ulrich Brand 2016; Ulrich Brand et al. 2019), dann ist das berechtigt. Der Versuch allerdings, dieses Defizit unter Rückgriff auf die recht angestaubten Verständnisse von Emanzipation und Subjektivität zu beheben, die die *old critical orthodoxy* zum Teil bis heute pflegt, greift erheblich zu kurz. Die Analyse der Gesellschaft und Politik der Nicht-Nachhaltigkeit erfordert ein differenzierteres Verständnis dieser Kategorien. Denn die Emanzipation zweiter Ordnung, also die Befreiung aus den Verbindlichkeiten der bürgerlich-idealistischen Vorstellungen von Zivilisiertheit, Würde, Autonomie und Mündigkeit wird in modernen Gesellschaften keineswegs nur von kleinen Eliten, sondern von einer sonderbaren *stillen Allianz* der verschiedensten Akteure gemeinsam betrieben. Linksemanzipatorische, rechtspopulistische und marktliberale Akteure betreiben diese Agenda auf ihre je eigene Art und Weise. Sie grenzen sich identitätsstiftend voneinander ab und befehden sich heftig, spielen aber doch ein gemeinsames Spiel (Blühdorn 2016). Allemal ist die Frage: Wieviel Befreiung, wieviel *disembedding* zugunsten neuer Verständnisse von Freiheit, Selbstbestimmung und Selbstverwirklichung, ist maximal möglich? Wo liegen die Grenzen des gesellschaftlich Tragbaren, Erträglichen, Zumutbaren – also der *sozialen Nachhaltigkeit* im oben ausgeführten Sinn.

Tatsächlich manifestiert sich die Emanzipation zweiter Ordnung, die Revolte gegen die bürgerliche Vernunft, der Auszug aus der Mündigkeit, keineswegs nur in den neuen Freiheitsverständnissen und Selbstverwirklichungsformen der progressiven Leitmilieus, sondern ist ebenso das Geschäft der rechtspopulistischen Revolution. Mit ihren systematischen Tabubrüchen und ihrer gezielten Zersetzung hergebrachter Verständnisse von Zivilisiertheit, ihrer Verachtung der verfassungsmäßig unantastbaren Würde des Menschen und ihren offenen Angriffen auf die verbrieften Menschenrechte werden rechtspopulistische Bewegungen, Parteien und Regierungen öffentlich sogar als der primäre Akteur dieser Grenzverschiebung wahrgenommen. Bürgerliche und sich als progressiv verstehende Akteure grenzen sich mit moralischer Entrüstung von diesen *Regressiven* ab. Erstens allerdings wird die Befreiung aus der Mündigkeit und Zivilisiertheit mindestens ebenso wirkmächtig von all jenen betrieben, die als *fortschrittliche* gesellschaftliche Leitmilieus die Emanzipation zweiter Ordnung vorantreiben und dabei vielfach jede Bemühung um politische Regulierung als freiheitsbeschränkend und autoritär zurückweisen. Und zweitens kommen auch die neuen Freiräume, die durch die *regressive* Grenzverschiebung geschaffen werden, nicht denen zugute, die der rechtspopulistischen Revolte Resonanz verschaffen und ihr mehrheitsdemokratische Legitimität verleihen, sondern ein weiteres Mal vor allem denen, die als schon zuvor Mehrfachprivilegierte viel zu verteidigen haben und über die verschiedenen Formen von Kapital verfügen, die sie in diesen neuen Freiräumen produktiv machen können (vgl. dazu die *Vorüberlegungen* in diesem Band). Das sind ganz wesentlich die bürgerlichen Mittelschichten, die sich im Zuge der *stillen Revolution* herausgebildet haben und als globale Mittelklasse nun für *unsere Freiheit, unsere Werte und unseren Lebensstil* einstehen. Sie haben die widerwärtigsten Komponenten der Aushöhlung der bürgerlichen Zivilisiertheit und Mündigkeit *outsourced* an die Rechtsextremen, die – gewissermaßen als Dienstleister – ein Projekt vollziehen, von dem sie selbst, als die vielzitierten Modernisierungsverlierer*innen, kaum profitieren, sondern vor allem die Modernisierungsgewinner*innen und ihr nicht-nachhaltiges Ich. Weder für die einen noch für die anderen wird man Bewusstheit und Intentionalität behaupten können; das ist für symbiotische Verhältnisse aber keineswegs ungewöhnlich.

Das nicht-nachhaltige Ich

Das Theorem der Emanzipation zweiter Ordnung ist für die Diagnose der Gesellschaft der Nicht-Nachhaltigkeit zentral. Es macht deutlich, dass die Tendenz zur Nicht-Nachhaltigkeit eben nicht bloß vom Kapitalismus und der Konsumindustrie aufgezwungen ist und eigentlich als entfremdend wahrgenommen wird, sondern dass der Wertewandel, der sie trägt, und die entsprechenden Subjektivitäts- und Freiheitsverständnisse realistisch – zumindest *auch* – als emanzipatorische Errungenschaften betrachtet werden müssen, die hart verteidigt werden. Ebenso macht es deutlich, dass die Erwartung, dass eine befreite Zivilgesellschaft etwa der ökologischen und sozialen Nicht-Nachhaltigkeit ein schnelles Ende bereiten werde, kaum plausibel ist. Die kritische

(Umwelt-)Soziologie bleibt einstweilen jedoch gefangen in der stetigen Wiederholung ihrer hergebrachten Analysemuster. Fotopoulos (2010), Fraser (2017), Nachtwey (2017) und zahllose andere behaupten unbeirrbar, der Kapitalismus und der Neoliberalismus hätten die marktkonforme Individualität zum gesellschaftlichen Imperativ erhoben. Wesentliche Teile der post- und neo-marxistischen Literatur gehen weiter davon aus, dass die gesellschaftlichen Verhältnisse und auch die gesellschaftlichen Naturverhältnisse den Menschen vom übermächtigen Kapital aufgezwungen werden. Dem Kapital wird dabei die Macht und die Strategiefähigkeit zugesprochen, die wahren, authentischen Bedürfnisse, Identitäten und den freien Willen der Menschen zu unterdrücken, zu manipulieren und fremdzubestimmen. Das begründet das Narrativ von der Entfremdung und legt das Fundament für das Gegenprojekt der Befreiung. Insbesondere mit Blick auf die historische Entstehung heute vorherrschender Selbstverständnisse und gesellschaftlicher Naturverhältnisse hat diese Sichtweise zweifellos ihre Berechtigung. Rein gegenwartsbezogen hat sie aber immer weniger analytische Relevanz und politische Zugkraft.

Bereits Marcuse hatte ja richtig beobachtet, dass den Menschen der Konsum zur zweiten Natur wird, und dass das Leiden, das Entfremdungsgefühl sowie die Sehnsucht nach grundsätzlichen Alternativen damit letztlich verschwinden. Gramsci hatte darauf hingewiesen, dass Hegemonie nicht funktioniert, wenn sie ausschließlich auf Zwang und Unterdrückung beruht, sondern nur, wenn es ihr gelingt, eine gewisse Zustimmung und Kooperationsbereitschaft zu mobilisieren. Wenn die kritische Sozialwissenschaft bis in die Gegenwart dennoch weiter die revolutionäre Erzählung von der Befreiung des von Politik, Verwaltung und Kapitalismus entfremdeten *wahren* Selbst pflegt und die neuen Protestbewegungen und Nischenexperimente als die Pionier*innen der großen Transformation beschreibt (WBGU 2011; Schneidewind 2018; Blühdorn 2017; Blühdorn 2018; vgl. auch den Beitrag von Deflorian in diesem Band), dann ist das wohl vor allem strategischen Zwecken der Mobilisierung und Motivation geschuldet. An der Realität moderner Gesellschaften und auch an der der Bewegungen und Nischenphänomene, die sie für ihre Erzählung vereinnahmen, geht dieses Narrativ aber deutlich vorbei. Zweifellos bearbeiten und bewältigen diese Bewegungen die Nachteile und Konsequenzen der vorherrschenden Formen von Subjektivität, Selbstverwirklichung und Selbsterfahrung (vgl. den Beitrag von Deflorian in diesem Band).

Die übersetzen sich aber keineswegs notwendig in eine politisch relevante Sehnsucht nach einer alternativen Gesellschaft. Auch die neuen Klimaproteste zielen auffallend wenig auf eine radikal andere Lebensweise und alternative Gesellschaftsordnung; sehr viel mehr geht es vielleicht auch dort wohl – später wird dies gründlicher ausgeführt – um die Sicherung und Verteidigung des Erreichten.

Der Ansatz über die Begriffe der Emanzipation zweiter Ordnung und der Befreiung aus der Mündigkeit erklärt die Identifikation der Menschen mit der bestehenden Ordnung also nicht mehr eindimensional als Kolonisierung, Manipulation, Unterdrückung und Entfremdung der Menschen durch die Macht des Kapitals, sondern stellt dieser Sicht eine emanzipatorische – und für die Gegenwartsanalyse sehr viel aufschlussreichere – Perspektive zur Seite. Hergebrachte Verständnisse von Subjektivität, die der *old critical orthodoxy* weiterhin zugrunde liegen, haben sich diesem Ansatz zufolge im Zuge der fortlaufenden Modernisierung weitgehend erschöpft. Auch Marcuses Hilfskonstruktion einer *fortgeschrittenen* Stufe der Entfremdung ist nicht mehr tragfähig. Was frühere emanzipatorische Bewegungen sich als befreite, befriedete und versöhnte Alternative jenseits der bestehenden Ordnung vorgestellt hatten, hat inzwischen seine Leuchtkraft verloren, und zwar ganz wesentlich, weil das Ideal der Freiheit für alle immer die verantwortliche, rationale und mündige Begrenzung, Selbstbeherrschung und Selbstdisziplin voraussetzte (vgl. Blühdorns Kapitel zur *Demokratie* in diesem Band). Inzwischen wird aber genau diese Begrenzung als einengend, beschränkend und unrechtmäßig erfahren – und zwar nicht nur von neoliberalen Eliten oder nur von Rechtspopulist*innen, die sich am offensten gegen Vorschriften, Beschränkungen und Verbote richten. Auch wenn der Klimawandel, der Artenverlust, der Ressourcenverbrauch oder die Habitatzerstörung von wesentlichen Teilen der Bevölkerung als große Herausforderung und Zukunftsaufgabe verstanden werden, werden Verbote und Interventionen in die *persönliche Freiheit* mit großer Mehrheit abgelehnt, und die gesellschaftliche Bereitschaft, etablierte Subjektivitätsverständnisse, Lebensstile, Selbstverwirklichungsmuster und Selbsterfahrungsformen im Namen einer *Freiheit für alle* zu verändern – oder zumindest bisher externalisierte Kosten tatsächlich zu internalisieren – ist äußerst beschränkt: *Klimaschutz: Ja! Bevormundung:...*

Die breite Ablehnung etwa einer CO_2-Steuer oder auch nur der Angleichung der zum Beispiel in Deutschland im Vergleich sehr niedrigen

Preise für Rind- oder Schweinefleisch an das Niveau anderer europäischer Länder illustrieren, in welchem Maße auf das Gemeininteresse und Gemeinwohl zielende Vorschriften vielmehr ihrerseits als entfremdend, bevormundend und autoritär verstanden werden, und als Angriff auf das wahre Selbst und dessen wahrgenommenes Anrecht, befreit und verwirklicht zu werden. Auf genau diesen Anspruch zielt etwa die Werbung des Autoherstellers BMW, der sich auch in Zeiten des Klimawandels bewusst auf das Segment der PS-starken Hochverbrauchs-PKW konzentriert: »Mission Leidenschaft. Leb es raus. Mit dem neuen BMW X3. Der neue BMW X3 ist ein Statement unbegrenzter Möglichkeiten und Ausdruck purer Präsenz und Freiheit« (BMW Austria GmbH 2019). An die Stelle sozialer Rücksichtnahme und Zurückhaltung treten hier ausdrücklich Exklusivität und das Recht der*des Stärkeren. Bereits Anfang der 1990er Jahre war am Heck mancher BMWs der Aufkleber *Eure Armut kotzt mich an!* angebracht (Blühdorn/Henning 1994). Damals war dies das erste Aufbegehren einer wohlhabenden, konsumorientierten, privilegierten Jugendbewegung (Popper) gegen den ökologisch-sozialen Kodex der *Zivilisiertheit*. Inzwischen hat nicht nur Donald Trump diese Botschaft – am sichtbarsten in der Migrationspolitik – zum Kernprinzip einer neuen *politics of bullying* erhoben.

Berechtigungsbewusstsein

Allerdings steht das, was sich im Zuge der Emanzipation zweiter Ordnung als Idealbild eines guten und erfüllten Lebens herausgebildet hat und mit sicherem Berechtigungsbewusstsein eingefordert oder verteidigt wird, in eklatantem Widerspruch zu dem, was bewegungsorientierte Diskurse als die große Transformation zur Nachhaltigkeit und als *gutes Leben für Alle* beschwören (Nussbaum 1999; WBGU 2011; Novy 2013, 2017). Tatsächlich erhebt die Emanzipation zweiter Ordnung systematisch die Nicht-Nachhaltigkeit zum Prinzip. Denn das moderne Selbst ist in gleich mehrfacher Hinsicht nicht-nachhaltig – und zwar nicht mehr, wie dies noch für Ulrich Becks *Risikogesellschaft* kennzeichnend gewesen war (Beck 2000 [1986], 1993), als unbeabsichtigte Nebenwirkung von Handlungsformen oder Entwicklungsdynamiken, die eigentlich in eine ganz andere Richtung zielen (Beck 1993), sondern mit vollem Bewusstsein und Plan: Es entwirft sich kontextspezifisch und nach Maßgabe veränderlicher Außenbedingungen stetig neu und ist vielschichtig und flexibel, also gerade nicht stabil, haltbar und mit sich selbst identisch. Mit seiner konsumbasierten Form der Identitätskonstruktion und Selbsterfahrung erhebt es Wachstum und Ressourcenverbrauch mehr denn je zur *conditio sine qua non* moderner Gesellschaften – gerade auch wegen der kurzen Haltbarkeit konsumbasierter Identitätserlebnisse. Mit Blick auf die Leistbarkeit der Selbstverwirklichungsgüter und mit dem vermeintlich egalitären Hinweis, dass diese Güter für alle Teile der Gesellschaft zugänglich bleiben müssen, erhebt es die umfassende Externalisierung sozialer und ökologischer Kosten nicht nur zum *persönlichen* Interesse sondern gewissermaßen zur *sozialpolitischen* Notwendigkeit. Und wenn die wirtschaftlichen Wachstumsraten bestenfalls moderat, biophysische Grenzen aber zunehmend sichtbar sind, wird auch die innergesellschaftliche Umverteilung und Exklusion zum unverzichtbaren Prinzip; denn der Erhalt – die Haltbarkeit, die Nachhaltigkeit – der emanzipierten, fortschrittlichen Subjektivitätsverständnisse und Selbstverwirklichungsmuster erfordert dann, dass Freiheitsgewinne für bestimmte Gruppen verstärkt durch entsprechende Beschränkungen für andere Gruppen ausgeglichen werden. Selbstverwirklichung und das gute Leben für die einen gehen dann ausdrücklich zu Lasten des guten Lebens und auf Kosten der Selbstverwirklichung anderer (Lessenich 2016). Diese Logik des Nullsummenspiels erhöht ihrerseits noch einmal den Druck auf jede*n Einzelne*n, sich nicht nur im Namen der Selbstverwirklichung sondern im Namen der *Selbstverantwortlichkeit* und einer neu definierten *Mündigkeit* möglichst weitreichend von sozialen und ökologischen Verpflichtungen zu befreien, um so die eigene Wettbewerbsposition zu optimieren.

Ausgehend von den gesellschaftlichen Leitmilieus entfalten und verbreiten sich also Freiheitsverständnisse und Selbstverwirklichungsformen, die systematisch die Prinzipien der Nachhaltigkeit suspendieren. Gerade als besonders fortschrittlich geltende, gut gebildete, flexible, technologie- und mobilitätsaffine, kosmopolitisch orientierte Teile der Gesellschaft entwickeln Lebensstile, deren soziale und ökologische Nicht-Nachhaltigkeit zwar unbestritten ist, die aber als rechtmäßige und unverhandelbare Freiheit der Persönlichkeit betrachtet und verteidigt werden. Für das nicht-nachhaltige Selbst und seine Verwirklichung ist das Zugriffsrecht auf billige Rohstoffe, zum Hungerlohn erbrachte Arbeitsleistung, qualifizierte ausländische Fachkräfte, internationale Urlaubsparadiese, Mülllager und Absatzmärkte ebenso konstitutiv wie die Exklusion von Migrant*innen und innergesellschaftlichen Kostgänger*innen. Mit großer Selbstverständlichkeit und imperialer Attitüde wird – natürlich nicht nur in der Freizeitgestaltung – Anspruch erhoben auf die ganze Welt: zum Kite-Surfen nach Thailand oder Kalifornien, zum Schüler*innenaustausch nach Israel, zum Yoga-Retreat nach Bali, Weltreise nach dem Abitur beziehungsweise im Gap Year vor dem Masters-Studium – all das sind *must have experiences*, die für fortschrittliche Menschen unbedingt dazu gehören.

Als ziemlich abwegig erweist sich vor diesem Hintergrund die These, der Wertewandel zur Nachhaltigkeit habe bereits begonnen (WBGU 2011: 71-73), oder die jüngste Konjunktur von Postwachstumsdiskursen und Klimaprotesten könne als Signal für eine Abkehr moderner Gesellschaften von der Logik der Nicht-Nachhaltigkeit gelesen werden. *Verantwortungslos* (Blühdorn et al. 2018) ist die stetig wiederholte Behauptung: »Wir stehen an einem Wendepunkt«, und »der Beginn einer Bewusstseinsänderung in der Gesellschaft ist bereits erkennbar« (Sappl 2019). Entgegen ihrer sicher lauteren Intention wirken solche Hoffnungsnarrative nicht motivierend und mobilisierend, sondern vor allem beruhigend und stabilisierend. Denn ihre Botschaft ist: Wir sind bereits auf dem richtigen Weg und ein konsequentes Weiter-so wird uns sicher ans Ziel führen. Solche Versuche, Hoffnung zu machen, bauen auf die These, dass sich »in subjektiven Selbstverständnissen« zunehmend »der Handlungsmodus der Nachhaltigkeit« verankere und dieser »die gesellschaftlichen Modi der Subjektivierung« (Pritz 2018: 78) zunehmend verändere. Sehr viel mehr Evidenz gibt es aber für die umgekehrte Sichtweise, dass gesellschaftliche Modi der Subjektivierung sich wie mit dem Begriff der Emanzipation zweiter Ordnung beschrieben verändern und dabei – fester denn je – der Handlungsmodus der Nicht-Nachhaltigkeit in subjektiven Selbstverständnissen verankert wird. Mehr noch als für »eine soziologische Perspektive auf Modi der Subjektivierung unter dem Vorzeichen einer Gesellschaft der Nachhaltigkeit« (ebd.) besteht daher dringender Bedarf für eine *soziologische Perspektive auf (Nicht-)Nachhaltigkeit unter dem Vorzeichen veränderter Modi der Subjektivierung*.

Dass gerade in den gesellschaftlichen Leitmilieus, von denen der Werte- und Kulturwandel zum nicht-nachhaltigen Ich ausgeht, auch das soziale und ökologische Bewusstsein mitunter hoch entwickelt ist, und man sich dort mitunter sogar als Vorkämpfer*in der demokratisch-ökologischen Transformation versteht, ist nur auf den ersten Blick irritierend und kein Gegenbeweis für die hier entfaltete These. Verschiedene Studien haben gezeigt, dass ein hohes Umwelt- und Klimabewusstsein und ein ressourcen- und emissionsaufwendiger Lebensstil sich empirisch keineswegs ausschließen (Umweltbundesamt 2016; Moser/Kleinhückelkotten 2018). Für die betroffenen Menschen führen solche Widersprüche nicht notwendig zu Problemen, denn moderne Individuen pflegen eben vielfältige, durchaus miteinander inkompatible Wertorientierungen, Selbstverständnisse und Selbstbeschreibungen. Widersprüchlichkeiten werden bewältigt, indem unterschiedliche *sets of values* in verschiedenen diskursiven Arenen angesiedelt und ausgelebt werden. So wird die Forderung nach sofortigen, effektiven Maßnahmen zum Klimaschutz vereinbar mit lebendiger Vergnügungs- und Urlaubsreisetätigkeit. Der Bezug von erneuerbarer Energie, der Kauf von sozial-ökologisch zertifizierten Produkten oder der wissenschaftliche Einsatz für die Nachhaltigkeit wird kompatibel mit entgegengesetzten Entscheidungen in anderen Konsum- oder Lebensbereichen. In der funktional ausdifferenzierten, globalisierten Gesellschaft können soziales Engagement gegebenenfalls beim Ferieneinsatz im Sozialprojekt in Manhatten, Entschleunigung beim Yoga-Intensive in Brasilien und radikal-ökologische Wertorientierungen beim Klimaaktivismus im Jetsetmodus artikuliert werden, ganz ohne, dass die Lebensstile und Prinzipien der Nicht-Nachhaltigkeit dafür ausgesetzt werden müssten (Graefe 2016b, 2016a; Blühdorn 2006; Blühdorn/Butzlaff 2018; vgl. auch den Beitrag von Deflorian in diesem Band).

Ökologische Distinktion

Vielmehr sind als nachhaltig betrachtete Verhaltensweisen und Wertorientierungen mitunter ein wichtiges Element der Konstruktion und Erhaltung des modernen, nicht-nachhaltigen Selbst. »Bedenkt man die hohe Valenz, die heute bestimmte Merkmale der Lebensführung für die soziale Unterscheidung haben«, heißt es diesbezüglich bei Neckel, »verwundert es nicht, dass es genau solche Merkmale sind, die [...] als Signale der Distinktion verwendet werden« (Neckel 2018b: 67; Reckwitz 2017). Ebenso wie Wellness, Achtsamkeit und die Betonung einer Work-Life-Balance nicht unbedingt der Kontrapunkt, sondern oftmals wesentlicher Bestandteil der kapitalistisch-marktliberalen Selbstoptimierung und des perfektionierten Selbstmanagements sind (Graefe 2016a, 2016b, 2019), sind auch der Konsum ökologisch und sozial zertifizierter Produkte, vegetarische oder vegane Ernährungsweisen, die Beteiligung an Gemeinschaftsgärten oder die Teilnahme an Klimademonstrationen nicht unbedingt Ausdruck eines Wunsches nach radikaler Veränderung zu einer *alternativen* Lebens- und Gesellschaftsform, sondern können ein Mittel der Distinktion, Identitätsbildung und Singularisierung *innerhalb* der bestehenden Ordnung des Wettbewerbs und der Nicht-Nachhaltigkeit sein (Reckwitz 2017; Neckel 2018b; vgl. auch den Beitrag von Deflorian in diesem Band). Darüber hinaus, erklärt Neckel, hätten ökologische Wertorientierungen und Verhaltensweisen nicht nur als Mittel der *ökologischen Distinktion* (Neckel 2018b) Bedeutung, sondern gerade in den privilegierten Mittelschichten seien sie Ausdruck eines für dieses Gesellschaftssegment charakteristischen Interesses an Statusverteidigung und Besitzstandswahrung. Typisch für diese Mittelschichten, argumentiert Neckel, sei »eine Art der Lebensführung, die auf permanente Investition« in Statuserhalt und Statusverbesserung abzielt. »Sicherung von Wohlstand und Wettbewerbsfähigkeit, Schutz der erlangten Lebensqualität« und »Konsolidierung erreichter Statuspositionen« gehörten »zu den klassischen Tugenden in Mittelschichtenmilieus« (ebd.: 64); und daraus ergebe sich »eine Art strukturelle Homologie, eine Wahlverwandtschaft zwischen der Lebensführung der Mittelschichten und den Prinzipien ökologischer Nachhaltigkeit« (ebd.: 65). In besonderem Maße gelte dies, vermutet Neckel, »gerade auch in Zeiten niedrigen Wachstums, in denen Zuwächse nicht zu erwarten sind und vorhandene Ressourcen verlässlich bewirtschaftet werden müssen« (ebd.).

Ob oder wie weit man dieser Spekulation folgen mag, sei dahingestellt. In jedem Falle ergibt sich von hier aus eine interessante, bereits wiederholt angedeutete Perspektive auf die Fridays-for-Future-Bewegung. Deren Anhänger*innen rekrutieren sich zweifellos ganz wesentlich aus den privilegierten bürgerlichen Mittelschichten, von denen Neckel spricht (Wahlström et al. 2019). Und anknüpfend an dessen Überlegungen zur Statusverteidigung und Besitzstandswahrung lässt sich diese neue Klimabewegung – ganz unabhängig von den Zielen, Motivationen und Interessen, die ihre Teilnehmer*innen selbst vortragen – sehr plausibel als der Aufschrei einer sozialen Schicht und Generation interpretieren, die vielleicht gar nicht primär an einer großen sozial-ökologischen Transformation im oben ausgeführten *starken* Sinne interessiert ist, sondern die in besonders hohem Maße mit verschiedenen Formen von Kapital ausgestattet ist, aber klar absieht, dass sie dieses Kapital unter Bedingungen des Klimawandels und der sozial-ökologischen Mehrfachkrise nicht mehr in derselben Weise und in demselben Maße für ein gutes Leben produktiv machen können wird, wie das für ihre Eltern noch möglich war. Eine solche Interpretation behauptet keine unmittelbare Kausalität und schon gar keine bewusste Absicht. Sie impliziert auch keinerlei moralisierende Kritik, dass die Aktivist*innen der neuen Klimabewegung etwa *unaufrichtig* oder *egozentrisch* wären. Sie spricht ihnen in keiner Weise die tiefe und ernsthafte Sorge um die Zukunft der Menschheit und des Planeten ab. Vielmehr geht es darum, den wie bei jeder neuen Bewegung so auch jetzt wieder verbreiteten Behauptungen, die aktuellen Klimaproteste signalisierten eine »historische Wende« (ebd.: 4-5) in der Umwelt- und Klimapolitik, eine Sichtweise zur Seite zu stellen, die zu einem differenzierteren sozialwissenschaftlichen Verständnis beiträgt. Und es geht darum, die besondere Situation und das spezifische Dilemma der jungen Aktivist*innen zu bedenken: Diese jungen Menschen haben sehr viel mehr, als das für ihre Eltern im entsprechenden Alter noch der Fall gewesen war, nicht-nachhaltige Selbstverständnisse und imperiale Lebensweisen (Technologie, Mobilität, Ernährung) internalisiert und naturalisiert. Und mit ihren hoch entwickelten Selbstverwirklichungsansprüchen und ihrem Berechtigungsbewusstsein sind sie unvergleichlich viel stärker, als das noch für ihre Eltern der Fall gewesen war, dem Druck ausgesetzt, ihr Leben und ihren Erfolg selbstständig und selbstverantwortlich, in Eigenregie und weitgehend ohne Absicherung durch wohlfahrtsstaatliche oder traditionelle Auffangstrukturen planen, managen und optimieren zu müssen (vgl. hierzu auch den Beitrag von Butzlaff zum *Wertewandel* in diesem Band). Und für jedes – immer wahrscheinlichere – Scheitern werden sie im Zweifelsfalle absehbar vor allem selbst verantwortlich gemacht.

Vor dem Hintergrund dieser massiven Herausforderung, die in je veränderter Weise freilich auch andere soziale Gruppen betrifft, ist es wenig verwunderlich, dass in modernen Gesellschaften *unsere Freiheit, unsere Werte und unser Lebensstil* zunehmend offen exklusiv ausbuchstabiert und mit aller Entschiedenheit gegen die Teilhabe-, Gerechtigkeits-, Solidaritäts- und Würdeansprüche all jener verteidigt werden, die sie einstweilen noch nicht genießen. Die ökonomischen und ökologischen Grenzen sind im Anthropozän und mit der Krise des demokratischen Kapitalismus (Streeck 2013) deutlicher denn je. Klarer denn je wird damit die nahe Verwandtschaft des Kampfes um die Freiheit und weitere Befreiung (der meist ohnedies schon Privilegierten) zu dem Kampf um Grenzen und Ausgrenzungen (der meist ohnedies schon Unterprivilegierten). Offener denn je kreisen die öffentliche Debatte und die Politik – innergesellschaftlich ebenso wie zwischengesellschaftlich – um die Unterscheidung zwischen Teilhabeberechtigten und Nicht-Teilhabeberechtigten. Weniger denn je finden sozialdemokratische Parteien mit ihren traditionellen Botschaften Resonanz. Im modernen Diskurs der Grenzziehung und Ausgrenzung bestimmen die Rechtspopulist*innen Tempo und Ton. Die eigentlichen Profiteure ihrer Politik sind aber nicht sie selbst; die bevorzugen eine zivilisiertere Sprache.

Eine große, sozial-ökologische Transformation; die Freiheit »nicht nur für die wenigen, sondern für alle«, von der Polanyi (1978 [1944]: 339) und in den 1970er und 1980er Jahren die politische Ökologie gesprochen hatten, würde demgegenüber die Fähigkeit und den Willen zur Beschränkung der Freiheit – ebenfalls für alle – voraussetzen. Die aber ist nur schwer vereinbar mit der Agenda der Emanzipation. Die Politische Ökologie hatte noch geglaubt, die dafür erforderlichen Kriterien aus der Moral und der Vernunft ableiten zu können. Das Nachhaltigkeitsparadigma wollte sie naturwissenschaftlich begründen und ist auch damit gescheitert. Schon Platon hatte im achten Buch von *Der Staat* gewarnt, dass das »überquellende« Freiheitsstreben sich letztlich selbst unterminieren und die Demokratie unvermeidlich in die Tyrannis einmünden werde (Platon 1982: 379-394; vgl. Blühdorns Kapitel zur *Demokratie* in diesem Band). Polanyi hatte mit seiner These, dass der Liberalismus unvermeidlich in den Faschismus und zur Zerstörung der Freiheit führen werde, diese Warnung erneuert. Die »unersättliche« (Platon), die »entbettete« (Polanyi), die mit der Emanzipation zweiter Ordnung *entfesselte* Freiheit, ist in modernen Konsumgesellschaften in ökologischer wie in sozialer Hinsicht in der Tat das zentrale Problem. Eine Begrenzung und Regulierung der Freiheit wäre entsprechend das Gebot der Stunde. Aber grüne Parteien, Fridays-for-Future-Aktivist*innen und die kritische Soziologie haben den Grenzziehungen und Ausgrenzungen des Rechtspopulismus wenig entgegenzusetzen. Stattdessen erneuern sie stetig die Erzählung von der technologischen Innovation, der Politik der positiven Anreize und von der wahren Freiheit durch echte Emanzipation.

Zwischenbilanz

Diese Überlegungen erhellen, in welchem normativen Horizont die im Zeichen des Nachhaltigkeitsparadigmas wesentlich entpolitisierte *ökologische Frage* in modernen Konsumdemokratien repolitisiert wird. Der Fokus dieser Überlegungen lag nicht auf den weithin bekannten, von den verschiedensten Akteuren immer erneut bestätigten Bekenntnissen, Hoffnungen und Forderungen wie etwa, dass ein *tiefgreifender* Wandel *unverzüglich* eingeleitet werden muss, jedenfalls *demokratisch organisiert* werden soll und *niemanden zurücklassen* darf. Im Zentrum standen vielmehr Wertepräferenzen und Selbstverständnisse, die gerade in umweltpolitischen Zusammenhängen meist nicht explizit gemacht oder sogar ausdrücklich bestritten werden, die gleichwohl aber gesamtgesellschaftlich bestimmend, ein unterscheidendes Merkmal der Gesellschaft der Nicht-Nachhaltigkeit sind, und die auch für deren Politik der Nicht-Nachhaltigkeit konstitutiv sind. Bei diesen Überlegungen ging es auch ausdrücklich nicht darum, konkrete Akteure, Wertorientierungen oder Verhaltensmuster zu bewerten oder zu kritisieren, sondern vielmehr darum, bestimmte Zusammenhänge auszuleuchten und ein gesellschaftstheoretisch grundiertes Interpretationsangebot zu entwickeln, das über die gängigen Selbstbeschreibungen umwelt- und klimapolitischer Akteure sowie auch über die bekannten Analyseansätze der kritischen Soziologie hinausreicht. Denn ebenso wie es sozialwissenschaftlich wenig hilfreich ist, die verbreiteten Abwehrnarrative gegen die als *verroht* und *regressiv* bezeichneten Rechtspopulist*innen unbesehen zu reproduzieren, ist es einer sozialwissenschaftlichen Analyse auch nicht zuträglich, moralisierend mit denen ins Gericht zu gehen, die auf der entgegengesetzten Seite des politischen Spektrums die Emanzipation zweiter Ordnung und das Mainstreaming des nicht-nachhaltigen Ichs betreiben.

Der eingangs behauptete Paradigmenwechsel in der Umwelt- und Nachhaltigkeitspolitik, dem sich das vorhergehende Kapitel bereits mit einkreisenden Suchbewegungen angenähert hatte, kann nun im Sinne einer Zwischenbilanz anhand von sechs Merkmalen genauer bestimmt werden. Dies sind zugleich sechs unterscheidende Merkmale der Gesellschaft der Nicht-Nachhaltigkeit:

(a) Moderne Gesellschaften verfügen über mehr und detaillierteres Wissen über den Zustand und die Veränderung der biophysischen Umwelt sowie über die Ursachen, Konsequenzen, Zusammenhänge und

Wechselwirkungen dieser Veränderungen denn je. Ihr politischer Wille und ihre politische Fähigkeit, diese Veränderungen zu stoppen und möglicherweise rückgängig zu machen, ist durch dieses Wissen aber nicht gewachsen, sondern vielleicht sogar geschrumpft. Die erhoffte sozial-ökologische Transformation *aus Umsicht, Einsicht und weiser Voraussicht* ist trotz des hohen Wissens- und Erkenntnisstandes bisher ausgeblieben und ist – obwohl freilich nicht ausgeschlossen – auch zukünftig nicht zu erwarten. Die bisherige Überzeugung und Hoffnung, dass mehr Information und mehr Bewusstsein einen radikalen Strukturwandel zur Nachhaltigkeit ermöglichen und beschleunigen werden, hat sich als unhaltbar erwiesen. Stattdessen ist die Gesellschaft der Nicht-Nachhaltigkeit bestimmt von der – meist noch stillen – Erkenntnis, dass die sich verknappenden Ressourcen und die ökologischen Rahmenbedingungen insgesamt für *ein gutes Leben für alle* nicht mehr ausreichen.

(b) Die Strategien, mit deren Hilfe moderne Gesellschaften in den vergangenen Jahrzehnten versucht hatten, umweltpolitische Fragen zu objektivieren und entpolitisieren; also die Strategien, die umweltpolitische Akteure genutzt hatten, um ihre Problemdiagnosen zu *beweisen* und ihren Forderungen nach entsprechenden Gegenmaßnahmen Nachdruck zu verleihen, sie als objektive und dringende Notwendigkeit darzustellen, sind immer weniger tragfähig. In der Gesellschaft der Nicht-Nachhaltigkeit haben insbesondere Wissenschaft, Wahrheit, Einsicht und Vernunft nicht mehr die zentrale Bedeutung, die ihnen zuvor zugemessen worden war. Rationale Begründung, öffentliche Rechtfertigung, deliberative Verhandlung und die *Kraft des besseren Arguments* sind immer weniger entscheidend. Stattdessen werden *alternative Fakten*, *gefühlte* Wahrheiten, persönliche Prioritäten und komplexitätsreduzierende, lebensweltlich Orientierung gebende Sinnangebote immer wichtiger.

(c) Zwischenzeitlich zumindest behelfsmäßig stillgestellte und entpolitisierte ökologische Fragen beziehungsweise Konflikte brechen vehement wieder auf. Sie werden repolitisiert und resubjektiviert und ausdrücklich wieder als *soziale* Konflikte dargestellt und an subjektive Wertvorstellungen, Normen, Ansprüche und Erwartungen angebunden. Die sogenannte *ökologische Frage* erscheint damit nicht mehr als die Nachfolgerin der älteren *sozialen Frage*, sondern in der Gesellschaft der Nicht-Nachhaltigkeit gilt klarer denn je: Die ökologische Frage *ist* eine soziale Frage.

(d) Ausschlaggebend bei dieser Resubjektivierung und Repolitisierung sind die gesellschaftlich vorherrschenden Wertepräferenzen und Vorstellungen von Freiheit, Selbstbestimmung, Selbstverwirklichung und einem guten Leben, die sich gerade auch im Zuge der emanzipatorischen Bewegungen, der *stillen Revolution*, entfaltet und gesamtgesellschaftlich verbreitet haben. Diese Selbstverständnisse und Wertepräferenzen haben sich im Rahmen eines fortlaufenden Werte- und Kulturwandels in mehrfacher Hinsicht von gängigen Definitionen ökologischer und sozialer Nachhaltigkeit entfernt. Die vorherrschenden Ansprüche und Erwartungen werden gleichwohl mit mehr Entschiedenheit und größerem Berechtigungsbewusstsein verteidigt denn je. Kritische Stellungnahmen zu vermeintlich privaten Konsum- und Lifestyle-Entscheidungen werden dabei – im angelsächsischen Kulturraum noch stärker als im kontinentaleuropäischen – resolut als *opinionated* und *judgemental* zurückgewiesen. Hergebrachte Vorstellungen von Würde, Mündigkeit, Verantwortlichkeit, Gleichheit oder Gerechtigkeit erscheinen aus der Perspektive dieser Erwartungen zunehmend als Behinderung. Sie erweisen sich als unhaltbar, als *nicht nachhaltig*, und werden entsprechend aktualisiert.

(e) Parallel dazu hat das alte Narrativ der Beherrschung, Unterdrückung und Entfremdung des modernen Menschen durch den Kapitalismus und die Konsumgüterindustrie seine revolutionäre oder transformative Kraft weitgehend verloren. Die emanzipatorische Hoffnung auf und Sehnsucht nach eine(r) radikal andere(n) Wirtschafts- und Gesellschaftsordnung ist verblasst. Das politische Streben richtet sich immer weniger auf die Schaffung einer sozial-ökologisch transformierten Alternativgesellschaft, sondern zielt mehr denn je auf verbesserte Teilhabe am bestehenden System. An den Grenzen des Wachstums, der Ressourcen und der Belastbarkeit von Ökosystemen bedeutet das sowohl innergesellschaftlich als auch zwischengesellschaftlich einen Konkurrenz- und Ausscheidungskampf. In der Gesellschaft der Nicht-Nachhaltigkeit sind Grenzziehung und Ausgrenzung daher ein zentrales Anliegen.

(f) Die Gesellschaft der Nicht-Nachhaltigkeit verabschiedet sich zunehmend offen von den bisher sozial und politisch verpflichtenden Bekenntnissen zu den Zielen der sozialen und ökologischen Nachhaltigkeit. Vor allem rechtspopulistische Bewegungen, Parteien und Regierungen wenden sich in einer Weise, die noch bis vor wenigen Jahren unvorstellbar war, mit Nachdruck gegen umwelt- und klimapolitische

Maßnahmen oder Abkommen, die etablierte Verhaltensformen, Lebensstile und Berechtigungsansprüche beeinträchtigen könnten und betreiben mit aller Entschiedenheit die Ausgrenzung derer, denen sie ein Teilhaberecht absprechen. Auch die bürgerlichen Mittelschichten befreien sich aber entschieden aus den Verpflichtungen, die den hergebrachten Idealen der Mündigkeit, Reife, Würde, Vernunft, Selbstdisziplin, Zivilisiertheit oder sozialen Verantwortlichkeit eingeschrieben waren. An die Stelle dieser Ideale tritt zunehmend offen das Recht der*des Stärken und eine *politics of bullying*, die grundlegende Regeln der Diplomatie, der gegenseitigen Anerkennung, der sozialen Verständigung und des sozialen Anstandes aussetzt.

Naheliegende Bedenken

Der These vom Paradigmenwechsel und der Behauptung, dass die Gesellschaft der Nicht-Nachhaltigkeit etwas kategorial Neues sei, könnte man freilich entgegenhalten, dass kapitalistische Konsumdemokratien die Grenzen der ökologischen Belastbarkeit schon seit den 1970er Jahren überschreiten und ihr System sowie ihre Lebensweise auch nicht erst seit jüngster Zeit entschieden verteidigen. Entsprechend könnte man argumentieren, dass die heutige Umwelt- und Klimapolitik eher von Kontinuität bestimmt ist, als dass wirklich ein Paradigmenwechsel erkennbar wäre. Eine solche Einschätzung würde aber die oben zusammengefassten tiefgreifenden Veränderungen nicht angemessen berücksichtigen. Weiter könnte man der hier gestellten Diagnose *methodologischen Individualismus* vorwerfen. Denn tatsächlich misst der hier verfolgte Ansatz zur Erklärung der nachhaltigen Nicht-Nachhaltigkeit moderner Gesellschaften den Wertorientierungen und Selbstverständnissen moderner Individuen sowie der Verschiebung dieser Präferenzen durch Prozesse der Emanzipation erhebliche Bedeutung zu. Gerade mit Blick auf den hegemonialen Neoliberalismus sind aber die Behauptungen, gesamtgesellschaftliche Zustände ließen sich auf individuelle Wertorientierungen und Entscheidungen zurückführen, und jede*r einzelne Bürger*in habe die Möglichkeit und die Verantwortung, durch die Vielzahl ihrer kleinen Entscheidungen auf der Mikroebene in der Summe den großen gesamtgesellschaftlichen Wandel herbeizuführen (UNEP 2017: 5), immer wieder – und mit Recht – kritisiert worden (Maniates 2001; Buttel 2003; Shove 2010; vgl. auch den Beitrag von Mock in diesem Band) – unter anderem, weil diese Behauptungen die bestehenden Machtverhältnisse und Herrschaftsstrukturen außer Acht lassen. Doch im gegenwärtigen Kontext geht es weder darum, die Bedeutung von gesellschaftlichen Herrschaftsstrukturen und Machtverhältnissen zu leugnen, noch steht beim hier verfolgten Ansatz wirklich das einzelne Individuum im Zentrum, sondern vielmehr die von gesellschaftlich vorherrschenden Subjektivitätsverständnissen und Selbstverwirklichungsmustern geprägte *politische Kultur* in modernen Konsumgesellschaften. Und zudem liegt auch ein großer Unterschied zwischen der Behauptung, Einzelpersonen könnten und müssten mit ihren vielfältigen, individuellen Entscheidungen und Handlungen einen gesamtgesellschaftlichen Strukturwandel zur Nachhaltigkeit herbeiführen, und dem Versuch, das bisherige Ausbleiben einer sozialökologischen Transformation unter anderem damit zu erklären, dass gesellschaftlich vorherrschende Vorstellungen von einem guten und erfüllen Leben wesentlich zur Stabilisierung der Nicht-Nachhaltigkeit beitragen – etwa indem sie ihr mehrheitsdemokratische Legitimation verleihen und zum Beispiel staatlichem Umwelthandeln enge Grenzen setzen (Blühdorn 2019c; vgl. den Beitrag von Hausknost in diesem Band).

Schließlich könnte man gegen den hier entwickelten Ansatz einwenden, dass sich der beschriebene Werte- und Kulturwandel kaum als emanzipatorisch-progressiv beschreiben lässt, sondern eindeutig regressiv und anti-emanzipatorisch ist (Nachtwey 2016; Geiselberger 2017). Damit verbunden ließe sich vorbringen, dass dieser Werte- und Kulturwandel sich nicht etwa selbstbestimmt entfaltet, sondern im Zeichen der vollständigen Kolonisierung der individuellen und kollektiven Vorstellungskraft durch den Kapitalismus beziehungsweise Liberalismus und der erfolgreichen Indoktrination der Menschen durch die Konsumindustrie (Soron 2010). Betrachtet aus der Perspektive hergebrachter, auf die Philosophie der Aufklärung zurückgehende Verständnisse von Emanzipation und Progressivität können die hier beschriebenen gesellschaftlichen Entwicklungen zweifellos nur als entzivilisierend und regressiv bewertet werden, und diese Sichtweise wird hier auch durchaus geteilt. Allerdings sind – ebenso wie die Begriffe der Freiheit oder der Demokratie (Gallie 1956) – auch die der Emanzipation und Progressivität grundsätzlich umstritten. Ihr Inhalt ist nicht für alle Zeit festgeschrieben, sondern wird unter dem Vorzeichen der jeweils geltenden Rahmenbedingungen immer wieder neu gesellschaftlich ausgehandelt. Für die Politik der Nachhaltigkeit beziehungsweise Nicht-Nachhaltigkeit, bei der es nicht zuletzt genau darum geht, das Ziel und den Begriff der Nachhaltigkeit immer wieder neu inhaltlich zu verhandeln und bestimmen, ist das von fundamentaler Bedeutung. Und in diesem Kontext hat die reine Faktizität der vorherrschenden Wertorientierungen weit größere Relevanz als die Ursachen ihrer Entstehung. Und selbst was diese Entstehungsursachen betrifft, ist unübersehbar, dass die Befreiung aus der Mündigkeit neue Freiräume und Ressourcen für neue Verständnisse von Freiheit und Selbstverwirklichung verspricht. In genau diesem Sinne kann sie daher als emanzipatorisch und progressiv bezeichnet werden, auch wenn sie unter anderem von illiberalen, autoritären, homophoben und rassistischen Rechtspopulist*innen betrieben wird.

Einige naheliegende Bedenken gegen die hier entwickelte Analyse lassen sich also leicht beruhigen – und angesichts der Gefahr, dass aufgrund solcher Bedenken der vorgestellte Ansatz *in toto* zurückgewiesen und damit sein großes Erklärungspotenzial verschenkt werden könnte, ist das sehr wichtig. Trotzdem bleiben die Diagnose der Gesellschaft der Nicht-Nachhaltigkeit und die Analyse in Begriffen der Emanzipation zweiter Ordnung, der Befreiung aus der Mündigkeit und des be- und gewusst nicht-nachhaltigen Ichs irritierend. Sie verletzen gängige Selbstbeschreibungen und Selbstverständnisse von Bewegungsaktivist*innen, kritischen Sozialwissenschaftler*innen und verschiedenen anderen Akteuren (vgl. Blühdorns Kapitel zur *Demokratie* in diesem Band). Genau das ist allerdings die Aufgabe einer reflexiv-kritischen Sozialwissenschaft und unverzichtbar als der wohl einzige Weg, innovative Perspektiven zu erschließen, die über festgefahrene Debatten hinausweisen könnten (Iser 2008: 56). Ein gewisser Trost mag darüber hinaus darin liegen, dass der hier entwickelte Ansatz keineswegs für sich in Anspruch nimmt, die ganze und einzige Wahrheit sichtbar zu machen, sondern den Status eines Interpretationsvorschlags hat, eines Plausibilitätsangebots, das insbesondere darauf zielt, Dimensionen sichtbar zu machen, die bei vielen anderen Ansätzen im Dunkeln bleiben. So nimmt etwa Neckel sehr viel traditioneller an, in der heutigen *Gesellschaft der Nachhaltigkeit* endogenisiere der Kapitalismus nun die Herausforderung der Nachhaltigkeit und verwandele sie in ein Rechtfertigungsmuster. Entsprechend müsse die sozialwissenschaftliche Nachhaltigkeitsforschung der Frage nachgehen, »wie sich die Sozialordnungen der Gegenwart verändern, wenn sie das Rechtfertigungsmuster der Nachhaltigkeit etablieren« (Neckel 2018a: 18). Die Diagnose der *Gesellschaft der Nicht-Nachhaltigkeit* wirft demgegenüber die Frage auf, *wie sich die Sozialordnungen der Gegenwart verändern, wenn sie die Unverhandelbarkeit der Nicht-Nachhaltigkeit etablieren*. Und angesichts der anhaltenden und sogar weiter ansteigenden Konjunktur des aggressiven, ausgrenzenden Rechtspopulismus scheint gerade diese Frage sehr viel dringender. In diesem Sinne – und im Sinne eines weiterführenden sozialwissenschaftlichen Forschungsprogramms – sollen daher nun abschließend einige Kernparameter der Politik der Nicht-Nachhaltigkeit skizziert werden.

Politik der Nicht-Nachhaltigkeit

Diese Politik der Nicht-Nachhaltigkeit sucht einstweilen noch ihre politische Form (Blühdorn 2018), ihre Konturen sind aber bereits deutlich erkennbar. Entscheidend ist hier zunächst, die Politik der Nicht-Nachhaltigkeit nicht einfach nur als eine ineffektive, verfehlte oder gescheiterte Politik der Nachhaltigkeit zu begreifen, sondern als eine Politik, die von ihrem Ansatz her – auch wenn diese nicht notwendig explizit artikuliert werden – grundsätzlich andere Ziele verfolgt. Ihre Agenda ist nicht, eine sozial-ökologische Transformation zur Nachhaltigkeit zu bewerkstelligen, sondern vielmehr, die bestehenden sozio-ökonomischen Strukturen und Trajektorien zu erhalten und fortzuentwickeln, die weitere Entfaltung moderner, bekanntermaßen nicht-nachhaltiger Verständnisse von Freiheit, Subjektivität und Selbstverwirklichung zu sichern, und die gesellschaftlichen Konsequenzen zu verwalten, die das absehbar und unvermeidlich mit sich bringt. Entsprechend geht es bei der sozialwissenschaftlichen Erkundung der Politik der Nicht-Nachhaltigkeit auch nicht um die Frage, die anderswo allenthalben im Zentrum der Nachhaltigkeitsforschung steht, nämlich wie eine gesellschaftliche Transformation zur Nachhaltigkeit organisiert werden könnte und welchen normativen Ansprüchen die strategischen Mittel sowie der angestrebte Zustand genügen müssten. Es geht also nicht um politische Handlungsempfehlungen und Lösungsangebote, wie etwa die *transformative Wissenschaft* (WBGU 2011; Schneidewind/Singer-Brodowski 2014) sie für die von zahllosen Wissenschaftler*innen und Aktivist*innen geforderte sozial-ökologische Transformation liefern will, oder wie vielleicht auch rechtspopulistische Akteure, die sich ganz explizit gegen jede Klimapolitik aussprechen, sie sich wünschen würden. Stattdessen geht es um die Analyse faktischer Praktiken. Und weil sich tatsächlich nur wenige Akteure offen gegen jegliche Form der Nachhaltigkeitspolitik und für ein entschiedenes Weiter-so aussprechen; weil also nur wenige Akteure *ausdrücklich* eine Politik der Nicht-Nachhaltigkeit betreiben, diese Politik tatsächlich aber wohl von einer sehr viel breiteren gesellschaftlichen Koalition getragen wird, verlangt die Erkundung der Politik der Nicht-Nachhaltigkeit, gängige politische Praktiken anders zu interpretieren, als sie von den entsprechenden Akteuren selbst oder auch von sozialwissenschaftlichen Beobachter*innen gemeinhin dargestellt werden. Dieses Verfahren und seine Ergebnisse mögen zunächst irritieren, sie eröffnen aber vielleicht die Möglichkeit, aus der Endlosschleife der gebetsmühlenartigen Wiederholung von immer gleichen Feststellungen und Forderungen auszubrechen, in der umwelt- und klimapolitische Debatten (Blühdorn/Dannemann 2019) zum Teil schon seit Jahrzehnten verharren, während die Vernutzung und Zerstörung der Umwelt stetig weiter fortschreitet.

Angesichts des sich zuspitzenden Konflikts zwischen den immer sichtbareren ökonomischen, ökologischen und sozialen Grenzen des bisherigen Entwicklungspfades liberaler kapitalistischer Konsumgesellschaften und der kategorischen Verteidigung der zunehmend entgrenzten Verständnisse von Freiheit und Selbstverwirklichung wesentlicher Teile der Gesellschaft geht es bei der sozialwissenschaftlichen Untersuchung der Politik der Nicht-Nachhaltigkeit konkret um die Doppelfrage, (a) wie die Politik der zunehmenden sozialen Ungleichheit und Exklusion praktisch organisiert wird, und (b) wie die klar absehbaren und unvermeidlichen Konsequenzen dieser Politik individuell und gesamtgesellschaftlich bewältigt und erträglich gemacht werden. Beide Fragen lassen sich in mindestens zwei Unterfragen aufspalten. Bei der ersten sind das (a_1): Wie wird die Politik der zunehmenden sozialen Ungleichheit und Exklusion politisch legitimiert? und (a_2): Mit Hilfe welcher Akteure wird diese Marginalisierung und Exklusion praktisch umgesetzt? Bezogen auf die zweite Frage geht es zunächst darum, (b_1) wie die Verlierer*innen der zunehmenden Ungleichheit und Exklusion politisch befriedet und eingebunden werden, dann aber auch um die Frage, (b_2) wie die Gewinner*innen dieser Spaltung die Spannung bewältigen, die zwischen ihren hart verteidigten imperialen Selbstverwirklichungsmustern und den mitunter egalitär-ökologischen Selbstverständnissen und Selbstbeschreibungen liegt, die in der sich als aufgeklärt und progressiv verstehenden privilegierten Mittelklasse ja durchaus verbreitet sind.

Die Politik, die um diese Herausforderungen kreist, kann insgesamt als eine Politik der *Resilienz* beschrieben werden – ein Begriff, der in der Nachhaltigkeitsforschung in jüngerer Zeit an Bedeutung gewonnen hat (Nelson et al. 2007; Benson/Craig 2014, 2017; Slaby 2016). Resilienz bezeichnet die Fähigkeit eines Systems, auf externe Irritationen und Schocks zu reagieren und nach solchen Störungen seine Struktur und Funktionalität zu restabilisieren. Während der Begriff in der Nachhaltigkeitsliteratur aber meistens auf die umwelt- und klimabezogene Anpassungs-, Lern- und Transformationsfähigkeit moderner Gesellschaften oder bestimmter gesellschaftlicher Teilsysteme zielt, ist er im gegenwärtigen Kontext, also in Bezug auf die Politik der Nicht-Nachhaltigkeit, gerade dann besonders interessant und passend, wenn er nicht verstanden wird als die Fähigkeit, Umwelt- und Klimaprobleme – etwa durch eine sozial-ökologische Transformation – zu *lösen* und *überwinden*, sondern als die Fähigkeit, sie unter Beibehaltung der etablierten Strukturen auf andere Weise zu *bewältigen* und *verkraften*, sei es weil der politische Wille oder die politische Fähigkeit zu einer Problem*lösung* fehlt. Dieses Verständnis knüpft an eine viel zitierte Definition an, die Resilienz als »das Ausmaß des Wandels« beschreibt, »das ein System unter Beibehaltung seiner Funktion und Struktur verkraften und sich dabei noch Entwicklungsoptionen offen halten kann« (Nelson et al. 2007: 396). Es eignet sich in besonderer Weise für eine Konstellation, in der der Fokus auf der Wiederherstellung, Befestigung und Verteidigung der etablierten Ordnung liegt. Im Zentrum steht nach diesem Verständnis weder die Vermeidung von Problemen, noch ihre Lösung, und schon gar nicht irgendeine Form von systemischer Transformation. Sich zuspitzende Krisen und Katastrophen werden vielmehr als unvorhersehbar und unabwendbar betrachtet, und die Herausforderung liegt darin, im Interesse vorherrschender Freiheitsverständnisse und Selbstverwirklichungsmuster, deren Konsequenzen zu bewältigen.

Entsprechend erkundet die sozialwissenschaftliche Untersuchung der Politik der Nicht-Nachhaltigkeit also die Resilienzstrategien, die Gesellschaften der Nicht-Nachhaltigkeit im Hinblick auf die in den vier Forschungsfragen formulierten Herausforderungen entwickeln. Entscheidend ist dabei, dass diese Resilienz*strategien* nicht notwendig als bewusst und intentional verstanden werden müssen, sondern auch nicht reflektierte Resilienz*praktiken* einschließen. Wichtig ist weiter, dass diese Resilienzstrategien anders als in den herrschaftskritischen Ansätzen der *old critical orthodoxy* nicht mehr allein bei relativ kleinen Machteliten verortet werden, die sie als Mittel der Manipulation, Beherrschung und Unterdrückung der gesellschaftlichen Mehrheit einsetzen. Vielmehr ist im Anschluss an die oben angestellten Überlegungen zum Werte- und Kulturwandel davon auszugehen, dass die Politik der Nicht-Nachhaltigkeit von einem umfassenden *Gesellschaftsvertrag* und *Verteidigungskonsens* getragen wird. Beide Begriffe implizieren eine tiefe Komplizenschaft (Blühdorn und Dannemann 2019) der verschiedensten gesellschaftlichen Akteure mit der Agenda der Nicht-Nachhaltigkeit, die auch dann bestehen kann, wenn diese Akteure sich explizit zur Notwendigkeit und Dringlichkeit einer sozial-ökologischen Transformation bekennen. Die sozialwissenschaftliche Erkundung der Politik der Nicht-Nachhaltigkeit wird sich also in meta-kritischer Ambition unter anderem auch damit beschäftigen, die Verstrickung von Akteuren sichtbar zu machen, die sich in ihren Selbstwahrnehmungen und Selbstbeschreibungen entschieden auf der Seite der Nachhaltigkeit und der sozial-ökologischen Transformation verorten.

Kommunikationsform und Inhalte

Bezüglich der Form ihrer politischen Kommunikation ist für die Politik der Nicht-Nachhaltigkeit vor allem die unbedingte Zentralisierung von persönlichen Prioritäten, Befindlichkeiten und Interessen kennzeichnend, die radikale Reduktion von Komplexität, sowie das Aussetzen der argumentativen Auseinandersetzung, der überzeugungsorientierten Begründung und des auf Verständigung und Ausgleich orientierten Diskurses. Das geht mitunter einher mit gezielten Verstößen gegen hergebrachte Regeln des sozialen Anstandes, der Diplomatie und des zwischenmenschlichen Respekts, der eigenen Immunisierung gegen Kritik und Rechtfertigung durch die kategorische Diskreditierung jeder Form von Kritik (*opinionated*) oder Wertung (*judgemental*), sowie der Normalisierung persönlicher Angriffe, Beleidigungen und Herabwürdigungen. Prototypisch lassen sich alle diese Indikatoren einer qualitativ neuartigen politischen Kommunikation bei den Führern der rechtspopulistischen Revolution beobachten. In subtilerer Weise zeigen sie sich aber bei allen Akteuren, die ihre *imperiale Lebensweise auf*

Kosten anderer auch angesichts sich zuspitzender sozialer und ökologischer Konflikte weiter als unverhandelbar betrachten.

Bezüglich der substanziellen Ziele der Politik der Nicht-Nachhaltigkeit lassen sich zunächst verschiedene Legitimationsmuster unterscheiden. Hier ist erstens das neoliberale Narrativ der Alternativlosigkeit zu nennen, mit dessen Hilfe zur unhintergehbaren systemischen Notwendigkeit verklärt wird, was tatsächlich oft vor allem ein Interesse ist, das bestimmte Akteure als unverhandelbar betrachten. Mit Hilfe dieser Strategie der Entpolitisierung werden Verantwortlichkeiten auf systemische, politisch kaum gestaltbare Zwänge und Dynamiken verschoben, und die Notwendigkeit politischer Legitimation ausgesetzt. Stattdessen stellen sich politische Entscheidungsträger*innen gemeinsam mit den Profiteur*innen ihrer Entscheidungen auf eine Seite mit den negativ Betroffenen, und betreiben einen integrierenden Diskurs der gesamtgesellschaftlichen Ohnmacht gegenüber unbeherrschbaren Systemzwängen.

Da politische Legitimation dennoch unverzichtbar bleibt und in modernen Gesellschaften nur demokratische Legitimation breite Akzeptanz findet, ist zweitens die Weiterentwicklung der modernen Demokratie entscheidend. Angesichts weiterhin wachsender Ansprüche auf Freiheit und Selbstbestimmung ist zu erwarten, dass die Politik der Nicht-Nachhaltigkeit gleichzeitig demokratisch und exklusiv sein wird. Ihre Agenda der Ungleichheit und Exklusion wird sie wesentlich demokratisch legitimieren müssen. Das verlangt eine Metamorphose der Demokratie, die bisher als Instrument der Gleichheit und Inklusion galt, in ein Instrument zur Sicherung zunehmender Ungleichheit und Exklusion (Blühdorn 2018, 2019b; Blühdorn 2019c; vgl. auch Blühdorns Kapitel zur *Demokratie* in diesem Band). Die post-deliberative, vor allem noch mehrheitsorientierte Abstimmungsdemokratie erweist sich hier als effektives Mittel. Sie verabschiedet sich vom hergebrachten Ideal des argumentativen Wettbewerbs alternativer politischer Optionen und zielt nicht mehr auf gegenseitige Überzeugung, gesamtgesellschaftliche Verständigung und den Konsens zwischen mündigen Bürger*innen. Im Zentrum steht stattdessen die Beschaffung von elektoralen Mehrheiten, wobei die gezielte gesellschaftliche Spaltung und Ausgrenzung als probates Mittel der Mehrheitsbeschaffung eingesetzt wird. Emotionalisierung tritt in der post-deliberativen Demokratie an die Stelle von rationaler Argumentation und Rechtfertigung; an die Stelle mündiger Bürger*innen treten die Follower und Fans, die politische Führer an sich zu binden versuchen. Hergebrachte Erwartungen der Begründung und Rechtfertigung sind hier weitgehend ausgesetzt. Ausschlaggebend sind individuelle Interessen und Befindlichkeiten, die weder der Begründung bedürfen noch der Abwägung gegenüber sozialen oder ökologischen Verantwortlichkeiten. Die Definition und Ausgrenzung nicht Anspruchsberechtigter wird hier nach dem Mehrheitsprinzip legitimiert, während auf der anderen Seite der Grenzlinie etwaige Zweifel an der Berechtigung persönlicher Präferenzen und Ansprüche leicht als übergriffig, intolerant oder autoritär diskreditiert werden können (vgl. Blühdorns Kapitel zur *Demokratie* in diesem Band).

Einen wesentlichen Beitrag zur Inklusion in die Politik der Exklusion und damit zur Legitimation sowie auch zur praktischen Organisation der Politik der Nicht-Nachhaltigkeit leisten drittens Verfahren der *democratic stakeholder governance*, die gerade im Bereich der Klima- und Nachhaltigkeitspolitik heute auf allen Politikebenen das traditionelle Regierungshandeln ergänzen oder sogar ersetzen (Bäckstrand et al. 2010; Saurugger 2010; Blühdorn 2013b, 2014; Blühdorn/Deflorian 2019). Solche Verfahren beziehen verschiedenste Akteure in die Entscheidungsfindung ein, zerstreuen die Verantwortlichkeiten, beugen politischem Widerspruch vor und verbessern die gesellschaftliche Umsetzbarkeit von gefassten Beschlüssen (etwa Newig 2007; Dietz/Stern 2008). Von ihrer Anlage her sind sie auf Konsens ausgerichtet und operieren in der Regel innerhalb eines eng gesteckten Gestaltungsrahmens. Mit gutem Grund sind solche Verfahren daher immer wieder als scheindemokratisch und nachhaltigkeitspolitisch wenig vielversprechend kritisiert worden (z.B. Swyngedouw 2005; Davies 2011). Ihr transformatives Potenzial für einen gesellschaftlichen Strukturwandel zur Nachhaltigkeit ist – gerade im Zeichen der Emanzipation zweiter Ordnung – zweifellos gering. Für die Politik der Nicht-Nachhaltigkeit sind sie aber ein effektives Mittel sowohl zur demokratischen Legitimation als auch zur praktischen Durchsetzung von zunehmender Ungleichheit und Exklusion.

Bei der praktischen Durchsetzung der nicht-nachhaltigkeitspolitisch erforderlichen Ungleichheit und Exklusion spielen darüber hinaus, wie bereits wiederholt angedeutet, sowohl der »progressive Neoliberalismus« als auch der »reaktionäre Populismus« (Fraser 2017) eine entscheidende, sich wechselseitig ergänzende Rolle. Während der Neoliberalismus insbesondere die Herauslösung des Individuums aus hergebrachten sozialen Zusammenhängen und Verbindlichkeiten befördert und das Prinzip der Selbstverantwortlichkeit verankert, konzentrieren sich rechtspopulistische Akteure wesentlich auf das Geschäft der inner- und zwischengesellschaftlichen Grenzziehung und Ausgrenzung. Während also das anrüchige Geschäft der faktischen Ausgrenzung den Rechtspopulist*innen überlassen bleibt, von denen andere gesellschaftliche Gruppen sich moralisierend distanzieren können, schafft der progressive Neoliberalismus die ideologischen Voraussetzungen, auf deren Grundlage der eine Teil der Gesellschaft unbehindert seine Freiheit entfaltet und die als *wohlverdient* begriffenen Gewinne seines unternehmerischen Selbstverständnisses einfährt, und der andere Teil mit seiner *selbst verschuldeten* Misere sich selbst überlassen bleiben kann. Dass die große Mehrheit der rechtspopulistischen Wähler*innen, die sich ihrerseits von den liberalen, kosmopolitischen *Eliten* entschieden distanzieren, von ihrer – sicher nicht als solche reflektierten – Dienstleistung materiell selbst nicht profitiert, wird durch das Erleben identitärer Zugehörigkeit, durch Gemeinschaftserfahrungen sowie durch das Überlegenheitsbewusstsein gegenüber den Ausgegrenzten kompensiert (vgl. auch den Beitrag von Butzlaff zum *Wertewandel* in diesem Band). In der sozialwissenschaftlichen Forschung wird dieses symbiotische Wechselverhältnis zwischen den sich als progressiv verstehenden gesellschaftlichen Leitmilieus und den als regressiv und reaktionär Verschmähten bisher kaum thematisiert – wohl nicht zuletzt, weil ein derart symbiotisches Verhältnis klar mit dem Selbstverständnis kritischer Sozialwissenschaftler*innen konfligiert. In der Gesellschaft und Politik der Nicht-Nachhaltigkeit ist es aber von zentraler Bedeutung.

Bei der Bewältigung dieses Widerspruchs zwischen den im herkömmlichen Sinne progressiven – also egalitären, inklusiven und ökologischen – Selbstverständnissen und Selbstbeschreibungen, die mit den emanzipatorischen Bewegungen seit den 1970er Jahren zum Mainstream geworden sind, und den bekanntermaßen nicht-nachhaltigen, gleichwohl aber als unverhandelbar betrachteten Selbstverwirklichungsmustern und Lebensstilen fortschrittlicher Bürger*innen, spielen schließlich gesellschaftliche Handlungs- und Diskursarenen eine zentrale Rolle, in denen egalitäre, partizipative, inklusive und ökologische Werthaltungen artikuliert und erfahrbar gemacht werden, ohne dass dies auf gegenläufige Wertepräferenzen und Handlungsmuster in anderen Lebensbereichen zurückwirken muss (Blühdorn 2006). Hier spielt etwa die selektive Entscheidung für sozial und ökologisch zertifizierte Konsumprodukte eine ebenso wichtige Rolle wie die Teilnahme an politischen Protestaktionen, die Wahl grüner Parteien oder die Pflege kritischer Diskurse im Feuilleton oder in den Sozialwissenschaften. Immer geht es um die Artikulation und Erfahrung *alternativer*, also faktisch weitgehend unwirksamer Wertorientierungen, die die bestehende Ordnung einerseits in Frage stellen, aber andererseits stabilisieren. Es geht um die paradoxe Selbstpositionierung und Selbsterfahrung *gegen die Gesellschaft in der Gesellschaft* (Luhmann 1996) und damit um die Bewältigung kognitiver Dissonanzen und normativer Widersprüche, die für die Gesellschaft der Nicht-Nachhaltigkeit kennzeichnend sind (vgl. den Beitrag von Deflorian in diesem Band). Im Gegensatz zur gängigen Praxis der Bewegungs- und Nachhaltigkeitsforschung würde es einer reflexiv kritischen Sozialwissenschaft weder darum gehen, die Vielfalt derartiger Diskurs- oder Handlungsformen als inkonsistent, bloß symbolisch oder gar verlogen zu kritisieren, noch sie als experimentelle und pionierhafte Vorformen eines gesamtgesellschaftlichen Wandels zu überhöhen. Stattdessen ginge es darum, sie – zumindest auch – als wesentlichen Baustein der Politik der Nicht-Nachhaltigkeit zu begreifen (Blühdorn 2016).

Aus der Diagnose der Gesellschaft der Nicht-Nachhaltigkeit ergibt sich also unmittelbar ein umfangreiches sozialwissenschaftliches Forschungsprogramm für die Politik der Nicht-Nachhaltigkeit. Während anderswo die fortdauernde Nicht-Nachhaltigkeit, das Ausbleiben einer großen sozial-ökologischen Transformation, vor allem mit der mangelnden Steuerungsfähigkeit moderner Gesellschaften (System- und Komplexitätstheorie) erklärt wird oder aber mit dem Widerstand kapitalistischer Eliten (Kritische Theorie), wird hier davon ausgegangen, dass es jenseits des Paradigmenwechsels zur Gesellschaft der Nicht-Nachhaltigkeit eine spezifische Politik der Nicht-Nachhaltigkeit gibt, die einen stillen Gesellschaftsvertrag zur Politik der Grenzziehung und Ausgrenzung umsetzt, und in der der Staat, die politischen Parteien, die politischen Bewegungen und die Bürger*innen – sowohl als Individuen, wie auch als Zugehörige bestimmter Diskursgemeinschaften – ihre je eigene Rolle spielen. Was hier als Forschungsagenda nur grob umrissen ist, muss sowohl in theoretischer als auch in empirischer Hinsicht in detaillierten Einzelstudien sehr viel gründlicher ausgeführt werden. Dabei gilt es, sich beharrlich gegen den übermächtigen Konsens zu stellen, dass eine *transformative Wissenschaft* konkrete Lösungsangebote zu liefern und Hoffnung zu machen habe und vor allem nie mit den vorherrschenden, unantastbaren, zur *freiheitlich de-*

mokratischen Grundordnung verklärten Vorstellungen von Freiheit und Selbstbestimmung konfligieren dürfe (vgl. Blühdorns Kapitel zur *Demokratie* in diesem Band). Forschungsansätze, die diese Erwartungen nicht erfüllen, werden einstweilen oft als pessimistisch und politisch unproduktiv zurückgewiesen. Solcherlei Denkgebote und -verbote sind aber ihrerseits – offensichtlich – ein machtvolles Mittel der Politik der Nicht-Nachhaltigkeit. Sie in Frage zu stellen und auch ihren Beitrag zur Nachhaltigkeit der Nicht-Nachhaltigkeit zu exponieren, ist eine zentrale Aufgabe der reflexiv kritischen Sozialwissenschaft und eine unverzichtbare Voraussetzung, wenn eine sozial-ökologische Transformation doch noch gelingen soll.

Literatur

AfD (2019): Europawahlprogramm. Programm der Alternative für Deutschland für die Wahl zum 9. Europäischen Parlament 2019, https://www.afd.de/wp-content/uploads/sites/111/2019/03/AfD_Europawahlprogramm_A5-hoch_web_150319.pdf, zuletzt geprüft am 05.09.2019.

AK Postwachstum (Hg.) (2016): Wachstum – Krise und Kritik. Die Grenzen der kapitalistisch-industriellen Lebensweise, Frankfurt a.M., New York, NY: Campus.

Almond, Gabriel A./Verba, Sidney (1963): The civic culture. Political attitudes and democracy in five nations, Princeton, NJ: Princeton University Press.

Anders, Günther (1952): Über die Seele im Zeitalter der zweiten industriellen Revolution, München: Beck.

Anders, Günther (1980): Über die Zerstörung des Lebens im Zeitalter der dritten industriellen Revolution, München: Beck.

Aulenbacher, Brigitte/Bärnthaler, Richard/Novy, Andreas (2019): »Karl Polanyi, ›The Great Transformation‹, and Contemporary Capitalism«, in: Österreichische Zeitschrift für Soziologie 44 (2), S. 105-113.

Bäckstrand, Karin/Khan, Jamil/Kronsell, Annica (Hg.) (2010): Environmental politics and deliberative democracy. Examining the promise of new modes of governance, Cheltenham: Edward Elgar.

Baker, Susan (2006): Sustainable development, London: Routledge.

Bauman, Zygmunt (2003): Flüchtige Moderne, Frankfurt a.M.: Suhrkamp.

Bauman, Zygmunt (2009): Leben als Konsum, Hamburg: Hamburger Edition.
Beck, Ulrich (1991): »Der Konflikt der zwei Modernen«, in: Wolfgang Zapf (Hg.), Die Modernisierung moderner Gesellschaften. Verhandlungen des 25. Deutschen Soziologentages in Frankfurt a.M. 1990, Frankfurt a.M.: Campus, S. 40-53.
Beck, Ulrich (1993): Die Erfindung des Politischen. Zu einer Theorie reflexiver Modernisierung, Frankfurt a.M.: Suhrkamp.
Beck, Ulrich (2000 [1986]): Risikogesellschaft. Auf dem Weg in eine andere Moderne, Frankfurt a.M.: Suhrkamp.
Beck, Ulrich/Beck-Gernsheim, Elisabeth (Hg.) (1994): Riskante Freiheiten. Individualisierung in modernen Gesellschaften, Frankfurt a.M.: Suhrkamp.
Benson, Melinda H./Craig, Robin K. (2014): »The End of Sustainability«, in: Society & Natural Resources 27 (7), S. 777-782.
Benson, Melinda H./Craig, Robin K. (2017): The end of sustainability. Resilience and the future of environmental governance in the anthropocene, Lawrence, KS: University Press of Kansas.
Berger, Peter L./Luckmann, Thomas (1969): Die gesellschaftliche Konstruktion der Wirklichkeit. Eine Theorie der Wissenssoziologie, Frankfurt a.M.: Fischer.
Biermann, Frank (2012): »Planetary boundaries and earth system governance: Exploring the links«, in: Ecological Economics 81, S. 4-9.
Blühdorn, Hardarik/Henning, Wiebke (1994): »Neue Armut und organisiertes Erbrechen. Zur Linguistik der Dreiviertelgesellschaft«, in: Sprachreport 10 (4), S. 1-8.
Blühdorn, Ingolfur (2000): Post-ecologist politics. Social theory and the abdication of the ecologist paradigm, London: Routledge.
Blühdorn, Ingolfur (2006): »Self-Experience in the Theme Park of Radical Action? Social Movements and Political Articulation in the Late-Modern Condition«, in: European Journal of Social Theory 9 (1), S. 23-42.
Blühdorn, Ingolfur (2010): »Win-Win-Szenarien im Härtetest. Die Umweltpolitik der Großen Koalition 2005-2009«, in: Sebastian Bukow/Wenke Seemann (Hg.), Die Große Koalition. Regierung – Politik – Parteien 2005-2009, Wiesbaden: VS Verlag für Sozialwissenschaften, S. 211-227.
Blühdorn, Ingolfur (2013a): Simulative Demokratie. Neue Politik nach der postdemokratischen Wende, Berlin: Suhrkamp.

Blühdorn, Ingolfur (2013b): »The governance of unsustainability: ecology and democracy after the post-democratic turn«, in: Environmental Politics 22 (1), S. 16-36.

Blühdorn, Ingolfur (2014): »Post-ecologist Governmentality: Post-democracy, Post-politics and the Politics of Unsustainability«, in: Japhy Wilson/Erik Swyngedouw (Hg.), The Post-Political and Its Discontents. Spaces of Depoliticisation, Spectres of Radical Politics, Edinburgh: Edinburgh University Press, S. 146-166.

Blühdorn, Ingolfur (2016): »Das Postdemokratische Diskursquartett. Kommunikative Praxis in der simulativen Demokratie«, in: psychosozial 39 (1), S. 51-68.

Blühdorn, Ingolfur (2017): »Post-capitalism, post-growth, post-consumerism? Eco-political hopes beyond sustainability«, in: Global Discourse 7 (1), S. 42-61.

Blühdorn, Ingolfur (2018): »Nicht-Nachhaltigkeit auf der Suche nach einer politischen Form. Konturen der demokratischen Postwachstumsgesellschaft«, in: Berliner Journal für Soziologie 28 (1-2), S. 151-180.

Blühdorn, Ingolfur (2019a): »Dialektik der Emanzipation«, in: Hanna Ketterer/Karina Becker (Hg.), Was stimmt nicht mit der Demokratie? Eine Debatte zwischen Klaus Dörre, Nancy Fraser, Stephan Lessenich und Hartmut Rosa, Berlin: Suhrkamp, S. 152-159.

Blühdorn, Ingolfur (2019b): »The dialectic of democracy: modernization, emancipation and the great regression«, in: Democratization 3 (1), S. 1-19.

Blühdorn, Ingolfur (2019c): »The Legitimation Crisis of Democracy: Emancipatory politics, the environmental state and the glass ceiling to socio-ecological transformation«, in: Environmental Politics, im Erscheinen.

Blühdorn, Ingolfur/Butzlaff, Felix (2018): »Rethinking Populism: Peak democracy, liquid identity and the performance of sovereignty«, in: European Journal of Social Theory 22 (2), S. 191-211.

Blühdorn, Ingolfur/Butzlaff, Felix/Deflorian, Michael/Hauskost, Daniel (2018): Transformationsnarrativ und Verantwortlichkeit: Die gesellschaftstheoretische Lücke der Transformationsforschung. in: IGN-Interventions Jan/2018, https://www.wu.ac.at/fileadmin/wu/d/i/ign/IGN_Interventions_01_2018.pdf, zuletzt geprüft am 05.09.2019.

Blühdorn, Ingolfur/Dannemann, Hauke (2019): »Der post-ökologische Verteidigungskonsens. Nachhaltigkeitsforschung im Verdacht der Komplizenschaft«, in: Carolin Bohn/Doris Fuchs/Antonius Kerkhoff et al. (Hg.), Gegenwart und Zukunft sozial-ökologischer Transformation, Baden-Baden: Nomos, S. 113-134.

Blühdorn, Ingolfur/Deflorian, Michael (2019): »The Collaborative Management of Sustained Unsustainability: On the Performance of Participatory Forms of Environmental Governance«, in: Sustainability 11 (4), S. 1-17.

Blühdorn, Ingolfur/Kalke, Karoline (2019): »Befreiung aus der Mündigkeit«, in: Ursula Baatz/Mathias Czaika (Hg.), DEMOKRATIE! Zumutung oder Zukunft. Die Alternative zu Demokratie ist Demokratie: Doch wie soll sie aussehen?, Hamburg: Tredition.

Blühdorn, Ingolfur/Welsh, Ian (2007): »Eco-politics beyond the paradigm of sustainability: A conceptual framework and research agenda«, in: Environmental Politics 16 (2), S. 185-205.

BMW Austria GmbH (2019): On a mission. Leb es raus. Mit dem BMW X3, https://www.bmw.at/de/all-models/x-series/X3/2019/bmw-x3-inspirieren.html, zuletzt geprüft am 09.10.2019.

Böhme, Gernot (1992): Natürlich Natur. Über Natur im Zeitalter ihrer technischen Reproduzierbarkeit, Frankfurt a.M.: Suhrkamp.

Bookchin, Murray (1985): Die Ökologie der Freiheit. Wir brauchen keine Hierarchien, Weinheim, Basel: Beltz.

Brand, Karl-Werner (Hg.) (2017): Die sozial-ökologische Transformation der Welt. Ein Handbuch, Frankfurt a.M.: Campus.

Brand, Karl-Werner (2018): »Disruptive Transformationen. Gesellschaftliche Umbrüche und sozial-ökologische Transformationsdynamiken kapitalistischer Industriegesellschaften – ein zyklisch-struktureller Erklärungsansatz«, in: Berliner Journal für Soziologie 28 (3-4), S. 479-509.

Brand, Ulrich (2016): »Transformation« as a New Critical Orthodoxy: The Strategic Use of the Term »Transformation« Does Not Prevent Multiple Crises«, in: GAIA – Ecological Perspectives for Science and Society 25 (1), S. 23-27.

Brand, Ulrich/Görg, Christoph/Wissen, Markus (2019): »Overcoming neoliberal globalization: social-ecological transformation from a Polanyian perspective and beyond«, in: Globalizations 13 (2), S. 1-16.

Brand, Ulrich/Wissen, Markus (2017): Imperiale Lebensweise. Zur Ausbeutung von Mensch und Natur in Zeiten des globalen Kapitalismus, München: oekom.
Bulkeley, Harriet/Jordan, Andrew/Perkins, R./Selin, Henrik (2013): »Governing Sustainability: Rio+20 and the road beyond«, in: Environment and Planning C: Government and Policy 31, S. 958-970.
Buttel, Frederick H. (2003): »Environmental Sociology and the Explanation of Environmental Reform«, in: Organization & Environment 16 (3), S. 306-344.
Crutzen, Paul J. (2002): »Geology of mankind«, in: Nature 415 (6867), S. 23.
Crutzen, Paul J./Steffen, Will (2003): »How Long Have We Been in the Anthropocene Era?«, in: Climatic Change 61 (3), S. 251-257.
D'Alisa, Giacomo/Demaria, Federico/Kallis, Giorgos (Hg.) (2016): Degrowth. Handbuch für eine neue Ära, München: oekom.
Davies, Jonathan S. (2011): Challenging governance theory. From networks to hegemony, Bristol, Chicago, IL: Policy Press.
Die Grünen (1980): Das Bundesprogramm, https://www.boell.de/sites/default/files/assets/boell.de/images/download_de/publikationen/1980_001_Grundsatzprogramm_Die_Gruenen.pdf, zuletzt geprüft am 06.09.2019.
Dietz, Thomas/Stern, Paul C. (Hg.) (2008): Public participation in environmental assessment and decision making, Washington, DC: National Academies Press.
Dobson, Andrew (1990): Green political thought, London, New York, NY: Routledge.
Dobson, Andrew (1998): Justice and the environment. Conceptions of environmental sustainability and theories of distributive justice, Oxford: Oxford University Press.
Dobson, Andrew (2003): Citizenship and the environment, Oxford: Oxford University Press.
Dobson, Andrew/Bell, Derek (Hg.) (2006): Environmental citizenship, Cambridge, MA: MIT Press.
Dunlap, Riley E./McCright, Aaron M. (2011): »Organized Climate Cahnge Denial«, in: John S. Dryzek/Richard B. Norgaard/David Schlosberg (Hg.), The Oxford handbook of climate change and society, Oxford: Oxford University Press, S. 144-160.
Eder, Klaus (1996): The social construction of nature. A sociology of ecological enlightenment, London: SAGE.

Erhard, Ludwig (1957): Wohlstand für alle, Düsseldorf: Econ.
Fischer, Frank (2019): »Knowledge politics and post-truth in climate denial: on the social construction of alternative facts«, in: Critical Policy Studies 13 (2), S. 133-152.
Foster, John (2015): After sustainability. Denial, hope, retrieval, London: Routledge.
Fotopoulos, Takis (2010): »De-growth, the Simpler Way and Inclusive Democracy«, in: The International Journal of Inclusive Democracy 6 (4), S. 1-13.
Fraser, Nancy (2017): »Vom Regen des progressiven Neoliberalismus in die Traufe des reaktionären Populismus«, in: Heinrich Geiselberger (Hg.), Die große Regression. Eine internationale Debatte über die geistige Situation der Zeit, Berlin: Suhrkamp, S. 77-92.
Gallie, W. B. (1956): »Essentially Contested Concepts«, in: Proceedings of the Aristotelian Society 56 (1), S. 167-198.
Geiselberger, Heinrich (Hg.) (2017): Die große Regression. Eine internationale Debatte über die geistige Situation der Zeit, Berlin: Suhrkamp.
Gergen, Kenneth J. (1996): Das übersättigte Selbst. Identitätsprobleme im heutigen Leben, Heidelberg: Carl-Auer Verlag.
Giddens, Anthony (1991): Modernity and Self-Identity. Self and Society in the Late Modern Age, Stanford, CA: Stanford University Press.
Gorz, André (1975): Ecology as politics, Boston, MA: South End Press.
Götze, Susanne (2019): Grünes Blatt, brauner Boden. Mit ihrer »Dresdner Erklärung« zur Umweltpolitik versucht die AfD sich ein Ökoimage zuzulegen – allerdings ein streng nationales. Das weckt Erinnerungen an die Ursprünge rechter Naturschutzideologien. Spiegel Online, https://www.spiegel.de/wissenschaft/mensch/dresdner-erklaerung-das-nationalistische-umweltverstaendnis-der-afd-a-1279206.html, zuletzt geprüft am 06.09.2019.
Graefe, Stefanie (2016a): »Degrowth und die Frage des Subjekts«, in: AK Postwachstum (Hg.), Wachstum – Krise und Kritik. Die Grenzen der kapitalistisch-industriellen Lebensweise, Frankfurt a.M., New York, NY: Campus, S. 201-222.
Graefe, Stefanie (2016b): »Grenzen des Wachstums? Resiliente Subjektivität im Krisenkapitalismus«, in: psychosozial 39 (143), S. 39-50.
Graefe, Stefanie (2019): Resilienz im Krisenkapitalismus. Wider das Lob der Anpassungsfähigkeit, Bielefeld: transcript.

Grin, John/Rotmans, Jan/Schot, J. W. (2010): Transitions to sustainable development. New directions in the study of long term transformative change, New York, NY: Routledge.

Grunwald, Armin (2016): Nachhaltigkeit verstehen. Arbeiten an der Bedeutung nachhaltiger Entwicklung, München: oekom.

Habermas, Jürgen (2004 [1973]): Legitimationsprobleme im Spätkapitalismus, Frankfurt a.M.: Suhrkamp.

Harich, Wolfgang (1975): Kommunismus ohne Wachstum? Babeuf und der ›Club of Rome‹, Reinbek bei Hamburg: Rowohlt.

Hausknost, Daniel/Hammond, Marit (2020): »Beyond the Environmental State? The Political Prospects of a Sustainability Transformation«, in: Environmental Politics, im Erscheinen.

Heilbroner, Robert L. (1974): An inquiry into the human prospect, New York, NY: W.W. Norton & Co.

Horkheimer, Max/Adorno, Theodor W. (1969 [1944]): Dialektik der Aufklärung. Philosophische Fragmente, Frankfurt a.M.: Fischer.

I.L.A. Kollektiv (2017): Auf Kosten anderer? Wie die imperiale Lebensweise ein gutes Leben für alle verhindert, München: oekom.

I.L.A. Kollektiv (2019): Das gute Leben für alle. Wege in die solidarische Lebensweise, München: oekom.

Inglehart, Ronald F. (1977): The silent revolution. Changing values and political styles among western publics, Princeton, NJ: Princeton University Press.

Inglehart, Ronald F. (1997): Modernization and postmodernization. Cultural, economic, and political change in 43 societies, Princeton, NJ: Princeton University Press.

Inglehart, Ronald F. (2018): Cultural evolution. People's motivations are changing, and reshaping the world, Cambridge: Cambridge University Press.

Inglehart, Ronald F./Welzel, Christian (2005): Modernization, cultural change, and democracy. The human development sequence, Cambridge: Cambridge University Press.

Irwin, Alan (1995): Citizen science. A study of people, expertise, and sustainable development, London, New York, NY: Routledge.

Iser, Mattias (2008): Empörung und Fortschritt. Grundlagen einer kritischen Theorie der Gesellschaft, Frankfurt a.M.: Campus.

Jackson, Tim (2017): Wohlstand ohne Wachstum – das Update. Grundlagen für eine zukunftsfähige Wirtschaft, München: oekom.

Jacques, Peter J./Dunlap, Riley E./Freeman, Mark (2008): »The organisation of denial: Conservative think tanks and environmental scepticism«, in: Environmental Politics 17 (3), S. 349-385.

Jänicke, Martin (1988): »Ökologische Modernisierung, Optionen und Restriktionen präventiver Umweltpolitik«, in: Udo E. Simonis (Hg.), Präventive Umweltpolitik, Frankfurt a.M.: Campus, S. 13-26.

Jasanoff, Sheila (2005): Designs on nature. Science and democracy in Europe and the United States, Princeton, NJ: Princeton University Press.

Jasanoff, Sheila (2012): Science and public reason, London: Routledge.

Jonas, Hans (1979): Das Prinzip Verantwortung. Versuch einer Ethik für die technologische Zivilisation, Frankfurt a.M.: Insel-Verlag.

Jordan, Andrew/Wurzel, Rüdiger/Zito, Anthony R. (Hg.) (2003): New environmental policy instruments, Sondernummer der Zeitschrift Environmental Politics 12 (1).

Kelly, Petra K. (1983): Um Hoffnung kämpfen. Gewaltfrei in eine grüne Zukunft, Bornheim-Merten: Lamuv.

Köhler, Jonathan/Geels, Frank W./Kern, Florian/Markard, Jochen/Onsongo, Elsie/Wieczorek, Anna/Alkemade, Floortje/Avelino, Flor/Bergek, Anna/Boons, Frank/Fünfschilling, Lea/Hess, David/Holtz, Georg/Hyysalo, Sampsa/Jenkins, Kirsten/Kivimaa, Paula/Martiskainen, Mari/McMeekin, Andrew/Mühlemeier, Marie S./Nykvist, Bjorn/Pel, Bonno/Raven, Rob/Rohracher, Harald/Sandén, Björn/Schot, Johan/Sovacool, Benjamin/Turnheim, Bruno/Welch, Dan/Wells, Peter (2019): »An agenda for sustainability transitions research: State of the art and future directions«, in: Environmental Innovation and Societal Transitions 31, S. 1-32.

Latouche, Serge (2015): Es reicht! Abrechnung mit dem Wachstumswahn, München: oekom.

Latour, Bruno (1993): We have never been modern, Cambridge, MA: Harvard University Press.

Latour, Bruno (2004): »Why Has Critique Run out of Steam? From Matters of Fact to Matters of Concern«, in: Critical Inquiry 30 (2), S. 225-248.

Lessenich, Stephan (2016): Neben uns die Sintflut. Die Externalisierungsgesellschaft und ihr Preis, München: Hanser.

Lettenmeier, Michael/Liedtke, Christa/Rohn, Holger (2014): »Eight Tons of Material Footprint. Suggestion for a Resource Cap for Household Consumption in Finland«, in: Resources 3 (3), S. 488-515.

Linnér, Björn-Ola/Selin, Henrik (2013): »The United Nations Conference on Sustainable Development: Forty Years in the Making«, in: Environment and Planning C: Government and Policy 31 (6), S. 971-987.

Lipietz, Alain (1995): Green hopes. The future of political ecology, Cambridge: Polity.

Lipietz, Alain (2000): Die große Transformation des 21. Jahrhunderts. Ein Entwurf der politischen Ökologie, Münster: Westfälisches Dampfboot.

Loorbach, Derk (2010): »Transition Management for Sustainable Development: A Prescriptive, Complexity-Based Governance Framework«, in: Governance 23 (1), S. 161-183.

Luhmann, Niklas (1986): Ökologische Kommunikation. Kann die moderne Gesellschaft sich auf ökologische Gefährdungen einstellen?, Opladen: Westdeutscher Verlag.

Luhmann, Niklas (1996): »Alternative ohne Alternative. Die Paradoxie der neuen sozialen Bewegungen«, in: Kai-Uwe Hellmann (Hg.), Protest. Systemtheorie und soziale Bewegungen, Frankfurt a.M.: Suhrkamp, S. 75-78.

Luks, Fred (2019): »(Große) Transformation – die neue große Nachhaltigkeitserzählung?«, in: Fred Luks (Hg.), Chancen und Grenzen der Nachhaltigkeitstransformation. Ökonomische und soziologische Perspektiven, Wiesbaden: Springer Gabler, S. 3-18.

Macnaghten, Phil/Urry, John (1998): Contested natures, London: SAGE.

Maniates, Michael F. (2001): »Individualization: Plant a Tree, Buy a Bike, Save the World?«, in: Global Environmental Politics 1 (3), S. 31-52.

Marcuse, Herbert (1973): Konterrevolution und Revolte, Frankfurt a.M.: Suhrkamp.

Marcuse, Herbert (1994 [1964]): Der eindimensionale Mensch. Studien zur Ideologie der fortgeschrittenen Industriegesellschaft, München: dtv.

Markard, Jochen/Raven, Rob/Truffer, Bernhard (2012): »Sustainability transitions: An emerging field of research and its prospects«, in: Research Policy 41 (6), S. 955-967.

McKibben, Bill (1990): The end of nature, London u.a.: Penguin.

Mol, Arthur P.J./Spaargaren, Gert (2000): »Ecological modernisation theory in debate: A review«, in: Arthur P. J. Mol/David A. Sonnenfeld (Hg.), Ecological modernisation around the world. Perspectives and critical debates, London: Cass, S. 17-49.

Moser, Stephanie/Kleinhückelkotten, Silke (2018): »Good Intents, but Low Impacts. Diverging Importance of Motivational and Socioeconomic Determinants Explaining Pro-Environmental Behavior, Energy Use, and Carbon Footprint«, in: Environment and Behavior 50 (6), 626-656.

Muraca, Barbara (2013): »Decroissance: A Project for a Radical Transformation of Society«, in: Environmental Values 22 (2), S. 147-169.

Muraca, Barbara (2014): Gut leben. Eine Gesellschaft jenseits des Wachstums, Berlin: Wagenbach.

Muraca, Barbara (2015): »Wider den Wachstumswahn: Degrowth als konkrete Utopie«, in: Blätter für deutsche und internationale Politik 64 (2), S. 101-109.

Nachtwey, Oliver (2016): Die Abstiegsgesellschaft. Über das Aufbegehren in der regressiven Moderne, Berlin: Suhrkamp.

Nachtwey, Oliver (2017): »Entzivilisierung. Über regressive Tendenzen in westlichen Gesellschaften«, in: Heinrich Geiselberger (Hg.), Die große Regression. Eine internationale Debatte über die geistige Situation der Zeit, Berlin: Suhrkamp, S. 215-231.

Neckel, Sighard (2018a): »Die Gesellschaft der Nachhaltigkeit. Soziologische Perspektiven«, in: Sighard Neckel/Martina Hasenfratz/Sarah M. Pritz et al. (Hg.), Die Gesellschaft der Nachhaltigkeit. Umrisse eines Forschungsprogramms, Bielefeld: transcript, S. 11-23.

Neckel, Sighard (2018b): »Ökologische Distinktion«, in: Sighard Neckel/Martina Hasenfratz/Sarah M. Pritz et al. (Hg.), Die Gesellschaft der Nachhaltigkeit. Umrisse eines Forschungsprogramms, Bielefeld: transcript, S. 59-76.

Neckel, Sighard/Hasenfratz, Martina/Pritz, Sarah M./Wiegand, Timo/Besedovsky, Natalia/Boddenberg, Moritz (Hg.) (2018): Die Gesellschaft der Nachhaltigkeit. Umrisse eines Forschungsprogramms, Bielefeld: transcript.

Nelson, Donald R./Adger, W. N./Brown, Katrina (2007): »Adaptation to Environmental Change: Contributions of a Resilience Framework«, in: Annual Review of Environment and Resources 32 (1), S. 395-419.

Newig, Jens (2007): »Does public participation in environmental decisions lead to improved environmental quality? Towards an analytical framework«, in: Communication, Cooperation, Participation (International Journal of Sustainability Communication) 1 (1), S. 51-71.

Norgaard, Kari M. (2011): Living in denial. Climate change, emotions, and everyday life, Cambridge, MA: MIT Press.

Norris, Pippa/Inglehart, Ronald F. (2019): Cultural backlash. Trump, Brexit, and authoritarian populism, Cambridge: Cambridge University Press.

Novy, Andreas (2013): »Ein gutes Leben für alle. Ein europäisches Entwicklungsmodell«, in: Journal für Entwicklungspolitik 29 (3), S. 77-104.

Novy, Andreas (2017): »Gutes Leben braucht eine andere Globalisierung«, in: Zukunft. Diskussionszeitschrift für Politik, Gesellschaft und Kultur (4), S. 14-19.

Nussbaum, Martha C. (Hg.) (1999): Gerechtigkeit oder Das gute Leben, Frankfurt a.M.: Suhrkamp.

Nutzinger, Hans G. (2016): »Great Transformation und die gewaltsame Geburt des Kapitalismus. Karl Polanyi und Karl Marx«, in: Martin Held/Gisela Kubon-Gilke/Richard Sturn (Hg.), Politische Ökonomik großer Transformationen, Marburg: Metropolis, S. 83-106.

Offe, Claus (1985): »New Social Movements: Challenging the Boundaries of institutional politics«, in: Social Research 52, S. 817-862.

Ophuls, William (1977): Ecology and the politics of scarcity. Prologue to a political theory of the steady state, San Francisco, CA: Freeman.

Paech, Niko (2012): Befreiung vom Überfluss. Auf dem Weg in die Postwachstumsökonomie, München: oekom.

Platon (1982): Der Staat. (Politeia), Stuttgart: Reclam.

Polanyi, Karl (1978 [1944]): The great transformation. Politische und ökonomische Ursprünge von Gesellschaften und Wirtschaftssystemen, Frankfurt a.M.: Suhrkamp.

Pritz, Sarah M. (2018): »Subjektivierung von Nachhaltigkeit«, in: Sighard Neckel/Martina Hasenfratz/Sarah M. Pritz et al. (Hg.), Die Gesellschaft der Nachhaltigkeit. Umrisse eines Forschungsprogramms, Bielefeld: transcript, S. 77-100.

Rancière, Jacques (1995): On the shores of politics, London: Verso.

Ravetz, Jerome R. (1999): »What is post-normal science?«, in: Futures 31 (7), S. 647-653.

Reckwitz, Andreas (2006): Das hybride Subjekt. Eine Theorie der Subjektkulturen von der bürgerlichen Moderne zur Postmoderne, Weilerswist: Velbrück Wissenschaft.

Reckwitz, Andreas (2017): Die Gesellschaft der Singularitäten. Zum Strukturwandel der Moderne, Berlin: Suhrkamp.

Rockström, Johan (2015): Bounding the Planetary Future: Why We Need a Great Transition. Great Transition Intitiative, https://greattransition.org/images/GTI_publications/Rockstrom-Bounding_the_Planetary_Future.pdf, zuletzt geprüft am 10.09.2019.

Rockström, Johan/Steffen, Will/Noone, Kevin/Person, Åsa/Chapin, F. S., III/Lambin, Eric/Lenton, Timothy M./Scheffer, Marten/Folke, Carl/Schellnhuber, Hans J./Nykvist, Björn/Wit, Cynthia A. de/Hughes, Terry/van der Leeuw, Sander/Rodhe, Henning/Sörlin, Sverker/Snyder, Peter K./Costanza, Robert/Svedin, Uno/Falkenmark, Malin/Karlberg, Louise/Corell, Robert W./Fabry, Vicoria J./Hansen, James/Walker, Brian/Liverman, Diana/Richardson, Katherine/Crutzen, Paul/Foley, Jonathan (2009): »Planetary Boundaries: Exploring the Safe Operating Space for Humanity«, in: Ecology and Society 14 (2).

Sachverständigenrat (2019): Aufbruch zu einer neuen Klimapolitik, Wiesbaden, https://www.sachverstaendigenrat-wirtschaft.de/sondergutachten-2019.html, zuletzt geprüft am 10.09.2019.

Sappl, Eva (2019): »Wie unsere Ernährung das Klima verändert«, in: Kleine Zeitung vom 10.08.2019, https://www.kleinezeitung.at/wirtschaft/5672079/Wir-essen-die-Erde-krank_Wie-unsere-Ernaehrung-das-Klima-veraendert, S. 26-27, zuletzt geprüft am 10.09.2019.

Saurugger, Sabine (2010): »The social construction of the participatory turn: The emergence of a norm in the European Union«, in: European Journal of Political Research 49 (4), S. 471-495.

Schmidt-Bleek, Friedrich (1994): Wieviel Umwelt braucht der Mensch? MIPS – das Maß für ökologisches Wirtschaften, Berlin: Birkhäuser.

Schmidt-Bleek, Friedrich (1998): Das MIPS-Konzept. Weniger Naturverbrauch – mehr Lebensqualität durch Faktor 10, München: Droemer Knaur.

Schneidewind, Uwe (2018): Die große Transformation. Eine Einführung in die Kunst gesellschaftlichen Wandels, Frankfurt a.M.: Fischer.

Schneidewind, Uwe/Singer-Brodowski, Mandy (2014): Transformative Wissenschaft. Klimawandel im deutschen Wissenschafts- und Hochschulsystem, Marburg: Metropolis.

Schwägerl, Christian (2010): Menschenzeit. Zerstören oder gestalten? Die entscheidende Epoche unseres Planeten, München: Riemann.

Scientists for Future (2019): »The concerns of the young protesters are justified. A statement by Scientists for Future concerning the protests for more climate protection«, in: GAIA – Ecological Perspectives for Science and Society 28 (2), S. 79-87.
Sennett, Richard (1999): The corrosion of character. The personal consequences of work in the new capitalism, New York, NY: Norton.
Sennett, Richard (2007): Der flexible Mensch. Die Kultur des neuen Kapitalismus, Berlin: Berliner Taschenbuch-Verlag.
Shearman, David/Smith, Joseph W. (2007): The climate change challenge and the failure of democracy, Westport, CT: Praeger.
Shove, Elizabeth (2010): »Beyond the ABC. Climate Change Policy and Theories of Social Change«, in: Environment and Planning A 42 (6), S. 1273-1285.
Slaby, Jan (2016): »Kritik der Resilienz«, in: Frauke A. Kurbacher/Philipp Wüschner (Hg.), Was ist Haltung? Begriffsbestimmung, Positionen, Anschlüsse, Würzburg: Königshausen & Neumann, S. 273-298.
Soper, Kate (2007): »Re-thinking the ›Good Life‹. The citizenship dimension of consumer disaffection with consumerism«, in: Journal of Consumer Culture 7 (2), S. 205-229.
Soper, Kate (2008): »Alternative Hedonism, Cultural Theory and the role of Aesthetic Revisioning«, in: Cultural Studies 22 (5), S. 567-587.
Soron, Dennis (2010): »Sustainability, self-identity and the sociology of consumption«, in: Sustainable Development 18 (3), S. 172-181.
Spaargaren, Gert/Mol, Arthur P.J. (1992): »Sociology, environment, and modernity: Ecological modernization as a theory of social change«, in: Society & Natural Resources 5 (4), S. 323-344.
Streeck, Wolfgang (2013): Gekaufte Zeit. Die vertagte Krise des demokratischen Kapitalismus, Berlin: Suhrkamp.
Swyngedouw, Erik (2005): »Governance Innovation and the Citizen: The Janus Face of Governance-beyond-the-State«, in: Urban Studies 42 (11), S. 1991-2006.
Tauss, Aaron (Hg.) (2016): Sozial-ökologische Transformationen. Das Ende des Kapitalismus denken, Hamburg: VSA Verlag.
Umweltbundesamt (2016): Repräsentative Erhebung von Pro-Kopf-Verbräuchen natürlicher Ressourcen in Deutschland (nach Bevölkerungsgruppen), https://www.umweltbundesamt.de/sites/default/files/medien/378/publikationen/texte_39_2016_repraesentative_erhebung_von_pro-kopf-verbraeuchen_natuerlicher_ressourcen.pdf, zuletzt geprüft am 07.10.2019.

UN (1993): Agenda 21: programme of action for sustainable development. The final text of agreements negotiated by governments at the United Nations Conference on Environment and Development (UNCED), 3 – 14 June 1992, Rio de Janeiro, Brazil, New York, NY: United Nations.

UN (2015): Transforming our world: the 2030 Agenda for Sustainable Development. RES/70/1.

UNEP (2017): Consuming differently, consuming sustainably: behavioural insights for policymaking, https://sustainabledevelopment.un.org/content/documents/2404Behavioral%20Insights.pdf, zuletzt geprüft am 10.09.2019.

Wackernagel, Mathis/Rees, William E. (1996): Our ecological footprint. Reducing human impact on the earth, Gabriola Island, BC: New Society Publishers.

Wahlström, Mattias/Kocyba, Piotr/Vydt, Michiel de/Moor, Joost d. (2019): Protest for a future. Composition, mobilization and motives of the participants in Fridays For Future climate protests on 15 March, 2019 in 13 European cities, https://osf.io/m7awb/, zuletzt geprüft am 09.10.2019.

WBGU (2011): Welt im Wandel. Gesellschaftsvertrag für eine Große Transformation, Berlin: Wissenschaftlicher Beirat der Bundesregierung Globale Umweltveränderungen (WBGU).

WCED (1987): Our common future, Oxford: Oxford University Press.

Weizsäcker, Ernst U. von/Lovins, Amory B./Lovins, L. H. (1997): Faktor vier. Doppelter Wohlstand – halbierter Naturverbrauch, München: Droemer Knaur.

Weizsäcker, Ernst U. von/Seiler-Hausmann, Jan-Dirk (Hg.) (1999): Ökoeffizienz. Management der Zukunft, Berlin: Birkhäuser.

Willke, Helmut (2016): Dezentrierte Demokratie. Prolegomena zur Revision politischer Steuerung, Berlin: Suhrkamp.

Die gläserne Decke der Transformation
Strukturelle Blockaden im demokratischen Staat

Daniel Hausknost

In seinem Essay *Konsequenzen der Moderne* (Giddens 1996) vergleicht Anthony Giddens die Moderne mit einem *juggernaut*, einer nicht aufzuhaltenden Maschine von ungeheurer Wucht, die nur schwer zu steuern ist und sich selbst zu zertrümmern droht. Dieses sich stets beschleunigende (Rosa 2005) Gefährt konnte sich dereinst durch die Entbettung des Ökonomischen aus dem Sozialen (Polanyi 1978 [1944]) in Bewegung setzen und wird seitdem von dichter, fossiler Energie angetrieben. Der von Giddens beschriebene juggernaut der Moderne ist per Definition ein nicht-nachhaltiges Phänomen, da er weder mit Bremsen ausgestattet ist, noch sich seinen natürlichen Existenzbedingungen anpassen kann. Die moderne Gesellschaft war demzufolge seit jeher eine Gesellschaft der Nicht-Nachhaltigkeit (vgl. Blühdorns Kapitel zur *Gegenwartsdiagnose* in diesem Band), der Beschleunigung, Entgrenzung und Verselbstständigung. Zugleich gibt es seit einigen Jahrzehnten das Bemühen, die Moderne ökologisch einzuhegen und den juggernaut in vollem Lauf umzubauen: ihm ein Steuerrad, womöglich sogar Bremsen und jedenfalls einen Elektromotor einzubauen. Bei diesen Versuchen des Umsteuerns, Transformierens und Umbauens spielen der moderne Staat und seine Institutionen der politischen Willensbildung eine entscheidende Rolle. Doch wie aussichtsreich ist das Ansinnen, den juggernaut zu bändigen und seine Geschwindigkeit den äußeren Bedingungen anzupassen? Ist nicht die Stabilität des Staates selbst von der Dynamik, Wucht und Geschwindigkeit des Fahrzeugs abhängig? Würden die Insassen trotz der realen Gefahr, mit dem Fahrzeug in der nächsten Kurve zu zerschellen, ein Abbremsen und Umsteuern überhaupt zulassen? Sind nicht die Gefahr und Irrationalität des modernen Unterfangens der in Kauf genommene Preis für das Erleben von Rasanz, Fortschritt und Fahrtwind? Ist es nicht in Wahrheit jenes *Gefühl der Entropie* (Georgescu-Roegen 1993), also der maßlosen Umwandlung und Zerstreuung von Energie, welches das Lebensgefühl der Moderne ausmacht, und das aufzugeben vielleicht ein größeres Opfer darstellen würde als das abstrakte Wissen um das Abschmelzen der Polkappen?

Dabei kann der ökologische Umbau des juggernaut durchaus auf wichtige Erfolge verweisen: Bürger*innen moderner Industrienationen leben heute in einer relativ sauberen, sicheren und ästhetisch ansprechenden Umwelt. In den meisten Seen und Flüssen kann man wieder bedenkenlos schwimmen und fischen; der saure Regen gehört weitgehend der Vergangenheit an und die Waldflächen verzeichnen in vielen Ländern wieder satte Zuwächse, wenngleich dem Wald durch den Klimawandel neue Gefahren drohen; die Luftqualität ist mit Ausnahme dieselgeplagter Großstädte gut und die Qualität von Lebensmitteln und Trinkwasser wird behördlich streng überwacht. Zudem verfügen die meisten Industrienationen über ausgedehnte Naturschutzgebiete und achten auf die Erhaltung des Erholungswertes von Natur- und Kulturlandschaften. All das ist das Ergebnis eines jahrzehntelangen ökologischen Reformprozesses, im Zuge dessen der moderne Staat zentrale umweltpolitische Agenden in seinen administrativen Kern aufgenommen hat. Mit der Schaffung von Umweltministerien und zugeordneten Fachbehörden sind seit den frühen 1970er Jahren politisch-administrative Strukturen entstanden, die dem modernen Staat die Ausübung der neuen zentralen Funktion des *Umweltschutzes* ermöglichen sollten. Der daraus resultierende und von der Politikwissenschaft als *Umweltstaat* bezeichnete Staatstypus schützt seither die Lebensqualität seiner Bürger*innen recht erfolgreich vor Umweltgefahren und gesundheitlichen Belastungen (Duit et al. 2016; Meadowcroft 2012).

Zugleich jedoch sind moderne Industriegesellschaften auf struktureller Ebene fundamental nicht-nachhaltig. Die Treibhausgasemissionen, der Energie- und Ressourcenverbrauch sowie der ökologische Fußabdruck von OECD-Bürger*innen betragen ein Vielfaches des von der Wissenschaft gemeinhin als nachhaltig festgelegten Niveaus (Fritz/Koch 2016; Rockström et al. 2009). Die in ökologisch reformierten Umweltstaaten lebenden Menschen pflegen im Schnitt einen hochenergetischen, emissions- und ressourcenintensiven Lebensstil, der von hoher motorisierter Mobilität und Flugreisetätigkeit, einem hohen Konsum tierischer Produkte, einer hohen Verbrauchsrate von Konsumartikeln und einer starken Abhängigkeit von energieintensiver

Infrastruktur geprägt ist (Brand/Wissen 2017; Krausmann et al. 2017). Der Umweltstaat scheint somit primär die Funktion zu erfüllen, seine Bürger*innen vor direkten Bedrohungen ihrer Lebensqualität durch Umweltgefahren zu schützen, zugleich aber auf dem Gebiet der Sicherstellung umfassender ökologischer Nachhaltigkeit radikal zu versagen.

Dieses Phänomen der strukturellen Nicht-Nachhaltigkeit moderner Gesellschaften soll hier aus einer staatstheoretischen Perspektive beleuchtet und ansatzweise erklärt werden. Der dabei verfolgte Ansatz rückt die inneren Mechanismen demokratischer Legitimation und staatlicher Selbststabilisierung in den Vordergrund und stellt somit eine Ergänzung zu den gängigen subjekt- und herrschaftstheoretischen Erklärungsmodellen dar. Subjekttheoretische Erklärungen der Nicht-Nachhaltigkeit (vgl. Blühdorns Kapitel zur *Gegenwartsdiagnose* sowie den Beitrag von Deflorian in diesem Band) unterstellen einen fortschreitenden Wandel moderner Subjektivität, der zur Auflösung verbindlicher Sozialnormen und Ideale und zu einer zunehmend liquiden und über Konsumverhalten definierten Identität spätmoderner Subjekte führen. Diese Liquidierung klassisch-moderner soziokultureller Normen wie Gleichheit, Authentizität und Verpflichtung wird sowohl für die augenscheinliche Krise der repräsentativen Demokratie (vgl. Blühdorns Kapitel zur *Demokratie* in diesem Band) als auch für den begrenzten gesellschaftlichen Willen zur Nachhaltigkeit verantwortlich gemacht. Zugleich wird damit gesagt, dass jener Wille vormals vorhanden und die Werte der Demokratie größeres normatives Gewicht gehabt hätten (Blühdorn 2017). Herrschaftstheoretische Ansätze wiederum sehen den Ursprung moderner Nicht-Nachhaltigkeit in den staatsförmig verdichteten Verhältnissen kapitalistischer Herrschaft begründet. Herrschaft im Sinne struktureller Machtasymmetrie ist dabei der analytische Angelpunkt und es wird unterstellt, dass Nachhaltigkeit durch eine Umformung oder Auflösung von Herrschaftsverhältnissen erreicht werden könne (Görg 2003; Wissen 2011).

Der hier vorgestellte Erklärungsansatz bestreitet weder die fortlaufenden Wandlungsprozesse moderner Subjektivität, noch die konstitutive Bedeutung von Macht und Herrschaft; beide Kategorien greifen jedoch für sich genommen zu kurz, um die strukturelle Nicht-Nachhaltigkeit moderner Gesellschaften zu erklären. Ein auf die Legitimations- und Stabilisierungserfordernisse säkularer Staatlichkeit abstellender Ansatz wirkt hier komplementär, indem er den Schluss nahelegt, dass das moderne staatsbürgerliche Subjekt zwar stets an Umweltschutz, nie jedoch maßgeblich an einer seine materielle Entfaltung einschränkenden Nachhaltigkeitspolitik interessiert war. Eine rein subjekttheoretische Erklärung der Nicht-Nachhaltigkeit als Ausdruck der Erschöpfung des emanzipatorischen Projekts riskiert demzufolge eine Überlastung des Emanzipationsbegriffs als für das Gelingen von Nachhaltigkeit entscheidenden Angelpunktes der Moderne. Eine staatstheoretische Perspektive unterstreicht demgegenüber den Umstand, dass die Moderne immer schon auf einem nicht-nachhaltigen Stoffwechsel mit der Natur beruht hat, und dass Emanzipation stets auch ein Projekt materiell-energetischer Expansion war. Das moderne Ziel der Autonomie des Subjekts war immer auch eines der materiellen Unabhängigkeit und des wachsenden Wohlstands – als normatives Ziel wurde es in einer Zeit geformt, die sich längst im Aufbruch in das fossile Energiezeitalter befunden hatte. Zweitens vermag ein staatstheoretischer Ansatz, der Herrschaft nicht als explanatorischen Schlüssel ansieht, zu verdeutlichen, dass jede moderne, also säkular-repräsentative, Staatsform bestimmten Legitimations- und Stabilisierungsanforderungen unterworfen ist, die letztlich eine Dynamik materiellen Wachstums und soziotechnischer Beschleunigung begünstigen. Anders ausgedrückt: Die Grundannahme, dass es eine notwendige Kausalbeziehung zwischen Herrschaft und Nicht-Nachhaltigkeit und somit zwischen Herrschaftsfreiheit oder echter Demokratie und Nachhaltigkeit gäbe, wird entkräftet und Herrschaft als Schlüsselvariable infrage gestellt.

Wenn nun Nicht-Nachhaltigkeit, wie ich weiter unten ausführen werde, in die Grundstrukturen moderner Staatlichkeit eingeschrieben ist, stellt sich die drängende Frage, ob diese Strukturen auf eine Weise verändert werden können, die eine gesellschaftliche Transformation zur Nachhaltigkeit begünstigen würde. Ist eine moderne, staatlich verfasste Gesellschaft, die das Prinzip biophysisch-planetarischer Nachhaltigkeit in ihr Wesen integriert und zu einem zentralen Regulationsprinzip erhebt, überhaupt denkbar? Um mich dieser Frage zu nähern, will ich zunächst die strukturelle Grenze bestimmen, die der moderne Umweltstaat mit seiner Politik des Umweltschutzes bei gleichzeitiger systemischer Nicht-Nachhaltigkeit markiert. Ich beschreibe diese Grenze als eine gläserne Decke (Hausknost 2017, 2020), die zwischen dem gesellschaftlichen Anspruch nach Erlangung von Nachhaltigkeit und den systemisch scheiternden und im partikularen Umweltschutz sich erschöpfenden Versuchen ihrer Umsetzung verläuft. Die Metapher der gläsernen Decke bezeichnet somit ein Scheitern am eigenen normativen Anspruch: Natürlich stimmen wir alle dem Ziel einer umfassenden Nachhaltigkeit, also biophysischen Aufrechterhaltbarkeit dieser Gesellschaft zu und erwarten uns von der Politik deren schmerzfreie Umsetzung. Doch genau das könnte sich als ein Ding der Unmöglichkeit erweisen. Sobald wir also von der Notwendigkeit einer Nachhaltigkeitstransformation ausgehen (vgl. Blühdorns Kapitel zur *Gegenwartsdiagnose* in diesem Band), welche die lebensweltliche Konfiguration unserer Gesellschaft infrage stellt und einen materiell-energetischen Rückzug erfordert, der als einschränkend und opferreich wahrgenommen werden könnte, wird die Legitimationsbasis staatlichen Handelns dünn und brüchig. Übrig bleibt der sichere Hafen des Umweltschutzes, also der umwelttechnischen Reform der existierenden Gesellschaft, sowie die Relegation von Transformationsdruck an das konsumierende Individuum und an zivilgesellschaftliche und unternehmerische Akteure, die uns als change agents den Weg weisen sollen (WBGU 2011).

Auf den folgenden Seiten werde ich die gläserne Decke der Transformation in drei Schritten erkunden: Zunächst greife ich das Konzept der funktionalen Staatsimperative auf und erkläre, warum es einen eigenständigen Nachhaltigkeitsimperativ, und somit einen zur Transformation zwingenden Imperativ des Staates nicht geben kann. Danach wird die gläserne Decke als eine zwischen lebensweltlicher Umweltpolitik und systemischer Nachhaltigkeitspolitik konkretisiert und eine mögliche negative Korrelation zwischen beiden Politiken postuliert, indem lebensweltliche Nachhaltigkeit auf Kosten der systemischen Nachhaltigkeit erzeugt wird. In einem dritten Schritt werde ich eine tiefergehende Erklärung für die gläserne Decke auf Basis der zugrundeliegenden Legitimationsmechanismen moderner Staatlichkeit anbieten. Die abschließenden Betrachtungen führen uns dann zurück zu der Frage nach möglichen Auswegen aus der strukturellen Nicht-Nachhaltigkeit des modernen Staates.

Die Unmöglichkeit eines Nachhaltigkeits-Imperativs

Als Umweltstaat werden in der Politikwissenschaft Staaten bezeichnet, die über maßgebliche, hochrangige und effektive Institutionen und Rechtspraktiken zur Bearbeitung von Umweltproblemen verfügen. Dazu zählen etwa Umweltministerien und ihnen zugeordnete Ämter, eine ausgeprägte Umweltgesetzgebung sowie entsprechende Budgets,

Forschungsprogramme und öffentliche Partizipationsmöglichkeiten (Duit et al. 2016). Im Allgemeinen entsprechen alle heutigen OECD-Staaten diesen Kriterien, aber auch eine Reihe von Schwellen- und vereinzelt so genannte Entwicklungsländer können als Umweltstaaten bezeichnet werden (Death 2017). Typischerweise, aber nicht in allen Fällen, hat sich der Umweltstaat aus dem modernen Wohlfahrtsstaat heraus entwickelt und wird häufig als die bislang letzte Stufe in der Evolution des modernen Staates bezeichnet (Meadowcroft 2005; Gough 2016). Wenn nun aber die bisherige Entwicklung des Staates in ihrem letzten Schritt zum Aufbau weitreichender Umweltschutzkompetenzen geführt hat, so steht die Frage unmittelbar im Raum, ob seine Weiterentwicklung auch zu einer Verstärkung und Vertiefung dieser Kompetenzen führen wird. Anders ausgedrückt: Ist im Umweltstaat bereits der Kern eines zukünftigen Nachhaltigkeitsstaates angelegt, der eine weitgehende Wiedereinbettung der Gesellschaft in die planetarischen Grenzen der Biosphäre zu leisten vermag? Ist der Umweltstaat also nur der Beginn einer Entwicklung, die zu einer großen Transformation der Gesellschaft, hin zu einer post-fossilen, nachhaltigen Wohlstandsordnung führt, wie mancherorts argumentiert wird (WBGU 2011; Jackson 2017)?

Einige Theoretiker*innen des Umweltstaates nähern sich dieser Frage unter Rückgriff auf das historisch-institutionalistische Konzept der Staatsimperative (vgl. Skocpol 1979; Tilly 2009). Als Staatsimperative werden jene Funktionen bezeichnet, die Staaten in jedem Fall erfüllen müssen, um die eigene Langlebigkeit und Stabilität zu sichern (Dryzek et al. 2002). Nach Theda Skocpol war der frühmoderne Staat von drei Imperativen getragen: innere Ordnung, also die Fähigkeit, Aufstände niederzuschlagen und die Untertanen zu disziplinieren; die Abwehr von äußeren Bedrohungen sowie die Fähigkeit zur Kriegsführung; und die Aufbringung der finanziellen Mittel, um die ersten beiden Imperative zu finanzieren. Im Laufe der Moderne erfuhr der Staat John Dryzek zufolge zwei weitreichende Transformationen, die dieses Modell um zwei weitere Imperative ergänzten. Mit der Durchsetzung des Kapitalismus wurde der Wachstumsimperativ hinzugefügt, indem das bürgerliche Profitinteresse an den Imperativ der Staatsfinanzierung gekoppelt werden konnte. Der bürgerliche Umsturz des feudalen Staates und seine Transformation in den liberal-kapitalistischen Staat wurde demnach durch den Umstand begünstigt, dass das Bürgertum sein Kerninteresse an die bestehenden Staatsfunktionen anbinden konnte und den Staat als solchen stärkte. Die zweite Transformation war die dialektische Konsequenz der ersten, insofern als das anschwellende Industrieproletariat mit Vehemenz politische und ökonomische Teilhabe einforderte. Die Folge war die widerwillige und schrittweise Demokratisierung des liberalen Staates einerseits und der Aufbau wohlfahrtsstaatlicher Strukturen zur Abfederung sozialer Dislokationen andererseits. Dryzek et al. (2003) nennen den daraus resultierenden Imperativ, in Anlehnung an postmarxistische Autoren wie Claus Offe (2006), den demokratischen Legitimationsimperativ. Darunter wird die sich für die Regierenden ergebende Notwendigkeit verstanden, ihr Handeln einer letztlich die gesamte Bevölkerung umfassenden Öffentlichkeit gegenüber zu rechtfertigen und sich periodischen Wahlen zu stellen. Diese Wandlung des Staates in einen, der wenigstens formal der Gesamtbevölkerung gegenüber verpflichtet ist, bedeutete zugleich einen steigenden Druck, substantielle Teilhabemöglichkeiten am gesellschaftlichen Reichtum zu eröffnen (ebd.). Der Legitimationsimperativ hatte somit immer schon zugleich eine normative und eine materielle Dimension. Die normative Dimension verweist auf das Erfordernis der moralischen Rechtfertigung und letztlich der Revidierbarkeit von Macht. Die materielle Dimension stellt in Rechnung, dass bestehende Verhältnisse unter demokratischen Bedingungen eher als legitim erachtet werden, wenn sie zum Aufbau von materiellem Wohlstand und zur sozialen Absicherung prekärer Klassen beitragen. Der sich herausbildende demokratische Wohlfahrtsstaat hat beide Dimensionen auf eine Weise bedient, die den kapitalistischen Wachstumsimperativ einer demokratischen Staatsform nutzbar machte. Nach der von Dryzek präsentierten Logik konnte der Legitimationsimperativ also an bestehende Staatsstrukturen anschließen, indem er sich über das fordistisch-wohlfahrtsstaatliche Wachstumsmodell sowohl mit dem Wachstumsimperativ verband, als auch den Imperativ der inneren Ordnung unter Bedingungen wachsenden proletarischen Aufbegehrens entscheidend unterstützte (vgl. Mitchell 2011).

In ihrem Buch *Green States and Social Movements* (2003) spekulieren John Dryzek und seine Ko-Autoren nun mit der Möglichkeit einer weiteren Transformation des demokratischen Wohlfahrtsstaats auf Basis der Integration eines neuen Staatsimperativs: jenem des Umweltschutzes. Dem legen sie die Beobachtung zugrunde, dass die Umweltbewegungen in den vergangenen Jahrzehnten bereits die Inklusion von Umweltagenden in den Staat erzwungen und eine Transformation in

Gang gesetzt hätten. Es ginge nun darum, das Kerninteresse der Umweltbewegungen an bestehende Staatsimperative zu knüpfen und so den neuen Umweltimperativ zu installieren, der den Staat ein weiteres Mal grundlegend transformieren würde. Den Autoren zufolge könnte eine solche Transformation, ausgelöst durch die Verbindung von ökologischen Werten mit den bestehenden Wachstums- und Legitimationsimperativen, als den bisherigen Transformationen des Staates ebenbürtig angesehen werden (Dryzek et al. 2002: 679). Was genau ein Umweltimperativ beinhalten würde, führen die Autoren nicht aus, doch wenn es sich bei jener Transformation um eine Entwicklung auf gleicher Stufe mit den vorangegangenen Transformationen handeln soll, dann müsste der neue Imperativ weit über bereits im Umweltstaat verankerte Verpflichtungen zu Umwelt- und Naturschutz hinausgehen. Ein solcher Imperativ kann sinnvoll nur als *Nachhaltigkeitsimperativ* gedacht werden, also als ein Imperativ, der den Staat zwingt, die von ihm regulierte Gesellschaft entlang wissenschaftlich definierbarer ökologischer Zielparameter neu auszurichten – etwa entlang strikter geobiochemischer, klimatischer und die Biodiversität betreffender Kriterien, die einen bestimmten, gesellschaftlich *gewünschten* Zustand oder Veränderungskorridor der Biosphäre beschreiben und eine rigorose Regulation der anthropogenen Stoffströme als neue Kernaufgabe definieren (vgl. zur Politik der Nicht-Nachhaltigkeit Blühdorns Kapitel zur *Gegenwartsdiagnose* in diesem Band). Ein solcher Nachhaltigkeitsimperativ müsste – der Imperativlogik folgend – zur Transformation des Staates entlang dieser *externen* Kriterien führen und in die Entstehung eines an geobiophysikalische Stabilitätskriterien ausgerichteten Nachhaltigkeitsstaats münden.

Gegen diese Vorstellung der Herausbildung eines Nachhaltigkeitsimperativs, der den Staat in einen *grünen* oder *Nachhaltigkeitsstaat* transformieren würde, lassen sich mindestens zwei substanzielle Einwände formulieren: *Erstens* folgt die Herausbildung neuer Staatsimperative einer kumulativen Logik, die keine substantiellen Widersprüche zwischen Imperativen zulässt. Neue Imperative können nur hinzugefügt werden, sofern sie die Ausübung bestehender Imperative unterstützen und mit der existierenden Struktur kompatibel gemacht werden können. So konnten der Wachstumsimperativ und der Legitimationsimperativ eben nur deshalb an die jeweils vorgängigen Strukturen angebaut werden, weil sie diese produktiv erweiterten und sowohl die Staatsfinanzen als auch die innere Ordnung stärkten. Ian

Gough (2016) spricht deshalb auch von einer historischen Schichtung, dem sogenannten *layering*, von Staatsfunktionen, die jeweils auf einander aufbauen und zu einer neuen Identität des Staates amalgamieren. Ein potenzieller Nachhaltigkeitsimperativ müsste also sowohl mit dem Wachstumsimperativ, als auch mit Legitimation und innerer Ordnung kompatibel sein, um als eigener, das Wesen des Staates transformierender Imperativ angeschlossen werden zu können. Ein Imperativ, der die bestehende Struktur radikal infrage stellt, indem er etwa seinen eigenen Funktionszwang gegen den des Wachstums und der Akkumulation stellt, oder indem er den Zwang zur Legitimation missachtet und seine eigene Imperativsubstanz von der Legitimationspflicht ausnimmt, kann unmöglich an den bestehenden Staat in *transformativer* Art angeschlossen werden. Es wäre vielmehr ein Bruch, der die bisherige Funktionsweise des Staates zerstören würde. Ein Nachhaltigkeitsimperativ hingegen, der das Kompatibilitätskriterium erfüllt, würde seine Substanz verlieren und schwerlich eine *neue* Staatsfunktion darstellen, die nicht schon vom bisherigen Umweltstaat abgedeckt wäre. Umweltschutz und wachstumskompatible Nachhaltigkeitspolitik können sowohl vom Legitimations- als auch vom Wachstumsimperativ ausgelöst und orchestriert werden und müssen nicht über den Umweg eines eigenen Imperativs erklärt werden. Ein *strukturkompatibler* Nachhaltigkeitsimperativ wäre sogar tautologisch, indem er nichts anderes als angeblich *neue* Staatsfunktion anbieten könnte, als die leere Form des Staatsimperativs selbst: den Zwang des Staates, sich so zu verhalten, dass er seine eigene Existenz langfristig aufrechterhalten kann. Und genau das könnte ein substanzieller Nachhaltigkeitsimperativ nicht leisten, da er die bisherige Struktur des Staates konterkarieren und untergraben müsste, anstatt eine neue, das Funktionsgefüge schlicht erweiternde Schicht darzustellen. Denn ein substanzieller Nachhaltigkeitsimperativ würde auf die materiell-energetisch dauerhafte Existenz der Menschheit innerhalb der Biosphäre nach Maßgabe wissenschaftlich definierbarer Parameter (Rockström et al. 2009) abstellen, nicht aber primär auf die des Staates. In diesem Zusammenhang ist auch bedeutsam, dass die *bisherigen* Transformationen des Staates durch die Hinzunahme neuer Imperative stets eine massive materiell-energetische *Expansion* der staatlich verfassten Gesellschaften hervorbrachten: der Wachstumsimperativ ist eng verknüpft mit der Industriellen Revolution und dadurch mit der zentralen Rolle von Kohle als Energieträger (Malm 2016; Smil 2017); und der

Legitimationsimperativ ist strukturell gekoppelt an die Entstehung der automobilen Konsumgesellschaft, die wiederum auf der Nutzung von Erdöl basiert (Mitchell 2011; Pichler et al. 2019). Den funktionalen Schichtungen des Staates entsprechen also historische Expansionsbewegungen des gesellschaftlichen Metabolismus, die ein hypothetischer Nachhaltigkeitsimperativ *umkehren* müsste, ohne die zugrundeliegende Struktur zu *brechen*.

Zweitens ist keineswegs klar, was überhaupt als neuer Staatsimperativ gelten könnte, das nicht ohnehin schon Teil des Legitimationsimperativs wäre. Jede soziale Forderung, aus der ein neuer Imperativ erwachsen könnte, wird ja bereits durch den Legitimationsimperativ hindurch artikuliert und richtet entweder eine Legitimationsforderung an den Staat oder muss sich selbst als legitimes Interesse präsentieren können. Legitimation ist gewissermaßen die Form, durch die alle erdenklichen Inhalte gesellschaftlicher Souveränität im Staat artikuliert werden; daher kann es streng genommen keinen weiteren Imperativ *jenseits* der Legitimation geben. Demokratische Politik operiert im Modus des Legitimationserfordernisses, und ein etwaiger *zusätzlicher* Imperativ müsste sich als über den Legitimationsimperativ erheben oder von ihm unabhängig behaupten. Dies würde sowohl dem Legitimationsimperativ selbst, als auch der kumulativen Schichtung der Staatsimperative widersprechen. Mit dem Legitimationsimperativ ist die Logik der Staatsimperative also abgeschlossen und jede neue gesellschaftliche Forderung kann nur als politischer *Inhalt* durch die *Form* des Legitimationsimperativs hindurch verhandelt werden.

Die Entstehung umweltstaatlicher Institutionen in der zweiten Hälfte des 20. Jahrhunderts muss deshalb als ein Effekt des Legitimationsimperativs verstanden werden, und nicht als das Anzeichen eines sich herausbildenden Nachhaltigkeitsimperativs. Die Umweltagenden des modernen Staates sind ein Resultat ökologischen Legitimationsdrucks, der sich seit Beginn der 1960er Jahre verstärkt in allen Industriestaaten aufgebaut hatte. Der enorme wirtschaftliche Fortschritt dieser Periode wurde von zunehmenden Umweltschäden konterkariert (Pfister 1994), was zu öffentlichem Druck führte, die Richtung und die Qualität des Fortschritts zu korrigieren. Um die im Wohlfahrtsstaat gespeicherte Legitimität nicht wieder einzubüßen, musste der Staat reagieren und ein groß angelegtes Programm der ökologischen Reform und Modernisierung auf den Weg bringen. Wenn staatliche Umweltpolitik nun aber ein Effekt des Legitimationsimperativs ist, und wenn ein von diesem unabhängiger Nachhaltigkeitsimperativ unmöglich ist, dann muss im nächsten Schritt die Frage geklärt werden, ob und inwieweit der Legitimationsimperativ selbst transformative Kräfte entfalten kann oder ob er selbst ein Teil der gläsernen Decke der Transformation ist.

Lebensweltliche Nachhaltigkeit und systemische Nicht-Nachhaltigkeit

Um die Funktionsweise und die operativen Grenzen des Umweltstaates konzeptuell zu fassen, schlage ich die Einführung einer Unterscheidung zwischen *systemischer* und *lebensweltlicher* Nachhaltigkeit vor, wobei die Analogie zur ursprünglichen Habermas'schen Unterscheidung (Habermas 2004 [1973]) eher lose zu verstehen ist. Das phänomenologische Konzept der Lebenswelt verweist dabei vielmehr auf eine vortheoretische, subjektiv konstituierte Erfahrungswelt (Dietz 1993: 20). Es ist die Welt der Praxis und des Alltäglichen, die Sphäre intersubjektiver Sinnkonstitution, die letztlich den Horizont für sinnhaftes Handeln und Kommunizieren bildet. Die Lebenswelt ist somit zugleich materiell und symbolisch, indem sie durch Praktiken konstituiert ist, in denen die symbolische Sinnkonstruktion mit den materiellen Voraussetzungen des Handelns untrennbar verbunden ist. Der Legitimationsimperativ ist vor allem in seiner materiellen Dimension wesentlich auf die Qualität lebensweltlicher Erfahrung angewiesen. In dem Maße, in dem eine Verschlechterung lebensweltlicher Qualität auf staatliches Handeln oder auf das Unterbleiben staatlichen Handelns zurückgeführt werden kann, entsteht für den Staat ein Legitimationsproblem. Die Verbesserung lebensweltlicher Erfahrung ist somit eine Kernstrategie staatlicher Legitimation.

Ich definiere daher *lebensweltliche Nachhaltigkeit*, in bewusster Abweichung vom gängigen Nachhaltigkeitsbegriff, als einen wünschens- und erhaltenswerten Zustand der Lebenswelt. Dies kann neben der symbolisch-institutionellen Dimension bürgerlicher Rechte und politischer Freiheiten, die ein angstfreies Erleben von Staat und Gesellschaft ermöglichen, ganz wesentlich auch materiellen Wohlstand, finanzielle Sicherheit und ein Gefühl größtmöglicher Konsum- und Bewegungsfreiheit beinhalten. Die soziale Absicherung der Lebenswelt durch wohlfahrtsstaatliche Institutionen gehört in modernen

Industriestaaten ebenso zu lebensweltlicher Nachhaltigkeit wie leistbares Wohnen und das Gefühl einer offenen, durch eigenes Wirken gestaltbaren persönlichen Zukunft. Zur lebensweltlichen Nachhaltigkeit zählt aber wohl für die meisten Menschen auch die Wahrnehmung und das Wissen um eine möglichst *gesunde* Umwelt, die eine hohe Luft- und Wasserqualität, saubere Seen und Flüsse sowie Naturlandschaften mit hohem Erholungswert aufweist. Ist dieser Aspekt der Lebenswelt durch Umweltgifte, Waldsterben, radioaktive Strahlung, Smog oder andere lebensfeindliche Phänomene bedroht, so werden dadurch auch andere Errungenschaften lebensweltlicher Nachhaltigkeit entwertet und verlieren ihren Glanz als Teil einer wünschens- und erstrebenswerten Lebenswelt. Ab einem gewissen Stadium industrieller und wohlfahrtsstaatlicher Entwicklung wird Umweltqualität somit zu einer strategisch zentralen Dimension lebensweltlicher Nachhaltigkeit, an der zunehmend auch die Legitimität staatlicher Ordnung gemessen wird (Inglehart 1981). Somit umfasst die subjektive und politisch wirksame Norm der lebensweltlichen Nachhaltigkeit in entwickelten Industriegesellschaften *sowohl* die Erwartung eines weiterhin steigenden materiellen Lebensstandards und wachsender persönlicher Entwicklungschancen *als auch* die Erwartung einer intakten und gesunden natürlichen Umwelt von hoher ästhetischer Qualität. Lebensweltliche Nachhaltigkeit umschreibt also ein subjektives Fortschrittsempfinden, das nicht unbedingt mit objektiven Kriterien der gesamtgesellschaftlichen Aufrechterhaltbarkeit dieses Entwicklungspfades in Einklang stehen muss.

Der Begriff der *systemischen Nachhaltigkeit* hingegen bezieht sich auf die der konkreten Lebenswelt äußerlichen und tendenziell globalen biophysischen Parameter, die für die langfristige Aufrechterhaltung menschlicher Gesellschaften essentiell sind. Diese sind im Allgemeinen wissenschaftlich objektivierbar, wiewohl der jeweilige Maßstab an Objektivität von raum-zeitlichen und politisch-kulturellen Rahmenbedingungen abhängt. *Objektivität* soll hier einen bestimmten Modus der Standardisierung von Wissen und dessen gesellschaftlicher Normierung bedeuten (Fischer 2000; siehe dazu auch das vorhergehende Kapitel in diesem Buch). Diese Parameter stehen der Tendenz nach miteinander in einem systemischen Zusammenhang und sind maßgeblich vom materiell-energetischen Stoffwechsel abhängig, den sozioökonomische Systeme mit den natürlichen Systemen der Biosphäre eingehen (Krausmann et al. 2018; Fischer-Kowalski/Haberl 2007). Beispiele hierfür sind der systemische Zusammenhang zwischen Energie- und Ressourcenumsatz sowie Landnutzung einerseits und Klimawandel, Biodiversität, Desertifikation und Meeresversäuerung andererseits. Ein klares Kriterium für systemische Nachhaltigkeit wäre nach aktuellem Wissensstand etwa die vollständige Eliminierung fossiler Energieträger aus dem gesellschaftlichen Stoffwechsel bis 2050, auch genannt *Dekarbonisierung*, um das Weltklima vor gefährlichen Kipppunkten zu bewahren, die die langfristige Existenz der Menschheit bedrohen könnten (IPCC 2018). Wissenschaftlich werden die Parameter systemischer Nachhaltigkeit häufig unter dem Begriff der planetarischen Grenzen diskutiert (Rockström et al. 2009; Steffen et al. 2015).

Der analytische Gewinn aus der Unterscheidung zwischen lebensweltlicher und systemischer Nachhaltigkeit besteht nun in der Erkenntnis, dass beide fundamental miteinander in Konflikt geraten und zueinander sogar in ein negativ korreliertes Verhältnis eintreten können. Während heutige Vorstellungen einer wünschens- und erhaltenswerten Lebenswelt hohe umweltpolitische Anforderungen stellen, die im Begriff der *Umweltqualität* der Lebenswelt kondensieren, so beruhen sie zumeist gleichzeitig auf einem energetisch-materiellen Stoffwechsel, der systemisch fundamental nicht-nachhaltig ist. Die Geschichte der modernen Lebenswelt ist letztlich die Geschichte einer beispiellosen sozialmetabolischen Expansion und Beschleunigung (McNeill et al. 2003; Rosa 2005), die in ihrer bislang letzten Phase eine ökologische Sanierung und Beseitigung der ungewünschten Nebeneffekte nötig machte. Umweltpolitik erwuchs damit als eine notwendige staatliche Strategie zur Vermeidung krasser lebensweltlicher Qualitätsverluste, beziehungsweise zur Wiederherstellung verlorener Qualitätsstandards. Während Umweltpolitik im Allgemeinen also eine Bereicherung der Lebenswelt darstellt, würde *effektive* Nachhaltigkeitspolitik schnell zu einer Bedrohung derselben werden, indem sie einen Gutteil der lebensweltlichen Substanz unserer Gesellschaften infrage stellen müsste: Sie könnte (zunächst) kaum zusätzlichen erlebbaren Nutzen oder Genuss generieren, sondern würde die hochenergetische, materiell gesättigte Lebenswelt in eine Krise stürzen. Forderungen nach deutlich höheren Preisen für Benzin, Flugtickets und tierische Lebensmittel, nach Verboten von Palmöl, Verbrennungsmotor und Kohle, sowie nach nachhaltigen Produktionsbedingungen etwa für Kleidung und Lebensmittel würden die materiellen Entfaltungsmöglichkeiten vieler Menschen deutlich einschränken, ihre Kaufkraft schwächen und möglicherweise auch Arbeitslosigkeit nach sich ziehen. Nachhaltigkeit wird somit schnell als Bedrohung der eigenen Entfaltungsmöglichkeiten und als Angriff auf einen mühevoll errungenen Lebensstandard gewertet. Die Verteidigung dieses Lebensstandards gegen den moralisierenden Zugriff durch eine wohlsituierte akademische und zivilgesellschaftliche Elite wurde in den letzten Jahren zu einem der politisch lukrativsten Geschäftsfelder des Rechtspopulismus von Donald Trump bis Viktor Orbán und Heinz-Christian Strache. *Effektive* Nachhaltigkeitspolitik bedeutet einen Angriff auf die Industriemoderne und somit auf ein historisch gewachsenes Gesellschaftsgefüge und eine Lebenswelt, mit der viele Menschen ihre Identität und ihren persönlichen Stolz verbinden. Während diese Infragestellung des *modernen* nicht-nachhaltigen Lebens für sozial mobile, abgesicherte und gut vernetzte Bildungseliten eine spannende Herausforderung darstellt, bedeutet sie für breite Teile der Bevölkerung Verunsicherung und Existenzangst, die in emotionale Abwehr und kognitive Leugnung des Problems umschlagen kann (für eine etwas andere Deutung vgl. Blühdorns Kapitel zur *Gegenwartsdiagnose* in diesem Band).

Systemisch betrachtet ergibt dies eine über Rückkopplungsschleifen verstärkte Handlungslogik des Staates: Jene Nachhaltigkeitspolitiken, die wachstumskonform sind und keine Bedrohung für lebensweltliche Nachhaltigkeit bedeuten – also vornehmlich Technologie- und Effizienzpolitiken – können vom Staat verantwortet und vorangetrieben werden. So entstehen selektive Transformationsprojekte wie etwa die deutsche *Energiewende*, die auf einen schrittweisen Verzicht auf fossile und nukleare Energieträger in der Stromproduktion ohne lebensweltliche und volkswirtschaftliche Einbußen abzielt, deren Umsetzbarkeit jedoch fraglich bleibt. Andere Handlungsfelder, deren Fokus auf einer Anpassung der Produktions- und Konsumsphären an ökologische Nachhaltigkeitskriterien liegt, werden vom Staat an die privaten Kauf- und Investitionsentscheidungen von Konsument*innen und Wirtschaftstreibenden delegiert. *Nachhaltiger Konsum* etwa wäre notwendig ein an Suffizienz orientierter, mengenmäßig deutlich reduzierter Konsum und würde ganze Konsum- und Praxisfelder wie etwa das Fliegen, den motorisierten Individualverkehr, den häufigen Fleisch- und Fischkonsum und ressourcenintensive Wohnformen massiv einschränken (Lorek/Fuchs 2013, vgl. auch Mock in diesem Band). Diese legitimatorischen Minenfelder muss der Staat umgehen, indem er hier an das freiwillige Handeln der *Gesellschaft* und ihrer privaten *change* *agents* appelliert. Die breite Masse der konsumierenden Bürger*innen war und ist jedoch nicht bereit, ihr Alltagsverhalten konsistent nach objektiv nachhaltigen und ihre lebensweltliche Erfahrungsqualität subjektiv einschränkenden Kriterien auszurichten (Umweltbundesamt 2016). Nachhaltiger Konsum bleibt somit zumeist ein Flickwerk aus gelegentlichen Öko-Einkäufen inmitten einer dezidiert nicht-nachhaltigen und *imperialen Lebensweise* (Brand/Wissen 2017). Diese systematische Limitierung staatlicher Nachhaltigkeitspolitik auf lebenswelt- und wachstumskompatible Politiken bei gleichzeitiger Nichtwirksamkeit der Privatisierung des Transformationsdrucks rechtfertigt den von Blühdorn (2007) eingebrachten Begriff der *Simulation der Nachhaltigkeit*: Die normative Verpflichtung auf das Ideal der Nachhaltigkeit scheint unverzichtbar, seine systemische Verwirklichung innerhalb der Konturen der Moderne hingegen unmöglich.

Die soziale Konstruktion der gläsernen Decke der Transformation

Um die Bedingungen der Möglichkeit staatlicher Transformationspolitik genauer ergründen zu können, bedarf es einer näheren konzeptuellen Bestimmung der gläsernen Decke der Transformation: Ist diese ein rein auf die Umweltpolitik reduzierbares Phänomen oder verbirgt sich hinter ihr ein tiefer in den Strukturen moderner Staatlichkeit verankerter Mechanismus? Ein Exkurs in die konstruktivistische Staatstheorie legt nahe, dass die Stabilität moderner Staatlichkeit wesentlich von der Art und Weise abhängt, wie der Staat in die Konstruktion der sozialen Wirklichkeit eingebunden ist. Aus dieser Wirklichkeitsarchitektur ergibt sich dann der Spielraum, der dem Staat zur Gestaltung der sozialen Wirklichkeit zur Verfügung steht. Die folgenden theoretischen Überlegungen liefern somit ein tiefergehendes Erklärungsmodell für staatliche Handlungslogik und ermöglichen vor allem eine allgemeine Prognose über die Rolle des Staates in Zeiten der Nachhaltigkeitskrise.

Eine konstruktivistische Theorie des Staates geht zunächst davon aus, dass die Legitimität des modernen Staates inhärent prekär und instabil ist, da sie unter der radikalen Immanenz des paradoxen Verhältnisses des Volkes zu sich selbst als zugleich Regierendes und Regiertes leidet (Honig 2007). Immanenz bedeutet hier, dass sich staatliche Autorität auf keine diesem zirkulären Verhältnis äußerliche Instanz berufen kann, und das Volk als Quelle und Objekt der Macht mit sich selbst alleine ist. Ohne Rückgriff auf eine transzendente – also dem Repräsentationsverhältnis äußerliche – Quelle von Wirklichkeit, wie es etwa die göttliche Vorsehung in der Ordnung des Feudalsystems war, gerät moderne politische Legitimität in einen prekären Teufelskreis auf der Suche nach legitimer Autorität, dessen historisches Beispiel *par excellence* der Terror der Französischen Revolution darstellt (Furet 2001). Auf theoretischer Ebene lässt sich das Paradox immanenter Repräsentation nicht lösen – alle Versuche neuzeitlicher Staatstheorie, dies etwa über Gesellschaftsvertragstheorien zu bewerkstelligen, mussten sich auf Kunstgriffe stützen, wie die Einführung eines allvernünftigen *Gesetzgebers*, der letztlich den legitimen Gemeinwillen definiert (Rousseau) oder die Abtretung der Souveränität durch das Volk an einen dadurch allmächtigen Souverän, dessen Aufgabe es ist, das Volk vor sich selbst zu schützen (Hobbes). Immer wieder wurde ein den infiniten Regress der Immanenz durchbrechender transzendenter Grund für Gesellschaft gesucht und vermeintlich im Naturgesetz (Locke), in der reinen Vernunft (Kant) oder im Weltgeist (Hegel) gefunden. Nichts von alledem konnte die abgrundtiefe Grundlosigkeit der Moderne überbrücken (Marchart 2013). Das Paradox konnte letztlich nur realpolitisch suspendiert und vorübergehend aufgehoben werden, indem die staatliche Macht ihre wirklichkeitsgenerierende Funktion an eine andere Sphäre abtrat, und damit eine quasi-transzendente Wirklichkeitsquelle zur Befriedung des immanenten Kampfes um Souveränität akzeptierte: den kapitalistischen Markt. Über den Preismechanismus werden im Markt die Kausalbeziehungen zwischen Akteur*innen und Ereignissen unsichtbar gemacht und durch eine phänomenale Oberfläche von Waren, Dienstleistungen und deren Preisrelationen ersetzt (Pennington 2003). Die vom Markt generierte Wirklichkeit ist – und das qualifiziert sie als funktionalen Ersatz für Gott als transzendentale Wirklichkeitsquelle – fundamental opak, also undurchsichtig. Sie ist ihrer epistemischen Struktur nach geeignet, als objektiv, keinem partikularen Willen unterworfen, quasi-natürlich und evolutiv wahrgenommen zu werden (Hayek 2006 [1960]). Genau diese Eigenschaften sind es, die den kapitalistischen, also selbst-regulierenden, aus traditionellen sozialen Strukturen entgrenzten Markt zum idealen Gegenüber für die komplizierte Beziehung zwischen regierendem Volk und regiertem Volk machen.

Ein binäres beziehungsweise immanentes Repräsentationsverhältnis lässt sich diesem Theoriestrang zufolge nur entparadoxieren, indem es einer dritten Instanz unterworfen wird, die eine gemeinsame Wirklichkeit für beide Repräsentationspole generiert. Das Verhältnis wird also trianguliert und der Kampf um Souveränität dadurch befriedet, dass die Souveränität der Wirklichkeitsproduktion aus dem Repräsentationsverhältnis ausgelagert und der externen Quelle übertragen wird. Den beiden Konfliktparteien wird also der Streitgrund entzogen und die Wirklichkeit weitgehend entpolitisiert. Dies ist leicht zu veranschaulichen: Solange die Gesellschaftswirklichkeit als machtförmig von der repräsentierenden Instanz, dem Staat, erzeugt wahrgenommen wird, muss dieser jede soziale Konsequenz, also Preise, Ungleichheiten, empfundene Ungerechtigkeiten, direkt der repräsentierten Instanz, dem Wahlvolk, gegenüber verantworten. Die Konfliktmasse ist also potenziell allumfassend und die Wirklichkeit erscheint als willkürlich konstruiert, weil aus einer subjektiven Machtquelle entstanden, deren Autorität allein auf dem Anspruch der Repräsentation beruht – einem Anspruch, der nur formal aber nicht substanziell objektivierbar ist (Cowans 2014). Sobald es jedoch eine als dem Repräsentationsverhältnis *extern* und somit als *natürlich* wahrgenommene Wirklichkeitsquelle gibt, aus der die Fakten des Alltags, wie Waren, Preise, Chancen, Risiken, emanieren wie Wärme und Licht aus einem Lagerfeuer, reduziert sich die Streitmasse im Repräsentationsverhältnis auf die adäquate Verwaltung und Pflege dieser eigenen Gesetzmäßigkeiten gehorchenden Wirklichkeitsquelle. Die Wirklichkeit wird *objektiviert*, weil sie nicht länger das Resultat subjektiver Repräsentationsansprüche ist und somit in der Substanz *entpolitisiert*. Die eigendynamische Ökonomie wird zum eigentlichen *Objekt* der Repräsentation und Politik zu dem Feld, auf dem um die Macht zu ihrer, der je eigenen Weltanschauung entsprechenden, Nutzbarmachung gerungen wird. Anstatt sich misstrauisch gegenüberzustehen blicken *Staat* und *Volk* nun gewissermaßen Seite an Seite in die von beiden als naturgegeben anerkannte Wirklichkeitsquelle wie in ein Feuer. Ihr Konflikt ist nun reduziert auf die Frage, wie das Feuer am Lodern zu halten ist und wie Licht und Wärme gerecht verteilt werden sollen. Dies birgt noch immer genügend Konfliktpotenzial für jede parlamentarische Demokratie, doch die Grundkonturen der Wirklichkeit – die Existenz des Feuers und seine Naturgegebenheit – sind unstrittig: es ist nicht die repräsentierende Instanz des Volkes, die der repräsentierten Instanz

Wärme und Licht spendet, sondern es ist eine von unsichtbarer Hand (Adam Smith) geschaffene Naturgewalt, die es zu hegen und zu besänftigen gilt. Die institutionelle Trennung von Ökonomie und Politik und die damit einhergehende Wirklichkeitskonstruktion – für Marx und Polanyi (1978 [1944]) ein bestimmendes Merkmal des kapitalistischen Staates – ist somit eine dominante, systemisch hochwirksame Legitimationsstrategie moderner Staatlichkeit, denn sie erlaubt es, die Wirklichkeit zu naturalisieren und radikal zu entpolitisieren. Dies geschieht jedoch nicht nur zum Nutzen der besitzenden Klasse – wie Marx meinte – sondern ist ein allgemeiner Mechanismus der Entparadoxierung von Immanenz und somit der Stabilisierung säkularer Ordnung. Ein Repräsentationsverhältnis, das auf eine rein *interne*, also politisierte Wirklichkeitsproduktion setzen würde, wäre notwendig instabil.

Die erstaunliche und paradox anmutende Konsequenz daraus ist folgende: Die Externalisierung der Wirklichkeitsproduktion untergräbt einerseits die normative Substanz der Demokratie, weil Souveränität und Selbstherrschaft faktisch in externe Prozesse der Wirklichkeitsproduktion ausgelagert werden. Daraus folgt die zunehmende Aushöhlung und Entleerung der Demokratie als normativem Horizont: Der Glaube an die Gestaltbarkeit von Wirklichkeit durch demokratische Teilhabe und Politik nimmt ab. Für eine willentliche Transformation von Gesellschaft ist die demokratische Gestaltbarkeit von Wirklichkeit jedoch eine Voraussetzung. Andererseits jedoch gewinnt der Staat selbst an Stabilität: Je stärker die Wirklichkeit als extern generiert dargestellt werden kann, desto geringer die direkte Verantwortung des Staates für ihre negativen Aspekte, aber desto größer seine Verantwortung als Gestalter und *Manager*. Der Staat kann sich in eine *reaktive* Position des Verwaltens und Ad-hoc-Steuerns zurückziehen und genießt desto größere Legitimität, je größer der Handlungsdruck von außen wird – etwa im Falle von Finanzkrisen, Terrorakten oder Migrationsbewegungen. Daraus ergibt sich eine spezifische Handlungslogik des Staates, der zufolge es für den Staat Sinn macht, Handlungsdruck von außen zu konstruieren – äußere Krisen legitimieren den Staat – aber stets in einem reaktiven Modus zu bleiben, der Wirklichkeit verwaltet, aber nicht aktiv generiert. Die Logik der Demokratie – Souveränität über Wirklichkeit – und die Logik des Staates – Verwalten von Wirklichkeit – fallen hier zunehmend auseinander.

Für die Frage nach den Bedingungen der Möglichkeit staatlicher Transformationspolitik kann diese konstruktivistische Konzeption von

Legitimität erhellend sein. Nehmen wir als Beispiel den Ölpreis: Im Jahr 2008 erreichte dieser, kurz vor dem Zusammenbruch der Investmentbank Lehmann Brothers, einen historischen Höchststand von etwa 148 US-Dollar. Der hohe Ölpreis war zwar allenthalben Thema im öffentlichen Diskurs und sorgte für Verunsicherung unter Autofahrer*innen, doch er führte in entwickelten Demokratien weder zu Massenprotesten noch zu politischen Schuldzuweisungen. Es war niemand da, dem man die Schuld geben konnte, denn Schuld war allein der *Markt*. Regierungen konnten daher, statt sich rechtfertigen zu müssen, selbst ihre Sorge äußern und über Möglichkeiten zur sinnvollen *Reaktion* diskutieren. Die Wirklichkeit des hohen Ölpreises war eine von beiden Instanzen – Regierenden und Regierten – vorgefundene und als *gegeben* akzeptierte. Zehn Jahre später, im November 2018, begannen zehntausende aufgebrachte Demonstrierende in gelben Warnwesten jeden Samstag den Verkehr in Paris und anderen Städten Frankreichs lahmzulegen und sich teils gewaltsame Auseinandersetzungen mit der Polizei zu liefern. Der Auslöser für die Proteste war die Absicht von Präsident Macron, die Benzin- und Dieselpreise als Maßnahme zum Klimaschutz zu erhöhen. Der Unterschied zwischen beiden Episoden liegt allein in dem epistemischen Ursprung der wahrgenommenen Wirklichkeitsänderung: Einmal war es der anonyme, kausal opake, absichtslose Markt, der Fakten schuf; das andere Mal war es der Repräsentant des Volkes, der seine Interpretation der Wirklichkeit kausal transparent in eine für viele als ungerecht empfundene Wirklichkeitsänderung übersetzte.

Die Legitimität modernen Staatshandelns ist somit nur begrenzt ein Effekt normativer Rechtfertigbarkeit gesetzter Wirklichkeitsänderungen, denn Macrons Klimaschutzmaßnahme lässt sich auf Basis wissenschaftlicher Klimadaten rechtfertigen, sondern hängt in großem Maße von den strategisch variablen Konstruktionen des epistemischen Ursprungs der Wirklichkeitsänderung ab. Sind die Kausalbeziehungen transparent auf einen ursprünglichen Partikularwillen rückführbar, muss dieser die Intervention verantworten; sind sie opak in andere Sphären der Wirklichkeitsproduktion ausgelagert, so gibt es keinen Legitimationsdruck, aber auch nur begrenzte Steuerungsmöglichkeit. Für staatliche Akteure ist es natürlich vorteilhaft, die Autorenschaft für jene Wirklichkeitsänderungen offen anzuerkennen, die unbestritten als positiv wahrgenommen werden – wie etwa der staatlich gelenkte Wiederaufbau der Wirtschaft nach einem Krieg oder eben der staatliche Umweltschutz, sofern er nicht zur transparenten Erhöhung von Preisen oder zur Einschränkung anderer Aspekte lebensweltlicher Qualität führt. Werden Wirklichkeitsänderungen ambivalent oder mehrheitlich negativ wahrgenommen, empfiehlt sich eine Strategie des epistemischen Verbarrikadierens, das heißt, des Kappens von erkennbaren Kausalbeziehungen und des Relegierens von Wirkmechanismen in opake Sphären des Marktes, der Zivilgesellschaft oder der individuellen Verantwortung.

So ist der Übergang vom staatsgeleiteten, keynesianischen Entwicklungsmodell der 1950er und 1960er Jahre zum bis heute hegemonialen Neoliberalismus in den 1970er Jahren aus konstruktivistischer Perspektive eine logische Konsequenz aus den sich eintrübenden Aussichten des Staates, durch transparente Kausalwirkungen eine weitere Verbesserung lebensweltlicher Erfahrung zu schaffen. Ökonomischer Strukturwandel, Energiekrisen und das nicht länger haltbare Versprechen der Vollbeschäftigung legten einen Strategiewechsel hin zu verstärkt opaker Wirklichkeitsproduktion und damit zum Kappen transparenter Kausalbeziehungen nahe. Dies begünstigte die Machtübernahme durch neoliberale Kräfte, deren Ideologie der globalen Marktgesellschaft den epistemischen Legitimationserfordernissen des Staates entgegenkam. Je dynamischer, globalisierter und kausal opaker der Markt als externe Wirklichkeitsquelle konstruiert und instituiert werden kann, desto stärker die *epistemische Legitimität* des Staates als eines professionellen, im Weber'schen Sinne rationalen Verwaltungsapparats einer objektiven, sich unabhängig vom Staat entfaltenden gesellschaftlichen Wirklichkeit (Hausknost 2017). Fast alle Wirklichkeitsaspekte können so als extern-emergent, das heißt, als zwar der verwaltenden staatlichen Bearbeitung zugänglich, aber dem Staatshandeln nicht ursprünglich, verbucht werden. Der Begriff der epistemischen Legitimität soll anzeigen, dass die Legitimität des Staates hier durch die Trennung von *wissbaren*, transparenten, und *nicht wissbaren*, opaken, Kausalbeziehungen der Wirklichkeitserzeugung entsteht: je größer der opak generierte Bereich der Wirklichkeit, desto besser kann sich der Staat paradoxerweise als *Gemeinwesen* einrichten, dessen Funktion es ist, eine als schicksalhaft erlebte Wirklichkeit gemeinschaftlich zu verwalten. Dass die epistemische Legitimität eines reaktiv-administrativen Staates zugleich zu normativen Legitimitätsverlusten der Demokratie selbst führen kann, indem das Gefühl der grundsätzlichen Unsteuerbarkeit und Unveränderlichkeit einer von externen Dynamiken bestimmten Wirklichkeit den demokratischen Anspruch auf Selbstherrschaft untergräbt, zeigt sich in der zunehmenden Krise der modernen Parteiendemokratie und im Zulauf zu populistischen Bewegungen, welche die Wiedererlangung der Herrschaft des *Volkes* versprechen (vgl. den Beitrag von Butzlaff zum *Wertewandel* in diesem Band).

Die zentrale Lehre aus der hier vorgestellten sozialkonstruktivistischen Staatstheorie für die Bearbeitung der Frage nach der Möglichkeit einer systemischen Nachhaltigkeitstransformation liegt somit in der Erkenntnis, dass der moderne Staat zu einer reaktiven Selbstpositionierung gegenüber einer als extern und objektiv konstruierten Wirklichkeit neigt, sobald die lebensweltlichen Entwicklungsmöglichkeiten als ambivalent bis negativ erfahren werden. Das bedeutet konkret: der Staat hat kein Legitimationsproblem mit der *Reaktion* auf *objektive* negative Veränderungen – er kann also bis zu einem gewissen Grad mit Sparmaßnahmen auf Finanzkrisen reagieren oder mit Anpassungsmaßnahmen auf Klimaschäden wie Überschwemmungen, Hitzewellen und Waldbrände. Die Rolle des Krisenmanagers und professionellen Verwalters unangenehmer externer Wirklichkeitsaspekte erhöht die Staatslegitimität sogar, da sie als eine seiner Kernfunktionen erwartet wird. Die Legitimationsprobleme nehmen jedoch überhand, sobald das Staatshandeln als willentliche proaktive Gestaltung der Wirklichkeit mit negativen lebensweltlichen Konsequenzen wahrgenommen wird. Die Grenze zwischen Reaktion und Aktion ist in vielen Fällen verschwimmend, denn gerade im Falle der angemahnten Nachhaltigkeitstransformation würde transformatives Handeln die Vorbeugung negativer zukünftiger Wirklichkeiten durch heutige lebensweltliche Einschränkungen und somit die Reaktion auf eine antizipierte negative Zukunft bedeuten. Doch gerade dieser Vorgriff ist problematisch, da die negativen lebensweltlichen Effekte *zunächst* vom Staat ausgehen würden und nicht von der antizipierten objektiven Wirklichkeit. Dies bedeutet für den repräsentativ konstruierten Staat eine handlungstheoretische Zwangsjacke: Er kann die Gesellschaft wohl ohne große Probleme in die Klimakrise hineinmanagen und soweit es geht auf zunehmend negative Entwicklungen reagieren, er kann diese Krise aber kaum durch proaktive Vorwegnahme negativer Effekte verhindern.

Dieses Modell lässt sich abschließend auf die drei bisherigen Entwicklungsphasen des so genannten *Umweltstaates* anwenden: In der ersten Phase von etwa 1965-1985 reagierte der Staat auf zunehmende Systemkritik und auf lebensweltliche Qualitätsverluste durch aktiven technischen und regulatorischen *Umweltschutz*. Dadurch verbesserte er die lebensweltliche Umweltqualität spürbar und zog der Systemkritik ihren politischen Zahn. In der zweiten Phase von etwa 1985-2005 konnte der Umweltstaat die politische Ernte aus dem erfolgreichen lebensweltlichen Umweltschutz einfahren, indem er das Paradigma der *nachhaltigen Entwicklung* als ideologisches Metanarrativ stark machte: Umweltschutz und Wirtschaftswachstum seien nicht nur vereinbar, sondern würden einander bedingen. Zugleich konnte die sich erneut an systemischen Nachhaltigkeitsthemen wie Klimawandel, Artensterben und Verlust der Regenwälder entzündende Systemkritik erfolgreich als gemeinsame Sorge der Menschheit an sogenannte Stakeholder aus Zivilgesellschaft, Konsument*innen und Unternehmertum externalisiert und somit privatisiert werden. Etwa seit dem dritten Sachstandsbericht des IPCC 2007 und dem Scheitern des Klimagipfels von Kopenhagen 2009 kann das Narrativ einer graduellen gesellschaftlichen Entwicklung hin zur Nachhaltigkeit als gescheitert angesehen werden (vgl. Blühdorns Kapitel zur *Gegenwartsdiagnose* in diesem Band). Es wird seither zunehmend durch einen zeitlich zugespitzten Klimadiskurs ersetzt, der sich an naturwissenschaftlich fundierten Bildern von klimatischen *tipping points*, den sogenannten Kipppunkten, beschränkten Handlungszeiträumen, *points of no return* und drohenden Kollaps-Szenarien orientiert. Der Staat wird in dieser Phase unausweichlich wieder stärker in die Pflicht genommen und muss Transitionspfade, Dekarbonisierungspläne, Emissionsziele und explizite Transformationsverpflichtungen eingehen. Diese dritte Phase nach Umweltschutz und nachhaltiger Entwicklung könnte als Phase der Transformation bezeichnet werden. Die gläserne Decke ihres Erfolges verläuft strukturell an der Linie, ab der eine sich verschlechternde Qualität lebensweltlicher Erfahrung als Effekt planmäßigen staatlichen Handelns wahrgenommen wird.

Mögliche Zukünfte

Die gläserne Decke der Transformation ist selbst nicht biophysischer Art, sondern entspringt der oben skizzierten Funktionslogik immanenter Repräsentationssysteme. Sie kann daher nicht empirisch explizit beschrieben werden, sondern nur als dynamischer Handlungshorizont, aus dem unterschiedliche empirische Wirklichkeiten und

Entwicklungspfade erwachsen können. Abschließend möchte ich zwei Entwicklungsmöglichkeiten skizzieren:

Zunächst ist die Möglichkeit in Betracht zu ziehen, dass die zunehmend zu beobachtenden lebensweltlichen Effekte systemischer Nicht-Nachhaltigkeit, wie etwa verstärkte und häufigere Extremwetterereignisse, Waldbrände, Überschwemmungen, Hitzewellen, Wassermangel, Dürreperioden und Ernteausfälle auch in OECD-Ländern den Staat zu weitreichenderen Transformationspolitiken legitimieren, als dies unter dem Paradigma der nachhaltigen Entwicklung noch der Fall war. Dies würde an die Logik des *Umweltschutzes* anschließen, in der der Staat legitimiert ist, lebensweltliche Störungen aktiv zu beseitigen. Ein Anzeichen dafür könnte etwa sein, dass immer mehr Staaten angesichts der Verfügbarkeit technologischer Alternativen auf ein langfristiges Verbot von Verbrennungsmotoren setzen. Das bedeutet, dass selbst Interventionen, welche die lebensweltliche (Konsum-)Wirklichkeit nicht weiter verbessern, angesichts zunehmender Katastrophen legitim werden könnten. Ähnliches gilt für die Umsetzung technologiebasierter Transitionen im Energiesektor, die keinen Komfortgewinn und eventuell höhere Kosten für Konsument*innen bringen, aber dennoch legitim werden könnten. An diese Perspektive schließen sich jedoch zwei Fragen an: Erstens, ist diese Dialektik aus lebensweltlicher Klimakrise und reaktivem Staatshandeln stark genug, um die zukünftige Klimakatastrophe abwenden zu können, das heißt, um Maßnahmen zu legitimieren, die den Klimawandel effektiv unter ein kritisches Niveau begrenzen können? Oder schlittert eine dieser Handlungslogik unterworfene Konstellation den klimatischen Kipppunkten bestenfalls etwas verlangsamt entgegen? Zweitens, wo liegen die inneren Barrieren und Kipppunkte einer lebensweltlich-reaktiven Handlungskonstellation? Kann eine von Hitzewellen und Waldbränden verunsicherte Lebenswelt Wirklichkeitsveränderungen legitimieren, die ein Abgehen von der kapitalistischen Wachstums-, Erwerbs- und Konsumlogik und damit einen Verlust der opaken Wirklichkeitsmaschine rechtfertigen? Ein Staat, der aktiv und transparent in Konsum-, Produktions- und Verteilungsmuster eingreift und damit Autorenschaft für individuelle sozioökonomische Schicksale übernimmt, ist wie beschrieben umgehend einer enormen Legitimationslast unterworfen, die er womöglich nur tragen kann, wenn er sich als autoritären Krisenstaat inszeniert, der in Reaktion auf äußere Umweltverhältnisse handeln muss. Die lebensweltliche Krise muss dann schon recht umfassend sein, damit die staatlich erzeugten Einschränkungen als relative Verbesserungen zum Status Quo akzeptiert werden können. Innerhalb dieser Logik sind jedoch viele Varianten und Szenarien denkbar, die hier nicht erschöpfend diskutiert werden können.

Ein zweiter Denkansatz könnte freilich darin bestehen, die staatliche Legitimationsfalle der immanenten Repräsentationslogik zu umschiffen, indem kritische Entscheidungen in nicht-repräsentativen, also direkten, und opaken demokratischen Entscheidungsmodi getroffen werden. Als Aggregat unzähliger verdeckter Entscheidungen wohnen direktdemokratischen Mechanismen dem Markt äquivalente epistemische Eigenschaften inne: Das Ergebnis kann auf niemanden *ad personam* zurückgeführt werden, die Kausalbeziehungen sind opak und die resultierende Wirklichkeit wird folglich als objektiv gegeben (wenn auch von den Verlierer*innen zähneknirschend) zur Kenntnis genommen. Auch wenn direktdemokratische Entscheidungsprozesse von diskursprägenden Eliten initiiert und die Inhalte von benennbaren Kräften geformt werden, ist die Entscheidung epistemisch ähnlich quasi-objektiv wie ein Marktpreis. Es macht daher Sinn, davon auszugehen, dass eine transformationsfreudigere Demokratieform mit zusätzlichen oder erweiterten direkt-aggregativen Entscheidungsinstrumenten ausgestattet sein müsse, um die Zwangsjacke repräsentativer Legitimitätsbeschaffung ablegen zu können. *Transformationsfreudig* meint hier einen Modus, der die Kontingenz der Gesellschaftswirklichkeit in das Zentrum des Demokratieverständnisses stellt, ohne schon ein Urteil über eine Entwicklungsrichtung abzugeben (vgl. Blühdorns Kapitel zur *Demokratie* in diesem Band). Ein solches Denken dürfte jedoch nicht in die voluntaristische Falle tappen, zu glauben, dass demokratische Entscheidungen, nur weil sie direkt getroffen und von einigen Systemzwängen befreit sind, *notwendig* zu irgendeiner Form systemischer Nachhaltigkeit führen müssten. Die gegenteilige Annahme ist ebenso plausibel. Ein künftiges Nachdenken über transformative Demokratieformen müsste daher eine tiefgehende Analyse des Verhältnisses zwischen institutionellen Formen, deren jeweiliger Legitimationsmodi und möglichen inhaltlichen Tendenzen demokratischer Entscheidungen anbieten können, ohne dabei die Demokratie selbst mit normativen Heilserwartungen zu überfrachten.

Die hier angebotene staatstheoretische Perspektive auf das Phänomen nachhaltiger Nicht-Nachhaltigkeit kann, wie jeder Standpunkt, nur einen begrenzten Ausschnitt der Wirklichkeit überblicken und weist damit eine Reihe an blinden Flecken auf, die aus anderen Perspektiven ausgeleuchtet werden müssen. Die Analyse staatlich-repräsentativer Legitimationsmodi und unmöglicher substantieller Imperative soll aber in metatheoretischer Hinsicht zwei Einsichten in den Vordergrund rücken: Erstens liegt dem Problem systemischer Nicht-Nachhaltigkeit womöglich nicht die normative Entleerung der Moderne und ihrer Emanzipationsversprechung ursprünglich zugrunde – wie von anderen Positionen in diesem Band vertreten –, sondern die inhärent paradoxe Konstitution der Moderne selbst, die eine spezifisch ko-evolutive Konstellation zwischen Staat und Kapitalismus und somit einen spezifischen Modus der Wirklichkeitskonstruktion begünstigt. Und zweitens würde diese paradoxe Konstitution der Moderne als immanente Repräsentation des *demos* durch sich selbst auch jeder nichtkapitalistischen Staats- und Herrschaftsform innewohnen und diese unter ähnliche Legitimationszwänge versetzen. Herrschaft selbst ist daher ebenso eine sekundäre Kategorie wie Subjekt und Emanzipation, wenn es darum geht, die Möglichkeit einer nachhaltigen Moderne zu erkunden. Den Kern des Problems bildet vielmehr die Frage, ob es eine Möglichkeit gibt, die moderne Bürde der Immanenz anders zu tragen als durch die Flucht in eine quasi-transzendentale Wirklichkeitskonstruktion im souveränen Marktgeschehen. Die Fragen nach dem Subjekt, nach Emanzipation und nach Herrschaft hängen davon ab.

Literatur

Blühdorn, Ingolfur (2007): »Sustaining the unsustainable: Symbolic politics and the politics of simulation«, in: Environmental Politics 16 (2), S. 251-275.

Blühdorn, Ingolfur (2017): »Post-capitalism, post-growth, post-consumerism? Eco-political hopes beyond sustainability«, in: Global Discourse 7 (1), S. 42-61.

Brand, Ulrich/Wissen, Markus (2017): Imperiale Lebensweise. Zur Ausbeutung von Mensch und Natur in Zeiten des globalen Kapitalismus, München: oekom.

Cowans, Jon (2014): To Speak for the People. Public Opinion and the Problem of Legitimacy in the French Revolution, Hoboken: Taylor and Francis.

Death, Carl (2017): The green state in Africa, New Haven, CT: Yale University Press.
Dietz, Simone (1993): Lebenswelt und System. Widerstreitende Ansätze in der Gesellschaftstheorie von Jürgen Habermas, Würzburg: Königshausen & Neumann.
Dryzek, John S./Downes, David/Hunold, Christian/Schlosberg, David (2003): Green states and social movements. Environmentalism in the United States, United Kingdom, Germany, and Norway, Oxford, New York, NY: Oxford University Press.
Dryzek, John S./Hunold, Christian/Schlosberg, David/Downes, David/ Hernes, Hans-Kristian (2002): »Environmental Transformation of the State: The USA, Norway, Germany and the UK«, in: Political Studies 50 (4), S. 659-682.
Duit, Andreas/Feindt, Peter H./Meadowcroft, James (2016): »Greening Leviathan: the rise of the environmental state?«, in: Environmental Politics 25 (1), S. 1-23.
Fischer, Frank (2000): Citizens, experts, and the environment. The politics of local knowledge, Durham, NC: Duke University Press.
Fischer-Kowalski, Marina/Haberl, Helmut (2007): Socioecological transitions and global change. Trajectories of social metabolism and land use, Cheltenham, Northampton, MA: Edward Elgar.
Fritz, Martin/Koch, Max (2016): »Economic development and prosperity patterns around the world. Structural challenges for a global steady-state economy«, in: Global Environmental Change 38, S. 41-48.
Furet, François (2001): Interpreting the French Revolution, Cambridge, New York, NY, Paris: Cambridge University Press; Editions de la Maison des Sciences de l'Homme.
Georgescu-Roegen, Nicholas (1993): »The entropy law and the economic problem«, in: Herman E. Daly/Kenneth N. Townsend (Hg.), Valuing the earth. Economics, ecology, ethics, Cambridge, MA: MIT Press, S. 75-88.
Giddens, Anthony (1996): Konsequenzen der Moderne, Frankfurt a.M.: Suhrkamp.
Görg, Christoph (2003): Regulation der Naturverhältnisse. Zu einer kritischen Theorie der ökologischen Krise, Münster: Westfälisches Dampfboot.
Gough, Ian (2016): »Welfare states and environmental states: a comparative analysis«, in: Environmental Politics 25 (1), S. 24-47.

Habermas, Jürgen (2004 [1973]): Legitimationsprobleme im Spätkapitalismus, Frankfurt a.M.: Suhrkamp.

Hausknost, Daniel (2017): »Greening the Juggernaut? The modern state and the ›glass ceiling‹ of environmental transformation«, in: Mladen Domazet (Hg.), Ecology and Justice: Contributions from the margins, Zagreb: Institute for Political Ecology, S. 49-76.

Hausknost, Daniel (2020): »The environmental state and the glass ceiling of transformation«, in: Environmental Politics, im Erscheinen.

Hayek, Friedrich A. (2006 [1960]): The Constitution of Liberty, London: Routledge.

Honig, Bonnie (2007): »Between Decision and Deliberation: Political Paradox in Democratic Theory«, in: American Political Science Review 101 (1), S. 1-17.

Inglehart, Ronald (1981): »Post-Materialism in an Environment of Insecurity«, in: American Political Science Review 75 (04), S. 880-900.

IPCC (2018): Global Warming of 1.5° (SR 15). IPCC special report on the impacts of global warming of 1.5 °C above preindustrial levels and related global greenhouse gas emission pathways, Geneva, https://www.ipcc.ch/sr15/download/, zuletzt geprüft am 09.10.2019.

Jackson, Tim (2017): Wohlstand ohne Wachstum – das Update. Grundlagen für eine zukunftsfähige Wirtschaft, München: oekom.

Krausmann, Fridolin/Lauk, Christian/Haas, Willi/Wiedenhofer, Dominik (2018): »From resource extraction to outflows of wastes and emissions: The socioeconomic metabolism of the global economy, 1900-2015«, in: Global Environmental Change 52, S. 131-140.

Krausmann, Fridolin/Wiedenhofer, Dominik/Lauk, Christian/Haas, Willi/Tanikawa, Hiroki/Fishman, Tomer/Miatto, Alessio/Schandl, Heinz/Haberl, Helmut (2017): »Global socioeconomic material stocks rise 23-fold over the 20th century and require half of annual resource use«, in: Proceedings of the National Academy of Sciences of the United States of America 114 (8), S. 1880-1885.

Lorek, Sylvia/Fuchs, Doris (2013): »Strong sustainable consumption governance – precondition for a degrowth path?«, in: Journal of Cleaner Production 38, S. 36-43.

Malm, Andreas (2016): Fossil capital. The rise of steam power and the roots of global warming, London, New York, NY: Verso.

Marchart, Oliver (2013): Das unmögliche Objekt. Eine postfundamentalistische Theorie der Gesellschaft, Berlin: Suhrkamp.

McNeill, John R./Elstner, Frank/Kennedy, Paul (2003): Blue Planet. Die Geschichte der Umwelt im 20. Jahrhundert, Frankfurt a.M.: Campus.

Meadowcroft, James (2005): »From Welfrae State to Ecostate«, in: John Barry/Robyn Eckersley (Hg.), The state and the global ecological crisis, Cambridge, MA: MIT Press, S. 3-23.

Meadowcroft, James (2012): »Greening the State«, in: Paul F. Steinberg/ Stacy D. VanDeveer (Hg.), Comparative environmental politics. Theory, practice, and prospects, Cambridge, MA: MIT Press, S. 63-88.

Mitchell, Timothy (2011): Carbon democracy. Political power in the age of oil, London: Verso.

Offe, Claus (2006): Strukturprobleme des kapitalistischen Staates. Aufsätze zur Politischen Soziologie, Frankfurt a.M.: Campus.

Pennington, Mark (2003): »Hayekian Political Economy and the Limits of Deliberative Democracy«, in: Political Studies 51 (4), S. 722-739.

Pfister, Christian (1994): »Das 1950er Syndrom. Die Epochenschwelle der Mensch-Umwelt-Beziehung zwischen Industriegesellschaft und Konsumgesellschaft«, in: GAIA – Ecological Perspectives for Science and Society 3 (2), S. 71-90.

Pichler, Melanie/Brand, Ulrich/Görg, Christoph (2019): »The double materiality of democracy in capitalist societies: Challenges for social-ecological transformations«, in: Environmental Politics, im Erscheinen.

Polanyi, Karl (1978 [1944]): The great transformation. Politische und ökonomische Ursprünge von Gesellschaften und Wirtschaftssystemen, Frankfurt a.M.: Suhrkamp.

Rockström, Johan/Steffen, Will/Noone, Kevin/Person, Åsa/Chapin, F. S., III/Lambin, Eric/Lenton, Timothy M./Scheffer, Marten/Folke, Carl/Schellnhuber, Hans J./Nykvist, Björn/Wit, Cynthia A. de/ Hughes, Terry/van der Leeuw, Sander/Rodhe, Henning/Sörlin, Sverker/Snyder, Peter K./Costanza, Robert/Svedin, Uno/Falkenmark, Malin/Karlberg, Louise/Corell, Robert W./Fabry, Vicoria J./ Hansen, James/Walker, Brian/Liverman, Diana/Richardson, Katherine/Crutzen, Paul/Foley, Jonathan (2009): »Planetary Boundaries: Exploring the Safe Operating Space for Humanity«, in: Ecology and Society 14 (2).

Rosa, Hartmut (2005): Beschleunigung. Die Veränderung der Zeitstrukturen in der Moderne, Frankfurt a.M.: Suhrkamp.

Skocpol, Theda (1979): States and Social Revolutions. A Comparative Analysis of France, Russia, and China, Cambridge: Cambridge University Press.

Smil, Vaclav (2017): Energy transitions. Global and national perspectives, Santa Barbara, California, CA: Praeger.

Steffen, Will/Richardson, Katherine/Rockström, Johan/Cornell, Sarah E./Fetzer, Ingo/Bennett, Elena M./Biggs, Reinette/Carpenter, Stephen R./Vries, Wim de/Wit, Cynthia A. de/Folke, Carl/Gerten, Dieter/Heinke, Jens/Mace, Georgina M./Persson, Linn M./Ramanathan, Veerabhadran/Reyers, Belinda/Sörlin, Sverker (2015): »Planetary boundaries: guiding human development on a changing planet«, in: Science (New York, N.Y.) 347 (6223), 1259855.

Tilly, Charles (2009): »War Making and State Making as Organized Crime«, in: Peter B. Evans/Dietrich Rueschemeyer/Theda Skocpol (Hg.), Bringing the state back in, Cambridge, New York, NY: Cambridge University Press, S. 169-186.

Umweltbundesamt (2016): Repräsentative Erhebung von Pro-Kopf-Verbräuchen natürlicher Ressourcen in Deutschland (nach Bevölkerungsgruppen), https://www.umweltbundesamt.de/sites/default/files/medien/378/publikationen/texte_39_2016_repraesentative_erhebung_von_pro-kopf-verbraeuchen_natuerlicher_ressourcen.pdf, zuletzt geprüft am 07.10.2019.

WBGU (2011): Welt im Wandel. Gesellschaftsvertrag für eine Große Transformation, Berlin: Wissenschaftlicher Beirat der Bundesregierung Globale Umweltveränderungen (WBGU).

Wissen, Markus (2011): Gesellschaftliche Naturverhältnisse in der Internationalisierung des Staates. Konflikte um die Räumlichkeit staatlicher Politik und die Kontrolle natürlicher Ressourcen, Münster: Westfälisches Dampfboot.

Der Verlust des Gestaltungsanspruchs
Über Parteien als programmatische Avantgarde einer gesellschaftlichen Transformation

Felix Butzlaff

Die Diagnose, dass Transformationserzählungen und real stattfindender Gesellschaftswandel auseinanderklaffen, stand am Anfang dieses Buches. Weiters, so Bestandsaufnahmen aus Empirie und Theorie, dass angesichts multipler und sich miteinander verschränkender Krisen eine sozial-ökologische Transformation nicht nur unabdingbar, sondern an vielen Stellen bereits eingeleitet sei (WBGU 2011). Die daraus abzuleitende Frage nach grundlegenden gesellschaftlichen Fähigkeiten und Quellen, Transformationen und Wandlungsprozesse zu entwerfen und zu steuern, führt unweigerlich zu Fragen der Verantwortlichkeit und Handlungsfähigkeit. Denn wer genau eigentlich einen Wandel tief eingeschriebener und eingeübter Routinen organisieren oder auch nur dessen Richtung vorgeben soll, ist keineswegs ausgemacht – und wird im Übrigen in unterschiedlichen Gesellschafts- und Regierungssystemen auch unterschiedlich beantwortet. Ob gesellschaftliche Wandlungsprozesse von staatlicher Ebene top-down verordnet und autoritär durchgesetzt werden, ob in politischer Basis- und Graswurzelarbeit kollektiv Alternativen erarbeitet werden, welche dann in der Mehrheitsgesellschaft aufgegriffen werden, oder ob das einzelne Individuum und sein Lebenswandel zum Nukleus einer neuen Gesellschaft werden – diese unterschiedlichen Perspektiven darauf, wer eigentlich wo mit etablierten Strukturen brechen kann, machen deutlich, dass unterschiedliche Gesellschaften und selbst innerhalb von Gesellschaften unterschiedliche Akteure ganz verschiedene Entwicklungslogiken und Pfadabhängigkeiten ausprägen. Im Rahmen des vorliegenden Buches werden diese unterschiedlichen Transformationsvorstellungen behandelt und ihre innere Kohärenz, gesellschaftlichen Grundlagen und Gelegenheitsfenster vor dem Hintergrund betrachtet, dass und warum ihre erwarteten Beiträge zu einer Bewältigung multipler Krisen bis dato ausgeblieben oder zumindest deutlich kleiner ausgefallen sind: der (demokratische) Staat, von dem erwartet wird, dass er eine sozial-ökologische Transformation zur zentralen Räson macht (vgl. den Beitrag von Hausknost in diesem Band); soziale Bewegungen und Initiativen, die einen gesellschaftlichen Wandel von der Alltags- und Lebenswelt der Bürger*innen aus organisieren wollen (vgl. den Beitrag von Deflorian in diesem Band); sowie das Individuum, welches als Konsument*in verantwortlich sein soll, über Marktmechanismen alternative Produktionsweisen durchzusetzen (vgl. den Beitrag von Mock in diesem Band). Diese drei Ebenen – der Staat als übergeordnete Instanz, Bewegungen als kollektive soziale wie die Konsument*innen als individuelle Ebene – sollen in diesem Kapitel nun durch einen Blick auf politische Parteien als verbindende Instanzen ergänzt werden. Parteien haben als intermediäre und sammelnde Institutionen in parlamentarischen Demokratien eine Rolle inne, die politische Meinungen sowohl sammeln als auch mitgestalten soll – und denen deshalb für eine etwaige sozial-ökologische Transformation eine Schlüsselrolle zukommt. Denn von ihnen wird der programmatische Entwurf, die Sammlung von Mehrheiten *und* die Durchsetzung einer Politik erwartet, um Krisen zu bewältigen und einen Wandel der Gesellschaft zum Besseren zu ermöglichen. Parteien tragen also Verantwortung dafür, dass in einer parlamentarischen Demokratie über relevante und weit in die Zukunft reichende Gesellschaftsentwürfe diskutiert und abgestimmt werden kann. Sie sollen die programmatische Skizze einer sozial-ökologischen Transformation liefern.

Wie durch unterschiedliche Prismen sollen in diesem Buch vier Ebenen – Staat, Parteien, Individuen, Gesellschaft – als Zugang dienen, der Frage nachzugehen, weshalb bis zum heutigen Tage trotz wiederholter und eindringlicher Warnungen vor sich gegenseitig verstärkenden ökologischen, sozialen und ökonomischen Krisenhorizonten eine grundlegende gesellschaftliche Wandlungsperspektive weder überzeugend konzipiert noch politisch durchgesetzt werden kann. Eine kritische sozialwissenschaftliche Perspektive muss sich hier zwangsläufig der Plausibilität und gesellschaftlichen Rolle vorherrschender Transformationserzählungen widmen – und der Frage, wie sich etablierte Akteursperspektiven und -logiken einerseits vor dem Hintergrund real stattfindender gesellschaftlicher Veränderungen und andererseits bezüglich der ihnen zugeschriebenen Verantwortlichkeiten darstellen. Dieses Kapitel betrachtet dabei die Ebene der politischen Parteien und die ihnen angedachte Rolle dabei, Gesellschaften und ihre Zukunft sozial-ökologisch umzugestalten. Die zentralen Fragen dabei sind, (a) welche Funktionen Parteien in unseren repräsentativen Demokratien (noch) haben und welche ihnen im Rahmen von sozial-ökologischen Transformationserzählungen zugeschrieben werden; (b) was der in den vorherigen Kapiteln behauptete Paradigmenwechsel zur Nicht-Nachhaltigkeit für Parteien bedeutet (vgl. Blühdorns Kapitel zum *Paradigmenwechsel* in diesem Band); und (c) in welchem Ausmaß sie diesen Aufgaben noch in der Lage sind, nachzukommen.

Dazu werden zunächst den Parteien zugeschriebene Rollen bei der Organisation demokratischer Repräsentation sowie der Entwicklung programmatischer Alternativen vor dem Hintergrund eines diagnostizierten Verlusts ihrer gesellschaftlichen Wurzeln diskutiert. Anschließend werden die parteiinternen sowie -externen Funktionen von Programmen und intellektueller Parteiarbeit betrachtet, bevor in einem dritten Schritt die derzeitigen Programmatiken der deutschen wie österreichischen Parteien bezüglich einer sozial-ökologischen Transformation analysiert werden. Denn in diesen beiden Ländern hat sich in den vergangenen Jahren der politische Diskurs besonders stark, wenn auch nicht ausschließlich, mit der Thematik einer sozial-ökologischen Krise und daraus erwachsenden Forderungen an die (Partei-)Politik beschäftigt. Abschließend werden diese Betrachtungen zusammengezogen und das Fazit gezogen, dass von politischen Parteien angesichts immer weiterwachsender gesellschaftlicher Komplexitäten und einer Beschleunigung von Politik allgemein zwar verstärkt umfassende Gestaltungs-, Vermittlungs- und Handlungspotenziale verlangt werden, dass Ihnen diese von den Bürger*innen aber kaum noch zugetraut werden. Sie sollen, aber sie können gesellschaftliche Zukunftsentwürfe, im Besonderen mit Bezug zu einem sozial-ökologischen Umbau von Produktions-, Mobilitäts- und generell Lebensbedingungen, kaum mehr überzeugend formulieren noch diese in die Realität übersetzen.

Gestaltungsfähigkeit und Willensbildungsaufgaben

Parteien erfüllen in den westlichen repräsentativen Demokratien zentrale Koordinations- und Organisationsaufgaben, welche auch verfassungsrechtlich niedergeschrieben sind: Sie verknüpfen die parlamentarische Regierungs- und Oppositionsebene mit einem gesellschaftlichen Vorraum (Jun 2013), d.h. sie fungieren als Bindeglieder, die in verschiedenen gesellschaftlichen Arenen und Feldern sprach- und handlungsfähig sind. Ihre Rolle bei der Ausgestaltung westlicher Repräsentativdemokratien ist so zentral, dass diese wahlweise als Parteienstaat, Parteiendemokratie, Parteienparlamentarismus oder Parteienregierung charakterisiert worden sind (Helms 1993; Holtmann 2012). Die Politikwissenschaft hat über die letzten Jahrzehnte in einer Vielzahl von Modellen ausdifferenziert, wie Parteien und Parteiensysteme in repräsentativen Demokratien diesen Aufgaben nachkommen (Wiesendahl 2011) – die *Linkage*-Funktion einer Verbindung von Gesellschaft und Politik aber ist allen gemein. Parteien verschaffen auf diese Weise einer Demokratie Legitimation, wenn für alle sichtbar die Interessen möglichst vieler und breiter gesellschaftlicher Gruppen in politische Entscheidungen einfließen und anders herum politische Entscheidungen – wie kommunizierende Röhren – in die Bevölkerung zurückgespielt und begründet werden (Wiesendahl 2013). Über die offene und demokratische Bildung politischer Programme einerseits sowie die Rekrutierung von Bürger*innen für politische Ämter andererseits sorgen sie dafür, dass die Sphäre des demokratischen (Parteien-)Staats eng und osmotisch mit der Sphäre der Zivilgesellschaft verbunden bleibt. Parteien fungieren damit zwar demokratietheoretisch als intermediäre Transmissionsriemen und Kommunikatoren zwischen verschiedenen gesellschaftlichen Ebenen, bleiben aber mitnichten auf eine reine Abbildung gesellschaftlicher Realitäten begrenzt. Denn durch ihre organisatorische und programmatische Arbeit beeinflussen sie nicht nur diese Realitäten selbst (indem sie an der Gesetzgebung mitarbeiten oder Bürger*innen als Vertreter gesellschaftlicher Gruppen in Regierungspositionen bringen), sondern wirken auf politische Interessens- und Willensbildung der Bevölkerung dahingehend ein, als dass sie politische Programmarbeit leisten. Parteien spiegeln also nicht nur gesellschaftliche Interessen wider, sondern üben durchaus – so jedenfalls das demokratische Idealmodell – Einfluss auf diese aus. Auf die hier im Fokus stehenden Fragen der Organisation gesellschaftlicher

Transformationen gemünzt bedeutet dies, dass Parteien die Aufgabe, politische wie gesellschaftliche Ziele zu definieren, in ihr Selbstverständnis eingeschrieben ist. Wie eine Gesellschaft aussehen soll, wo Missstände gesehen werden, was wie verändert werden soll, aber auch, was verteidigt werden muss und bleiben soll, wie es ist – all dies sind Fragen, an und mit denen sich Parteien herausbilden und die zum Kern ihres Selbstverständnisses geworden sind (Walter 2014, 2018). Politische Alternativvorschläge hervorzubringen, diese in den demokratischen Prozess einzuspeisen und Mehrheiten dafür zu organisieren, sind folglich weitere der Kernaufgaben, welche Parteien eingeschrieben sind – *Policy*-Funktionen also, die auf die Entwicklung und Verwirklichung von Politik*inhalten* ausgerichtet sind (Jun 2013). Für eine liberale und repräsentative Demokratie sind diese Funktionen auch insofern unverzichtbar, als dass die Zusammenfassung von gesellschaftlichen Gruppen zu sich gegenüberstehenden politische Alternativen, über die mittels Wahlen entschieden wird, kein naturwüchsiger Automatismus sein kann, sondern unter anderem von den Parteien aktiv organisiert werden muss. Dass sich Arbeiter*innen als Teil eines homogenen politischen Klassensubjekts gefühlt haben, dessen Ziel die Verwirklichung einer klassenlosen Gesellschaft war; dass katholische Milieus in Deutschland die Umsetzung christlicher Glaubenswerte in die Politik anstrebten; oder dass grüne Milieus in den 1980er Jahren eine nachhaltige Umweltpolitik und eine neue und befreite Gesellschaft vor Augen hatten – diese politischen Visionen sind nicht voraussetzungslos und anarchisch gewachsen, sondern durch und mit politischen Parteien und Bewegungen zu kohärenten Zukunftsvorstellungen zusammengefasst, homogenisiert und organisiert worden. Gleichzeitig aber sind genau diese politischen Narrationsfähigkeiten bei den meisten Parteifamilien in der Krise; lediglich die Rechtspopulisten und (zumindest in Teilen) Grünen scheinen heutzutage noch überzeugungsfähige und attraktive politische Erzählungen hervorbringen zu können (Butzlaff/Pausch 2019). Ein Blick in die politische Geschichte der letzten knapp zwei Jahrhunderte macht allerdings deutlich, wie zentral der Entwurf langer politischer Perspektiven und Erzählungen ist. Für die Frage nach der gesellschaftlichen Diskussion elementarer Krisen, die Folgen eines eingefahrenen sozial-ökonomischen Systems und etablierter Lebensweisen sind, mögen Parteien also nicht unerheblich sein, da sie sowohl diskursive Vermittlungsfunktionen übernehmen als auch eine politische Handlungsperspektive entwickeln.

Dies allerdings wird kontrastiert von vielfach diagnostizierten Schwierigkeiten der Parteien, diesen Aufgaben im politischen Alltag überhaupt noch nachzukommen. Schwindende gesellschaftliche Verwurzelung, Zweifel an politischer Steuerungsfähigkeit, Verluste von Ansehen und Vertrauen in politische Parteien sind an vielen Stellen Gegenstand der Politikwissenschaft gewesen und auch keineswegs neu (Micus/Walter 2007). Bereits vor dem Ersten Weltkrieg äußerte Robert Michels mit seinem »ehernen Gesetz der Oligarchie« ernsthafte Zweifel daran, dass das Format der Partei auf Dauer gesellschaftsverändernd sein könne, da die Systemimperative des Parlamentarismus und der Organisationsbürokratie einer Massenorganisation eigene Loyalitäten schafften. Große Organisationen, so Michels, werden zwangsläufig schwerfällig und wirken systemstabilisierend, da sie sich professionalisierten, Ihre Funktionseliten einen Wissensvorsprung und damit auch ein Überlegenheitsgefühl gegenüber der Basis entwickelten – und weil Amtsträger und Mitglieder der Parteiapparate automatisch ein Interesse an der Verstetigung der eigenen Stellung ausprägten, welches das Vorhaben, mit dem man ursprünglich angetreten war, die Gesellschaft zu verändern, rasch in den Schatten stellte (Michels 1989). Seit dem Entstehen der Parteiendemokratien jedenfalls ist ihnen die Klage über schwindende Bedeutung und das Ende ihrer Gestaltungskraft stets treue Begleiterin gewesen.

Mit Blick auf die hier im Zentrum stehende Frage nach der Fähigkeit von Parteien, gesellschaftliche Pfadabhängigkeiten aufbrechen und neu auswuchten zu können, sind dafür drei Problemkonstellationen oder Diagnosen insbesondere relevant: Zum einen ist die gesellschaftliche *Linkage*-Funktion von Parteien in vielerlei Hinsicht im Schwinden begriffen und ihre Brückenfunktion zwischen Zivilgesellschaft und den repräsentativen Institutionen infrage gestellt (Decker 2018). Die Auflösung sozialer Milieus und Vorfeldstrukturen, von welchen Parteien lange Zeit gezehrt und die ihre Stabilität ausgemacht haben, hat seit den 1960er Jahren zu einer größeren Volatilität der Wähler*innen, sinkenden Mitgliederzahlen, einem stark verengten sozialen Profil von Parteien sowie einer daraus resultierenden kurzfristigen Orientierung auf wechselnde Wählerkonstellationen geführt (Walter/Dürr 2000). Ihre Aufgabe als langfristige und stabile Bindeglieder zwischen Zivilgesellschaft und parlamentarisch-politischem Raum ist dadurch kaum mehr zu leisten. Zweitens sind im Rahmen fortschreitender Globalisierungsprozesse politische Steuerungspotenziale häufig genug in Sphären außerhalb des Einflussbereichs politischer Parteien abgewandert bzw. dezidiert als Management-Prozesse entpolitisiert worden (Mair 2013; Wood/Flinders 2014). Dadurch ist die Bewältigung vieler politischer Großprobleme zunehmend als Administration von Alternativlosigkeiten angelegt worden (und auch von politischen Parteien selbst so definiert worden), die jedweder politischen Diskussion über verschiedene Handlungsoptionen entzogen werden sollten (Willke 2014). Parteien jedenfalls, so die Annahme, haben die politische Gestaltungsfähigkeit und damit auch die Legitimität eingebüßt, grundsätzliche Pfeiler der politischen Systeme im Rahmen politischer Zukunftsvisionen zu diskutieren oder infrage zu stellen. Drittens sind in den vergangenen Jahren Diskussionen und Hoffnungen auf soziale und politische Alternativen ganz explizit außerhalb des Einflusses von politischen Parteien entwickelt worden: Gesellschaftliche Nischen und Experimentalräume, die vom Einfluss politischer und parlamentarischer Logik frei arbeiten können sollen, werden hier als authentische und unverstellte Möglichkeit verstanden, Pfadabhängigkeiten im Kleinen zu durchbrechen (bzw. die Pläne dazu zu entwickeln) (Adloff 2018; Wright 2010). Dies ist als Phänomen nichts grundlegend Neues. Auch die frühe Arbeiterbewegung oder die Neuen Sozialen Bewegungen der 1980er Jahre haben angesichts eines bankrotten und destruktiven »Systems« außerhalb der parlamentarischen Sphäre nach Lösungen gesucht. Allerdings haben sich in beiden Fällen die Bewegungen und Initiativen rasch mit einem parlamentarischen Arm und Partei verbunden und haben ihre Botschaften und Anliegen eben *auch* über die parteipolitische Ebene formuliert und verfolgt (Walter 2014; Lösche/Walter 1989). Dies hat sich verändert. Sind Parteien und soziale Bewegungen über lange Zeit als zwei Seiten einer politisch-gesellschaftlichen Veränderungsanstrengung verstanden worden, so werden politische Parteien nun vermehrt nicht als Herausforderer einer gesellschaftlichen Ordnung verstanden, sondern als Verteidiger und Repräsentanten eines etablierten und eingefahrenen Systems. Nur von Akteuren, die der Systemverteidigung unverdächtig sind, deren Eigeninteresse an Kontinuität gering ist und die nicht von politischer Aushandlungslogik korrumpiert sind, so diese Erzählung, sind Alternativen zu erwarten, welche die gesellschaftlichen Entwicklungspfade neu ausrichten: von kleinen Initiativen, die nicht nach politischer Macht streben, sondern die zunächst in der alltäglichen Lebenswelt von Menschen wurzeln und hier neue Verhaltensweisen erproben (vgl. auch den Beitrag von Michael Deflorian in diesem Band).

Folglich sind Parteien einerseits in einer Situation, in der ihnen zu einem großen Teil und auf ganz verschiedenen Ebenen das »Design« von Lösungen und Gesellschaftsentwürfen nicht mehr nur aus praktischen, sondern auch aus systemischen Gründen nicht mehr zugetraut wird. Auf der anderen Seite allerdings sind Parteien reaktive Organisationen, die sich wandelnden gesellschaftlichen Realitäten anzupassen haben, um ihre Legitimität und elektoralen Zuspruch aufrecht zu erhalten (Kenig 2009). Analog zu den Legitimationsimperativen, denen der demokratische Staat als Handelnder unterliegt (siehe den Beitrag von Daniel Hausknost in diesem Band), sind auch Parteien ähnlichen Logiken unterworfen: Einmal als Teil des Parteiensystems, welches über Regierungen, Parlamente und Ministerialbürokratie eng mit dem Staat verwoben ist; und andererseits gegenüber Mitgliedern und Wähler*innen, gegenüber denen Parteien um demokratische Legitimation ansuchen. Parteien sind also ihrerseits fortwährend damit befasst, mit gesellschaftlichem Wandel und sich verschiebenden demokratischen Erwartungen Schritt zu halten, um das eigene Selbstverständnis, möglichst umfassende und große gesellschaftliche Gruppen zu vertreten, immer wieder neu zu bestätigen. Auch deswegen haben fast alle westlichen Parteifamilien seit den 1990er Jahren versucht, durch organisatorische Reformen das Bild kraftvoller Gestaltungs- und Sammlungsfähigkeit aufrecht zu erhalten bzw. wiederherzustellen (Walter-Rogg 2013). Ihre Versuche, sich selbst eine neue organisatorische Verfasstheit zu geben, zeigen, dass und wie sie selbst wahrnehmen, wie sich die Erwartungen ihrer eigenen Mitglieder, Wähler*innen und Sympathisant*innen verändert haben. Es ist dies auch ein Rekurs auf die Wahrnehmung der eigenen Parteien- und Bewegungsgeschichte, welche oftmals in sozialen Bewegungen wurzelt, und aus der demokratische und politische Legitimität abgeleitet werden. Gerade für das Postulat eines sozialökologischen Wandels und der Bewältigung ökologischer Krisen sind Forderungen und Versprechen einer Demokratisierung von Parteien seit den 1980er Jahren zentral gewesen (Poguntke 1987). Drei Bereiche eines organisatorischen Wandels von politischen Parteien können hier herausgehoben werden, welche Parteien einerseits stärker und unmittelbarer demokratisch legitimieren, und andererseits ihre Effizienz und Handlungsfähigkeit in Bezug auf die Verarbeitung sozial-ökologischer Probleme stärken sollen:

Dass die Organisationen und Entscheidungsfindungsprozesse *offener, transparenter und inklusiver* werden sollen, ist das einigende Band aller Parteireformanstrengungen (Butzlaff et al. 2011). Vor allem Mitglieder und Sympathisant*innen werden dabei verstärkt in Entscheidungen und Meinungsbildung eingebunden (Bille 2001). Mehr Partizipation *außerhalb* der etablierten und institutionalisierten Kanäle, so die Erwartung, soll Legitimität und Vertrauen stiften und Menschen ein Gefühl geben, direkten Einfluss in die Entscheidungen einer Partei über Personal und Inhalt zu haben. Dies umfasst vor allem Voten, Referenden, Abstimmungen über Kandidaturen und Parteiführungen, aber auch die verstärkte Einbindung in Inhalts- und Programmerstellung sowie die zunehmende Beteiligungsöffnung für Nichtmitglieder. Partizipation verändert sich dabei von einer Bürgernorm hin zu weniger verpflichtend wahrgenommenen Optionen, bei denen man sich in wechselnden Konstellationen beteiligen kann (Gauja 2017). Es ist dies auch das Angebot, dass Mitarbeit und Einbindung in Parteien keine umfassende Verpflichtungen zur Beteiligung sind, sondern – was Zeit und Aufwand anbelangt – zu den Bedingungen des Einzelnen gestaltet werden kann.

Gleichzeitig aber ist mit dieser direkteren Einbindung von Mitgliedern und Sympathisant*innen eine *Vereinzelung und Individualisierung von Partizipation* verbunden. Nicht mehr die soziale Gruppe, das Kollektiv oder ein Milieu bilden den Bezugspunkt für eine Partei, Prozesse offener zu gestalten, sondern das einzelne Mitglied oder der*die einzelne Sympathisant*in (Pennings/Hazan 2001). Wenn sich Mitgliederabstimmungen oder Sympathisant*innenbefragungen direkt an Einzelne wenden bzw. diese zur Mitarbeit und Eingabe ihrer Sichtweisen und Wünsche auffordern, dann verspricht das u.a. eine direkte und ungestörte Kommunikation zwischen Mitglied/Sympathisant*in und Parteiführung. Damit verbunden ist auch die Annahme, dass das Ausschalten traditioneller und vermeintlich überkommener Kollektivinstitutionen und mittleren Hierarchieebenen – der Funktionärsapparat – von Parteien auch eine Befreiung und Emanzipation von als bevormundend empfundenen Strukturen bedeutet. Nun kommt es ja – so das Versprechen – tatsächlich auf die Meinung und das Anliegen des *Einzelnen* an, ohne dass Kompromiss- und Aushandlungsmechanismen diese verwässern. Diese Organisation von Partizipation allerdings schwächt die mittleren Organisationsebenen und Funktionäre von Parteien erheblich, welche bis dato die Hauptaufgabe der Kanalisierung und Bündelung von Interessen und die Vorbereitung eines Ausgleichs innerhalb der Organisationen übernommen hatten (Gauja 2014). Beide Facetten aber, die Demokratisierung und die Individualisierung von Parteimitgliedschaft, tragen das Versprechen einer stärkeren Orientierung an den drängenden sozial-ökologischen Problemlagen in sich, welche – so die Erwartung – den einzelnen Bürger*innen viel unmittelbarer vor Augen stünden als den Parteieliten.

Der dritte Bereich, in dem Parteien auf schwindende Mitgliederzahlen, Wählerverluste und wandelnde Ansprüche reagieren, lässt sich als zunehmende *Zentralisierung und Professionalisierung* bezeichnen. Dies ist zunächst einmal eine Folge der organisatorischen Zwänge, welche durch einen kontinuierlichen Mitgliederschwund in Großorganisationen verursacht werden. Wenn Ortsverbände kampagnen- und vernetzungsunfähig werden, weil Mitglieder fehlen oder aber immer älter werden, können organisatorische Routineaufgaben auf höheren Ebenen gebündelt und zusammengezogen werden, um arbeitsfähig zu bleiben. Auch empfinden viele Mitglieder gerade organisatorische Daueraufgaben oftmals als ermüdend und sind froh, wenn sie davon entlastet werden. Darüber hinaus erwächst diese Zentralisierung auch aus dem Postulat, einen möglichst direkten Kommunikationskanal zwischen dem einzelnen Mitglied und der Parteiführung zu etablieren, durch welchen Mitglieder und Sympathisant*innen das Gefühl bekommen, ganz unmittelbar das Ohr der Parteielite zu besitzen. Gleichzeitig aber ist diese Zentralisierung auch insofern eine direkte Folge der beiden Entwicklungen der Parteiöffnung und Individualisierung von Mitgliederpartizipation, da eine Atomisierung und Vermehrung derjenigen, die mit entscheiden können, eben auch bedeutet, dass erheblich mehr an Entscheidungsgewalt bei der Zentralinstanz verbleibt, welche den Prozess steuert, Fragen auswählt und Entscheidungen vorbereitet. Die Organisation von Gegenmacht jedenfalls wird durch diesen Bedeutungswandel von Partizipation enorm erschwert (Faucher 2015). Die Demokratisierung und Öffnung von Parteien erscheint vor dem Hintergrund der zunehmenden Zentralisierung der Organisationen insofern als paradox oder widersprüchlich, weil damit keineswegs automatisch eine Ermächtigung der Mitglieder verbunden sein muss. Richard Katz etwa spricht auch von der Demokratisierung von Parteien als einer »Elitenstrategie, um die Basis zu schwächen« (Katz 2001, eigene Übersetzung). Allerdings ist mit diesem Punkt auch ein politisches Effizienzversprechen verbunden, welches mit Blick auf eine sozial-ökologische Transformation mitunter als zentral gesehen wird (van Reybrouck 2016; Willke 2014).

Insgesamt also geht es bei Parteireformen, mit denen Parteien seit den 1990er Jahren auf Verluste an Mitgliedern, Wähler*innen und Vertrauen reagieren, darum, die etablierten Prinzipien von Mediation, Kompensation, Delegation und Kompromiss als innerparteiliche Leitbilder abzuschwächen, weil diese – ganz im Sinne von Robert Michels' Diagnose – als schwerfällig, ineffizient und gar korrumpierend gelten. Demgegenüber werden (flexible) Mitgliederbeteiligung, die Einbindung von Nichtmitgliedern und Sympathisant*innen und die Suggestion des Basismitglieds als oberster demokratischer Instanz einerseits sowie eine zunehmende Zentralisierung und die Orientierung an Politik als effizienter Service-Dienstleistung und Problembewältigung (mit den Mitgliedern als Politik-Konsument*innen und Datenlieferant*innen) andererseits stärker akzentuiert.

Parteien betonen in ihrer organisatorischen Entwicklungsrichtung das flexible, unbeschränkte und optionale Teilhaben, was ein nicht langfristig bindendes *adhoc*-Engagement ermöglichen soll. Zudem spiegeln sie die Ambivalenz gegenüber demokratischen Normen wider, indem sie diese einerseits besonders unterstreichen und andererseits durch eine zunehmende Zentralisierung (und damit auch Depolitisierung) wieder einschränken. Dass es modernisierungstheoretisch einander scheinbar widersprechende Entwicklungen in westlichen Gesellschaften gibt – Optionenvielfalt, Flexibilität und fehlende Eindeutigkeiten einerseits, die damit einhergehende Notwendigkeit neuer Grenzziehungen andererseits –, wird von den Parteireformen der letzten Jahrzehnte aufgegriffen. Bezüglich der Erwartung, dass Parteien eine Art programmatische Avantgarde darstellen, die als Vordenker*innen einer sozial-ökologischen Transformation neue Visionen und Utopien entwickeln, bedeutet dies, dass Parteien in ihrem Selbstverständnis stärker als zuvor gesellschaftlich bereits existierende Präferenzen und Zielbilder zusammenfassen und diese nicht selbst entwickeln. Externe, im Parteienvorfeld bereits gebildete Präferenzen, durch die Parteienlogik noch unverfälscht, werden als stärkere demokratische Legitimation empfunden. Den eigenen Fähigkeiten, aus den Ressourcen, historischen Erfahrungen und dem gesammelten Wissen einer Partei heraus politische Positionen abzuleiten und diese zu vertreten, wird kaum mehr vertraut. Denn sowohl was die direkte Einbindung von Mitgliedern als auch die Zentralisierung anbelangt, werden die wahrgenommenen Präferenzen »der Bürger*innen« bzw. »der Basis« zur unverhandelbaren demokratischen Leitplanke. Die Idee jedenfalls, dass Parteien die demokratische Willensbildung mitformen, wird dabei zunehmend verengt zu einer reinen Abbildung vermeintlich unabhängig existierender Politikpräferenzen. Und die Rolle von Parteien als Handelnde in der Ausformulierung gesellschaftlicher Utopien damit geschwächt oder aufgegeben.

Steuerungsansprüche und Innenorientierung – Aufgaben von Programmprozessen und politischen Zieldiskussionen

Gleichzeitig aber ist bemerkenswert, dass Parteien oftmals *trotz* solcher Reformen *nicht* an Zuspruch gewinnen, sondern in der Tendenz weiter an Mitgliedern, Wähler*innen und Akzeptanz verlieren. Dies mag damit zu tun haben, dass diese gesellschaftlichen Großtrends nicht uniform und in allen sozialen Gruppen gleichförmig verlaufen. Um neue Formen von Flexibilität in Identitätsbildung und Lebenslauf nutzen zu können, bedarf es persönlicher Ressourcen, die sozial sehr ungleich verteilt sind (vgl. den Beitrag von Butzlaff zum *Wertewandel* in diesem Band). Neue Partizipationsformen in Parteien zeigen dies sehr deutlich: Das soziale Profil derjenigen, die sich in offeneren und damit auch anspruchsvolleren Formaten einbringen ist noch enger als das der Parteimitglieder und führt keineswegs automatisch dazu, dass neue und breitere gesellschaftliche Gruppen den Weg in die Parteien finden (Schäfer 2015). Parteien, die auf offene und breite Partizipation setzen, weil ihnen das Profil ihrer eigenen Funktionärsbasis oder Mitglieder nicht vielfältig genug ist, um für das viel breitere Wähler*innenpotenzial überzeugende Politikangebote erstellen zu können, sind so wiederum auf eine engere soziale Gruppe als moralische wie konkrete »Lieferant*innen« von Politik-*Input* zurückgeworfen.

Darüber hinaus tun sich gerade große Parteien, die einen Selbstanspruch als Volkspartei ausgeprägt haben, mit der Etablierung einigender Erzählungen und Grenzziehungen besonders schwer (Micus 2011). Denn die immer weiter steigende Heterogenität nicht nur in ganzen Gesellschaften, sondern auch innerhalb von Parteien, verkompliziert den Ausgleich nach Innen und die Formulierung klarer gesellschaftlicher Transformationsziele oder »konkreter Utopien« (Ernst Bloch), hinter denen sich alle versammeln – auch, weil Mitglieder individualisiert und nicht als Teil einer Gruppe eingebunden werden. Durch dieses Verständnis der eigenen Mitglieder als Individuen aber rückt für Parteien nach innen wie außen die Formulierung kollektiver Zielvorstellungen, aber auch die Diagnose gesellschaftlicher Probleme und Nöte in weite Ferne. Das einzelne Mitglied wird in seiner Beziehung zur Partei in der Tendenz vereinzelt und dadurch auch machtlos und unangebunden. Dies macht es zunehmend schwer, das Gefühl einer kollektiven Zugehörigkeit und Gemeinsamkeit zu entwickeln, welches eine zentrale Motivation für Menschen ist, sich einer Organisation anzuschließen. Gerade soziale Bewegungen mit ihrer vielfach engeren Themenfokussierung (im Gegensatz zu Parteien, die zu einem viel größeren Themenspektrum einen Konsens erarbeiten müssen) haben es hier leichter, das Gefühl einer Gemeinschaft von Gleichgesinnten zu schaffen.

Programmprozesse und programmatische Dokumente von Parteien spiegeln diese Problemkonstellationen an vielen Stellen wider und eignen sich hervorragend, die sich wandelnde Rolle von Parteien in ihren Gesellschaften zu verdeutlichen. Programme sind in der Politikwissenschaft oft und gern herangezogen worden, um inhaltliche Profile von Parteien zu vergleichen und Entwicklungen von einzelnen Parteien, Parteifamilien oder ganzen Parteiensystemen zu analysieren (Harmel 2018). Programmen wohnen dabei allerdings mehrere sich überschneidende und auch bisweilen widersprüchliche Aufgaben und Funktionen inne (Merz/Regel 2013). Nach Außen und in die Gesellschaft hinein sind Programme neben dem Führungspersonal die Schaufensterdekoration von Parteien. In *Wahl*programmen legen Parteien dar, welche Politikvorhaben sie nach einer (erfolgreichen) Wahl ins Auge fassen möchten, welche gesellschaftlichen Gruppen ihnen besonders am Herzen liegen und zu welchen potenziellen Koalitionspartnern sie schon vor einem Urnengang inhaltliche Brücken vorbereiten möchten. Hier tragen sie auch insofern zur Steuerungs- und *Linkage*-Funktion von Parteien bei, als dass sie – wie im Fall von Wahlprogrammen mit konkreten Policy-Vorhaben – eine schriftlich niedergelegte Messlatte mit Verpflichtungscharakter bilden können, anhand derer Wähler*innen und Anhänger*innen Politikentwürfe nachvollziehen und hinterher deren Umsetzung und Einhaltung vergleichen können. Die Politikwissenschaft hat auch mit Fug und Recht darauf hingewiesen, dass kaum ein*e Wähler*in ernsthaft Parteiprogramme liest oder diese gar zur Grundlage der Wahlentscheidung macht (Harmel 2018). Dies ist auch nicht zwingend notwendig, da Programme mittelbar die indirekte, mehr »gefühlte Programmatik« einer Partei mitgestalten, sei es über den Umweg medialer Berichterstattung zum Programm selbst oder aber die Tatsache, dass Programmdiskussionen und Prozesse, also der Weg hin zum Programm, ebenso Gegenstand öffentlichen Interesses sind.

Darüber hinaus weisen *Grundsatz*programme auf bestehende langfristige Selbsterzählungen und Gesellschaftsutopien von Parteien hin. Dabei sind sie zumindest zu einem Teil nicht als Selbstbeschreibungen gedacht, welche Markteine und politische Projekte der Vergangenheit hervorheben, sondern als auf die Zukunft gerichtete Erklärungen zur Gesellschaft (Dolezal et al. 2018): Welche Werte man für sich beansprucht, wo man gesellschaftlich Defizite und Entwicklungspotenziale sieht – welche Welt man sich vorstellt. Wenn also eine sozial-ökologische Transformation Ziel des politischen Handelns einer Partei sein sollte – in ihren Programmen müssten diese in unterschiedlichen Konkretisierungsebenen zu finden sein.

Nach innen sind Parteiprogramme zumindest auch das Ergebnis einer regelmäßigen Selbstverständigung auf den Kernkonsens einer Partei und ihrer Mitglieder und oft genug ein eher nachholender und abschließender kleinster gemeinsamer Nenner denn zukunftsgerichtetes Manifest, wenn ein Programmprozess in erster Linie der Befriedung potenziell trennender Interessensgegensätze dient. Gerade in immer heterogener werdenden organisatorischen Rahmen ist die Verständigung auf eine gemeinsame Überschrift immer anspruchsvoller. Der *Prozess* der Kompromissverhandlung zwischen Interessengruppen, Regionen oder Faktionen einer Partei ist dabei mitunter wichtiger als das Ergebnis eines konkreten Dokuments. Dabei ist oftmals nur das durchsetzbar, was bereits Konsens und akzeptiert *ist*: Programme verdeutlichen gerade in breiten gesellschaftlichen Koalitionen und heterogenen Organisationen, was unter den Beteiligten schon vollzogen und verinnerlicht worden ist. Anstatt eines Dokuments, welches es vermag, eine lang- oder mittelfristige Zielvision und Perspektive aufzuzeigen, haben Programme für das Innenleben einer Partei oftmals nachholende Funktion, gemachte Erfahrungen und geteilte Deutungen noch einmal aufzuschreiben.

Beide Aufgaben – Klärungsprozess nach innen einerseits, Demonstration, Wählerwerbung und Koalitionsanbahnung nach außen andererseits – haben widerstreitende Anforderungen und sind nur schwer miteinander in Einklang zu bringen. Aufgaben der Klärung nach innen sind mitunter kontraproduktiv für die Demonstration von Schlagkraft und Innovation nach außen, wenn dadurch Konflikte und Diskussionen zwischen Parteiflügeln oder Fraktionen sichtbar werden und Parteien nicht in die Gesellschaft hineinwirken, sondern um organisatorische Binnenperspektiven und -kompromisse ringen.

Gleichzeitig haben die Parteireformen, welche seit ca. zwei Jahrzehnten Formen annehmen (Faucher 2015), den Charakter, dass einige der oben skizzierten Aufgaben von Parteien nicht mehr wahrgenommen werden können: So wandelt sich die Aufgabe von Parteien, Willensbildung zu organisieren, eben immer mehr in Richtung der *Abbildung* autonom bestehender Präferenzen. Dadurch aber werden sie nicht mehr zu gestaltenden Akteuren, sondern in doppelter Hinsicht zu Organisatoren des kleinsten gemeinsamen Nenners, welche nicht (mehr) die praktischen Fähigkeiten und auch nicht die moralische Autorität besitzen, Zukunftsutopien zum Programm zu erheben, die nicht schon geteilt werden. Die organisatorische Individualisierung von Partizipation (innerhalb und außerhalb von Parteien) hat eben darüber hinaus erschwert, *kollektiv* politische Macht zu organisieren und *kollektiv* bindende politische und programmatische Entscheidungen zu organisieren. Im Hinblick auf die Erwartung, dass Parteien zu Initiatoren einer gesellschaftlichen Transformation und zu Richtungsweisern eines gesellschaftlichen Wandels werden, muss dies skeptisch stimmen.

Dies bedeutet aber im Umkehrschluss nicht, dass die Erwartungen an Parteien geringer geworden sind, überwölbende Narrative, zukunftsgerichtete Visionen und Transformationsversprechen zu produzieren. Auch der Autor dieses Textes ist nicht frei davon (Butzlaff et al. 2011). Die Diagnose etwa, dass der Sozialdemokratie ihre große Erzählung verloren gegangen sei, gehört bereits zu einem Allgemeinplatz der Wissenschaft wie des Feuilleton, um ihre elektorale Schwäche zu erklären. Dass die Christdemokratie ihrer selbst und ihrer Kerninhalte verlustig gegangen sei, ebenso. Denn der Bedarf nach Orientierung und nach dem Gefühl der Gewissheit, richtig von falsch, gut von schlecht unterscheiden zu können und zu wissen, wohin die politische Reise der Gesellschaft eigentlich führen soll, ist angesichts einer immer unsicherer und unübersichtlicher erscheinenden Welt mitunter größer denn je. Beides hängt miteinander zusammen: dass steigende gesellschaftliche Komplexitäten einerseits den Bedarf nach einigenden Zukunftsvisionen und sammelnden Überschriften, nach Vertrauen stiftenden Narrativen steigern – und es gleichzeitig Parteien immer schwerer machen, hier erfolgreich eine kohärente Vision zu entwickeln.

Mit einer Ausnahme: Blickt man auf die zeitgenössische Konjunktur rechtspopulistischer Bewegungen, dann wird deutlich, dass sie das Versprechen formulieren, dass sich jedes Mitglied der Bewegung individuell und direkt von der Führung angesprochen fühlen kann, es flexibel und wechselnd eingebunden wird, der*die Einzelne aber *gleichzeitig* die vollkommen klare und unauflösliche Zugehörigkeit zu einem Kollektiv erfährt – zum Volk bzw. zur Nation. Hier verbinden sich die unterschiedlichen Anforderungen, Vertrauen zu stiften, auf eine höchst produktive Art und Weise – und genau hier haben es sozialdemokratische und linke Parteien besonders schwer, eine absichernde provisorisch-moralische Grenze zu konstruieren, innerhalb derer sich Menschen versammeln, weil eine unauflösliche Gruppenzugehörigkeit im Zuge individueller Emanzipation und Befreiung nicht nur schwerer zu begründen, sondern als Idee abgelehnt wird. Gerade rechtspopulistische Bewegungen erscheinen daher mitunter als Vorbilder einer organisatorischen Parteimoderne, welche gleichwohl in der Lage sind, Orientierungspunkte und Wegweiser für eine gesellschaftliche Transformation zu produzieren (Blühdorn/Butzlaff 2018). Allerdings ist dies eine gänzlich andere, aggressiv exklusive und nationalistische Transformationsidee als die Erzählung eines großen, sozial-ökologischen Gesellschaftswandels (vgl. den Beitrag von Butzlaff zum *Wertewandel* in diesem Band).

Umwelt, Klima und Nachhaltigkeit in Parteiprogrammen

Die unterschiedlichen Funktionen und Adressaten von Parteiprogrammen lassen sich am Unterschied zwischen Grundsatzprogrammen einerseits sowie Wahl- und Regierungsprogrammen andererseits gut verdeutlichen. Während erstere Parteifunktionäre und Mitglieder ansprechen und ihre Identifikation mit der Partei sicherstellen sollen, geht es bei Letzteren darum, Anhänger*innen und Wähler*innen mit konkreten Politikangeboten zu überzeugen. Und während Grundsatzprogramme die großen Linien von Selbstverständnis und Gesellschaftsvision in oft blumiger Rhetorik zum Ausdruck bringen – zumeist auch viel länger Gültigkeit besitzen –, haben Wahl- und Koalitionsprogramme kaum eine Legislaturperiode orientierenden Bestand. Zusammen genommen bilden sie für eine Partei die programmatische Klammer aus Vision und Handlungsfähigkeit und sollen auf diese Weise politische Orientierung und Steuerungsfähigkeit demonstrieren.

Die hier behandelte Frage nach der Fähigkeit von politischen Parteien, den in sie gesetzten Hoffnungen gerecht zu werden, eine sozial-ökologische Transformation der Gesellschaft zur Bewältigung multipler Krisen vorzudenken und zu initiieren, lässt dabei auch die Positionsunterschiede der Parteien zu einem Gesellschaftswandel grundsätzlich zutage treten. Während Grüne, Sozialdemokraten, Linke und – neuerdings – auch Rechtspopulisten ihrem Selbstverständnis nach durchaus fundamentale Veränderungen der Gesellschaft anstreben, unterstreichen Christdemokraten und Liberale viel stärker ein Menschenbild, welches einer gesteuerten Transformation der Gesellschaft durch Politik und Parteien überhaupt skeptisch gegenübersteht. Diese Unterschiede lassen sich bis in die historischen *Sattelzeiten* der Parteien (Koselleck 1972) und die Ursprungskonflikte des 19. und 20. Jahrhunderts zurückverfolgen, aus denen sich die Parteifamilien entwickelt haben. Grüne und linke Perspektiven und zu einem Gutteil auch rechte politische Blickwinkel speisen sich aus einem tiefen Ungerechtigkeits- und Krisenbewusstsein, dem man mit politischer Aktion, mit Umverteilung und Neujustierung begegnen möchte – mit jeweils ganz unterschiedlichen Zielbildern vor Augen. Konservativen, Christdemokraten und zu einem Teil auch Liberalen geht es gerade um den *Schutz* vor Steuerung und möglichst freie Entfaltungsmöglichkeiten menschlicher Entwicklungspotenziale sowie – mittlerweile – um den Markt als Ebene, auf der dieses am besten geschehe.

Diese Unterschiede finden sich in den Grundsatzprogrammen als rote Erzählfäden und Leitlinien so wieder. Das Grundsatzprogramm der Österreichischen Volkspartei von 2015 stellt etwa ein Nachhaltigkeitsverständnis ins Zentrum, welches auf dem zentralen Postulat einer »ökosozialen Marktwirtschaft« aufbaut, welche »größtmögliche wirtschaftliche Freiheit und Leistung mit sozialer und ökologischer Nachhaltigkeit« verbindet: »Unternehmerisches Denken und Handeln bringt uns in allen Bereichen der Gesellschaft weiter« (ÖVP 2015: 6). Das weitere Ausbuchstabieren von Nachhaltigkeit, das Gebot, nicht mehr Ressourcen zu verbrauchen als nachwachsen können, eine Orientierung an den nächsten Generationen und der Wahrung der Schöpfung, ordnen sich dieser Perspektive auf die Koordinierungskraft des Marktes unter. Denn diese ökosoziale Marktwirtschaft sei »Grundlage für einen allumfassenden Wohlstand« (Liste Sebastian Kurz – die neue Volkspartei 2017). Auch die Christdemokratie in Deutschland, die CDU, unterstreicht, dass Klima-, Energie- und Umweltkrisen zwar Herausforderungen darstellten – dass diese aber eben eher als externe Phänomene zu verstehen sind, denen man sich anpassen muss, die aber nicht in einer gesellschaftlichen Transformation bewältigbar sind: »Wir müssen sie annehmen, uns auf sie einstellen und Chancen, die mit ihnen auch verbunden sind, [...] nutzen« (CDU 2007: 14). Dass diese Krisen durchaus fundamental sind, dass »die Schöpfung bedroht ist« – all das wird gleich zu Beginn des Programms diagnostiziert – allerdings folgt daraus wiederum der Hinweis auf Krisen als Innovationsmotoren: »Die weltweit führende Rolle Deutschlands bei den Umwelttechnologien wollen wir im Interesse des Klima- und Umweltschutzes weiter ausbauen. Auf diese Weise kann ein wesentlicher Beitrag zur Wertschöpfung im eigenen Lande, zur Schaffung neuer Arbeitsplätze und zur Stärkung des Mittelstands geleistet werden« (ebd.: 74-75). Wenngleich das christdemokratische Grundsatzprogramm bereits 2007 verabschiedet wurde, und eine Aktualisierung für 2020 geplant ist, sehen die für den Diskussionsprozess verabschiedeten Leitfragen keine Änderung dieser Perspektive vor. Umwelt- und Klimapolitik solle, erstens, nicht zur Bremse für Wohlstand und Wachstum werden, sowie, zweitens, über Innovation und Effizienz wirken (CDU 2018).

Die österreichischen Neos sehen Umweltpolitik ebenso als ökonomischen Innovationsmotor, radikalisieren allerdings den Markt als Lösungsinstanz von Nachhaltigkeitskrisen: »Der Widerspruch Wirtschaft vs. Umwelt ist nur ein scheinbarer. Die Ökonomie wird zur schärfsten Waffe der Ökologie« (Neos 2014: 83). Ähnlich die deutschen Liberalen: »Zugleich schafft Wirtschaftswachstum die Grundlage für eine anhaltend gute medizinische Versorgung, für echte Bildungschancen und einen leistungsfähigen Sozialstaat, für vielfältige Kultur und einen schonenden Umgang mit der Umwelt« (FDP 2012: 33). Die politische Lösung ökologischer Krisen wird auf diese Weise durch eine Intensivierung und Steigerung gesellschaftlicher Innovationskräfte und Marktmechanismen erreicht – ohne dass ein Wandel gesellschaftlicher Pfadabhängigkeiten dabei ins Auge gefasst oder gar zur Voraussetzung gemacht wird. Nachhaltigkeit ist nicht transformativ; zwar durchaus ein wichtiges Sekundärziel, aber eben eine Anpassungschance für ökonomische Modernisierung.

Auch im noch gültigen Hamburger Grundsatzprogramm der deutschen Sozialdemokraten von 2007 ist diese Einschränkung der Nachhaltigkeit als Leitbild auf höhere Primärziele klar erkennbar, neben der Tatsache, dass das Thema ökologische Krise in der Programmhierarchie und Gliederung weit hinten rangiert:

> »Heute zwingen uns der rasche Klimawandel, die Überlastung der Ökosysteme und das Wachstum der Weltbevölkerung, der Entwicklung eine neue, zukunftstaugliche Richtung zu geben. Davon hängt ab, ob aus Entwicklung Fortschritt wird. Wir wollen nachhaltigen Fortschritt, der wirtschaftliche Dynamik, soziale Gerechtigkeit und ökologische Verantwortung vereint. Dafür ist qualitatives Wachstum mit reduziertem Ressourcenverbrauch nötig.« (SPD-Parteivorstand 2007: 42)

Dies ist noch ganz im Duktus der traditionellen Arbeiterbewegung gehalten, in deren Rahmen Fortschritt und Wachstum für sozialen Ausgleich sorgen. Eine gesellschaftliche Transformation, welche hier durchaus Pate steht, wird zwar suggeriert, orientiert sich aber an sozialen Gerechtigkeitskategorien, zu denen ökologische Nachhaltigkeit *und* ökonomisches Wachstum beitragen – und bei der ungezügelte Märkte zwar kritisiert, aber als ordnendes Prinzip auch nicht grundsätzlich infrage gestellt werden.

Wie zu erwarten, wird diese Hierarchie bei den deutschen und österreichischen Grünen (wie auch bei Linkspartei und KPÖ) anders akzentuiert. Zumindest in den auf längere Linien zielenden Grundsatzprogrammen stehen die Marktmechanismen vielmehr im Zentrum der Krisenanalyse – und folglich deren Aufbrechen im Kern grüner Gesellschaftstransformationen. So betonen die österreichischen Grünen etwa:

> »Voraussetzung für eine zukunftsfähige Entwicklung sind tiefgreifende wirtschaftliche, gesellschaftliche und ökologische Systemveränderungen, die wir Grüne im integrativen Denkrahmen der Nachhaltigkeit definieren. Ziel ist es, Wirtschaft und Gesellschaft so zu organisieren, dass sie allen Menschen – heutigen wie künftigen Generationen – gleiche Lebenschancen, gleiche Grundrechte und gleiche Selbstentfaltungsmöglichkeiten bieten und funktionsfähige Ökosysteme auch für nichtmenschliches Leben sichern. Zur Erreichung dieser Ziele genügt es nicht, Nachhaltigkeit bloß als ökologische Ressourcennutzung zu

begreifen. [...] Nachhaltigkeit umfassend verstanden, erfordert eine intensive kritische Auseinandersetzung mit bestehenden Herrschaftsmodellen und Wirtschafts- wie Gesellschaftsformen.« (Die Grünen 2001: 13)

An anderer Stelle heißt es: »Nachhaltigkeit entsteht dort, wo Politik nach diesen Richtlinien sich gegenüber der Wirtschaft durchsetzen kann und im Interesse von Nachhaltigkeit ihrem Auftrag zur Regulation nachkommt« (ebd.: 15). Zeitgleich sich etwa bei ihrem deutschen Pendant gut anderthalb Jahrzehnte später Unsicherheiten, ob Politik und Parteien diesen Transformationsimperativen gerecht werden können: »Unsere größte Herausforderung ist also, dass wir radikaler sein müssen, und gleichzeitig das Brett, das wir bohren, scheinbar immer dicker wird. Gerade weil es nun immer härter und heftiger um Macht und um Geld geht. Und weil ein Teil unserer bisherigen Antworten mit unseren eigenen Zielen kollidiert« (Bündnis 90/Die Grünen 2018: 2). Ein Unbehagen, auch der eigenen Rolle und Bilanz gegenüber, scheint es bei grünen Parteien also durchaus zu geben (vgl. Blühdorns Kapitel zur *Gegenwartsdiagnose* in diesem Band). Ob daraus allerdings Konsequenzen erwachsen, die sich in Politikvorschläge übersetzen, mit denen man Pfadabhängigkeiten brechen oder aber langfristige Mentalitäten beeinflussen möchte, ist eine andere Frage, welche mit dem Blick auf Wahl- und Regierungsprogramme zu analysieren ist.

Denn Wahl- und Regierungsprogramme bzw. Koalitionsverträge sind ihrem Charakter nach viel weniger utopisch oder visionär gehalten, sondern konzentrieren sich auf das konkret Mach- und Messbare, welches dann in der kommenden Legislaturperiode umgesetzt oder aufgegriffen werden soll. Zudem legt in Koalitionsabkommen – wie zwischen 2017 und 2019 zwischen ÖVP und FPÖ in Österreich und seit 2018 zwischen CDU und SPD in Deutschland –, nicht eine Partei ihre Zukunftsvorstellungen dar, sondern tun sich (in diesen Fällen) zwei politische Parteien für eine bestimmte Zeit zusammen und loten Gemeinsamkeiten aus, ohne aber Trennendes auflösen zu müssen. Erwartungsgemäß nehmen in den Absichtserklärungen der deutschen und österreichischen Koalitionen die Themen Ökologie, Nachhaltigkeit, Klimawandel zwar durchaus umfassend Raum ein. Auch dass die Steuerungsfähigkeit einer ökologisch-sozialen Krisen als gegeben angesehen wird (so diese überhaupt als Realität verstanden wird) und beide Regierungen ihren Bürger*innen eine glänzende Zukunft prophezeien, kann dabei nicht verwundern: Dies gehört zur Aufgabe von Regierungsprogrammen. Dabei ist zum einen jedoch auffällig, dass diese zwar durchaus Erzählungen bereithalten, in denen Nachhaltigkeit, Generationengerechtigkeit (im ökologischen Sinne) sowie saubere und gesunde Lebensbedingungen eine zentrale Rolle spielen: »Wir werden zeigen, dass anspruchsvoller Klimaschutz, wirtschaftliche Prosperität und sozialer Ausgleich erfolgreich vereinbar sind« (CDU et al. 2018: 137). Zum anderen aber bleiben die auf einen ökologischen Gesellschaftswandel anwendbaren Abschnitte der Regierungsprogramme untergeordnete Teile größerer Narrative, welche an jeder Stelle prioritär durchscheinen. Dies ist schon gliederungstechnisch sofort ersichtlich – »verantwortungsvoller Umgang mit unseren Ressourcen« ist das zehnte Kapitel im deutschen Koalitionsvertrag zwischen CDU und SPD, das Kapitel »Standort und Nachhaltigkeit« ist das fünfte und letzte im österreichischen Regierungsprogramm. Der Koalitionsvertrag der deutschen großen Koalition etwa, von März 2018, streicht aber nicht nur im Aufbau, sondern auch inhaltlich heraus, dass ökonomische Wettbewerbsfähigkeit und die Wahrung des Wirtschaftsstandorts als »Grundbedingung« (ebd.) gelten, von der aus Umwelt- und Nachhaltigkeitspolitik sich entwickeln können. Dieses Postulat der umfassenden Vereinbarkeit von ökonomischer Modernisierung, Bewahrung der Schöpfung und dem Schutz natürlicher Ressourcen ist rückgebunden und zusammengeführt in dem Begriff der »effizienten, technologieoffenen und innovationsfördernden Umweltpolitik« (ebd.) und macht deren Hauptaufgabe deutlich: zu einer ökonomisch prosperierenden Entwicklung beizutragen. Auch im österreichischen Regierungsprogramm der ÖVP und FPÖ von 2017 liest sich dies ähnlich:

»Die Bundesregierung setzt eine integrierte nationale Klima- und Energiestrategie um, schafft damit verlässliche und planbare Rahmenbedingungen für Zukunftsinvestitionen am Standort Österreich und zeigt Schwerpunkte für künftige Forschung und Entwicklung auf. [...] Österreich soll zum Teil eines Weltmarkt-Innovationsmotors für moderne Umwelttechnologie werden. Mit dieser Vorreiterrolle im Bereich moderner Umwelttechnologien im Energie- und Umweltbereich werden hochqualifizierte Arbeitsplätze und zusätzliche ›Green Jobs‹ geschaffen.« (Neue Volkspartei/Freiheitliche Partei Österreichs 2017: 169)

Zeitgleich finden sich, besonders im österreichischen Koalitionsvertrag von 2017, Anklänge einer national konnotierten Begründung, warum Umwelt- und Energiepolitik notwendig und wünschenswert sind, und welche die auf Heimat konzentrierte Nachhaltigkeitsposition der FPÖ aufgreifen. Neben den Modernisierungs- und Innovations-Aspekten, in deren Rahmen ökonomische Entwicklungspotenziale gehoben werden sollen, sollen diese einen Beitrag zu nationaler Autonomie und geringeren Abhängigkeiten leisten. Die AfD in Deutschland drückt dies noch radikaler aus. Sie lehnt alle Ansinnen einer Dekarbonisierung, einer »großen Transformation« oder den »Klimaschutzplan 2050« ab (Alternative für Deutschland 2017: 35) und strebt eine »Renationalisierung« von Energie- und Wasserversorgung sowie des Verbraucherschutzes an, alles im Sinne der nationalen Autonomie (ebd.: 40).

Ein sozial-ökologischer Gesellschafts*wandel*, welcher Grundprämissen der gesellschaftlichen Organisation in Frage stellt, ist derzeit jedenfalls in den deutschen wie österreichischen Regierungsvorhaben nicht zu finden. Wenn überhaupt im Regierungsprogramm von einem Wandel die Rede ist, dann von einem, der die vermeintlichen Chancen und Potenziale eines ohnehin stattfindenden Wandels (der Globalisierung, Technologie, Digitalisierung etc.) heben möchte und in dessen Rahmen ökologische Neuerungen dann zu begrüßen sind, wenn sie ökonomische Rahmenbedingungen verbessern oder einem nationalen Selbstbewusstsein zuträglich sind. Dem liegt die Erzählung einer gesellschaftlichen Konkurrenzfähigkeit in einem rauer werdenden Klima internationaler Globalisierung zugrunde (vgl. auch die Beiträge von Blühdorn zum *Paradigmenwechsel* sowie von Butzlaff zum *Wertewandel* in diesem Band). Zeitgleich ist das Bekenntnis zu übernationalen Ebenen und der internationalen Koordination bei der Sicherung ökologischer Nachhaltigkeit deutlich und unmissverständlich: Die EU sowie die Vereinten Nationen sind den Regierungspartnern die entscheidenden Ebenen, um hier wirksam und koordiniert einen Wandel herbeizuführen – und die Perspektive auf die deutsche EU-Ratspräsidentschaft 2020 auch mittelfristig das Instrument, »um das Ambitionsniveau des europäischen Umweltschutzes weiter zu steigern« (CDU et al. 2018: 138).

Auch die Wahlprogramme der Grünen fallen im Vergleich mit den Krisendiagnosen ihrer Grundsatzprogramme deutlich gedämpfter und weniger radikal in ihren Forderungen aus. Es werden kaum politische Regulierung und Begrenzung als Mittel der politischen Steuerung ins Auge gefasst, sondern auf Anreize gesetzt, mit welchen das

Verhalten von Bürger*innen und Unternehmen beeinflusst werden soll. Gerade die österreichischen Grünen skizzieren dabei tiefgreifende Veränderungen: »Auch die Art, wie wir konsumieren und unser Lebensstil spielen dabei (bei den Bemühungen, den Klimawandel einzuhegen, Anm. FB) eine Rolle« (Die Grünen 2017: 25). Bei den deutschen Grünen hingegen wird nach wie vor prominent der Weg einer ökologischen Modernisierungschance aufrechterhalten: »Wir werden jetzt die nächsten Schritte der ökologischen Modernisierung gehen. Wir machen eine Wirtschaftspolitik mit ehrgeizigen Zielen, die den Unternehmen zwar etwas zumutet, aber gerade durch Innovationen neue Möglichkeiten eröffnet, Planungssicherheit schafft und neues Wissen und neue Technologien fördert« (Bündnis 90/Die Grünen 2017: 15). Interessant dabei ist, dass diese Perspektive, welche seit den 1980ern prominent Wachstumsversprechen und Krisenbewältigung miteinander verknüpfte, geradezu das Gegenteil eines sozial-ökologischen Wandels verspricht – nämlich beruhigend in Aussicht stellt, systemstabilisierend, wandlungsdämpfend, technokratisch und entpolitisierend zu wirken (vgl. Blühdorns Kapitel zur *Gegenwartsdiagnose* in diesem Band). Gerade vor dem Hintergrund der im Sommer 2019 mobilisierenden *Fridays for Future* Demonstrationen (Wahlström et al. 2019) und den dort gestellten Forderungen nach einem radikalen und umfassenden Wandel in der Klimapolitik machen sich die programmatischen Aufschläge der grünen Parteien kleinlaut und übervorsichtig aus (Raether 2019). Je konkreter es wird, umso zaghafter der Pinselstrich.

Blickt man resümierend auf die Parteiprogramme der großen, in den Parlamenten vertretenen Parteien, etwa in Deutschland und Österreich, so fällt auf, dass die Produktion großer, umfassender Alternativen und Erzählungen eines gesellschaftlichen Wandels, zu dessen Gestaltung die Parteien einst angetreten waren, kaum Teil der verschriftlichten Parteivisionen ist. Lediglich in den Grundsatzprogrammen der Grünen – und zum Teil auch bei den liberalen österreichischen Neos – finden sich Bezüge zu einem Gesellschaftswandel, auf den man nicht nur politisch souverän reagieren wolle, sondern den man auch selbst anstößt und steuert (Die Grünen 2001; Neos 2017). Ökologie sowie die Bewältigung sozial-ökologischer Krisen stehen in allen anderen Parteiprogrammen weit hinter den Themen Ökonomie und Arbeitsmarkt zurück. Krisenbewältigung oder zukünftiger Wandel sind immer nur dann vorstellbar und wünschenswert, wenn sie nicht zum Wettbewerbsnachteil werden. Die radikalsten Transformationsvorstellungen finden sich dabei in der Programmatik der Rechtspopulisten AfD und FPÖ – diese allerdings mit einer grundsätzlich anderen, aggressiv exklusiven Idealvorstellung eines sozial-ökologischen Gesellschaftswandels (vgl. den Beitrag von Butzlaff zum *Wertewandel* in diesem Band). Wie bereits in den Kapiteln von Ingolfur Blühdorn zum Paradigmenwechsel und zur Gegenwartsdiagnose unterstrichen, zeigt sich auch bei einem Vergleich der parteiprogrammatischen Ambitionen, dass trotz eines immer breiteren wissenschaftlichen Verständnisses einer sozial-ökologischen Krisensituation, trotz immer mehr Daten und Fakten, welche zur Verfügung stehen, derzeit die Rechtspopulisten die mit dem größten Selbstbewusstsein vorgetragenen programmatischen Ambitionen formulieren. Die Vorstellung jedenfalls, dass Parteiprogramme eine sozial-ökologische Transformation vorzeichnen – wie gemäß ihrer Rolle in parlamentarischen Demokratien mitunter erwartet werden könnte –, muss enttäuscht werden.

Sind Parteien noch Schools of Democracy? Zukünftige Forschungsaufgaben

Es liegt in der Natur politischer Programme von Parteien, die in jüngerer Vergangenheit an nationalen oder regionalen Regierungen beteiligt gewesen sind, die gesellschaftlichen Realitäten nicht allzu schwarz zu malen – man war ja zu einem Teil für diese verantwortlich. Insofern tun sich die meisten Programme schwer, eine düster wirkende Krisendiagnose zum Nukleus des politischen Strebens zu machen. Eine positive Gesellschaftsutopie jenseits der Marktkräfte fehlt allerdings auch. Dies zeigt, dass die Diagnose des Eingangs zutrifft, dass Parteien die Legitimität für eine Initiatorenrolle bei einem Gesellschaftswandel verloren gegangen ist.

In diesem Kapitel wurde entwickelt, dass Parteien möglicherweise nicht mehr Träger und Transmissionsriemen einer sozialökologischen Transformation sein können, da ihnen (a) das gesellschaftliche Wurzelwerk verloren gegangen ist, (b) ihre Steuerungskapazitäten angezweifelt werden bzw. sie diese eingebüßt haben, sowie (c) sie so sehr als Teil des politischen Systems betrachtet werden, dass ein tiefgreifender Veränderungsimpuls nur von Akteuren außerhalb dessen denkbar geworden ist.

Dass sich viele Parteien – die ÖVP unter Sebastian Kurz in Österreich, La République en Marche unter Macron in Frankreich, die Kampagne Donald Trumps in den USA – eher als Bewegung denn als Parteien inszenieren, macht deutlich, dass diesem Format viel mehr noch Fähigkeit und Legitimität zur Herrschaftskritik und zur Initiation einer Transformation zugesprochen wird. Dass Parteien allerdings Erzählungen eines Gesellschaftswandels liefern sollen, man Utopien und Visionen von ihnen erhofft, zugleich aber stets enttäuscht ist von der Machbarkeitsfixierung ihrer Programmatik, zeigt, wie widersprüchlich auf Parteien projizierte Erwartungen sind. Denn gleichzeitig ist die Zwischenbilanz europäischer Bewegungsparteien vor dem Hintergrund ihrer Forderungen – die Macht der Apparate brechen, Hierarchien abbauen und Partizipation ermöglichen – ernüchternd: Gerade neue Bewegungsparteien erweisen sich als hoch zentralisierte und personalisierte Organisationen, welche dem einzelnen Mitglied über eine politische Symbolik hinaus wenig Möglichkeiten zur Mitbestimmung einräumen. Partizipation, Direktdemokratie und Chancengleichheit haben sich hier oft genug als politische Inszenierung gezeigt (Priester 2018). Aus politikstrategischer Perspektive muss dies nicht zwangsläufig eine Schwäche darstellen, wenn Parteien in der Lage sind, Partizipationserwartungen und Bürger*innennähe symbolisch zu erfüllen, und gleichzeitig effizient und zentralisiert Politik zu formulieren. Vor dem Hintergrund der Erwartungen, die hinsichtlich ihres Beitrags zu einer sozial-ökologischen Transformation an Parteien gestellt werden, ist allerdings ob der immer stärkeren Fixierung auf Abbildung der politischen Präferenzen *einzelner* Anhänger*innen einerseits sowie die Verteidigung vermeintlicher Alternativlosigkeiten andererseits fraglich, welche steuernde oder entwerfende Rolle politische Parteien einnehmen können? Anders ist dies mitunter für rechtspopulistische Parteien gelagert, wenn diese sich in einer Art Transformations-Inszenierung ganz dezidiert als Außenseiter gegen das politische System stellen (vgl. den Beitrag von Butzlaff zum *Wertewandel* in diesem Band). Aufgabe der Sozialwissenschaften wäre hier, danach zu fragen, welche Aufgaben Parteien eigentlich noch erfüllen können und in welcher Form sie zu einer Transformation, bzw. zur Bewältigung der eingangs des Buches zum Ausgangspunkt gemachten Krisen beitragen können.

Für ihre Rolle beim Entwurf und der Organisation einer sozialökologischen Transformation ist vor allem zu beachten, dass und wie sehr Parteien sich auf die Aufgabe und das Demokratieverständnis zurückziehen, durch innerparteiliche Demokratie und Programmatik politischen Willen *abzubilden* und ihn – wenn überhaupt – nur durch demokratisches *Tun* entstehen zu lassen (wie in der Demokratietheorie in Anlehnung an Alexandre de Tocquevilles »*Schools of Democracy*« entworfen). Sie haben aber über weite Bereiche aufgegeben, sich selbst als Formationen zu verstehen, die im Sinne einer *Mitwirkung* am politischen Willen aktiv auf die Bürger*innen einwirken. Dies ist zum einen eine Selbstaufgabe und zum anderen verloren gegangenes Vertrauen der Bürger*innen in die Parteien. Es sind nicht umsonst »Bewegungsparteien«, die dezidiert ein anderes Organisationsformat postulieren, welche heutzutage Vertrauensgewinne verzeichnen und politische Dynamik versprühen. Dies aber bedeutet, dass Parteien nur dann Gesellschaftswandel postulieren können, wenn Gesellschaftswandel bereits in großen (Wähler*innen- und Anhänger*innen-)Gruppen Konsens und Überzeugung *ist* – dass aber Parteien selbst ihn kaum (mehr) herstellen können. Parteien sollen zwar erzählen, entwerfen, vordenken, erst recht in unübersichtlichen, komplizierten und durchaus verängstigenden Zeiten – aber sie können dem in ihrer gegenwärtigen Form kaum mehr gerecht werden. Ihnen die Vordenkerrolle nach wie vor zuzusprechen, zeigt, wie wenig die zurückgehende gesellschaftliche Verwurzelung und die daraus resultierende, immer schwierigere *Linkage*-Funktion von Parteien die Erwartungen verschoben haben, die nach wie vor an sie gestellt werden. Die Politikwissenschaft, Parteienforschung und Demokratietheorie haben diese Zwickmühle, in der Parteien zwischen der Erwartung einer konkreten Utopieproduktion, verloren gegangener politischer Steuerungsfähigkeit und der komplizierten Legitimation des eigenen Handelns an die Wand gedrängt werden, bis dato zu wenig beachtet. Auch deswegen wird ein mittlerweile überholtes Narrativ von Parteien als Taktgeber einer gesellschaftlichen Transformation aufrechterhalten. Das bedeutet nicht, dass dies auf ewig so bleiben muss. Es bedeutet aber, dass das Organisationsprinzip Partei in Zukunft neu gedacht werden müsste, um als Stichwortgeber und Drehbuchschreiber für einen Gesellschaftswandel ernsthaft in Frage zu kommen.

Literatur

Adloff, Frank (2018): »Zivilgesellschaft in der sozialökologischen Krise. Zur Transformation von Kapitalismus und Demokratie«, in: Forschungsjournal Soziale Bewegungen 31 (1-2), S. 298-309.

Alternative für Deutschland (2017): PROGRAMM für Deutschland Kurzfassung des Wahlprogramms der Alternative für Deutschland für die Wahl zum Deutschen Bundestag am 24.09.2017, Berlin, https://www.afd.de/wp-content/uploads/sites/111/2017/08/AfD_kurzprogramm_a4-quer_210717.pdf, zuletzt geprüft am 09.10.2019.

Bille, Lars (2001): »Democratizing a Democratic Procedure: Myth or Reality? Candidate Selection in Western European Parties, 1960-1990«, in: Party Politics 7 (3), S. 363-380.

Blühdorn, Ingolfur/Butzlaff, Felix (2018): »Rethinking Populism: Peak democracy, liquid identity and the performance of sovereignty«, in: European Journal of Social Theory 22 (2), S. 191-211.

Bündnis 90/Die Grünen (2017): Zukunft wird aus Mut gemacht. Bundestagswahlprogramm 2017, Berlin, https://www.gruene.de/fileadmin/user_upload/Dokumente/BUENDNIS_90_DIE_GRUENEN_Bundestagswahlprogramm_2017_barrierefrei.pdf, zuletzt geprüft am 09.10.2019.

Bündnis 90/Die Grünen (2018): Neue Zeiten. Neue Antworten. Impulspapier des Bundesvorstandes zum Startkonvent für die Grundsatzprogrammdebatte von Bündnis 90/Die Grünen, Berlin, https://www.gruene.de/artikel/das-politische-braucht-einen-neustart, zuletzt geprüft am 09.10.2019.

Butzlaff, Felix/Micus, Matthias/Walter, Franz (2011): »Im Spätsommer der Sozialdemokratie?«, in: Felix Butzlaff/Matthias Micus/Franz Walter (Hg.), Genossen in der Krise? Europas Sozialdemokratie auf dem Prüfstand, Göttingen: Vandenhoeck & Ruprecht, S. 271-300.

Butzlaff, Felix/Pausch, Robert (2019): »Partei ohne Erzählung. Die Existenzkrise der SPD«, in: Blätter für deutsche und internationale Politik (8), S. 81-87.

CDU (2007): Freiheit und Sicherheit. Grundsätze für Deutschland, Hannover, https://www.cdu.de/system/tdf/media/dokumente/071203-beschluss-grundsatzprogramm-6-navigierbar_1.pdf?file=1&type=field_collection_item&id=1918, zuletzt geprüft am 09.10.2019.

CDU (2018): Beschluss des 31. Parteitags. Leitfragen zum neuen Grundsatzprogramm der CDU, Hamburg, https://www.cdu.de/system/

tdf/media/images/780x439_artikel_slider/181208-beschluss-leit fragen-grundsatzprogramm.pdf?file=1&type=field_collection_ item&id=17441, zuletzt geprüft am 09.10.2019.

CDU/CSU/SPD (2018): Ein neuer Aufbruch für Europa. Eine neue Dynamik für Deutschland. Ein neuer Zusammenhalt für unser Land. Koalitionsvertrag zwischen CDU, CSU und SPD 19. Legislaturperiode, Berlin, https://www.cdu.de/system/tdf/media/dokumente/koalitionsvertrag_2018.pdf?file=1, zuletzt geprüft am 09.10.2019.

Decker, Frank (2018): Parteiendemokratie im Wandel, Baden-Baden: Nomos.

Die Grünen (2001): Grundsatzprogramm der Grünen. Beschlossen beim 20. Bundeskongress der Grünen am 7. und 8. Juli 2001 in Linz, Linz, https://www.gruene.at/partei/programm/parteiprogramm, zuletzt geprüft am 09.10.2019.

Die Grünen (2017): Das ist grün. Wahlprogramm der Grünen Nationalratswahl 2017, Wien, https://www.gruene.at/2017-nrw/wahlprogramm-2017, zuletzt geprüft am 09.10.2019.

Dolezal, Martin/Ennser-Jedenastik, Laurenz/Müller, Wolfgang C./Praprotnik, Katrin/Winkler, Anna K. (2018): »Beyond salience and position taking: How political parties communicate through their manifestos«, in: Party Politics 24 (3), S. 240-252.

Faucher, Florence (2015): »New forms of political participation. Changing demands or changing opportunities to participate in political parties?«, in: Comparative European Politics 13 (4), S. 405-429.

FDP (2012): Verantwortung für die Freiheit. Karlsruher Freiheitsthesen der FDP für eine offene Bürgergesellschaft, Karlsruhe, https://www.fdp.de/sites/default/files/uploads/2016/01/28/karlsruherfreiheitsthesen.pdf, zuletzt geprüft am 09.10.2019.

Gauja, Anika (2014): »The Individualisation of Party Politics. The Impact of Changing Internal Decision-Making Processes on Policy Development and Citizen Engagement«, in: The British Journal of Politics and International Relations 17 (1), S. 89-105.

Gauja, Anika (2017): Party reform. The causes, challenges, and consequences of organizational change, Oxford, New York, NY: Oxford University Press.

Harmel, Robert (2018): »The how's and why's of party manifestos«, in: Party Politics 24 (3), S. 229-239.

Helms, Ludger (1993): »Parteienregierung im Parteienstaat. Strukturelle Voraussetzungen und Charakteristika der Parteienregierung in der Bundesrepublik Deutschland und in Österreich (1949 bis 1992)«, in: Zeitschrift für Parlamentsfragen 24 (4), S. 636-654.

Holtmann, Everhard (2012): Der Parteienstaat in Deutschland. Erklärungen, Entwicklungen, Erscheinungsbilder, Bonn: Bundeszentrale für Politische Bildung.

Jun, Uwe (2013): »Typen und Funktionen von Parteien«, in: Oskar Niedermayer (Hg.), Handbuch Parteienforschung, Wiesbaden: Springer VS, S. 119-144.

Katz, Richard S. (2001): »The Problem of Candidate Selection and Models of Party Democracy«, in: Party Politics 7 (3), S. 277-296.

Kenig, Ofer (2009): »Democratization of party leadership selection. Do wider selectorates produce more competitive contests?«, in: Electoral Studies 28 (2), S. 240-247.

Koselleck, Reinhart (1972): »Einleitung«, in: Otto Brunner/Werner Conze/Reinhart Koselleck (Hg.), Geschichtliche Grundbegriffe. Historisches Lexikon zur politisch-sozialen Sprache in Deutschland, Bd.1, Stuttgart: Klett-Cotta, XIII.

Liste Sebastian Kurz – die neue Volkspartei (2017): Der neue Weg. Aufbruch & Wohlstand. 2. Teil, Wien, http://riedau.ooevp.at/fileadmin/gemeinden/schaerding/riedau/newsartikel/2017_nationalratswahl/Programm_Teil2_Aufbruch_und_Wohlstand.pdf, zuletzt geprüft am 09.10.2019.

Lösche, Peter/Walter, Franz (1989): »Zur Organisationskultur der sozialdemokratischen Arbeiterbewegung in der Weimarer Republik. Niedergang der Klassenkultur oder solidargemeinschaftlicher Höhepunkt?«, in: Geschichte und Gesellschaft 15 (4), S. 511-536.

Mair, Peter (2013): Ruling the void. The hollowing of Western democracy, London: Verso.

Merz, Nicolas/Regel, Sven (2013): »Die Programmatik der Parteien«, in: Oskar Niedermayer (Hg.), Handbuch Parteienforschung, Wiesbaden: Springer VS, S. 211-238.

Michels, Robert (1989): Zur Soziologie des Parteiwesens in der modernen Demokratie. Untersuchungen über die oligarchischen Tendenzen des Gruppenlebens, Stuttgart: Kröner.

Micus, Matthias (2011): »Patient Volkspartei? Über den Niedergang und deren Verkünder«, in: Indes. Zeitschrift für Politik und Gesellschaft (0), S. 144-151.

Micus, Matthias/Walter, Franz (2007): »Stotternde Integrationsmotoren: Die Parteien nach dem Verlust ihres Sinns«, in: Heinrich Geiselberger (Hg.), Und jetzt? Politik, Protest und Propaganda, Frankfurt a.M.: Suhrkamp, S. 19-33.

Neos (2014): Wir erneuern Österreich. Pläne für ein neues Österreich, Wien, www.parteiprogramm.at/bild/Parteiprogramme/NEOS-Plaene-fuer-ein-neues-oesterreich2014-10-26.pdf, zuletzt geprüft am 09.10.2019.

Neos (2017): Österreich geht anders: Umwelt, Nachhaltigkeit & Lebensqualität, Wien, https://www.neos.eu/_Resources/Persistent/90b853a0687d04998b7a0bfc80b9980c7b267094/NEOS_Umweltpapier_HB.pdf, zuletzt geprüft am 09.10.2019.

Neue Volkspartei/Freiheitliche Partei Österreichs (2017): Zusammen. Für unser Österreich. Regierungsprogramm 2017 – 2022, Wien, https://images.derstandard.at/2017/12/16/Regierungsprogramm.pdf, zuletzt geprüft am 09.10.2019.

ÖVP (2015): Grundsatzprogramm 2015 der Österreichischen Volkspartei, Wien, https://www.dieneuevolkspartei.at/Download/Grundsatzprogramm.pdf, zuletzt geprüft am 09.10.2019.

Pennings, Paul/Hazan, Reuven Y. (2001): »Democratizing Candidate Selection. Causes and Consequences«, in: Party Politics 7 (3), S. 267-275.

Poguntke, Thomas (1987): »The Organization of a Participatory Party. The German Greens«, in: European Journal of Political Research 15 (6), S. 609-633.

Priester, Karin (2018): »Bewegungsparteien auf der Suche nach mehr Demokratie: La France insoumise, En marche, die Fünf-Sterne-Bewegung«, in: Forschungsjournal Soziale Bewegungen 31 (1-2), S. 60-67.

Raether, Elisabeth (2019): »Der Schein trägt«, in: Die Zeit vom 08.08.2019.

Schäfer, Armin (2015): Der Verlust politischer Gleichheit. Warum die sinkende Wahlbeteiligung der Demokratie schadet, Frankfurt a.M.: Campus.

SPD-Parteivorstand (2007): Hamburger Programm. Das Grundsatzprogramm der SPD, Hamburg, https://www.spd.de/fileadmin/Dokumente/Beschluesse/Grundsatzprogramme/hamburger_programm.pdf, zuletzt geprüft am 09.10.2019.

van Reybrouck, David (2016): Against elections. The case for democracy, London: The Bodley Head.

Wahlström, Mattias/Kocyba, Piotr/Vydt, Michiel de/Moor, Joost d. (2019): Protest for a future. Composition, mobilization and motives of the participants in Fridays For Future climate protests on 15 March, 2019 in 13 European cities, https://osf.io/m7awb/, zuletzt geprüft am 09.10.2019.

Walter, Franz (2014): Gelb oder Grün? Kleine Parteiengeschichte der besserverdienenden Mitte in Deutschland, Bielefeld: transcript.

Walter, Franz (2018): Die SPD. Biographie einer Partei von Ferdinand Lassalle bis Andrea Nahles, Reinbek: Rowohlt.

Walter, Franz/Dürr, Tobias (2000): Die Heimatlosigkeit der Macht. Wie die Politik in Deutschland ihren Boden verlor, Berlin: Fest.

Walter-Rogg, Melanie (2013): »Parteireformen und ihre Wirkung auf die Mitgliederentwicklung«, in: Ulrich von Alemann/Martin Morlok/Tim Spier (Hg.), Parteien ohne Mitglieder? [Tagungsband »Parteien ohne Mitglieder?«, Düsseldorf, 23. bis 24. Oktober 2009], Baden-Baden: Nomos, S. 247-269.

WBGU (2011): Welt im Wandel. Gesellschaftsvertrag für eine Große Transformation, Berlin: Wissenschaftlicher Beirat der Bundesregierung Globale Umweltveränderungen (WBGU).

Wiesendahl, Elmar (2011): Volksparteien. Aufstieg, Krise, Zukunft, Opladen: Budrich.

Wiesendahl, Elmar (2013): »Restlaufzeiten der Parteiendemokratie«, in: Oskar Niedermayer/Benjamin Höhne/Uwe Jun (Hg.), Abkehr von den Parteien? Parteiendemokratie und Bürgerprotest, Wiesbaden: Springer VS, S. 9-42.

Willke, Helmut (2014): Demokratie in Zeiten der Konfusion, Berlin: Suhrkamp.

Wood, Matt/Flinders, Matthew (2014): »Rethinking depoliticisation: Beyond the governmental«, in: Policy & Politics 42 (2), S. 151-170.

Wright, Erik O. (2010): Envisioning real utopias, London: Verso.

Transformative Bewegungen?
Nischenaktivismus zwischen Management und Überwindung der sozial-ökologischen Krise

Michael Deflorian

Finanzkrise, Demokratiekrise, Migrationskrise, Biodiversitätskrise, Klimakrise. Seit dem Jahr 2008 ist die Feststellung, dass westliche Gesellschaften sich in einer »Vielfachkrise« befinden, zum Allgemeinplatz geworden (Brand/Wissen 2017). Manche sprechen mittlerweile davon, dass sich nachhaltigkeitspolitisch ein »Ausnahmezustand« (Luks 2018) oder ein »Paradigmenwechsel« abzeichnen (vgl. Blühdorns Kapitel zum *Paradigmenwechsel* in diesem Band). Diese Wahrnehmung geht nicht zuletzt auf die Mobilisierungserfolge von sozialen Bewegungen zurück. Occupy, PEGIDA oder Fridays for Future haben mit ihren Protesten das Meinungsbild eindrücklich geprägt. Auf unterschiedliche Weise haben diese Bewegungen politische Eliten für wirtschaftliche, migrationsbezogene und ökologische Entwicklungen verantwortlich gemacht und einen radikalen Politikwechsel gefordert. Mit Hilfe der sozialen Medien haben lokale Gruppen eine ungeahnte Aufmerksamkeit erhalten, Nachahmer*innen an weit entfernten Orten gefunden und für politisches Feuer gesorgt – welches aber letztlich, zumindest im Fall von Occupy und PEGIDA, auch rasch wieder erloschen ist. Was geblieben ist, sind die wahlpolitischen Erfolge von neuen politischen Parteien und Persönlichkeiten – von Bernie Sanders, über die AfD bis hin zu den Grünen – welche ohne diese linken und rechten Graswurzelbewegungen wohl nicht möglich gewesen wären.

Es wäre allerdings falsch anzunehmen, dass die Zivilgesellschaft in Zeiten der Vielfachkrise ausschließlich den öffentlichen Protest sucht. Besonders umweltbewegte Menschen treibt es momentan nicht nur in die Hauptstraßen, Kohlereviere und Forstbäume. Als Austragungsort für ihre sozial-ökologischen Anliegen wählen viele Menschen auch ihre persönliche Lebenswelt. Zum einen greifen sie dabei zu nachhaltigen Konsumgütern und grünen Dienstleistungen (vgl. den Beitrag von Mock in diesem Band). Zum anderen schließen sie sich mit Gleichgesinnten zusammen, um ganz alltägliche Bedürfnisse – wie Essen, Kleidung, Mobilität oder elektronische Geräte – auf neue Art zu befriedigen. Gemeinschaftsgärten, Essenskooperativen, Repair-Cafés, Leihläden, Kleidertausch-Initiativen, Nähcafés oder offene Fahrradwerkstätten sind nur einige dieser Initiativen, die im Zuge der Wirtschafts-, Demokratie- und Klimakrise an Zulauf gewonnen haben. Die Attraktivität solcher Initiativen ist verständlich: In einer zunehmend digitalisierten und individualisierten Gesellschaft erlauben sie das Experimentieren mit handfesten Tätigkeiten und das Sammeln von gemeinschaftlichen Erfahrungen. Und der vielleicht stärkste Reiz: Es sind Kulturtechniken, die weit weniger Umwelt verbrauchen und mehr direkte Beteiligung ermöglichen als der gewöhnliche Konsum oder die Wahl per Stimmzettel. Vor dem Hintergrund, dass weder der Markt noch *die große Politik* die notwendige ökologische Transformation organisieren (vgl. die Beiträge von Mock und Hausknost sowie den Beitrag von Butzlaff zu *Parteien* in diesem Band), kommt den praktischen Nischen der Gesellschaft neue Bedeutung zu.

Erste empirische Studien belegen, dass die Aktivist*innen in solidarischen Landwirtschaften, Repair-Cafés oder Leihläden vor allem aus den post-materiellen Milieus stammen (Grossmann/Creamer 2016; Eversberg/Schmelzer 2016). Dabei handelt es sich um den Teil der Gesellschaft mit den stärksten ökologischen und demokratischen Wertorientierungen sowie der größten Unterstützung für das Ziel einer nachhaltigen Gestaltung der Gesellschaft (Bundesministerium für Umwelt, Naturschutz, Bau und Reaktorsicherheit/Umweltbundesamt 2017). Die Motive der Engagierten reichen dabei von dem Vorsatz, den ökologisch desaströsen Kapitalismus von innen heraus zu überwinden (Dobernig/Stagl 2015; Naegler 2018) bis hin zu dem Wunsch etwas Gutes für die Umwelt zu tun oder eine konkrete Veränderung spüren zu wollen (Schlosberg/Coles 2016; Kropp/Stinner 2018). In den Initiativen sammeln sich ehemalige Aktive aus Occupy oder der Klimagerechtigkeitsbewegung, die ihr Engagement nach dem Abflauen der Proteste um die Wall Street und den Klimagipfel in Paris in den Aufbau unabhängiger Strukturen verlagern wollen (Naegler 2018; de Moor et al. 2020). Aber auch Menschen, die keine solch ausgeprägte Bewegungsbiografie haben, finden sich hier ein, weil sie den spielerischen Umgang mit einer neuen Praxis suchen (Welzer 2011; MacGregor 2019). Damit erhärtet sich der Eindruck, dass es vor allem Menschen mit starken ökologischen Werten zu den Gemeinschaftsgärten, Essenskooperativen und Nähcafés treibt und dass Aktivist*innen ihr Handeln mit unterschiedlich starker Kritik an der gegenwärtigen Gesellschaft verbinden.

Aus diesem Grund haben Nischeninitiativen in der Nachhaltigkeits- und Bewegungsforschung für eine gewisse Aufbruchsstimmung gesorgt. In verschiedenen Publikationen wird von »Pionieren des Wandels« (WBGU 2011), Formen der »kreativen Subsistenz« (Paech 2012), »konkreten Utopien« (Muraca 2015) oder gar einem neuen »materialistischen« Typus von Umweltbewegung (Schlosberg/Coles 2016) gesprochen. Die Praktiker*innen, so der Tenor, fühlten sich von der Konsumwirtschaft und der staatlichen Politik entfremdet, weil diese ökologische, wirtschaftliche und psychische Katastrophen verursacht hätten und keine tragfähigen Lösungen dafür in Aussicht stellen würden. Mit dem Aufbau neuer Formen des (Zusammen-)Lebens würden die Aktivist*innen nun die Zügel selbst in die Hand nehmen und das Ziel verfolgen, effektivere Gegeninstitutionen zu schaffen (Thadden 2014). Letztere würden Alternativen zur kapitalistischen Verwertung darstellen und eine wünschenswerte Zukunft im Hier und Jetzt präfigurieren, also *vorher-bilden* (Wright 2017). Nicht zuletzt hätten Nischeninitiativen einen nachhaltigen Einfluss auf die Aktivist*innen selbst: sie fördern die Lust an der Emanzipation aus unfreien Verhältnissen und produzieren neue Subjektivitäten. Damit schüfen sie persönliche Einstellungs- und Handlungsmuster, auf denen eine wahrlich freie, solidarische und ökologische Gesellschaft aufbauen könne (Welzer 2011; Ronge 2016; Monticelli 2018).

Kaum berücksichtigt wird bei diesen Konzeptualisierungen allerdings das erweiterte Alltagsleben vieler Aktivist*innen. So hat eine vom deutschen Umweltbundesamt in Auftrag gegebene Studie gezeigt, dass die post-materiellen Milieus nicht nur jene mit den stärksten ökologischen Werten sind, sondern auch jene mit dem zweithöchsten CO_2-Ausstoß – nicht zuletzt wegen eines ressourcenintensiven Konsum-, Mobilitäts- und Wohnverhaltens (Umweltbundesamt 2016). Auch eine Studie zu Teilnehmer*innen der 4. Degrowth Konferenz in Leipzig hat gezeigt, dass selbst in wachstumskritischen Kreisen, welche Nischeninitiativen besonders nahestehen, häufige Flugreisen verbreitet sind (Eversberg 2015). Zudem berichten Forscher*innen davon, dass sich eine Vielzahl der Aktivist*innen nur sporadisch in den Nischeninitiativen einbringt und das Engagement oft nicht über das spielerische Experimentieren mit einer einzelnen Praktik hinausgeht (Naegler 2018; Schlosberg/Coles 2016; Welzer 2011). Auch wenn es noch keine übersichtliche Datenlage gibt, so kann angenommen werden, dass für einen großen Teil der Aktivist*innen die Beteiligung an einem Gemeinschaftsgarten oder einer Essenskooperative eine begrenzte Praktik innerhalb einer ökologisch eher durchwachsenen Lebensweise ist.

Das ist bemerkenswert, weil es einer zentralen Behauptung bestehender Theorien zu Nischeninitiativen widerspricht: und zwar der Vorstellung, dass es sich hier um eine wachsende Bewegung von Menschen handelt, welche eine *Befreiung vom Überfluss* (Paech 2012) wagen und in Gemeinschaftsgärten, Repair-Cafés und Leihläden Erfahrungen machen, die zu einer kaskadenförmigen Veränderung des gesamten Lebensalltags führen (Muraca 2015; Schlosberg/Coles 2016). Dieser Umstand wird durchaus kritisch diskutiert. So werden Aktivist*innen, deren ökologisches Engagement sich auf einzelne Praktiken beschränkt und die sich kaum in den strategischen Ausbau von Nischen einbringen, als Herausforderung für eine erfolgreiche Mobilisierung betrachtet – denn um gesellschaftlich wirkmächtig zu werden, müssten verschiedene Praktiken miteinander verbunden und auch gegen Widerstände durchgesetzt werden (Schlosberg/Coles 2016; Welzer 2011). Woanders wird Praktiker*innen mit einem eklektischen Lebensstil vorgeworfen, dass sie eine Nachhaltigkeitsorientierung lediglich »vorgeben« (Paech 2012: 99) oder »imitieren« (Hayward/Schuilenburg 2014: 32, eigene Übersetzung). Innerhalb der Nischenbewegungen werden solche Personen mitunter als *Hipster* bezeichnet und es wird versucht, sich mit radikaler Kapitalismuskritik von ihnen abzugrenzen (Naegler 2018: 516). Darin schwingt eine Enttäuschung mit, die hinsichtlich der Dringlichkeit einer schlagkräftigen Allianz für eine ökologische Transformation nachvollziehbar ist. Doch für ein soziologisches Verständnis dieser Initiativen sind Grenzziehungen zwischen vermeintlich *echten* und *unechten* Aktivist*innen, zwischen solchen mit vermeintlich *richtigem* oder *falschem* Bewusstsein, eher hinderlich. Tatsächlich existieren nur vereinzelte Gruppen innerhalb der post-materiellen Milieus und wachstumskritischen Kreise, die streng nach ökologischen Maßstäben leben und in einer Vielzahl von Nischenpraktiken organisiert sind (Eversberg 2015; Umweltbundesamt 2016). Das Problem sollte daher nicht bei einzelnen Individuen gesucht werden – sondern bei den aktuellen Erklärungsansätzen, die ein gelegentliches Nischenengagement und die Beibehaltung eines nicht-nachhaltigen Konsumverhaltens in aller Regel nicht vorsehen.

Der Grund dafür liegt in weitverbreiteten Annahmen, die seit den 1970er und 1980er Jahren in der Analyse von sozialen Bewegungen vorherrschen. Theorien zu den *Neuen Sozialen Bewegungen* und zu *Präfigurativer Politik* waren vor allem auf die radikalisierten Milieus der Umwelt-, Frauen- und Anarcho-Szene zugeschnitten. Dabei wurde davon ausgegangen, dass das Engagement in Nischenbewegungen einem existentiellen Gefühl der Entfremdung entspringt und von dem Wunsch nach vollständiger Emanzipation angetrieben wird: Gerade weil der Kapitalismus jegliche authentische Selbstentfaltung behinderte, galt es, ihn in allen Lebensbereichen entschieden zu bekämpfen (Melucci 1989; Epstein 1993; Reichardt 2014). Ein großer Teil der heutigen Nischenaktivist*innen scheint demgegenüber großen Gefallen an den Angeboten des Marktes zu finden (vgl. Blühdorns Kapitel zur *Gegenwartsdiagnose* in diesem Band) – und beteiligt sich gelegentlich auch an Alltagspraktiken, die früher mit dem Projekt einer entschieden anderen Gesellschaftsordnung assoziiert wurden. Wie lässt sich das verstehen? Offensichtlich ist es hier zu einer Verschiebung von Denk- und Handlungsmustern gekommen, die von der jüngeren Theorieentwicklung noch nicht genügend berücksichtigt worden ist. Genau hier muss eine Transformationsforschung ansetzen, die an sich den Anspruch stellt, sich mit dem aktuellen Wandel der Gesellschaft zu befassen.

In diesem Sinne geht es im Folgenden darum, eine Perspektive zu entwickeln, die das Verhalten jener Aktivist*innen erhellt, die einen – auf den ersten Blick – höchst widersprüchlichen Lebensstil pflegen und sich nur vereinzelt in den Nischen engagieren. Dafür gilt es zunächst aufzuzeigen, wo Theorien der Neuen Sozialen Bewegungen und der Präfigurativen Politik ihre Lücken haben (zweiter Abschnitt). Diese Lücken lassen sich, so mein Argument, durch jüngere Gesellschaftstheorien über das *flexible, flüssige* oder *spätmoderne* Individuum schließen (dritter Abschnitt). Auf der Grundlage dieser Theorien lassen sich drei Thesen über die Ambivalenz von zeitgenössischem Nischenaktivismus formulieren. Diese erlauben abschließend eine Reflexion über Forschungsaufgaben und die transformativen Möglichkeiten und Grenzen von Nischenbewegungen (vierter Abschnitt).

Neue soziale Bewegungen und das *Vorher-bilden* einer alternativen Gesellschaft

Wie bereits erwähnt, hat die neuere Literatur zu Pionieren des Wandels, konkreten Utopien und neuen materialistischen Bewegungen ihre Wurzeln in Theorien, die das Aufkommen von sozialen Bewegungen ab den späten 1960er Jahren erklären sollten. Denn auch die Jugend-, Friedens-, Umwelt- und Frauenbewegungen hatten – anknüpfend an sozialistische und anarchistische Traditionen (Boggs 1977; Butzlaff/Deflorian 2019) – die persönliche Lebenswelt als Schauplatz für den Kampf um eine gerechte und ökologische Gesellschaft auserkoren. Besonders die Theorien zu den Neuen Sozialen Bewegungen und der Präfigurativen Politik haben für die damalige Zeit plausible Deutungen vorgelegt. Beide sollen hier in ihren Kerngedanken vorgestellt werden, um danach aufzuzeigen, wo deren Grenzen für die Erklärung heutiger Nischenbewegungen liegen.

Einer der bedeutendsten Vertreter der Theorien zu *Neuen Sozialen Bewegungen* war Jürgen Habermas. Er interpretierte die antiautoritären Kindergärten, Bio-Bauernhöfe und Reformpsychiatrien, die im Zuge von 1968 in Erscheinung traten, als *Gegeninstitutionen zum System*. Diese würden mobilisiert, um sich der *Kolonisierung der Lebenswelt* durch die instrumentelle Vernunft von Bürokratie und Markt zu widersetzen und die Lebenswelt mittels kommunikativer Vernunft neu zu gestalten (Habermas 1981). Auch Alberto Melucci sah in den Nischenbewegungen der damaligen Zeit die Trägerinnen von alternativen *Codes*, welche gegen *komplexe Systeme* in Stellung gebracht wurden (Melucci 1989). Dem italienischen Soziologen zufolge empfanden die Aktivist*innen eine technokratische Politik und eine wachsende Wirtschaft als Gefahr für die persönliche Freiheit und die Stabilität der Gesellschaft. Während auf der Straße diese Entwicklungen als unvernünftig kritisiert werden konnten, erlaubten neue Lebensformen zu demonstrieren, dass eine friedlichere, freiere und ökologischere Kultur attraktiv und möglich war (ebd.). In den USA wurde zeitgleich der Begriff der Präfigurativen Politik geschaffen, um die Strategie von Nischenbewegungen zu erfassen (Epstein 1993; Yates 2014). Hinter *Präfiguration* verbirgt sich die Idee, dass eine utopische Gesellschaft, die eigentlich nur in einer unbestimmten Zukunft möglich ist, bereits in der Gegenwart erzeugt wird – sie wird quasi *vorher-gebildet*. Damit verbunden ist einerseits die Vorstellung, dass eine neue Gesellschaft in den Nischen der bestehenden geschaffen werden kann und von dort aus Schritt für Schritt die bestehende Ordnung ersetzen soll (Epstein 1993). Andererseits schreibt Präfiguration dem Handeln-als-ob eine besondere Wirkung zu: Sich mit anderen so zu verhalten, als ob man sich bereits in einer wünschenswerten Gesellschaft befindet, würde jene Denk- und Handlungsmuster trainieren und verfestigen, auf die eine neue Gesellschaft angewiesen war (Maeckelbergh 2011; Muraca 2015). In ihrem Anspruch folgte präfigurative Politik dem Geist der neuen sozialen Bewegungen: Es galt, sich kollektiv von der Anomie des Kapitalismus zu befreien und die Gesellschaft in die Richtung einer idealen Gesellschaft zu transformieren (Breines 1989).

Was sich in diesem Anspruch finden lässt, sind bestimmte Normen von Subjektivität – also bestimmte Maßstäbe, nach denen Menschen ihr Denken, Fühlen und Handeln auszurichten versuchen. Diese Normen lassen sich als *Autonomie* und *Integrität* bezeichnen: sich von den Zwängen des politischen und wirtschaftlichen Systems zu befreien, damit persönliches Handeln vollständig den inneren Werten folgen kann (Melucci 1989; Touraine 2000; Habermas 2009). Nicht die Rollen übernehmen, die der Staat oder der Markt einem zuschreibt, sondern ein ganzheitliches Individuum werden, auf dem eine neue Gemeinschaft aufbauen kann (Breines 1989), lautete der Vorsatz. Die Lage der Gesellschaft wurde dabei auf schicksalhafte Weise mit der Lage der eigenen Person verbunden: Die großen Verwerfungen der Gesellschaft und deren Risiken für Fortschritt, Natur und Frieden fanden Eingang in Fragen der persönlichen Lebensführung (Giddens 1991; Beck 2000 [1986]). Die notwendige Konsequenz war daher ein radikaler Wandel, auch der eigenen Lebensweise – bis zu dem Punkt, an dem eine alternative Gesellschaftsordnung die Werte von ökologischer Unversehrtheit, Geschlechtergerechtigkeit oder Weltfrieden reflektierte (Touraine 2000). Forderungen nach umfassender Veränderung in der Öffentlichkeit waren daher aufs Engste mit dem Anspruch verbunden, diese Veränderung im Privaten bereits vorzuleben (Melucci 1989; Epstein 1993; Reichardt 2014).

Tatsächlich geben diese Theorien einen Ausschnitt aus der Geschichte wieder, eine Phase der intensiven Politisierung, die in den ausgehenden 1980er Jahren wieder abgeebbt ist. Der Vorsatz, ein Ich und eine Gesellschaft jenseits von Konsumzwängen und in Einklang mit inneren Werten zu schaffen, existiert aber weiterhin als zentrale ökologische und emanzipatorische Norm. Die Entscheidung von Greta Thunberg etwa, das Flugzeug als Verkehrsmittel zu meiden und im Sommer 2019 stattdessen per Segelschiff zu den Klimagesprächen nach New York zu reisen, lässt sich ohne diese Richtwerte nicht denken. Auch die aktuelle Literatur zu Foodsharing, Nähcafés und Leihläden setzt bei den allermeisten Aktivist*innen das Ideal einer autonomen und integrierten Persönlichkeit innerhalb einer alternativen und stabilen Gesellschaft voraus. Damit mag das Engagement von einer Reihe höchstengagierter Praktiker*innen erklärt sein, die sich in möglichst vielen Nischeninitiativen um ein richtiges Leben bemühen (Eversberg/Schmelzer 2016; Umweltbundesamt 2016). Doch bei dem von Konsum geprägten Lebensstil und dem selektiven Engagement vieler anderer Aktivist*innen stößt dieses Bild an seine Grenzen. Hier reicht das Vokabular von tiefster Entfremdung und umfassender Selbstbefreiung nicht mehr aus. Dies verlangt ein zumindest teilweises Überdenken dessen, was das Denken, Fühlen und Handeln von modernen Menschen in seinem Kern ausmacht. Genau das leisten soziologische Theorien zur sogenannten *spätmodernen* Gesellschaft (vgl. Blühdorns Kapitel zur *Gegenwartsdiagnose* und Butzlaffs Beitrag zum *Wertewandel* in diesem Band).

Die spätmoderne Gesellschaft und das flüchtig-flüssige Ich

Wer von einer spätmodernen Gesellschaft spricht, geht davon aus, dass Gesellschaften bestimmte Wandlungsprozesse durchlaufen, die ihre konstitutiven Elemente – ihre Strukturen und Subjekte – fundamental verändern. Für soziale Bewegungen bedeutet das: Mit neuen Phasen der Modernisierung kommt es stets zu neuen Phasen der Mobilisierung, die neue Konfliktlinien und Identitätsprobleme widerspiegeln. So wurden die neuen sozialen Bewegungen der 1970er und 1980er Jahre als kollektive Reaktionen auf noch nie dagewesene Wellen des sozialen, ökonomischen und kulturellen Wandels begriffen. Laut den Soziologen Anthony Giddens und Ulrich Beck lösten Industrialisierung, Globalisierung und Individualisierung Menschen zunehmend aus den Zwängen der traditionellen Gesellschaft heraus, produzierten aber auch jene Risiken, gegen die die Umwelt-, Friedens- und Frauenbewegung aktiv wurden. Damit waren die neuen sozialen Bewegungen sowohl Kritiker als auch Kinder der traditionellen Gesellschaft: Der Status Quo sollte radikal umgestaltet werden, aber in Richtung eines Equilibriums, in dem erneut stabile Strukturen, Subjekte und vermittelnde Institutionen vorherrschen sollten (Beck 2000 [1986]; Giddens 1991). In diesem Sinne waren neue soziale Bewegungen nicht gegen die Moderne, sondern auf eine *andere, tragfähigere* Moderne hin ausgerichtet. Mit anderen Worten waren die kollektiven Versuche der Selbstbestimmung und Selbstverwirklichung *reflexiv*: Sie reagierten auf den Wandel der Gesellschaft, orientierten sich aber erneut an dem Horizont einer geordneten Gesellschaft, die feste Werte verkörpern und bestimmte Normen nicht verletzen sollte.

Genau dieser Horizont einer alternativen, stabilen Moderne und eines autonomen, integrierten Selbst ist nach der Diagnose verschiedener Beobachter*innen in den letzten Jahrzehnten spürbar eingebrochen. Verursacht wurde dies, so die These, durch eine neue Welle von Modernisierungsprozessen, die seit den 1990er Jahren an Dynamik zunehmen, wie etwa Beschleunigung, Kommerzialisierung oder Flexibilisierung. Das stets zunehmende Maß an gesellschaftlichen Innovationen, das Ausbreiten der Marktlogik in immer mehr Lebensbereiche und die Expansion von Möglichkeiten der Selbstverwirklichung haben demzufolge fundamentale Folgen für die Lebensgestaltung moderner Menschen. Ein Resultat dieser Entwicklungen ist, dass sie vom Lebensprojekt abrücken, eine vom Markt unabhängige und in sich geschlossene Identität zu erwerben. Stattdessen verwirklichen sie sich immer mehr über den Akt des Konsums (Ritzer/Murphy 2014; Featherstone 2010) und öffnen sich immer mehr gegenüber verschiedenen, auch inkonsistenten Selbstentwürfen und Wertmustern (Bauman 2003; Sennett 2000). Zygmunt Bauman hat dafür den Begriff der *flüchtigen* oder *flüssigen Moderne* geprägt (Bauman 2003). Die Vorstellung des modernen Subjekts ist damit eine bedeutend andere als jene, die in den Theorien der Neuen Sozialen Bewegungen und der Präfigurativen Politik vorherrschte (vgl. Blühdorns Kapitel zur *Gegenwartsdiagnose* in diesem Band). Die Logiken des ökonomischen Systems drohen nicht mehr länger die Lebenswelt zu *kolonisieren*, sondern sie haben diese bereits weitgehend *durchdrungen*. Die Orientierungsanker einer alternativen und stabilen Gesellschaftsordnung – Autonomie vom Markt und persönliche Integrität – verlieren zunehmend an Bindekraft (Blühdorn 2013). Individuen sind damit weniger *reflexiv* und mehr *flexibel* in ihrer Lebensführung: Zwar gibt es immer noch das Bedürfnis nach einer geordneten Gesellschaft mit festen Werten und bestimmten Normen. Gleichzeitig eröffnet das *Gehen mit dem Fluss* der Veränderung nie dagewesene Möglichkeiten der Selbstentfaltung, auf die nur noch schwer verzichtet werden kann.

Es sind diese Überlegungen, die helfen, die komplexen Lebenswelten von Praktiker*innen in Gemeinschaftsgärten, Repair-Cafés und Kleidertauschinitiativen zu erhellen. *Erstens* machen sie verständlich, warum selbst in den postmateriellen Milieus heute nicht-nachhaltige Konsumhandlungen an der Tagesordnung sind. Der Markt wird nicht mehr, wie in der Kritischen Theorie angenommen, ausschließlich als ein äußerliches System wahrgenommen, das die persönliche Integrität untergräbt und die eigene Autonomie einschränkt. Stattdessen wird der Markt als Plattform wahrgenommen, um sich selbst zu bestimmen und zu verwirklichen. Der Urlaubsflug nach Georgien, der Kauf des neuesten Smartphones oder das Wohnen in der großzügigen Altbauwohnung erlauben es, persönliche Eigenschaften wie Weltbürgerlichkeit, Fortschrittlichkeit und Kultiviertheit zu vermitteln und zu erfahren (Moser/Kleinhückelkotten 2018; Reckwitz 2017; Whitmarsh/O'Neill 2010). Auch die Zunahme von *ökologischem* oder *strategischem* Konsum wird verständlich, sobald man von der Vorstellung abrückt, dass es sich bei Konsum nur um das Resultat von »übergestülpten Werten« (Muraca 2015: 109) handelt. So erlaubt der individuelle Kauf von grünen Gütern und Dienstleistungen ökologische Werte *durch* Konsum zum Ausdruck zu bringen (vgl. den Beitrag von Mock in diesem Band). Das Beziehen von Ökostrom, der Kauf von Biolebensmitteln oder das Nutzen von Leihrädern sind hierfür prominente Beispiele.

Zweitens macht die Vorstellung eines flüchtig-flexiblen Selbst deutlich, warum für viele Mitglieder der postmateriellen Milieus nachhaltige Werte neben nicht-nachhaltigen Handlungen stehen können, ohne dass dies zu einem ständigen inneren Konflikt führt: Eine konsistente Persönlichkeit, die auch Inkongruentes ausschließt, hat an Attraktivität verloren. Wie Niko Paech treffend illustriert:

> »Heute im heimischen Community Garden buddeln, übermorgen in einem New Yorker Jazz-Club die Beine ausstrecken, danach wieder nach Berlin – nichts ist unmöglich im globalen Dorf. Die dank Ryanair & Co. hypermobile Multioptionsgesellschaft baut Individuen zum Trägermedium paralleler Identitäten, Lebensführungen und sozialer Praktiken auf. Inmitten der Palette jederzeit abrufbarer Selbstdarstellungsapplikationen lässt sich immer auch eine vorzeigbare Nachhaltig-

keitsgesinnung unterbringen – natürlich additiv und nur in Teilzeit versteht sich.« (Paech 2012: 98-99)

Für Paech hat das Gärtnern dieses fiktiven »demonstrativ in Sack und Asche daherkommenden Subsistenzaktivist[en] aus der Berliner Alternativszene« nur Symbolwirkung; es sei eine moralische Kompensationsleistung, die davon abhalten soll, seinen gesamten Lebensstil nach ökologischen Maßstäben auszurichten (ebd.: 99). Damit zieht Paech jene Linie, die aufrichtiges Engagement von unaufrichtigem Engagement trennen soll. Doch diese Unterscheidung macht wenig Sinn, wenn man sich vor Augen führt, dass Kommerzialisierung, Beschleunigung und Flexibilisierung Prozesse sind, denen man sich kaum entziehen kann, ohne Gesellschaft als solche zu verlassen. Das bedeutet nicht, dass moralische Kategorien keine Rolle mehr spielen, sondern, dass es immer schwieriger wird, stets nach moralischen Kategorien zu handeln. Paech ist jedoch klar zuzustimmen, wenn er von »parallelen Identitäten« spricht, die in der »Multioptionsgesellschaft« (ebd.) bedient werden können. Die Pluralisierung von Wertvorstellungen, wie beispielsweise Weltreichweite, Musikerfahrung, ökologische Nachhaltigkeit, und die Zunahme von immer neuen Gelegenheitsstrukturen, wie Ryan Air, Internet, Berliner Gemeinschaftsgarten, machen es möglich, dass verschiedene, auch widersprüchliche Selbstbilder nebeneinander existieren können.

Das *Immer-wieder-bilden* eines autonomen und integrierten Selbst

Damit kann die eingangs gestellte Frage bereits zum Teil beantwortet werden: Wie ist es zu verstehen, dass Menschen, die eine ökologisch durchwachsene Lebensweise haben, sich gelegentlich in Gemeinschaftsgärten, Repair-Cafés und Kleidertauschinitiativen einfinden? Folgt man Theorien der spätmodernen Gesellschaft, dann tun sie es, weil sie damit *ein bestimmtes, partielles Selbstverständnis* bedienen können: ein Ich, das unabhängig von den Einflüssen des Marktes agiert und dabei komplett ökologischen Werten entspricht. Mit anderen Worten: Es geht darum, sich als autonomes und integriertes Subjekt zu erfahren und für andere als solches auch wahrgenommen zu werden – aber nur für eine begrenzte Zeit, an einem begrenzten Ort. Das wirft die Frage auf: Was genau wird damit bezweckt? Spätestens hier lassen sich in der aktuellen Bewegungs- und Nachhaltigkeitsforschung verschiedene Thesen finden.

Eine dieser Thesen liefert Ingolfur Blühdorn, der von *simulativen Praktiken* spricht (Blühdorn 2006, 2007, 2013). Demnach haben spätmoderne Menschen sich bereits so stark an die Bedingungen des Marktes angepasst und sich an eine zersplitterte Identität gewöhnt, dass sie den Anspruch an eine marktunabhängige und geschlossene Persönlichkeit bereits weitgehend aufgegeben haben (vgl. Blühdorns Kapitel zur *Gegenwartsdiagnose* in diesem Band). Übrig geblieben ist ein gelegentliches Bedürfnis danach, sich als eine solche Person darzustellen und zu erleben – nicht zuletzt deswegen, weil es sich bei Autonomie und Integrität um zentrale bürgerlich-emanzipatorische Normen handelt. Um dieses Bedürfnis zu befriedigen, werden besondere Diskurse und Praktiken notwendig, die es erlauben, sich selbst und andere der Gültigkeit dieser Normen zu versichern. Folgt man dieser Deutung, dann bieten offene Fahrradwerkstätten, Kostnixläden und solidarische Landwirtschaftsprojekte besondere Arenen, in denen das Selbstbild eines mündigen Bürgers oder einer mündigen Bürgerin gepflegt werden kann (Blühdorn 2006; Blühdorn/Deflorian 2019). Hier wird also eine kurzfristige Erfahrung von Autonomie und Integrität möglich, um sich danach wieder den vielfältigen Konsummöglichkeiten zu widmen, über die wesentliche andere Dimensionen der eigenen Identität hergestellt und artikuliert werden können. In den Nischen wird also weiterhin das Ich einer utopischen Gesellschaft *gebildet*, aber ohne dieses Ziel über die Nischen hinaus zu verfolgen. Und obwohl dies auf eine Inszenierung eines stabilen Selbst in einer flexiblen Gesellschaft hinausläuft, müssen solche Praktiken laut Blühdorn als eine Bewältigungsstrategie verstanden werden. In einer höchst komplexen und dynamischen Gesellschaft erlauben es simulative Praktiken, normative Eindeutigkeit herzustellen – zumindest für einen Moment.

Eine andere These bieten Dennis Eversberg und Matthias Schmelzer in ihren Reflexionen über eine sogenannte *Degrowth Subjektivität*. Diese Reflexionen bauen auf einer Umfrage auf, die die beiden Autoren auf der Vierten Internationalen Degrowth Konferenz in Leipzig durchgeführt haben (Eversberg/Schmelzer 2016). Demnach lässt sich unter den Befragten eine Gruppe an Personen mit ähnlichen Denk- und Handlungsmustern feststellen, die Eversberg und Schmelzer als *Alternative Praxislinke* bezeichnen. Diese Gruppe zeichnet sich dadurch aus, dass sie begonnen hat, ihre privilegierten Konsum-, Mobilitäts- und Arbeitspraktiken zu hinterfragen, weil diese mit einer universalistischen Gerechtigkeitsnorm im Widerspruch stehen. Diese Selbstproblematisierung, so die These, führe sie schließlich zu ihrem Engagement in Nischenpraktiken und dem Wunsch, sich Denk- und Handlungsmuster anzueignen, die mit ökologischer und sozialer Gerechtigkeit auf globaler Ebene vereinbar sind. Laut Eversberg und Schmelzer kann das Engagement von Nischenaktivist*innen also auch bedeuten, dass diese ihr vielfältiges Identitätsgewirr entflechten und auf ein tragfähiges Selbst vereinen wollen, da nur ein solches eine Postwachstumsgesellschaft hervorbringen kann. Ein bedeutender Unterschied zu der Idee der Präfigurativen Politik liegt allerdings darin, dass hier nicht primär gegen die harte »Schale« eines äußerlichen Kapitalismus (Epstein 1993: 261) gekämpft wird, sondern gegen das eigene flüchtig-flüssige Selbst, das mit dem Kapitalismus auf vielfältige Weise verwoben ist.

Sowohl Blühdorn als auch Eversberg und Schmelzer machen sich also Gedanken darüber, warum Nischenaktivismus von höchst privilegierten, konsumorientierten und situationsflexiblen Menschen betrieben wird. Dabei kommen sie zu äußerst unterschiedlichen Schlüssen: Für Blühdorn handelt es sich um das Bekenntnis, eine nachhaltige Gesellschaft jenseits des Kapitalismus erreichen zu wollen, ein Projekt, von dem man sich jenseits der Nischen aber bereits verabschiedet hat. Für Eversberg und Schmelzer kann Nischenaktivismus hingegen bedeuten, dass genau dieses Projekt wieder aktiv gesucht wird und die Aktivist*innen am Anfang eines mühsamen Prozesses stehen: die eigenen Verstrickungen mit dem Markt und persönlichen Widersprüchlichkeiten zu hinterfragen und letztlich aufzulösen. Während Blühdorn von einer *Simulation* des autonomen, integrierten Selbst und der alternativen, stabilen Gesellschaft ausgeht, sehen Eversberg und Schmelzer Ansätze einer *Restauration* derselben.

Wichtig dabei ist, die Vielschichtigkeit einer solchen Praxis zu verstehen, egal welcher Interpretation man folgen mag. Restauration mag wegen des radikalen Anspruchs vielleicht politisch sympathischer wirken, nicht zuletzt, weil sie darauf ausgerichtet ist, die befremdlichen Dynamiken der Gesellschaft hinter sich zu lassen und – wie auch frühere emanzipatorische Bewegungen es versucht haben – eine selbstbestimmte Existenz zu erreichen. Allerdings verlangt das Projekt, in einer vom Markt durchdrungenen Gesellschaft erneut eine alternative

Gesellschaft *vorher-zu-bilden*, ungemeine sozial-psychische Energien, und ist mit neuen taktischen Herausforderungen verbunden, die ich im letzten Abschnitt noch ausführen werde. Simulation mag hingegen wenig revolutionär, ja beinahe defätistisch wirken, weil sie sich nicht unmittelbar auf das Ziel konzentriert, an nicht-nachhaltigen Alltagswelten grundsätzlich etwas zu ändern. Eine als Simulation begriffene Praxis erlaubt es allerdings, auf äußerst effiziente Weise für kurze Zeit einer Gesellschaft zu entfliehen, die immer mehr Anpassungsdruck und Gelegenheitsdilemmata produziert, und diese Widersprüchlichkeiten zumindest für einen Moment zu bewältigen.

Letztlich vermuten die genannten Autoren, dass Nischenaktivismus einer klaren Intentionalität folgt: Entweder soll der flüchtig-flüssige Zustand von Gesellschaft und Ich *gemanaged* werden (Blühdorn) oder dieser Zustand soll *überwunden* werden (Eversberg und Schmelzer). Doch es muss nicht unbedingt so eindeutig sein, wie Alain Touraine mit einer dritten These aufzeigt. Auch der französische Bewegungstheoretiker konstatiert zu Beginn des 21. Jahrhunderts, dass das Individuum unter dem Druck des Marktes und des Nationalismus droht, jegliche Autonomie und Integrität zu verlieren, die es bis dato noch für sich beansprucht. Es gäbe jedoch Momente, in denen sich Individuen dagegen wehren – und dies geschieht, wenn Menschen sich in sozialen Bewegungen zusammenschließen. Diese würden heute primär aus der Notwendigkeit entstehen, sich den fragmentierenden Tendenzen der Moderne zu widersetzen. Gleichzeitig merkt Touraine an, dass solche Versuche immer wieder von den Effekten eines globalen Kapitalismus und eines nationalen Kommunitarismus zunichtegemacht werden. Dem griechischen Sysiphos ähnlich versuchen Individuen durch ihre Beteiligung an sozialen Bewegungen jeden Tag aufs Neue, »das zerstörte soziale Gewebe zu reparieren« (Touraine 2000: 131, eigene Übersetzung). Für Touraine bilden Nischenaktivist*innen also immer wieder eine autonome und integrierte Subjektivität heraus, um dann wieder von den zentrifugalen Kräften des sozialen Wandels erfasst zu werden, was wiederum den Wunsch nach Autonomie und Integrität hervorruft und den Prozess von neuem anstößt.

Was alle drei Thesen gemeinsam haben, ist, dass sie Nischenaktivismus als *wiederkehrende Handlungen von flüchtig-flüssigen Subjekten verstehen, um Autonomie und Integrität zu erfahren und darzustellen*. Viele der Engagierten in Gemeinschaftsgärten, Essenskooperativen und Nähcafés mögen weitgehend den Markt als Selbstverwirklichungsplattform und Offenheit als Selbstkonzept verinnerlicht haben – gleichzeitig treibt es sie aber immer wieder dazu, ein Selbst jenseits des Marktes und gemäß ökologischer Werte zu erleben. Und auch wenn diese Erfahrungen nur punktuell sind, und die Subjekte danach sofort wieder in eine flüchtig-flüssige Lebensweise zurückfallen, suchen sie diese Praktiken immer wieder auf. Statt von einem *Vorher-bilden* sollte hier also von einem *Immer-wieder-bilden* gesprochen werden. Nicht *Präfiguration* wäre der passende Begriff, sondern *Refiguration*. Es geht nicht um das ständige Vorbereiten einer utopischen Zukunft in einer starren Gesellschaft, sondern um das wiederholende Schaffen einer utopischen Gegenwart in einer hochdynamischen Gesellschaft.

Letztlich handelt es sich hierbei aber nur um erste Deutungsangebote, die sich in der Auseinandersetzung mit der empirischen Wirklichkeit behaupten müssen. Um eine umfassende Interpretation von Nischeninitiativen in westlichen Gesellschaften zu erreichen, gilt es, diese Thesen in der empirischen Forschung einzubringen und sie auf ihre Plausibilität hin zu prüfen. Generell gilt: so komplex wie Selbstbestimmung und Selbstverwirklichung in einer zunehmend flexiblen Gesellschaft geworden sind, so komplex muss der persönliche Impetus für Nischenaktivismus verstanden werden. Für ein solches Unterfangen müssten besonders die Innenwelten der Engagierten in Foodsharing-Gruppen, Leihläden oder Nähcafés kartiert werden. Im Zentrum würde dabei die Frage stehen, wie die Aktivist*innen die sozial-ökologische Krise und die zunehmend flüssig-flüchtige Ordnung der Gesellschaft wahrnehmen, und wie sie sich selbst und ihre Nischenpraxis dazu in Beziehung setzen. Macht das gemeinschaftliche Gärtnern es leichter, den Urlaubsflug nach Georgien zu buchen? Ist es Teil des aufwändigen Projekts einer verallgemeinerbaren Lebensweise? Oder verhält es sich – wie so oft – deutlich komplizierter und es ist ein Vorhaben, das sich nicht mit der Unterscheidung zwischen *Managen* und *Überwinden* verstehen lässt, sondern beides in sich trägt? Diesen Fragen müsste sich eine theoriegeleitete Auseinandersetzung mit Nischeninitiativen stellen.

Denkblockaden und Forschungsaufgaben

Zusammenfassend lässt sich sagen: Wie der Nischenaktivismus der 1970er und 1980er Jahre erlauben es Essenskooperativen, Nähcafés und Leihläden auch heute, ein anderes Selbst und eine alternative Gesellschaft zu erfahren und zu demonstrieren. Doch wie die Milieuforschung zeigt, findet diese performative Leistung gegenwärtig in einer völlig anderen Lebenswelt statt. Zum Wunsch nach Marktunabhängigkeit und nach einer runden Persönlichkeit hat sich für viele Menschen längst auch der gesellschaftliche Sog in Richtung Marktkonformität und einer offenen Identität gesellt. Das Bedürfnis nach einem intakten Klima liegt gleichauf mit dem Reiz des neuen MacBooks. Nimmt man die Perspektive der Spätmoderne ein, dann engagieren sich viele Individuen in Gemeinschaftsgärten, Repair Cafés und Leihläden, um sich selbst immer wieder frei von Konsum und in Einklang mit ökologischen Werten zu erleben. Dies erfolgt allerdings zeitlich und örtlich begrenzt, als Teil eines komplexen, vielseitigen Identitätsprojekts. Ob dies einer klaren Intentionalität geschuldet ist oder nicht, kann letztlich nur die weitere Forschung zeigen. Im Hinblick auf die zentrale Frage dieses Buches, warum die sozial-ökologische Transformation der Gesellschaft bisher nicht stattfindet, lässt sich schlussfolgern: Die Transformation bleibt einstweilen aus, weil die Beschleunigung, Kommerzialisierung und Flexibilisierung der Gesellschaft die Entwicklung von tragfähigen Denk- und Handlungsmustern zunehmend untergraben – Denk- und Handlungsmuster, auf die eine sozial gerechte und ökologisch nachhaltige Gesellschaft letztlich immer angewiesen sein wird.

Das bedeutet allerdings nicht, dass heutige Nischeninitiativen frei von Veränderungspotenzial wären! Denn ähnlich wie ihre historischen Vorgängerinnen haben auch sie stets etwas Politisches. In Zeiten, in denen der Markt immer mehr Lebensbereiche definiert und eine fragmentierte Lebensweise immer mehr zum Normalzustand wird, verflüchtigt sich auch *das Politische* als Raum, in dem eine grundsätzliche Verweigerung des Status Quo und die Artikulierung einer tatsächlichen Alternative möglich sind (Wilson/Swyngedouw 2014; Swyngedouw/Wilson 2014). Kollektive alternative Alltagspraktiken machen einen solchen Raum auf zweierlei Weise auf. Zum einen, indem sie ein »I would prefer not to« zur vorherrschenden Selbstverwirklichung aufzeigen und damit auf passive Weise einen Dissens zum nicht-nachhaltigen Konsumlebensstil aussprechen (siehe auch Pellizzoni 2020). Und zum anderen, indem sie ein »I prefer to« artikulieren und eine ganz andere Selbstverwirklichung vorschlagen, die auf ökologische und demokratische Weise die Bedürfnisse menschlichen (Zusammen-)Lebens stillt. In diesem Sinne kann von einer *Refigurativen Politik* gesprochen werden, die durch zeitgenössische Nischenbewegungen angestoßen wird: Gerade das Hervorbringen eines ganz und gar unkonventionellen Alltagsverhaltens zeigt auf, dass eine autonome und konsistente Lebensweise möglich ist – und kann so die Öffentlichkeit dazu motivieren, erneut an einer alternativen Gesellschaft zu arbeiten.

Dieses Potenzial ist gleichzeitig jedoch starken Gegenkräften ausgesetzt. In der Literatur zu sozial-ökologischer Transformation, Nischeninnovationen und konkreten Utopien wird daran erinnert, dass Fahrradwerkstätten, Kostnixläden und Food Sharing erst dann voll wirksam werden können, wenn sie den Sprung in den gesellschaftlichen Mainstream schaffen – und das sei nur möglich, wenn sie Unterstützung von Seiten des Staates oder auch der politischen Parteien erhalten (WBGU 2011; Seyfang/Haxeltine 2012; Wright 2017). Wie in diesem Buch an anderer Stelle ausgeführt (vgl. den Beitrag von Hausknost und den Beitrag von Butzlaff zu *Parteien*), befinden sich gerade diese Akteure aber unter dem Druck eines demokratischen Legitimationszwanges sowie des Erfolgs rechtspopulistischer Parteien. Beides begünstigt eine Umweltpolitik, die nicht-nachhaltige Lebenswelten absichert und die Bereitschaft für eine substanzielle Klimapolitik abschwächt. Und diese Politik hat ungleich raschere und größere Effekte auf die Lebenswelten heutiger und künftiger Generationen als die *refigurativen* Praktiken, die sich in den letzten Jahren gebildet haben. Nischenaktivismus muss sich damit nicht nur gegen abstrakte Prozesse der Modernisierung, sondern auch gegen eine konkrete Politik der Nicht-Nachhaltigkeit behaupten. Ob eine organisatorische Koordinierung mit klassischen protestorientierten Umweltbewegungen diesen strategischen Nachteil wettmachen kann, wie von manchen Beobachtern angedacht (de Moor et al. 2020), bleibt abzuwarten.

Der Wissenschaft kommt vor diesem Hintergrund eine wichtige Rolle zu, wenn auch nicht jene, die ihr im Moment von großen Teilen der Nachhaltigkeitsforschung zugeschrieben wird. Neuere Studien erörtern immer wieder, wie mikroskopische Lösungen in die große gesamtgesellschaftliche Dimension übersetzt werden können (WBGU 2011; MacGregor 2019; Kropp/Stinner 2018). Im besten Fall kann Wissenschaft damit die strategische Erweiterung von Nischenbewegungen informieren und die Effektivität von umweltpolitischen Maßnahmen erhöhen. Im schlechtesten Fall geben Forscher*innen allerdings den Anspruch auf, die gesellschaftliche Realität mit all ihren Widersprüchen und Feinheiten zu verstehen und ordnen ihre Wahrheitssuche normativen Zielen unter (auch wenn diese noch so unterstützungswürdig sind). Eine Transformationswissenschaft kommt daher niemals ohne eine gesellschaftstheoretisch fundierte und politisch distanzierte Forschungsperspektive aus. Nur dadurch ist es möglich, die vielfältigen Versuche eines sozial-ökologischen Strukturwandels in all ihren Potenzialen und Fallstricken zu studieren. Das heißt nicht, die Hoffnung auf einen solchen Wandel aufzugeben. Sondern es bedeutet, sich von dieser Hoffnung nicht den offenen Blick auf gesellschaftliche Phänomene nehmen zu lassen.

Literatur

Bauman, Zygmunt (2003): Flüchtige Moderne, Frankfurt a.M.: Suhrkamp.

Beck, Ulrich (2000 [1986]): Risikogesellschaft. Auf dem Weg in eine andere Moderne, Frankfurt a.M.: Suhrkamp.

Blühdorn, Ingolfur (2006): »Self-Experience in the Theme Park of Radical Action? Social Movements and Political Articulation in the Late-Modern Condition«, in: European Journal of Social Theory 9 (1), S. 23-42.

Blühdorn, Ingolfur (2007): »Sustaining the Unsustainable: Symbolic Politics and the Politics of Simulation«, in: Environmental Politics 16 (2), S. 251-275.

Blühdorn, Ingolfur (2013): Simulative Demokratie. Neue Politik nach der postdemokratischen Wende, Berlin: Suhrkamp.

Blühdorn, Ingolfur/Deflorian, Michael (2019): »The Collaborative Management of Sustained Unsustainability: On the Performance of Participatory Forms of Environmental Governance«, in: Sustainability 11 (4), S. 1-17.

Boggs, Carl (1977): »Marxism, Prefigurative Communism, and the Problem of Workers' Control«, in: Radical America 11 (6), S. 99-122.

Brand, Ulrich/Wissen, Markus (2017): Imperiale Lebensweise. Zur Ausbeutung von Mensch und Natur in Zeiten des globalen Kapitalismus, München: oekom.

Breines, Wini (1989): Community and Organization in the New Left, 1962-1968. The Great Refusal, New Brunswick, NJ: Rutgers University Press.

Bundesministerium für Umwelt, Naturschutz, Bau und Reaktorsicherheit/Umweltbundesamt (2017): Umweltbewusstsein in Deutschland 2016 – Ergebnisse einer repräsentativen Bevölkerungsumfrage, https://www.umweltbundesamt.de/sites/default/files/medien/376/publikationen/umweltbewusstsein_deutschland_2016_bf.pdf, zuletzt geprüft am 07.10.2019.

Butzlaff, Felix/Deflorian, Michael (2019): »Die neue Alltagspolitische Opposition (APO)? Wie Parteien und Nischenbewegungen auseinanderdriften«, in: Indes. Zeitschrift für Politik und Gesellschaft (3), S. 43-54.

de Moor, Joost/Catney, Philip/Doherty, Brian (2020): »What Hampers ›Political‹ Action in Environmental Alternative Action Organizations? Exploring the Scope for Strategic Agency under Post-political Conditions«, in: Social Movement Studies, im Erscheinen.

Dobernig, Karin/Stagl, Sigrid (2015): »Growing a Lifestyle Movement? Exploring Identity-Work and Lifestyle Politics in Urban Food Cultivation«, in: International Journal of Consumer Studies 39 (5), S. 452-458.

Epstein, Barbara (1993): Political Protest and Cultural Revolution. Nonviolent Direct Action in the 1970s and 1980s, Berkeley, CA, Los Angeles, CA, London: University of California Press.

Eversberg, Dennis (2015): Erste Ergebnisse der Teilnehmendenbefragung zur Degrowth-Konferenz 2014 in Leipzig. Ein Überblick über Zusammensetzung, Engagement und Alltagspraktiken der Befragten. Working Paper 1/2015. Friedrich-Schiller-Universität Jena, www.kolleg-postwachstum.de/sozwgmedia/dokumente/Working Paper/wp1_2015.pdf, zuletzt geprüft am 07.10.2019.

Eversberg, Dennis/Schmelzer, Matthias (2016): »Über die Selbstproblematisierung zur Kapitalismuskritik. Vier Thesen zur entstehenden Degrowth-Bewegung«, in: Forschungsjournal Soziale Bewegungen 32 (1), S. 9-16.

Featherstone, Mike (2010): Consumer Culture and Postmodernism, London, Newbury Park, CA: SAGE.

Giddens, Anthony (1991): Modernity and Self-Identity. Self and Society in the Late Modern Age, Stanford, CA: Stanford University Press.

Grossmann, Mena/Creamer, Emily (2016): »Assessing Diversity and Inclusivity within the Transition Movement. An Urban Case Study«, in: Environmental Politics 26 (1), S. 1-22.

Habermas, Jürgen (1981): Zur Kritik der funktionalistischen Vernunft, Frankfurt a.M.: Suhrkamp.

Habermas, Jürgen (2009): Sprachtheoretische Grundlegung der Soziologie, Frankfurt a.M.: Suhrkamp.

Hayward, Keith/Schuilenburg, Marc (2014): »To Resist = To Create? Some Thoughts on the Concept of Resistance in Cultural Criminology«, in: Tijdschrift over Cultuur & Criminaliteit 4 (1), S. 22-36.

Kropp, Cordula/Stinner, Sven (2018): »Wie weit reicht die transformative Kraft der urbanen Ernährungsbewegung?«, in: Soziologie und Nachhaltigkeit 4 (2), S. 26-50.

Luks, Fred (2018): Ausnahmezustand. Unsere Gegenwart von A bis Z, Marburg: Metropolis.

MacGregor, Sherilyn (2019): »Finding Transformative Potential in the Cracks? The Ambiguities of Urban Environmental Activism in a Neoliberal City«, in: Social Movement Studies, im Erscheinen.

Maeckelbergh, Marianne (2011): »Doing is Believing. Prefiguration as Strategic Practice in the Alterglobalization Movement«, in: Social Movement Studies 10 (1), S. 1-20.

Melucci, Alberto (1989): Nomads of the Present. Social Movements and Individual Needs in Contemporary Society, Philadelphia, PA: Temple University Press.

Monticelli, Lara (2018): »Embodying Alternatives to Capitalism in the 21st Century«, in: Triple C 16 (2), S. 501-517.

Moser, Stephanie/Kleinhückelkotten, Silke (2018): »Good Intents, but Low Impacts. Diverging Importance of Motivational and Socioeconomic Determinants Explaining Pro-Environmental Behavior, Energy Use, and Carbon Footprint«, in: Environment and Behavior 50 (6), 626-656.

Muraca, Barbara (2015): »Wider den Wachstumswahn: Degrowth als konkrete Utopie«, in: Blätter für deutsche und internationale Politik 64 (2), S. 101-109.

Naegler, Laura (2018): »›Goldman-Sachs Doesn't Care If You Raise Chicken‹: The Challenges of Resistant Prefiguration«, in: Social Movement Studies 17 (5), S. 507-523.

Paech, Niko (2012): Befreiung vom Überfluss. Auf dem Weg in die Postwachstumsökonomie, München: oekom.

Pellizzoni, Luigi (2020): »Prefiguration, Subtraction and Emancipation«, in: Social Movement Studies, im Erscheinen.

Reckwitz, Andreas (2017): Die Gesellschaft der Singularitäten. Zum Strukturwandel der Moderne, Berlin: Suhrkamp.

Reichardt, Sven (2014): »Authentizität als Selbstbeschreibungskategorie im linksalternativen Milieu«, in: Heike Kempe (Hg.), Die »andere« Provinz. Kulturelle Auf- und Ausbrüche im Bodenseeraum seit den 1960er Jahren, Konstanz, München: UVK-Verlagsgesellschaft, S. 15-24.

Ritzer, George/Murphy, Joseph (2014): »Festes in einer Welt der Flusses: Die Beständigkeit der Moderne in einer zunehmend postmodernen Welt«, in: Matthias Junge/Thomas Kron (Hg.), Zygmunt Bauman. Soziologie zwischen Postmoderne, Ethik und Gegenwartsdiagnose, Wiesbaden: Springer VS, S. 45-68.

Ronge, Bastian (2016): »Solidarische Ökonomie als Lebensform. Eine theoretische Skizze«, in: Bastian Ronge (Hg.), Solidarische Ökonomie als Lebensform. Berliner Akteure des alternativen Wirtschaftens im Porträt, Bielefeld: transcript, S. 7-25.

Schlosberg, David/Coles, Romand (2016): »The New Environmentalism of Everyday Life. Sustainability, Material Flows and Movements«, in: Contemporary Political Theory 15 (2), S. 160-181.

Sennett, Richard (2000): Der flexible Mensch. Die Kultur des neuen Kapitalismus, Berlin: Siedler.

Seyfang, Gill/Haxeltine, Alex (2012): »Growing Grassroots Innovations. Exploring the Role of Community-Based Initiatives in Governing Sustainable Energy Transitions«, in: Environment and Planning C: Government and Policy 30 (3), S. 381-400.

Swyngedouw, Erik/Wilson, Japhy (2014): »There Is No Alternative«, in: Japhy Wilson/Erik Swyngedouw (Hg.), The Post-Political and Its Discontents. Spaces of Depoliticisation, Spectres of Radical Politics, Edinburgh: Edinburgh University Press, S. 299-312.

Thadden, Elisabeth von (2014): Auf neuem Terrain. Wie lassen sich die ökologischen Akteure des Übergangs beschreiben? Essay. Friedrich-Schiller-Universität Jena, www.kolleg-postwachstum.de/sozwgmedia/dokumente/Thesenpapiere+und+Materialien/Essay+Thadden-p-263.pdf, zuletzt geprüft am 07.10.2019.

Touraine, Alain (2000): Can We Live Together? Equality and Difference, Stanford, CA: Stanford University Press.

Umweltbundesamt (2016): Repräsentative Erhebung von Pro-Kopf-Verbräuchen natürlicher Ressourcen in Deutschland (nach Bevölkerungsgruppen), https://www.umweltbundesamt.de/sites/default/files/medien/378/publikationen/texte_39_2016_repraesentative_erhebung_von_pro-kopf-verbraeuchen_natuerlicher_ressourcen.pdf, zuletzt geprüft am 07.10.2019.

WBGU (2011): Welt im Wandel. Gesellschaftsvertrag für eine Große Transformation, Berlin: Wissenschaftlicher Beirat der Bundesregierung Globale Umweltveränderungen (WBGU).

Welzer, Harald (2011): Mentale Infrastrukturen. Wie das Wachstum in die Welt und in die Seelen kam, Berlin: Heinrich-Böll-Stiftung.

Whitmarsh, Lorraine/O'Neill, Saffron (2010): »Green Identity, Green Living? The Role of Pro-Environmental Self-Identity in Determining Consistency Across Diverse Pro-environmental Behaviours«, in: Journal of Environmental Psychology 30 (3), S. 305-314.

Wilson, Japhy/Swyngedouw, Erik (2014): »Seeds of Dystopia. Post-Politics and the Return of the Political«, in: Japhy Wilson/Erik Swyngedouw (Hg.), The Post-Political and Its Discontents. Spaces of Depoliticisation, Spectres of Radical Politics, Edinburgh: Edinburgh University Press, S. 1-22.

Wright, Erik O. (2017): Reale Utopien. Wege aus dem Kapitalismus, Berlin: Suhrkamp.

Yates, Luke (2014): »Rethinking Prefiguration. Alternatives, Micropolitics and Goals in Social Movements«, in: Social Movement Studies 14 (1), S. 1-21.

Verantwortliches Individuum?
Die (Un-)Haltbarkeit der Erzählung von der Konsument*innenverantwortung

Mirijam Mock

Warum findet eine ökologische Transformation nicht statt? Warum wird sie seit Jahrzehnten von vielfältigen Akteur*innen gefordert, durch zahlreiche Programme gefördert, punktuell begonnen und bleibt unterm Strich dennoch weiterhin aus? Warum scheinen moderne Konsumgesellschaften in einer Endlosschleife vielfältiger Transformationsversuche zu stecken, die partiell erfolgreich aber insgesamt bei weitem unzureichend sind? Dass sich westliche Gesellschaften derzeit durch zum Teil sogar steigende statt sinkende Konsum- und CO_2-Emissionsraten auszeichnen oder durch die neuerdings wieder salonfähige Leugnung des Klimawandels von der ökologischen Transformation eher weg- als auf sie zubewegen, ist besorgniserregend. Bei dem Versuch, den Gründen für diese Entwicklungen und Widersprüche nachzugehen, müssen grundlegende Fragen gestellt werden, zum Beispiel, ob die doch eigentlich weit verbreiteten Nachhaltigkeitsbestrebungen und -maßnahmen möglicherweise auf theoretischen Annahmen beruhen, die eigentlich nicht haltbar sind? Jede Maßnahme macht nämlich eine Reihe solcher Annahmen etwa bezogen auf die Fragen, was ein geeigneter Hebel für eine Nachhaltigkeitstransformation ist, wer für die Probleme verantwortlich zu machen ist, wer für die Umsetzung von Lösungen verantwortlich ist, nach welcher Logik die relevanten Akteur*innen handeln und wie dieses Handeln verändert werden kann. Sind also vielleicht wissenschaftlich unhaltbare Annahmen der Grund für die Endlosschleife wenig erfolgreicher Transformationsstrategien? Sind die Weichen sozusagen falsch gestellt?

Eine sehr weit verbreitete Transformationsstrategie, deren erstaunliche Beständigkeit und gleichzeitige wissenschaftliche Unhaltbarkeit in diesem Kapitel beleuchtet werden soll, ist jene der von Individuen angetriebenen Transformation. Im Zeichen des hegemonialen Neoliberalismus werden unter Individuen dabei vor allem Konsument*innen verstanden (Grunwald 2018) – eine Verengung, die sich mit gutem Grund kritisieren lässt, die im vorliegenden Beitrag aber bewusst übernommen wird (zu anderen Verständnissen von Individualität vgl. den Beitrag von Deflorian, den Beitrag von Butzlaff zum *Wertewandel* sowie Blühdorns Kapitel zur *Gegenwartsdiagnose* in diesem Band). Vor allem als Konsument*in, mehr noch denn als Bürger*in, als Familienmitglied oder etwa als Berufstätige*r, so behauptet diese Erzählung, soll das verantwortliche Individuum die Wirtschaft und Gesellschaft *direkt*, *gezielt* und *effizient* gestalten können (Grunwald 2012; Kent 2009). Wenn Konsument*innen umweltbewusster entscheiden würden, so die Argumentation, wären diese individuellen Entscheidungen in aggregierter Form ein gewaltiger Hebel der Nachhaltigkeitstransformation. Geweckt werden könne der *schlafende Riese* (Beck 2002; Busse 2008) der geballten Konsument*innenmacht vor allem durch bessere Informationen oder die Veränderung von Wertepräferenzen. Umweltpolitische Steuerungsmaßnahmen, die diesem Ansatz zuzuordnen sind, setzen deshalb auf individualistische, markt- und informationsorientierte Instrumente. Konsequenterweise werden in diesem Ansatz sowohl Lösungen für die ökologische Krise als auch deren Ursache auf der individuellen Ebene verortet. Dass in sogenannten *Konsumgesellschaften* individuelle Konsumentscheidungen eine entscheidende Rolle in der ökologischen Krise spielen, klingt intuitiv plausibel. Doch warum zeigt dieser Hebel dann nicht die gewünschte und erwartete Wirkung? Warum steigen die Emissionswerte im Verkehrssektor in den letzten Jahren wieder an, wo doch die Elektromobilität eines der politischen Steckenpferde derer ist, die die Lösung im nachhaltigen Konsum sehen (Umweltbundesamt Österreich 2018: 68; Umweltbundesamt Deutschland 2018: 218)? Welche Schlussfolgerungen lassen sich aus der Tatsache ziehen, dass gerade der besonders umweltfreundlich eingestellte Teil der Bevölkerung, also die nachhaltigen Konsument*innen, mitunter besonders große individuelle ökologische Fußabdrücke aufweist (Moser/Kleinhückelkotten 2018)? Und wie kommt es, dass sich die Erzählung vom nachhaltigen Konsum als dem zentralen Hebelpunkt der Nachhaltigkeitstransformation trotz umfassender Gegenevidenz so hartnäckig hält? Außer Frage steht natürlich, dass die vielen Einzelentscheidungen im Bereich des Konsums keineswegs irrelevant sind und nachhaltiger Konsum ein unverzichtbarer Bestandteil einer erfolgreichen Nachhaltigkeitstransformation sein muss. Doch halten der*die einzelne Konsument*in wirklich den Schlüssel für weitreichende gesellschaftliche Veränderungen in der Hand?

Um dies zu ergründen, werde ich im folgenden Abschnitt zunächst genauer beleuchten, was unter *nachhaltigem Konsum* verstanden wird und wie es zur Individualisierung der Verantwortung für die ökologische Transformation kam. Daran anschließend werde ich die sozialwissenschaftliche Haltbarkeit dieses Ansatzes hinterfragen und darauf aufbauend dann einen theoretischen Ansatz präsentieren, der Konsum weniger als individualisierte Entscheidung denn als soziale Praktik konzeptualisiert. Dieser Ansatz gewinnt in den Sozialwissenschaften in den letzten Jahren zunehmend an Bedeutung und wird als theoretische Grundlage für Steuerungsmaßnahmen gehandelt, die nachhaltigkeitspolitisch wirksamer sein sollen als die individualisierten Handlungen vermeintlich frei entscheidender Konsument*innen. Ob diese Hoffnung ihrerseits plausibel ist, soll im vorletzten Abschnitt geprüft werden, bevor ich abschließend noch einmal auf die eingangs gestellten Fragen zurückkomme.

Grüne Konsument*innen – die *schlafenden Riesen*?

»Macht die Shoppingmall zur Arena des politischen Handelns! Und ihr werdet sehen, wie gefürchtet ihr seid. Und welche Macht ihr habt!« (Busse 2008: 274) – Aussagen dieser Art beschreiben die weit verbreitete Überzeugung, ökologische Krisen durch Konsumverhalten überwinden zu können. Ein radikaler Umbau der umweltzerstörenden Wirtschafts- und Produktionsweise sei durch eine höhere Nachfrage nach umwelt- und klimaschonenden Produkten möglich. Die Kaufentscheidungen der Konsument*innen würden Marktsignale senden, die die Unternehmen dazu bewegen, nachhaltiger zu produzieren – so das Prinzip des nachhaltigen Konsums. *Boycott*, Konsumentscheidungen gegen bestimmte Produkte, oder *buycott*, Konsumentscheidungen für bestimmte Produkte, sind Strategien *nachhaltigen* Konsums, welcher auch als *ethischer* und *politischer* Konsum bezeichnet wird (Bossy 2014). In der wissenschaftlichen Debatte gilt Michele Micheletti als eine der führenden Forscher*innen zu diesem Thema. Sie hat nachhaltiges Konsumverhalten empirisch umfassend untersucht und auf theoretischer Ebene als wesentliches Instrument beschrieben, um globale Produktionsverhältnisse zu verändern. So argumentiert sie, dass die Strategie, die Gesellschaft durch Konsum zu verändern, aktueller und effizienter sei als je zuvor, da sich Konsum als *globales Strukturierungsprinzip* immer mehr festige (Stolle/Micheletti 2013). Die Bedeutung, die dieser Strategie zukomme, lasse sich letztlich aber nur im Gesamtbild und zwar im Zusammenspiel mit der Bedeutungsabnahme klassischer Wege der politischen Einflussnahme erfassen. Während Wahlbeteiligung oder Parteimitgliedschaft immer seltener genutzt werden würden, um den eigenen politischen Standpunkt auszudrücken, würde politischer Konsum, also *Abstimmung an der Ladenkasse*, immer häufiger als zusätzliches und zeitgemäßes Mittel hierfür genutzt. Zwar verlieren Bürger*innen, so das Argument, immer mehr das Vertrauen in die Politik und deren Gestaltungsmacht, so dass es auch immer weniger sinnvoll erscheint, sich in diesen Strukturen zu engagieren (vgl. auch die Beiträge von Butzlaff in diesem Band), so wachse doch die Eigenwahrnehmung von Konsument*innen als Akteur*innen, die die Wirtschaft und Gesellschaft wirksam gestalten (Micheletti 2003). Ratgeber wie *Shopping hilft die Welt verbessern. Der andere Einkaufsführer* (Grimm 2006) sind Ausdruck dieser Wahrnehmungsverschiebung, die Bürger*innen zu *citizen-consumers* und Konsum zu einer *individualized collective action* (Micheletti 2003) machen. Dabei darf allerdings nicht außer Acht gelassen werden, dass für Micheletti neben dem klassischen buycott auch *everyday activism* und *diskursiver politischer Konsum* wie z.B. das Verfassen von E-Mails an Unternehmenszentralen, um nachhaltige Produktionsbedingungen einzufordern, ein wichtiger Teilbereich des politischen Konsums sind. Im überwiegenden Teil der Literatur wird nachhaltiger Konsum allerdings vor allem als buycott verstanden, und diese engere Sichtweise wird hier zum Zweck der Vereinfachung übernommen.

Die sehr fortgeschrittene Ausdifferenzierung der grünen Konsumlandschaft spiegelt die weite Verbreitung von buycott als politisches Mittel wider: Grüne Produkte gibt es mittlerweile für alle Käuferschichten – jeweils individuell zugeschnitten: Einerseits Luxusprodukte für Betuchte und alternative Hedonisten wie z.B. High-End-Naturkosmetik, andererseits vertreiben inzwischen auch Discounter und sämtliche Supermärkte nicht nur Bioprodukte, sondern sogar Bioeigenmarken. Dabei gibt es sozusagen tiefgrüne Produkte wie z.B. bio-dynamisch angebautes, über eine Essenskooperative bezogenes regionales und saisonales Gemüse, aber auch blassgrüne Produkte, wie etwa Bio-Fertiggerichte. Schließlich bietet die grüne Konsumlandschaft mittlerweile eigentlich für fast jedes Produkt eine ökologische(re) Variante – sogar für Palmöl gibt es eine nachhaltige Version (FONAP 2019). Doch wie kam es zu dieser ausdifferenzierten grünen Konsumlandschaft und zu der dahinterliegenden Annahme, dass Individuen bzw. Konsument*innen *schlafende Riesen* seien, die den Schlüssel zur Transformation in ihren Händen halten? Dies hat unter anderem damit zu tun, dass andere gesellschaftliche Schlüsselakteur*innen in den vergangenen Jahrzehnten die Erwartungen enttäuscht haben, die hinsichtlich der Bewältigung ökologischer Herausforderungen in sie gesetzt worden waren:

In den 1980er und 1990er Jahren war das Vertrauen in die Steuerungsfähigkeit politischer Institutionen und der internationalen Staatengemeinschaft hinsichtlich der sich immer klarer abzeichnenden ökologischen Krise noch vergleichsweise stabil (vgl. Blühdorns Kapitel zur *Gegenwartsdiagnose* in diesem Band). Es gab durchaus Erfolge vorzuweisen: Der erfolgreiche Rio-Gipfel 1992, aus welchem die Klimarahmenkonvention als nur eines von mehreren gewichtigen umweltpolitischen Abkommen hervorging oder auch die erfolgreiche Bekämpfung des Ozonlochs fallen in diese Zeit. Es etablierten sich in westlichen Industrienationen sogenannte *Umweltstaaten*, die spür- und messbare Verbesserungen im Umweltschutz und im Bereich der *lebensweltlichen Nachhaltigkeit* (Meadowcroft 2012; Duit et al. 2016) herbeiführen konnten. Auch die Integration ökologischer Agenden in parteipolitische Strukturen und vor allem die Bildung der Grünen Parteien festigten den Glauben, dass von staatlicher Seite Antworten auf die immer deutlicher hervortretenden Grenzen und Konsequenzen der vorherrschenden Wirtschaftsweise gefunden werden würden. Dieses Vertrauen bröckelte allerdings schnell und spätestens die gescheiterte UN Klimakonferenz 2009 in Kopenhagen bedeutete eine Zäsur. Gegenwärtig hat sich das Vertrauen in die Problemlösungsfähigkeit politischer Institutionen und Parteien wohl eher in Misstrauen verwandelt (vgl. den Beitrag von Butzlaff zu *Parteien* in diesem Band) und Rückschritte in der internationalen Klimapolitik wie der Ausstieg aus dem Pariser Klimaabkommen der USA bekräftigen diese Tendenz. Einschätzungen, dass die Handlungsfähigkeit gewählter politischer Vertreter*innen stark von der Wirtschaft und deren Lobbystrukturen zu Ungunsten umweltfreundlicher Maßnahmen beeinflusst wird, liefern weitere Argumente für diese Ansicht.

Als weiterer Schlüsselakteur gesellschaftlicher Transformationen gelten soziale Bewegungen. Die enormen Veränderungen, welche die neuen sozialen Bewegungen seit den 1970er Jahren erreicht haben, etwa in Bezug auf Frauenrechte, ließen soziale Bewegungen in der gesellschaftlichen Vorstellung zur Speerspitze der sozialen Transformationskraft avancieren (vgl. den Beitrag von Deflorian in diesem Band). Tatsächlich konnte die erstarkende Zivilgesellschaft in Form der Anti-Atomkraft- und Ökologiebewegung sowie der zahlreichen daraus entstandenen umweltpolitischen NGOs wie zum Beispiel Greenpeace eine beachtliche politische Schlagkraft entwickeln. In Österreich ist das erbaute, aber nach heftigen Demonstrationen und einer hierdurch erzwungenen Volksabstimmung nie in Betrieb genommene Atomkraftwerk Zwentendorf ein markanter Beweis für die Transformationskraft sozialer Bewegungen. Jenseits dieser aktivistischen Stärke wurde den emanzipatorischen Bewegungen auch das Potenzial zugesprochen, eine neue, gerechte und ökologische Gesellschaft im Hier und Jetzt *präfigurieren* zu können – etwa durch antiautoritäre Kindergärten oder Bio-Bauernhöfe (Habermas 1981; Wright 2017). Während derartigen *Nischenbewegungen* – aktuell etwa in der Gestalt von Essenskooperativen, Reparaturcafés oder Gemeinschaftsgärten – weiterhin ein hohes Transformationspotenzial zugesprochen wird und sie als Pioniere des Wandels angesehen werden, herrscht bezüglich der Rolle sozialer Bewegungen insgesamt eine große Verunsicherung: Denn das Bewegungsfeld hat sich stark ausdifferenziert und derzeit prägen rechte und rechtspopulistische Initiativen dieses Feld mindestens genauso stark wie linke, im traditionellen Sinne als progressiv bezeichnete Bewegungen (vgl. Blühdorns Kapitel zum *Paradigmenwechsel* und der *Gegenwartsdiagnose*, sowie den Beitrag von Deflorian in diesem Band).

Während also der Optimismus deutlich geschrumpft ist, dass soziale Bewegungen oder politische Parteien und Institutionen eine ökologische Transformation herbeiführen werden, hält sich demgegenüber die Überzeugung, dass das Individuum als wesentlicher Motor einer Nachhaltigkeitstransformation diese Lücke füllen könne. Dieser Glaube an die individuelle Verantwortlichkeit ist bereits in den neuen sozialen Bewegungen der 1970er Jahre angelegt. Diese bauten auf der Vorstellung auf, dass mündige, aufgeklärte und emanzipierte Individuen die Basis gesellschaftlichen Wandels seien. Entfremdete

Subjekte könnten sich durch Bewusstseinsbildung und Aufklärung zu neuen Menschen transformieren, welche solidarischer und verantwortungsvoller mit ihren Mitmenschen und der Umwelt umgehen und eine postmaterielle Werthaltung entwickeln würden. Das Vertrauen auf die individuelle Verantwortung, wenn auch unter gänzlich anderen Vorzeichen, verfestigte sich weiter mit dem Erstarken des Neoliberalismus in den 1980er und 1990er Jahren: Würden dem Individuum nur genügend Freiheiten gelassen und würde es von staatlichen Regulierungen nur weitestgehend befreit, so könne es seinen Nutzen optimieren – lautet eine neoliberale Grundannahme. Was genau als Nutzen bzw. nützlich definiert wird, ist nach der neoliberalen Denkweise natürlich eine freie, individuelle Entscheidung. Würde aber Umweltschutz als Ziel in die Nutzenfunktion integriert, so sei die individuelle Ebene jedenfalls die für die Zielerreichung am besten geeignete. Demzufolge müssten die Konsument*innen also nur zu der Einsicht gebracht werden, dass ökologische Kriterien für ihre Nutzenkalkulation wichtig sind, dann würden sie ihre Konsumentscheidungen zumindest teilweise entsprechend ausrichten. Mit dem Erstarken des Neoliberalismus wurden also nicht nur beträchtliche Teile der Wirtschaft, sondern auch die Verantwortung für die ökologische Krise privatisiert. Interessanterweise kommt es so zu einer merkwürdigen Interessenskoalition (vgl. auch Blühdorns Kapitel zum *Paradigmenwechsel* und zur *Gegenwartsdiagnose* in diesem Band): Das mündige, autonome und verantwortliche Individuum ist einerseits ein progressiv-emanzipatorisches Ideal, andererseits entspricht es aber auch dem neoliberalen Menschenbild. Seither ist das sich emanzipierende und Verantwortung übernehmende Individuum ein zentraler Anker und Hoffnungsträger der Umweltbewegung wie der Nachhaltigkeitsforschung. Das Festhalten an diesem Ansatz ist aus der Perspektive der jeweiligen Akteur*innen auch durchaus nachvollziehbar und in ihrem Interesse: Dass Politik und Wirtschaft Individuen und individuelle Konsument*innen gern als verantwortliche Akteur*innen sehen, liegt auf der Hand – entweder um sich selbst von Verantwortung zu entbinden oder um der eigenen Systemlogik wachsender Absatzmärkte gerecht zu werden. Medien müssen Komplexität reduzieren und daher bietet sich die einfache Geschichte an, dass nicht-nachhaltiger Konsum das Problem und nachhaltiges Konsumieren die Lösung ist. Und schließlich haben umweltbewusste individuelle Bürger*innen und Konsument*innen auch das persönliche Bedürfnis, einen Beitrag zu leisten. In spätmodernen, hochkomplexen und globalisierten Gesellschaften ist dies allerdings auf das Ganze gesehen so kompliziert, dass eine nachhaltigere Gestaltung des *privaten* Lebens noch am einfachsten beeinflussbar und steuerbar erscheint. Buchtitel wie Öko. *Al Gore, der neue Kühlschrank und ich* (Unfried 2008) illustrieren dieses Bedürfnis nach Selbstwirksamkeit.

Zur Problematik der Erzählung der Konsument*innenverantwortung

Nun lassen sich unbestreitbar Erfolge im Bereich des nachhaltigen Konsums in den letzten 25 Jahren feststellen: Insbesondere im Bio-Segment konnten und können deutliche Zuwächse verzeichnet werden. Österreich nimmt in diesem Segment einen Spitzenplatz ein und kann für einzelne Produkte bereits einen Marktanteil von über 20 Prozent verzeichnen und auch der Anteil der biologisch bewirtschafteten Fläche an der gesamten Agrarfläche beträgt knappe 20 Prozent (Internationale Vereinigung der ökologischen Landbaubewegungen EU 2016). Maßnahmen wie Informationskampagnen, Einführung von Gütesiegeln und Soziales Marketing konnten den Marktanteil von Bio-Produkten, der in den 1990er Jahren nur bei 2-3 Prozent lag, deutlich erhöhen. Die Entstehung von Bio-Supermärkten und Bio-Eigenmarken von großen Lebensmittelhandelsketten unterstreichen, dass ein vormaliges Nischenphänomen zum gesellschaftlichen Mainstream geworden ist. Gleichzeitig zeigen andere Daten, wie nachhaltig nicht-nachhaltig der Lebensmittelmarkt insgesamt ist: International verbleibt der Marktanteil von Bio-Produkten nach wie vor bei lediglich 6,5 Prozent (ebd.); der deutlich überwiegende Teil der Lebensmittelherstellung findet also unter *konventionellen* und das bedeutet nicht-nachhaltigen Bedingungen statt.

Ernüchternde Feststellungen dieser Art haben zu zahlreichen kritischen Einschätzungen der Erzählung des mündigen, verantwortungsvollen und reflexiven Konsums als zentralem Motor der Nachhaltigkeitstransformation geführt (Grunwald 2018; Brunner 2019). Dass eine erhöhte Nachfrage nachhaltiger Produkte insgesamt zu einem nachhaltigeren Produktangebot führt, dass Konsument*innen eine zentrale Rolle in der ökologischen Transformation einnehmen und dass eine Änderung des Konsumverhaltens auf freiwilliger Basis und wissensgeleitet stattfinden kann, setzt eine Reihe von gesellschaftstheoretischen

Prämissen voraus, die äußerst umstritten sind. Informations- und Bildungsmaßnahmen gründen z.b. auf der Annahme, dass sich Menschen rational verhalten und das zur Verfügung stehende Wissen vernünftig einsetzen. Theoretisch begründet wird diese Annahme durch die *Rational Choice Theory* (Coleman/Farraro 1992), die davon ausgeht, dass jede Handlung Ergebnis eines Nutzenkalküls, rational, informationsbasiert und intentional ist.

Doch dass Konsument*innen bei weitem nicht immer rational und faktenbasiert handeln und beispielsweise soziale Normen, Werte und Emotionen Konsumverhalten massiv beeinflussen, ist mittlerweile breit anerkannt (Blättel-Mink 2013). Auf diese Einsicht folgte eine verstärkte Bezugnahme auf psychologische und sozialpsychologische Theorien mit dem Ziel, auf Werte und Einstellungen Einfluss zu nehmen (Fishbein/Ajzen 1975). Soziales Marketing, Methoden kommerzieller Werbung und zielgruppenspezifische Kommunikationsstrategien sollen von NGOs sowie auch von staatlicher Seite strategisch eingesetzt werden, um Konsument*innen zu nachhaltigerem Verhalten zu motivieren und dort Abhilfe schaffen, wo externe und rational begründete Anreize auf Grenzen stoßen (Brand 2008). Doch selbst wenn man durch Maßnahmen dieser Art einen breiten Wertewandel hin zu gesteigertem Umweltbewusstsein erreichen würde, gibt es weiterhin Bedenken. Ein zentraler und weit anerkannter Kritikpunkt ist die Kluft zwischen Umweltbewusstsein und -verhalten (Haan/Kuckartz 1996; Entzian 2015). Demnach führt Umweltwissen nicht zwangsläufig zu dementsprechenden Verhaltensabsichten und in Folge auch nur bedingt zu tatsächlichem Verhalten. Studien gehen davon aus, dass nur rund 10 Prozent der Varianz des Umweltverhaltens durch Umweltbewusstsein und dementsprechenden Verhaltensabsichten erklärt werden können (Grunenberg/Kuckartz 2003). Aktuelle empirische Erhebungen machen darauf aufmerksam, dass es gerade nachhaltigkeitsorientierte, höher gebildete soziale Gruppen seien, die einen sehr großen ökologischen Fußabdruck aufweisen. Die maßgebliche erklärende Variable für nicht-nachhaltiges Verhalten sei nämlich nicht ein mehr oder weniger ausgeprägtes Umweltbewusstsein, sondern die Einkommenshöhe. Das bemerkenswerte Ergebnis dieser Untersuchungen ist, dass der Verbrauch natürlicher Ressourcen mit der Höhe des Einkommens ansteigt (Moser/Kleinhückelkotten 2018). Um dieses Missverhältnis zu erklären, wird oftmals das *Low-Cost-Modell* angeführt (Diekmann/Preisendörfer 2001: 117), welches besagt, dass Umweltverhalten in engem

Zusammenhang mit dem Verhaltensaufwand steht. Neben finanziellen Kosten werden Unbequemlichkeiten, Mehraufwand, der Aufwand, Alltagsroutinen aufzugeben sowie Transaktionskosten nicht-habituellen Verhaltens wie Informations- und Suchaufwand als Verhaltenskosten angeführt und demnach sei es sehr schlüssig, dass Verhalten mit geringem Aufwand, wie Recycling, Müll trennen, Licht abschalten oder Wasser sparen, deutlich häufiger ausgeführt wird als solches mit hohem Aufwand, wie etwa autofreies Mobilitätsverhalten, Verringerung des Fleischkonsums oder Einschränkung von Flugreisen. Dass genau diese Verhaltensänderungen, die mit hohem Aufwand verbunden werden, jene sind, die eine sehr hohe Auswirkung auf den ökologischen Fußabdruck haben, ist natürlich tragisch. Weitverbreitetes Ergebnis des Low-Cost-Modells ist jedenfalls die sogenannte *Patchwork-Ökologisierung* (Reusswig 1994): Eine streng ökologisch ausgerichtete vegane Ernährung steht keinesfalls im Widerspruch mit ausgeprägtem Flugverhalten, oder die konsequente Verwendung von erneuerbaren Energiequellen ist durchaus vereinbar mit einem ausgeprägten nicht ökologischen Konsumverhalten im Technologiebereich.

Nicht zuletzt wegen der inzwischen weithin anerkannten Kluft zwischen Umwelteinstellungen und -verhalten, hielten und halten Politikmaßnahmen, die theoretisch auf die Verhaltensökonomie aufbauen, inzwischen weitverbreiteten Einzug in Umwelt- und Nachhaltigkeitsministerien (Straßheim/Beck 2019). Dieser Theorieansatz baut wiederum auf die Kognitionswissenschaften auf und geht davon aus, dass ein Großteil menschlichen Verhaltens aus automatisierten, schnellen und nicht reflektierten Handlungen besteht. Demzufolge wurden und werden Steuerungsmechanismen entwickelt, die spezifisch auf Einflussfaktoren wie kognitive Verzerrungen oder begrenzte Willenskraft und Aufmerksamkeit abzielen. Ein in den letzten Jahren besonders prominent gewordenes Instrument aus dieser Schule ist das sogenannte *nudging* (Thaler/Sunstein 2011: 13). Aus dieser Perspektive ist Konsumverhalten aufgrund des Einflusses von Gewohnheiten, der Unbewusstheit und anderen irrationalen psychologischen Vorgängen inhärent *fehlerhaft*. *Nudges* könnten hier gegensteuern und *richtiges* Verhalten *anstupsen*. Dies sind Änderungen der sogenannten *choice architecture*, die Verhalten in eine vorhersagbare Richtung steuern sollen, ohne dabei Verbote oder ökonomische Anreize anzuwenden (ebd.). Bekanntheit erlangt haben Beispiele wie die Änderung vom Opt-in-Mechanismus zum Opt-out-Mechanismus bei freiwilligen Altersvorsorgeprogrammen oder bei Organspenderegelungen; Kundenmitteilungen, die den eigenen Energieverbrauch mit jenem der Nachbar*innen vergleichen, um diesen zu senken; das Verkleinern der Tellergröße in Mensen, um Lebensmittelmüll zu verringern; das Einsetzen von kleinen Fliegen in Urinale um die Treffsicherheit zu erhöhen oder das betriebsweite Umstellen der Standarddruckereinstellungen von einseitigem zu beidseitigem Druck, um Papier zu sparen. Diese Strategien gehen also davon aus, dass der Mensch erstens automatisiert und deshalb fehlerhaft handelt und zweitens, dass er ein Herdentier ist, das sehr auf seine Fremdwahrnehmung achtet. Diese Dynamiken und Fehlerquellen könne man allerdings erkennen und durch wohlgesteuerte Eingriffe in die gewünschte, beispielsweise ökologischere, Richtung lenken (ebd.).

Die Bedeutung, die *nudging* insbesondere in den letzten zehn Jahren gewonnen hat, ist ungebrochen wie die Verleihung des Nobel-Preises für Wirtschaftswissenschaften im Jahr 2017 an den Verhaltensökonomen Richard Thaler, der mit Cass Sunstein als Begründer des *nudging* gilt, zeigt. Nachdem *nudging* zunächst vor allem im angelsächsischen Raum populär wurde, gilt das zunehmend auch für Kontinentaleuropa (Purnhagen/Reisch 2015).

So verschieden all diese unterschiedlichen Herangehensweisen und Instrumente zur Verhaltenssteuerung allerdings zu sein scheinen – gehen doch die einen von einem völlig rational handelnden und die anderen von einem vordergründig automatisiert und von irrationalen psychologischen Faktoren beeinflusst handelnden Individuum aus –, so bedeutend ist doch eine zentrale gemeinsame Grundannahme: Egal ob automatisiert oder aktiv und rational herbeigeführt, es sind immer individuelle Entscheidungen, die sowohl im Zentrum des Problems als auch des Lösungsansatzes stehen. Implizit oder explizit gehen alle bisher genannten Zugänge davon aus, dass Stück für Stück und Kaufentscheidung für Kaufentscheidung die Wirtschaft und somit die Gesellschaft nachhaltiger werden können, und die Konsument*innen die aktiven Treiber dieses Wandels sind. Somit sind alle Ansätze dem methodologischen Individualismus zuzuordnen, einer Sichtweise, die soziale Phänomene als Aggregation einzelner individueller Handlungen sieht. Verantwortlich für das Allgemeinwohl sind demnach weniger kollektive Institutionen, sondern vielmehr einzelne Individuen, wohlgemerkt hauptsächlich in ihrer Rolle als Konsument*innen. Maßnahmen, die auf Annahmen des methodologischen Individualismus aufbauen, kommen vielen politischen Entscheidungsträger*innen insofern gelegen, als sie dadurch von Verantwortung entlastet werden. Besonders deutlich zeigt sich dieses Verschieben von Verantwortlichkeiten etwa bei Politiker*innen, die in umweltrelevanten Handlungsfeldern gern freiwillige Anreize propagieren, sich aber strikt gegen Verbote stellen (Der Standard 2019). Auch das 2016 beschlossene *Nationale Programm für nachhaltigen Konsum* der deutschen Bundesregierung geht in diese Richtung:

> »[Es] darf weder darum gehen, die Konsumentinnen und Konsumenten zu bevormunden, noch darum, als Staat als vermeintlich besserer Unternehmer zu agieren. Verbraucherinnen und Verbraucher sollten erforderliche Verhaltensänderungen eigenständig vornehmen, und der Staat sollte hierfür geeignete Rahmenbedingungen setzen. Nachhaltige Konsumentscheidungen können unter anderem durch Information und Bildung sowie durch nachhaltige Produkt- und Dienstleistungsalternativen unterstützt werden.« (Die Bundesregierung 2017: 10)

Selbst im – in diesem Dokument ohnehin stiefmütterlich behandelten – Teil zu öffentlicher Beschaffung ist nur von Anreizen die Rede, nicht aber von klaren Vorgaben oder Verboten.

Noch schwerer wiegen die Zweifel an der Vorstellung des*der verantwortlichen und verantwortungsbewussten Konsument*in allerdings dann, wenn die Einwände berücksichtigt werden, die noch grundsätzlicher ansetzen als die bisher dargestellten. Denn tatsächlich lassen sich die Effektivität von nachhaltigem Konsum sowie die Annahme, dass grüner Konsum überhaupt zur Nachhaltigkeit beitragen kann, grundsätzlich in Frage stellen. Ein gewichtiges Bedenken fasst Huber mit dem Begriff des *ökologischen Konsumparadoxons* (Huber 2011: 312-314). Huber führt im Rückgriff auf industrieökologische Argumente an, dass der private Massenkonsum zwar der Hauptmotor für stetig steigende Umweltschäden durch anhaltendes Wirtschaftswachstum und nicht-nachhaltige Produktionsmethoden sei, der unmittelbare Beitrag der Konsument*innen zur Umweltbe- und -entlastung aber gering ausfällt. Im Vergleich zum Einfluss von Rohstoffgewinnung, nachfolgenden Produktionsstufen, Produktentwicklung, Produktionsvorschriften und -auflagen auf die ökologische Bilanz von Produkten sei der Einfluss der Endnachfrage und deren Rückkopplung auf die Herstellungsweise eindeutig nachrangig. Der Endverbrauch sei also ein denkbar schlecht geeigneter Punkt in der Produktionskette, um Produkte ökologischer zu gestalten. Zentral für die ökologische Bilanz von Konsum sind außerdem Systemeffekte, die oft undurchsichtig und für Konsument*innen schwer zu durchschauen sind. So kann Wasser zum Beispiel deutlich wirkungsvoller durch eine Reduktion des Fleischkonsums als durch selteneres Duschen eingespart werden (Grunwald 2018: 429), da ein Kilogramm Rindfleisch ca. 15.500 l virtuelles Wasser in der Produktion benötigt (Hoekstra/Chapagain 2006: 39). Die Orientierung an Umweltzertifizierungen und Nachhaltigkeitssiegeln ist ähnlich undurchsichtig wie solche systemischen Effekte. Der Grund dafür ist die Komplexität von Nachhaltigkeitsbewertungen: Alle Lebensphasen eines Produkts (auch Rohstoffgewinnung, Transport, Lagerung und Entsorgung) müssen berücksichtigt werden. Das führt dazu, dass die wissenschaftliche Bewertung selten eindeutig ausfällt und die Konsumentscheidung entsprechend auf einer unsicheren Basis steht. Ob regional und konventionell angebaute Tomaten oder biologisch angebaute Tomaten mit weitem Transportweg einen geringeren ökologischen Fußabdruck haben, hängt von vielen Faktoren ab: beispielsweise der Art und Länge des Transports, der Lagerung und der Beheizung des eventuell verwendeten Gewächshauses. Natürlich gibt es dennoch Konsumverhalten, welches klar positive ökologische Auswirkungen hat, wie zum Beispiel eine Einschränkung des Autofahrens. Diese Auswirkungen können aber auch durch Rebound-Effekte (Santarius 2012) begrenzt oder gar aufgewogen werden. Wenn die durch weniger Autofahren eingesparten finanziellen Ressourcen in nicht-nachhaltigen Konsum investiert werden oder die dadurch herbeigeführte Selbstwahrnehmung als ökologisch handelnder Mensch dazu führt, dass man sich Fehltritte in anderen Bereichen erlaubt, können die ökologischen Einsparungen stark eingeschränkt oder zunichtegemacht werden, wodurch ein *Backfire-Effekt* entsteht (Hertwich 2005).

Eine weitere fundamentale Kritik am Paradigma der Konsument*innensouveränität kommt von Seiten der Praxistheorien (Schatzki 2002; Reckwitz 2003; Warde 2005; Hui et al. 2017). Dieser Theorieansatz bedeutet einen Paradigmenwechsel, denn er rückt das vermeintlich frei entscheidende Individuum aus dem Zentrum der Analyse, um stattdessen soziale Praktiken wie Fliegen oder Zugfahren in den Mittelpunkt zu stellen. Folgt man diesem Ansatz, so erscheint die angesprochene Kluft zwischen Umweltbewusstsein und -verhalten nicht als rätselhaftes Phänomen, sondern als empirische Bestätigung der praxistheoretischen Annahme, dass Verhalten zu einem großen

Teil nicht auf individueller Ebene erklärbar ist und eben gerade nicht ausschließlich persönlichen Werten, Einstellungen oder Informationen folgt. Praxistheorien gehen davon aus, dass alltägliche Aktivitäten weitaus mehr und komplexere Aspekte involvieren und viele davon eher auf einer strukturellen Ebene liegen. Die soziale Praktik des Autofahrens involviere zum Beispiel Routinen und Gewohnheiten wie automatisierte Alltagswege, Infrastruktur wie auf den motorisierten Individualverkehr ausgelegte Straßensysteme, Gesetze wie die verpflichtende Einrichtung von Parkplätzen bei Neubauten, gesellschaftlich tief verwurzelte Symbolik wie das Privatauto als Garant für Flexibilität und Freiheit oder gesellschaftlich tief verankertes, oft auch implizites Wissen hinsichtlich Funktionsweise, Besitz und Wartung des Fahrzeugs. Auf theoretischer Ebene spiegeln sich diese Annahmen in der Konzeption sozialer Praktiken wider: »Ihre Ausübung umfasst die Reproduktion kultureller Bedeutungen, sozial erlernter Fähigkeiten und gebräuchlicher Geräte, Technologien und Produkte« (Spurling et al. 2013: 4, eigene Übersetzung). Praxistheorien versuchen somit einen Ausweg aus der alten sozialwissenschaftlichen Grundsatzdiskussion anzubieten, ob der Ort des Sozialen eher auf der Akteurs- oder auf der Strukturebene anzusiedeln ist. Anstelle dieser Unterscheidung verweisen sie auf die Ebene der Praktiken. Sowohl Akteur- als auch Strukturelemente kristallisieren in den Praktiken selbst. Aufbauend auf der Strukturationstheorie von Giddens (Giddens 1984) wird argumentiert, dass sich die Praktiken durch eine regelmäßige Ausführung selbst reproduzieren. Das macht die Privatisierung und Individualisierung der Verantwortung für den gesellschaftlichen Wandel zur Nachhaltigkeit problematisch. Am pointiertesten verdeutlicht Elizabeth Shove dies durch ihre Kritik am *ABC-Paradigma*: Sie macht auf die viel zu enge Fokussierung vieler umweltpolitischer Steuerungsmaßnahmen auf *attitudes, behaviour* und *choice*, aufmerksam und hinterfragt deren oft implizite Annahme, dass Einstellungen der stärkste Einflussfaktor auf das individuell frei gewählte Verhalten seien (Shove 2010). Die Autonomie individueller Handlungen sei demnach vielmehr durch Infrastrukturen, Institutionen, Konventionen etc. eingeschränkt. Deshalb sei es irreführend, von wertegeleitetem autonomen Verhalten zu sprechen. Zum Verständnis sozialer Interaktionen sei das Konzept der sozialen Praktiken geeigneter. Wer nicht-nachhaltigen Konsum verstehen möchte, müsse also den Fokus von »dekontextualisierten, individualisierten Konsumentscheidungen zu sozialen Prakti ken« verschieben (Brunner/Littig 2017: 231). Damit wird der *Prozess*, wie ökologisch schädliche Aktivitäten ganz normal und alltäglich werden, in den Mittelpunkt gerückt.

Praxistheorien legen also das Augenmerk auf Routinen und unreflektiert ausgeführte Alltagspraktiken – ebenso wie die Verhaltensökonomie und *nudging*. Trotz dieser Gemeinsamkeit unterscheiden sich diese zwei Perspektiven aber in den Grundannahmen essentiell: Während *nudging*-Theoretiker*innen behaupten, dass automatisiertes Verhalten neurologische Ursachen habe und eine Berichtigung nicht erwünschter Verhaltensweisen relativ leicht möglich sei, würden Praxistheorien entgegnen, dass die Ursache des unreflektierten Handelns tiefliegende historische, soziopolitische, kulturelle und materielle Rahmenbedingungen und Pfadabhängigkeiten seien, die nur sehr schwer veränderbar sind. *Nudging* bleibt also dem methodologischen Individualismus verhaftet und begreift Verhalten als individuell, vorhersagbar und steuerbar. Auch geht *nudging* davon aus, dass Verhalten prinzipiell rationaler Logik folgt – nur wird diese durch reflexartiges Handeln gestört. Verantwortlich für Nicht-Nachhaltigkeit ist dem *nudging*-Ansatz zufolge also das Individuum, das punktuell fehlerhaft handelt, während Praxistheorien Praktiken selbst und somit auch strukturellere Dimensionen berücksichtigen (Reid/Ellsworth-Krebs 2018).

Interventionen in nicht-nachhaltige Konsumpraktiken?

Nun stellt sich die Frage, was es für eine Nachhaltigkeitstransformation bedeutet, wenn der Fokus von »dekontextualisierten, individualisierten Konsumentscheidungen zu sozialen Praktiken« (Brunner/ Littig 2017: 231) verschoben wird. Was heißt es, wenn nicht mehr das Individuum und die Beeinflussung seines individuellen Verhaltens als entscheidend für eine nachhaltigere Gesellschaft betrachtet werden, sondern materielle Infrastrukturen oder habitualisiertes Wissen? Hilft es weiter, wenn nun diese Elemente sozialer Praktiken als alternative Hebelpunkte für eine Veränderung anvisiert werden? Ein solcher Ansatz begreift beispielsweise ein gutes öffentliches Verkehrsnetz, eine nicht autozentrierte Verkehrsinfrastruktur oder gute und attraktive Telekonferenzinfrastrukturen als um einiges effektiver als an einzelne Individuen gerichtete Überzeugungskampagnen für Zug- oder

Busfahren oder gegen Fliegen. Kann also ein geschicktes Verändern soziomaterieller Strukturen eine Nachhaltigkeitstransformation quasi automatisch in Gang setzen, ohne einen unrealistisch erscheinenden Wertewandel hin zu radikal veränderten Wertepräferenzen herbeiführen zu müssen? Die wissenschaftliche Diskussion zu diesem Thema scheint diese Überlegung zu bekräftigen. So hat die *Sustainable Practice Research Group* für die schottischen und englischen Regierungen ein ziemlich bekannt gewordenes Programm namens *Interventions in practice: re-framing policy approaches to consumer behaviour* (Spurling et al. 2013) erarbeitet. Dieses legt dar, wie nicht-nachhaltige Praktiken nachhaltiger gemacht werden können, indem man a) Elemente der Praktik ändert, b) die Praktik als Ganzes austauscht oder c) das Ineinandergreifen mehrerer Praktiken verändert. Konkret gesprochen könnte dies folgendes heißen: Berufspendeln mit dem Auto als nicht-nachhaltige Praktik könnte a) durch E-Mobilität, Fahrgemeinschaften oder spritsparendes Fahren ressourcenschonender werden oder b) durch die Errichtung von Duschen am Arbeitsplatz und andere unterstützende Maßnahmen durch Pendeln mit dem Rad ersetzt werden, oder c) durch das Ändern von anderen autoabhängigen Konsumpraktiken wie dem Großeinkauf im Hypermarkt am Stadtrand beeinflusst werden. Zentral für dieses Programm ist eben die Verschiebung des Fokus von dem oder der Autofahrer*in und dessen oder deren individuellem Verhalten auf die Praktik des Pendelns mit dem Auto selbst.

In eine sehr ähnliche Richtung gehen die Autorinnen des Handbuchs *From intervention to social change. A guide to reshaping everyday practices* (Vihalemm et al. 2015). Auch hier ist vom Verändern, Ersetzen und Auseinanderbrechen von Praktiken bzw. von deren Elementen die Rede. Gedacht ist das Buch als ein sozialwissenschaftlich fundierter und auf Praxistheorien aufbauender *step-by-step guide for practitioners* (ebd.). Es richtet sich an alle, die soziales Verhalten in eine gewünschte Richtung lenken möchten, seien dies NGOs, Vertreter*innen der Verwaltung, Aktivist*innen oder Politiker*innen. Diese Zielgruppen sollen dazu gebracht werden, das Ausgangsproblem anders zu begreifen, nämlich als problematische Praktiken und nicht als problematisches individuelles Verhalten, und dadurch ihr Ziel besser erreichen können, egal ob gesünderes Essen oder nachhaltigere Mobilität. Durch den *step-by-step guide* sollen sie dann in einem zweiten Schritt dazu inspiriert werden, Lösungen ganz anders zu denken. Ein bekanntes Beispiel dazu wie Lösungen ganz anders gedacht werden können, ist das *Cool-*

Biz-Programm der japanischen Regierung, das es schaffte in zwei Jahren rund 1,4 Millionen Tonnen CO_2-Emissionen einzusparen, was den monatlichen Emissionen von rund 3 Millionen Haushalten entspricht (Shove 2014). *Cool Biz* wurde 2005 mit dem Ziel eingeführt, die Standardraumtemperatur in Gebäuden von Organisationen und Unternehmen, für Regierungsgebäude verpflichtend, in den Sommermonaten von den bisher üblichen 20°-23°C auf 28°C zu erhöhen – und somit den Energiebedarf der Kühlungsanlagen zu drosseln (ebd.). Das Programm war – und ist – äußerst breitenwirksam: Bereits 2007 gaben in einer Umfrage 98 Prozent der befragten Büroangestellten an, *Cool Biz* zu kennen und über die Hälfte sagte, dass das Programm in ihrer Institution umgesetzt wird (Kuijer/Bakker 2015). Wie kam es zu diesen beeindruckenden Zahlen? Zentral war die Änderung des Business-Dress-Code: An Stelle des traditionellen Anzugs mit langärmligem Hemd und Krawatte wurde ein *casual-look* bestehend aus kurzärmligem Hemd oder T-Shirt und leichten Stoffen eingeführt. Durch eine breite Kampagne, angeführt vom damaligen Premierminister, der die *no-tie-policy* vorlebte; Modeschauen, die den neuen Look präsentierten und in den ersten Jahren des Programms einen Button mit der Aufschrift *Entschuldigt mein Outfit – ich mache cool biz* konnte ein Kleidungsstil, der eine höhere Temperatur in Büros ermöglicht, normalisiert werden. Damit einher ging allerdings auch ein bedeutender Verkaufsanstieg an Cool-Biz-Outfits, insbesondere der Kleidungsstücke, die eigens entwickelte besonders leichte Stoffe verwenden. Eine Berechnung der Umweltwirkung, die auch diesen Nebeneffekt einbezieht, ist ausständig (ebd.). Dieses Programm versuchte also nicht einzelne Bürger*innen zu überzeugen, den Energiebedarf für Klimaanlagen zu senken, sondern dies durch einen Bedeutungswandel der Praktik des Kleidens für den Büroalltag zu erreichen.

Ein Bericht im Auftrag der Europäischen Kommission (Umpfenbach 2014) und ein Handbuch des United Nations Environmental Programme (UNEP 2012) greifen diesen Ansatz auf und beschreiben Möglichkeiten, nachhaltigen Konsum aufbauend auf praxistheoretischen Einsichten zu steuern. In eine ähnliche Richtung geht das im Auftrag der schottischen Regierung entwickelte sogenannte *ISM-tool*, die Abkürzung steht für individual, social, material (Southerton et al. 2011). Eine Schlussfolgerung solcher Überlegungen ist, Maßnahmen für nachhaltiges Verhalten verstärkt am Arbeitsplatz anzusiedeln, da viele Alltagspraktiken dort stattfinden beziehungsweise sich verschränken, die Heimfahrt von der Arbeit kann zum Beispiel zeitgleich auch eine Einkaufsfahrt sein. Eine weitere Schlussfolgerung besteht darin, Maßnahmen für nachhaltiges Verhalten zeitlich an Lebenswandelphasen – zum Beispiel einen Umzug in eine andere Stadt oder die Familiengründung – anzuknüpfen, da zu diesen Zeitpunkten alte Praktiken ohnehin aufgebrochen werden und sich neue dadurch leichter durchsetzen könnten. Außerdem sollte bei beabsichtigten Maßnahmen die oft vernachlässigte materielle Ebene miteinbezogen werden (Keller/Vihalemm 2017).

Von verschiedenen Seiten wird also die Ansicht vertreten, dass die Wirksamkeit von Verhaltenswandel-Programmen durch die Verschiebung des Akzentes auf das Ändern von Praktiken anstatt individuellem Verhalten gesteigert werden könne. Doch ist dies plausibel? Wie passt diese Annahme zum Selbstverständnis der Praxistheorie, nach dem sozialer Wandel als »weitgehend ungesteuertes Produkt der Dynamik sozialer Praktiken, ihrer Verknüpfungen und Nebenfolgen gesehen« wird (Brand 2011: 190)? Ist es nicht widersprüchlich, dass Shove einerseits Praktiken als inhärent dynamisch und unkontrollierbar beschreibt (Shove 2015) und andererseits Politikberatung als wesentlichen Teil ihrer Aufgabe sieht? Tatsächlich findet sich dieses Spannungsverhältnis zwischen der Entwicklung von Handlungsempfehlungen und einem theoretischen Verständnis, das sozialen Wandel als nur sehr bedingt steuerbar begreift, bei vielen Praxistheoretiker*innen wieder (Jaeger-Erben et al. 2017). Ja-aber-Kompromisse sind häufige Resultate dahingehender Überlegungen. Schatzki meint beispielsweise, dass das Intervenieren in Praktiken schon möglich sei – es aber sehr viel wahrscheinlicher sei, bestehende Praktiken zu ändern als sie zu ersetzen (Schatzki 2015). Wie weitreichend kann eine Nachhaltigkeitstransformation dann aber sein? Der am häufigsten geäußerte Ja-aber-Kompromiss bezieht sich auf die Notwendigkeit sektorenübergreifender Politikmaßnahmen. So heißt es beispielsweise, dass Praktiken durchaus geändert werden können, es allerdings koordinierter, konsistenter und fokussierter Politikmaßnahmen bedürfe, um Praktiken als Ganzes ins Visier zu nehmen (Evans et al. 2019). Zentral sei es, dass die Alltagspraktiken in Bündeln organisiert sind – Autofahren hängt mit Einkaufsgewohnheiten, Wohnen, Freizeitgestaltung, Arbeiten und Kinderbetreuung zusammen. Deshalb müssten Politikmaßnahmen notwendigerweise auch über die entsprechenden Politikfelder hinaus verknüpft werden (Warde et al. 2017).

Shove arbeitet daran, wie Klimapolitik durch eine Fokusverschiebung auf soziale Praktiken wirksamer gestaltet werden kann (Shove 2010, 2014). In den Schlussfolgerungen ihrer Arbeiten liest man allerdings oft eine ernüchternde Anerkennung der Grenzen der Steuerungsfähigkeit von sozialen Praktiken. »Die Schwierigkeit ist«, argumentiert Shove, »dass Strategien dieserart sektorenübergreifende Politikgestaltung und Interventionsarten erfordern würden, die weit über die Grenzen gegenwärtiger legitimer Politikgestaltung gehen« (Shove 2015: 42). Dies führe aber zu einer ambivalenten Schlussfolgerung, dass es zwar Vorteile habe, »soziale Praktiken als das zentrale Thema von Politikgestaltung und -analyse heranzuziehen«, dass es aber »aufgrund der Art und Weise, wie Klimapolitik gegenwärtig funktioniert, unrealistisch« sei, »dass diese Vorteile umgesetzt werden können« (ebd.). Dies kommt dem Problem des *Legitimationsimperatives* sehr nahe, das Hausknost in diesem Band in Bezug auf den Umweltstaat diagnostiziert. Ähnlich zwiespältig resümiert Shove, es sei einerseits eine Herausforderung, Praktiken zu ändern, die jenseits der Gestaltungsmacht der meisten Entscheidungsträger*innen lägen und meist systemischen Charakter hätten, andererseits aber hält sie am Versuch fest, die gewonnenen Erkenntnisse in Politikmaßnahmen zu übersetzen, um so die Erfolgswahrscheinlichkeit zu erhöhen (Shove 2010). Diese innere Zerrissenheit erinnert an das Prinzip der Kritischen Theorie, theoretisch pessimistisch und gleichzeitig praktisch optimistisch zu sein.

Im *Guide to reshaping everyday practices* werden solche Ansätze scharf kritisiert. Die Betonung, dass Praktiken aus verknüpften Elementen bestehen und dass es daher zumeist sektorenübergreifender, weitreichender und konsistenter Politikmaßnahmen bedürfe, sei theoretisch zwar überzeugend, aber praktisch nicht nur wenig hilfreich, sondern gar kontraproduktiv: Eine derartige Problemdarstellung gehe nicht nur über die Kompetenzen von politischen Entscheidungsträger*innen hinaus, sondern würde sie auch in eine Ohnmachtshaltung angesichts der Größe und Komplexität des Problemfelds führen (Keller/Vihalemm 2017). Außerdem sei diese Vorstellung einer konsistenten, sektorenübergreifenden, holistischen Politikgestaltung irreführend, denn sie habe kein Verständnis für Machtfragen und würde einen *aufgeklärten Monarchen* voraussetzen (ebd.) – eine wohl teilweise berechtigte Kritik. Dennoch ist es ernüchternd, wie die Autorinnen die Notwendigkeit kleiner, spezifischer und nicht überambitionierter Politikmaßnahmen erklären: Es gehe sowieso nicht anders – auch, wenn es theoretisch einleuchtend sei, dass radikalere Lösungen notwendig sind. Hier zeigt sich prägnant das von Blühdorn aufgezeigte Dilemma (vgl. Blühdorns *Vorüberlegungen* sowie das Kapitel zur *Gegenwartsdiagnose* in diesem Band), dass alles, was Hoffnung macht und möglich ist, per se eher systembestätigend als transformativ ist.

Gesellschaftstheoretische Annahmen ernst nehmen

Warum also findet die ökologische Transformation nicht statt? Liegt dies daran, dass wir uns in einer Endlosschleife ähnlicher, sich wiederholender Transformationsstrategien befinden, welche auf gesellschaftstheoretisch unhaltbaren Annahmen aufbauen? Dieses Kapitel hat sich auf das Narrativ vom mündigen, verantwortlichen und reflexiven Individuum konzentriert beziehungsweise auf die Behauptung, die Konsument*innen seien mit ihren Kaufentscheidungen der zentrale Hebel für eine sozial-ökologische Transformation. Die gesellschaftstheoretischen Annahmen, auf denen dieses Narrativ und diese Behauptung gründen, scheinen in der Tat über weite Strecken nicht haltbar und sind in der wissenschaftlichen Literatur schon lange Gegenstand von heftiger Kritik und Debatte: Die Unzulänglichkeit der *Rational Choice Theorie*, die Kluft zwischen Umweltbewusstsein und -verhalten, die unzureichende, dem *Low-Cost-Modell* folgende *Patchwork-Ökologisierung*, das *ökologische Konsumparadox* oder auch der *Rebound-Effekt* sind in der sozialwissenschaftlichen Umweltforschung längst bekannt. Dennoch bleibt die Strategie des nachhaltigen Konsums als dominante Transformationsstrategie weiterhin auffällig prominent – ganz ungeachtet von diesen Erkenntnissen. Dies könnte unter anderem daran liegen, dass die Weichen für Steuerungsmaßnahmen im Konsumbereich in den letzten Jahrzehnten immer leicht verändert – von reinen Informationskampagnen über soziales Marketing bis zu *nudging* – aber nie grundlegend anders gestellt wurden: Der methodologische Individualismus bleibt die zentrale Annahme und die Individualisierung der Verantwortung eine dominante Transformationsstrategie.

Anschließend wurden in diesem Beitrag Praxistheorien und auf sie aufbauende Steuerungsmaßnahmen als möglicher Ausweg aus der Endlosschleife diskutiert. Praxistheorien entziehen sich dem Vorwurf des methodologischen Individualismus und setzen auf gesellschaftlich tief verankerte Routinen, alltägliche Abläufe, explizites und implizites Wissen, soziale Normen und Vorstellungen sowie materielle Infrastrukturen als Hebelpunkte für eine Verhaltensänderung, die auf eine Transformation von Gesellschaft abzielt. Die bisherigen Versuche, nachhaltige Konsumpraktiken auf diese Theorieansätze aufbauend zu fördern, sind allerdings eher ernüchternd: Zwar konnte das prominente Beispiel *Cool Biz* in Japan eine deutliche Reduzierung der kühlanlagenverschuldeten Emissionen erreichen, ohne Individuen davon überzeugen zu müssen, die Klimaanlage sparsamer einzusetzen. Doch der Aufwand, der für dieses Programm betrieben wurde und wird, ist beträchtlich – und zielt letztlich nur auf den Teilbereich des Energiebedarfs für Temperaturregelung ab. Diese Diskrepanz zwischen Aufwand und Effekt ist eigentlich auch nicht überraschend, wenn praxistheoretische Annahmen ernst genommen werden: Aus einer solchen Perspektive erscheinen (Konsum-)Praktiken prinzipiell schwer steuerbar. Um sie dennoch zu steuern, bedürfte es weitreichender und sektorenübergreifender Maßnahmen – insbesondere, wenn es darum geht, tief verankerte Infrastrukturen und Pfadabhängigkeiten materieller sowie immaterieller Art aufzubrechen und nachhaltiger zu gestalten. Eine Vielzahl solcher zutiefst nicht-nachhaltiger Infrastrukturen und Pfadabhängigkeiten sind zum Beispiel bei Mobilitätspraktiken relevant, deren grundlegende Veränderung für eine Nachhaltigkeitstransformation unabdingbar ist. Auch wenn es darum geht, Praktiken zu verändern, die im Alltag eng mit anderen Praktiken verknüpft sind, wird die Notwendigkeit sektorenübergreifender Maßnahmen ersichtlich: Mobilitätspraktiken haben zum Beispiel viel mit der zeitlichen Struktur des Alltags zu tun und diese ist wiederum durch die Organisation der Arbeitswelt stark beeinflusst.

Wie und von wem die erforderlichen Veränderungen, weitreichenden und sektorenübergreifenden Maßnahmen dann herbeigeführt werden können, bleibt offen. Daran zu glauben, dass zuvorderst Konsument*innen hierzu in der Lage sind, erweist sich jedoch zunehmend als naive Hoffnung. Dass an dieser Hoffnung festgehalten wird, ist zwar nachvollziehbar – denn Entscheidungsträger*innen aus Wirtschaft und Politik können so Verantwortung von sich selbst auf die Konsument*innen abwälzen –, aber angesichts der Ernsthaftigkeit und Dringlichkeit der Lage, die von vielen Seiten immer und immer wieder beschworen wird, gefährlich. Auch mit dem Konzept der sozialen Praktiken bleibt die Frage offen, wie auf diese Dringlichkeit positiv reagiert werden könnte. Immerhin eröffnen entsprechende Theorieansätze aber eine Perspektive, die erklärt, warum die große Transformation bisher ausblieb. Solche Erklärungen sind für sich allein keine hinreichende, aber doch eine unbedingt notwendige Bedingung für jeden neuen Versuch, aus dem Scheitern zu lernen. Sie versprechen keine Lösbarkeit der sozialen und ökologischen Herausforderungen, aber zumindest eine realistische Beschreibung der Problemlage, welche zwangsläufig Voraussetzung eines zukünftigen sozial-ökologischen Gesellschaftswandels sein muss.

Literatur

Beck, Ulrich (2002): Macht und Gegenmacht im globalen Zeitalter. Neue weltpolitische Ökonomie, Frankfurt am Main: Suhrkamp.

Blättel-Mink, Birgit (2013): Konsum-Botschaften. Was Forschende für die gesellschaftliche Gestaltung nachhaltigen Konsums empfehlen, Stuttgart: Hirzel.

Bossy, Sophie (2014): »The utopias of political consumerism: The search of alternatives to mass consumption«, in: Journal of Consumer Culture 14 (2), S. 179-198.

Brand, Karl-Werner (2008): »Konsum im Kontext. Der »verantwortliche Konsument« – ein Motor nachhaltigen Konsums?«, in: Hellmuth Lange (Hg.), Nachhaltigkeit als radikaler Wandel. Die Quadratur des Kreises?, Wiesbaden: VS Verlag für Sozialwissenschaften, S. 71-93.

Brand, Karl-Werner (2011): »Umweltsoziologie und der praxistheoretische Zugang«, in: Matthias Gross (Hg.), Handbuch Umweltsoziologie, Wiesbaden: VS Verlag für Sozialwissenschaften, S. 173-198.

Brunner, Karl-Michael (2019): »Nachhaltiger Konsum und die Dynamik der Nachfrage. Von individualistischen zu systemischen Transformationskonzepten«, in: Fred Luks (Hg.), Chancen und Grenzen der Nachhaltigkeitstransformation. Ökonomische und soziologische Perspektiven, Wiesbaden, Germany: Springer Gabler, S. 167-184.

Brunner, Karl-Michael/Littig, Beate (2017): »Nachhaltige Produktion, nachhaltiger Konsum, nachhaltige Arbeit: The Greening of Capitalism?«, in: Karl-Werner Brand (Hg.), Die sozial-ökologische Transformation der Welt. Ein Handbuch, Frankfurt am Main: Campus, S. 215-242.

Busse, Tanja (2008): Die Einkaufsrevolution. Konsumenten entdecken ihre Macht, München: Heyne.

Coleman, James S./Farraro, Thomas J. (Hg.) (1992): Rational choice theory. Advocacy and critique, Newbury Park, CA: SAGE.

Der Standard (2019): Umweltministerin Köstinger will Klimaziele ohne Verbote erreichen, https://www.derstandard.at/story/2000071150479/umweltministerin-will-klimaziele-ohne-verbote-erreichen, zuletzt geprüft am 07.10.2019.

Die Bundesregierung (2017): Das Nationale Programm für nachhaltigen Konsum. Gesellschaftlicher Wandel durch einen nachhaltigen Lebensstil, https://www.bmu.de/publikation/nationales-programm-fuer-nachhaltigen-konsum/, zuletzt geprüft am 19.09.2019.

Diekmann, Andreas/Preisendörfer, Peter (2001): Umweltsoziologie. Eine Einführung, Reinbek bei Hamburg: Rowohlt.

Duit, Andreas/Feindt, Peter H./Meadowcroft, James (2016): »Greening Leviathan: the rise of the environmental state?«, in: Environmental Politics 25 (1), S. 1-23.

Entzian, Annett (2015): Denn sie tun nicht, was sie wissen. Eine Studie zu ökologischem Bewusstsein und Handeln, München: Oekom.

Evans/David/McMeekin, Andrew/Southerton, Dale (2019): Sustainable Consumption, Behaviour Change Policies and Theories of Practice, https://core.ac.uk/download/pdf/14924809.pdf, zuletzt geprüft am 07.10.2019.

Fishbein, Martin/Ajzen, Icek (1975): Belief, attitude, intention and behavior. An introduction to theory and research, Reading, MA, London: Addison-Wesley.

FONAP (2019): Forum Nachhaltiges Palmöl, https://www.forumpalmoel.org/, zuletzt geprüft am 27.08.2019.

Giddens, Anthony (1984): The constitution of society. Outline of the theory of structuration, Cambridge: Polity.

Grimm, Fred (2006): Shopping hilft die Welt verbessern. Der andere Einkaufsführer, München: Goldmann.

Grunenberg, Heiko/Kuckartz, Udo (2003): Umweltbewusstsein im Wandel. Ergebnisse der UBA-Studie Umweltbewusstsein in Deutschland 2002, Opladen: Leske + Budrich.

Grunwald, Armin (2012): Ende einer Illusion. Warum ökologisch korrekter Konsum uns nicht retten wird, München: Oekom.

Grunwald, Armin (2018): »Warum Konsumentenverantwortung allein die Umwelt nicht rettet. Ein Beispiel fehllaufender Responsibilisierung.«, in: Anna Henkel/Nico Lüdtke/Nikolaus Buschmann et al. (Hg.), Reflexive Responsibilisierung. Verantwortung für nachhaltige Entwicklung, Bielefeld: transcript, S. 421-436.

Haan, Gerhard d./Kuckartz, Udo (1996): Umweltbewusstsein. Denken und Handeln in Umweltkrisen, Opladen: Westdeutscher Verlag.

Habermas, Jürgen (1981): Zur Kritik der funktionalistischen Vernunft, Frankfurt am Main: Suhrkamp.

Hertwich, Edgar G. (2005): »Consumption and the Rebound Effect: An Industrial Ecology Perspective«, in: Journal of Industrial Ecology 9 (1-2), S. 85-98.

Hoekstra, A. Y./Chapagain, A. K. (2006): »Water footprints of nations: Water use by people as a function of their consumption pattern«, in: Water Resources Management 21 (1), S. 35-48.

Huber, Joseph (2011): Allgemeine Umweltsoziologie, Wiesbaden: VS Verlag für Sozialwissenschaften.

Hui, Allison/Schatzki, Theodore R./Shove, Elizabeth (Hg.) (2017): The nexus of practices. Connections, constellations and practitioners, London, New York, NY: Routledge.

Internationale Vereinigung der ökologischen Landbaubewegungen EU (2016): Organic in Europe. Prospects and Developments, Brüssel, https://shop.fibl.org/CHde/mwdownloads/download/link/id/767/?ref=1, zuletzt geprüft am 07.10.2019.

Jaeger-Erben, Melanie/Rückert-John, Jana/Schäfer, Martina (2017): »Do-it-yourself oder do-it-together? Eine Typologie sozialer Innovationen für nachhaltigen Konsum.«, in: Melanie Jaeger-Erben/Jana Rückert-John/Martina Schäfer (Hg.), Soziale Innovationen für nachhaltigen Konsum. Wissenschaftliche Perspektiven, Strategien der Förderung und gelebte Praxis, Wiesbaden: Springer VS, S. 23-50.

Keller, Margit/Vihalemm, Triin (2017): »Practice change and interventions into consumers' everyday lives«, in: Margit Keller/Bente Halkier/Terhi-Anna Wilska et al. (Hg.), Routledge Handbook on Consumption, Routledge, S. 226-241.

Kent, Jennifer (2009): »Individualized responsibility: ›if climate protection becomes everyone's responsibility, does it end up being no-one's?‹«, in: Cosmopolitan Civil Societies: An Interdisciplinary Journal 1 (3), S. 132-149.

Kuijer, Lenneke/Bakker, Conny (2015): »Of chalk and cheese: behaviour change and practice theory in sustainable design«, in: International Journal of Sustainable Engineering 8 (3), S. 219-230.

Meadowcroft, James (2012): »Greening the State«, in: Paul F. Steinberg/Stacy D. VanDeveer (Hg.), Comparative environmental politics. Theory, practice, and prospects, Cambridge, MA: MIT Press, S. 63-88.

Micheletti, Michele (2003): Political virtue and shopping. Individuals, consumerism, and collective action, New York, NY, Basingstoke: Palgrave Macmillan.

Moser, Stephanie/Kleinhückelkotten, Silke (2018): »Good Intents, but Low Impacts. Diverging Importance of Motivational and Socioeconomic Determinants Explaining Pro-Environmental Behavior, Energy Use, and Carbon Footprint«, in: Environment and Behavior 50 (6), 626-656.

Purnhagen, Kai/Reisch, Lucia A. (2015): »Nudging Germany«? Herausforderungen für eine Verhaltensbasierte Regulierung in Deutschland, Wageningen, https://papers.ssrn.com/sol3/papers.cfm?abstract_id=2632154, zuletzt geprüft am 07.10.2019.

Reckwitz, Andreas (2003): »Grundelemente einer Theorie sozialer Praktiken«, in: Zeitschrift für Soziologie, 32 (4), S. 282-301.

Reid, Louise/Ellsworth-Krebs, Katherine (2018): »Nudge(ography) and practice theories«, in: Progress in Human Geography 27, 030913251775077.

Reusswig, Fritz (1994): »Lebensstile und Ökologie. Die ökologischen Folgen der modernen Lebensweise.«, in: Christoph Görg (Hg.), Gesellschaft im Übergang. Perspektiven kritischer Soziologie, Darmstadt: Wissenschaftliche Buchgesellschaft, S. 218-238.

Santarius, Tilman (2012): Der Rebound-Effekt: Über die unerwünschten Folgen der erwünschten Energieeffizienz, https://epub.wupperinst.org/frontdoor/deliver/index/docId/4219/file/ImpW5.pdf, zuletzt geprüft am 07.10.2019.

Schatzki, Theodore R. (2002): The Site of the Social, Pennsylvania: Pennsylvania State University Press.

Schatzki, Theodore R. (2015): »Practices, governance and sustainability«, in: Yolande Strengers/Cecily Maller (Hg.), Social practices, intervention and sustainability. Beyond behaviour change, London, New York, NY: Routledge, S. 16-30.

Shove, Elizabeth (2010): »Beyond the ABC. Climate Change Policy and Theories of Social Change«, in: Environment and Planning A 42 (6), S. 1273-1285.

Shove, Elizabeth (2014): »Putting practice into policy: reconfiguring questions of consumption and climate change«, in: Contemporary Social Science 9 (4), S. 415-429.

Shove, Elizabeth (2015): »Linking low carbon policy and social practice«, in: Yolande Strengers/Cecily Maller (Hg.), Social practices, intervention and sustainability. Beyond behaviour change, London, New York, NY: Routledge, S. 31-44.

Southerton, Dale/McMeekin, Andrew/Evans, David (2011): International Review of Behaviour Change Initiatives, Edinburgh, https://www.webarchive.org.uk/wayback/archive/20170110072016/www.gov.scot/Publications/2011/02/01104638/10, zuletzt geprüft am 07.10.2019.

Spurling, N. e. a./McMeekin, Andrew/Shove, Elizabeth/Southerton, Dale/Welch, Daniel (2013): Interventions in practice: re-framing policy approaches to consumer behaviour, www.sprg.ac.uk/uploads/sprg-report-sept-2013.pdf, zuletzt geprüft am 19.09.2019.

Stolle, Dietlind/Micheletti, Michele (2013): Political consumerism. Global responsibility in action, New York, NY: Cambridge University Press.

Straßheim, Holger/Beck, Silke (2019): Handbook of behavioural change and public policy, Cheltenham: Edward Elgar.

Thaler, Richard H./Sunstein, Cass R. (2011): Nudge. Wie man kluge Entscheidungen anstößt, Berlin: Ullstein.

Umpfenbach, Katharina (2014): Influences on consumer behaviour. Policy implications beyond nudging, Berlin, https://ec.europa.eu/environment/enveco/economics_policy/pdf/Behaviour%20Policy%20Brief.pdf, zuletzt geprüft am 07.10.2019.

Umweltbundesamt Deutschland (2018): Berichterstattung unter der Klimarahmenkonvention der Vereinten Nationen und dem Kyoto-Protokoll 2018, https://www.umweltbundesamt.de/sites/default/files/medien/1410/publikationen/2018-05-24_climate-change_12-2018_nir_2018.pdf, zuletzt geprüft am 07.10.2019.

Umweltbundesamt Österreich (2018): Klimaschutzbericht 2018, Wien, https://www.umweltbundesamt.at/fileadmin/site/publikationen/REP0660.pdf, zuletzt geprüft am 07.10.2019.

UNEP (2012): Sustainable Consumption and Production: A Handbook for Policy Makers, https://iges.or.jp/en/publication_docu ments/pub/bookchapter/en/3121/SCP%20Handbook%20for%20Poli cy %20Makers_Asia %20Ed_(1pageView).pdf, zuletzt geprüft am 07.10.2019.

Unfried, Peter (2008): Öko. Al Gore, der neue Kühlschrank und ich, Köln: DuMont.

Vihalemm, Triin/Keller, Margit/Kiisel, Maie (2015): From intervention to social change. A guide to reshaping everyday practices, Farnham, Surrey, Burlington, VT: Ashgate.

Warde, Alan (2005): »Consumption and Theories of Practice«, in: Journal of Consumer Culture 5 (2), S. 131-153.

Warde, Alan/Welch, Daniel/Paddock, Jessica (2017): »Studying consumption through the lens of practice«, in: Routledge Handbook on Consumption, Routledge, S. 25-34.

Wright, Erik O. (2017): Reale Utopien. Wege aus dem Kapitalismus, Berlin: Suhrkamp.

Transformation durch Demokratisierung?
Wertewandel und neue Konfliktlinien

Felix Butzlaff

Mehr Demokratie schafft mehr Wandel, prognostizieren uns die Erzählungen kommender Transformationen (Wright 2010; vgl. exemplarisch WBGU 2011). Dass eine sozial-ökologische Transformation westlicher Gesellschaften wahrscheinlich sei oder gar bereits begonnen habe, wird unter anderem damit begründet, dass die Werte, Einstellungen und Selbstbilder der Bürger*innen mit den Jahrzehnten seit den Neuen Sozialen Bewegungen der 1970er und 1980er Jahre immer postmaterialistischer, liberaler, und demokratischer geworden seien und dabei die Postulate von Umweltpolitik und Nachhaltigkeit immer stärker verinnerlicht hätten (vgl. Blühdorns Kapitel zum *Paradigmenwechsel* in diesem Band). Dies umfasst auch die Erwartung, dass Menschen heutzutage einem an sozial-ökologischer Nachhaltigkeit orientiertem Gesellschaftswandel offener gegenüberstehen – und zeitgleich sowohl die Zivilgesellschaft als auch die politische Kultur Stück für Stück demokratischer und nachhaltiger geworden sind, und insofern einen solchen Wandel plausibler machen. Die jüngsten Wahlerfolge der verschiedenen Grünen Parteien bei der Europawahl 2019 (Geis/Pausch 2019; Lühmann 2019) und die Aufsehen erregende Mobilisierung der Fridays-for-Future-Demonstrationen (Wahlström et al. 2019) scheinen dies zu unterstreichen. Vor allem die Rolle und Akzeptanz demokratischer Werte der Bevölkerung sind dabei zentral – und dies in gleich mehrfacher Hinsicht. Denn die Beziehung zwischen Demokratisierung und dem Ziel einer sozial-ökologischen Transformation ist eine dreifache.

Zum einen wohnt dem Postulat gesellschaftlicher wie umweltzentrierter Nachhaltigkeitskonzepte ganz unzweifelhaft die Forderung nach einer umfassenden Demokratisierung inne. Wer sozial-ökologische Transformation sagt, meint auch Demokratisierung. Eine nachhaltige Gesellschaft wird stets als eine demokratischere und stärker an der Einbindung der Bürger*innen orientierte Gesellschaft beschrieben, eine Gesellschaft in der Ökonomie, Lobbygruppen oder die politische Machtlogik weniger dominant sind. Zum anderen unterliegt jeder Transformationserzählung, dass Demokratisierung nicht nur Ergebnis, sondern auch Mittel und Instrument hin zu einem Gesellschaftswandel ist. Demokratie und Demokratisierung sind, dies haben auch schon Blühdorns Kapitel zum Paradigmenwechsel und zur Gesellschaftsdiagnose herausgearbeitet, sowohl Folge und Teilziel einer Transformation als auch Hilfsmittel, diese zu erreichen. Fast alle Transformationsnarrative greifen diese Doppelperspektive auf (vgl. exemplarisch Adloff 2018; Wright 2010; Brand/Wissen 2017; WBGU 2011). Demokratisierung breche kapitalistische Logiken auf und ermögliche Räume für freies und solidarisches Experimentieren, um einen Gesellschaftswandel zur Nachhaltigkeit zu verwirklichen (Boddenberg 2018). Dabei ist das Spektrum groß: Während Erzählungen eines sukzessiven und auf den derzeitigen Institutionen basierenden Wandels eher ein Mehr an demokratischer Einbindung und Bürgerpartizipation fordern, verstehen radikalere und postmarxistische Transformationsperspektiven unter Demokratisierung eine Infragestellung der ökonomischen und sozialen Machtarchitekturen insgesamt. Wieder andere stellen die Selbsterfahrung und Graswurzelarbeit von unten ins Zentrum (zu diesen Unterschieden vgl. exemplarisch Brand et al. 2019). Letzteres umfasst auch eine radikale Kritik an bestehenden demokratischen Institutionen und deren Herausforderung durch soziale Bewegungen. Allen Transformationsnarrativen aber ist gemein, dass eine Demokratisierung der Gesellschaft als Beitrag oder Voraussetzung eines Wandels beschrieben wird. Drittens, auch dies steht am Beginn dieses Beitrags wie des gesamten Buches, ist die empirische Diagnose einer derzeit *bereits stattfindenden* gesellschaftlichen Demokratisierung Teil vieler dieser Transformationsnarrative (vgl. exemplarisch Neckel et al. 2018; vgl. auch die Beiträge von Deflorian und Mock in diesem Band). Initiativen, soziale Bewegungen, Protestgruppen und Graswurzelaktivist*innen machen deutlich, so das Argument, dass nachhaltige Demokratieformen nicht nur Werkzeug und Fernziel, sondern bereits gelebte Praxis und Ausdruck eines weit verbreiteten Unbehagens gegenüber einer allumfassenden sowie zerstörerischen kapitalistischen Logik seien. Für einen sozial-ökologischen Gesellschaftswandel übernimmt Demokratisierung die verschiedenen Funktionen von *Ziel*, *Krisenlösung* und *Dia-*

gnose. Eine Transformation finde statt, so die viel geteilte Erwartung, weil die Bürger*innen demokratischen Werten immer größeren Platz einräumen – und damit auch eine zukünftig stärkere Orientierung an ökologischer und sozialer Nachhaltigkeit folge (Wright 2010; vgl. exemplarisch Adloff 2018). Dieses Kapitel nimmt in den Blick, inwieweit diese Annahmen eines zivilgesellschaftlichen und politisch-kulturellen Wurzelbodens einer sozial-ökologischen Transformation eigentlich plausibel sind und der empirischen Realität der europäischen Gesellschaften entsprechen.

Die enge und mannigfaltige Beziehung zwischen Demokratisierung und Gesellschaftswandel beruht dabei auf der Annahme, dass Demokratien von gesellschaftlichen, sozialen, kulturellen Voraussetzungen abhängig sind, welche sie selbst nicht unmittelbar garantieren, sondern höchstens indirekt beeinflussen können. Almond und Verba haben mit ihren bahnbrechenden Studien ab den ausgehenden 1960er Jahren die kulturellen Grundlagen für funktionierende Demokratien herausgearbeitet (1963). Nur, wenn kulturelle Nährböden eine Bürgergesellschaft mit demokratischen, liberalen und humanistischen Werten und Verhaltensnormen ausstatten, so das Ergebnis ihrer Vergleichsstudien, könne mittels Partizipation eine demokratische, progressive und friedliche Gesellschaft entstehen. Das berühmte Diktum des deutschen Verfassungsrichters Ernst-Wolfgang Böckenförde, »Der freiheitliche, säkularisierte Staat lebt von Voraussetzungen, die er selbst nicht garantieren kann« (Böckenförde 1991 [1976]: 112), ursprünglich auf die Schwierigkeiten des liberalen Staates gemünzt, auf Letztbegründungen zurückzugreifen, unterstreicht einerseits, wie sehr Demokratien also auf das Vorhandensein demokratischer Werte und demokratischer Bürger*innen angewiesen sind. Andererseits ist es eine eindrückliche Erinnerung, nicht leichtfertig anzunehmen, dass die Demokratisierung von Entscheidungsfindung innerhalb einer Gesellschaft automatisch einen, und welchen, Wandel hervorbringt. Denn aus der Betonung *kultureller* Voraussetzungen von Demokratie folgt eben auch, dass deren Beitrag zu einer gesellschaftlichen Transformation abhängt von den konkreten Werten und Normen, von Bürgerverständnis und Hoffnungen innerhalb einer Gesellschaft. Die Fragen, wie sich diese Wertvorstellungen in Deutschland und Europa in den letzten Jahren entwickelt haben, und ob vor diesem Hintergrund eine gesellschaftliche Demokratisierung wohl einen sozial-ökologischen Wandel befördern wird, sollen im Folgenden im Zentrum stehen.

Dabei haben sich die Soziologie und die Sozialwissenschaft jahrzehntelang mit der Diagnose eines Wertewandels beschäftigt, bei dem implizit eine unumkehrbare Entwicklungsrichtung vorausgesetzt wurde: dass nämlich ökonomische Prosperität und Wachstum in der Tendenz zivilere, humane, liberale und auch demokratische Gesellschaften hervorbringen, weil die Grundbedürfnisse von Menschen gesichert sind und Energien frei werden, andere Präferenzen zu verfolgen. Gesellschaften und Demokratien werden, so die Erwartung anknüpfend an Ronald Ingleharts Forschungen zum Wertewandel in den 1970er Jahren (1977), Schritt für Schritt postmaterialistischer, demokratischer, liberaler und humaner, und folgen damit einer kulturellen Verschiebung, welche die Grundlagen für ein immer intensiveres demokratisches Zusammenleben schafft. Wohlstand, Bildunsgexpansion und soziale Sicherheiten haben vor allem in den 1970er und 1980er Jahren dazu geführt, dass sich soziale und ökonomische Einschränkungen für die Bürger*innen immer weiter verringerten und haben darüber ungeheure Freiheiten geschaffen (Hradil 2003). Vor dem Hintergrund dieser neuen Selbstverständlichkeiten sind Selbstentfaltung und Selbstverwirklichung sowie die Emanzipation von bevormundenden sozialen Zusammenhängen und Traditionsbeständen als zentrale und prägende Werte immer wichtiger geworden.

Aus der Perspektive eines Inglehart'schen Wertewandels haben Demokratien folglich entgegen der Logik externer kultureller Voraussetzungen doch eine selbstverstärkende Wirkung, weil sich, erstens, die Erwartungen und das Ziel eines emanzipativen Strebens der Menschen Schritt für Schritt verstärken. Emanzipation, Individualisierung und persönliche Freiheiten, auch die Erwartung größerer und direkterer Einbindung in demokratische Entscheidungsfindung, prägen als politische Kultur die Erwartungshaltung und Werthaltungen ihrer Bürger*innen und verschieben so langfristig die gesellschaftlichen Wertehorizonte. Zweitens stellen nach dieser Lesart westliche Demokratien als ökonomisch prosperierende und Freiheiten garantierende Gesellschaften ihren Bürger*innen genau die Sicherheiten in vergleichsweise höherem Maße bereit, die es diesen erlauben, postmaterialistische Perspektiven zu entwickeln.

Diese Erwartung an die fortwährende Entwicklung postmaterialistischer und demokratischer Werte ist von vielen Warten aus kritisiert worden. Und bereits ein kurzer Verweis auf die seit einigen Jahren wachsenden Stimmenanteile rechtspopulistischer Parteien in westlichen Gesellschaften macht deutlich, dass die Diagnose einer regelrecht naturwüchsigen, sich immer weiter verstetigenden Demokratisierung und Post-Materialisierung der politischen Kultur westlicher Gesellschaften zu hinterfragen ist (Bauman 2018: 65-108). Auch Inglehart selbst hat dies immer wieder kritisch erörtert (Inglehart/Norris 2017, 2016). Seine Analysen einer steigenden Ablehnung postmaterieller Werte in Europa und Nordamerika aber verbleiben in der gleichen Logik wie die Betrachtung des Wertwandels seit den 1970er Jahren: Der Rechtspopulismus und die Zurückweisung von Gleichstellungs-, Umwelt- und Nachhaltigkeitspolitik seien in erster Linie eine Ablehnungsreaktion derjenigen älteren Generationen, welche (noch) nicht in jungen Jahren durch den Siegeszug des Postmaterialismus geprägt worden seien. Folglich sei der Widerstand gegenüber einer postmateriellen und emanzipatorischen Politik eine Generationenfrage und werde sich, so die implizite Annahme, mit dem Generationenwechsel erledigen. Die Einstellungen und Demokratievorstellungen älterer Generationen würden mit dem Heranwachsen jüngerer, viel stärker postmaterialistisch geprägter Alterskohorten an Gewicht und Einfluss verlieren.

Viele weitere Konzeptionen beziehungsweise Erzählungen einer sozial-ökologischen Transformation hin zu einer nachhaltigeren Gesellschaft haben diese Logik ebenso verinnerlicht. Rechtspopulistische Wahlerfolge, die auch und vielleicht insbesondere auf der aggressiven Ablehnung eines nachhaltigen, post-materialistischen Gesellschaftsentwurfs gründen (Cuperus 2015), werden als eine gesellschaftliche Regression erklärt (Geiselberger 2017), welche dem eigentlichen Entwicklungspfad zumindest kurzfristig widerspricht. Folglich läge die Hoffnung in einer *Demokratisierung der Demokratie* (Offe 2003), um die gesellschaftlichen Megatrends steigender und stärker werdender Nachhaltigkeits-, Emanzipations- und Demokratiewerte (wieder) zur Geltung kommen zu lassen. Die Prognosen einer *Gesellschaft der Nachhaltigkeit* (Neckel et al. 2018) etwa, die Hoffnungen auf eine *solidarische Ökonomie* (Brand/Wissen 2017) oder auf die transformativen Potenziale von Nischeninitiativen und gesellschaftlichen Kleinexperimenten (Adloff 2018; Wright 2010) – all dies sind Beispiele dafür, dass es angeblich einer intensiveren Demokratisierung unserer Gesellschaften bedürfe, um jenen zivilen Werten und politischer Kultur zum Durchbruch zu verhelfen, die seit den 1970er Jahren im Zuge des Wertewandels immer weiter gewachsen seien, aber derzeit noch durch politische, ökonomische oder aber gesellschaftlich reaktionäre Beharrungskräfte in Schach gehalten werden (Roos 2019).

Der Wandel des Wertewandels hat schon begonnen

Gleichzeitig allerdings weisen eine ganze Reihe von langfristig angelegten empirischen Beobachtungen gesellschaftlicher Realitäten darauf hin, dass die Annahme, eine Demokratisierung der Gesellschaft führe zu einer sozial-ökologischen Transformation, zumindest stark angezweifelt werden muss. Nicht zuletzt zeigt dies die Tatsache, dass auch rechtspopulistische und reaktionäre Bewegungen und Parteien in Europa, welche eine solche Transformation radikal ablehnen beziehungsweise einen gänzlich anders gearteten Wandel im Sinn haben, in den letzten Jahren nicht nur elektoral erfolgreich waren, sondern dezidiert versucht haben, auf kultureller Ebene Werte und Normen zu prägen und sich als *Kultur*bewegung zu präsentieren (Walter et al. 2015: 92-97; Schulte von Drach 2018; Häusler 2008). Die zunehmende Selbstverständlichkeit, mit der rechtspopulistische Parteien in der politischen Kultur Europas Gehör und Einfluss finden, macht deutlich, wie widersprüchlich die Erwartung einer immer weiter wachsenden Akzeptanz postmaterialistischer Werte mitunter ist. Denn parallel zu den Anzeichen, dass die westlichen Gesellschaften immer selbstverständlicher durch demokratische, liberale, nachhaltige und tolerante Werte geprägt sind, mehren sich Diagnosen, dass just diese Werte in unterschiedlichen gesellschaftlichen Segmenten zunehmend brüsk abgelehnt werden und sich die westlichen Gesellschaften insgesamt regressiv beziehungsweise reaktionär in die eigene Wertevergangenheit zurück bewegen (Geiselberger 2017; Bauman 2018). Dies betrifft einerseits eine Veränderung der Einstellungen zu Fremden, zur bestehenden Institutionenordnung, zu zentralen Prinzipien und Akteuren der repräsentativen Demokratie, und andererseits eine Verschiebung der Werte bezüglich der eigenen Nation, zu autoritären Führungsansprüchen, sowie zu den gefühlten Wurzeln der eigenen Gesellschaft.

Aufwändige und über viele Jahre angelegte Sozialstudien haben sich der Frage gewidmet, inwiefern sich rechte, reaktionäre und rechtsextreme Einstellungen in der gesellschaftlichen Mitte ausbreiten und dort akzeptiert und normalisiert werden. An etlichen Universitäten und besonders unter Finanzierung großer Stiftungen ist dieses

Thema für qualitativ und quantitativ angelegte Langzeituntersuchungen fruchtbar gemacht worden. In Bielefeld sind unter der Leitung des Soziologen Wilhelm Heitmeyer etwa von 2002 bis 2011 unter dem Leitbegriff *gruppenbezogene Menschenfeindlichkeit* die Tendenzen zur Abwertung, Ausgrenzung und Externalisierung sozial Schwächerer und Andersartiger untersucht worden (Klein/Heitmeyer 2012). An der Universität Leipzig verfolgt ebenfalls seit 2002 eine Arbeitsgruppe aus der Perspektive der Sozialpsychologie die Entwicklung autoritärer und rechtsextremer Einstellungen in der Gesellschaft (Decker et al. 2016; Decker/Baier 2018). Und auch die Friedrich-Ebert-Stiftung führt regelmäßig Studien durch, die seit 2010 als *Mitte-Studien* firmieren und welche die Entwicklung rechter politischer Einstellungen nachzeichnen (Zick et al. 2019; Zick et al. 2016). Außerdem haben sich in den letzten Jahren vor allem die Hans-Böckler-Stiftung (Müller-Hilmer/Gagné 2018), die Otto-Brenner-Stiftung, die Heinrich-Böll-Stiftung, die Rosa-Luxemburg-Stiftung sowie die Bertelsmann-Stiftung (Vehrkamp/Wegschaider 2017) dem Thema mit einzelnen Studien gewidmet.

Neben einem gewissen Alarmismus, der wohl auch der Aufmerksamkeitsökonomie universitärer Drittmittelakquise geschuldet ist, kommen diese Untersuchungen allerdings zu einem recht eindeutigen Bild gesellschaftlicher Unterströmungen in Deutschland. Anna Klein und Wilhelm Heitmeyer resümieren etwa in ihrem Übersichtsartikel zur Bilanz der Langzeitstudie *Deutsche Zustände*, dass rechtspopulistische Einstellungen mittlerweile bis weit in die Mitte der Gesellschaft hinein verbreitet seien (Klein/Heitmeyer 2012). Selbst wenn man überaus strenge und enge Definitionskriterien für das Vorliegen rechtspopulistischer Werte anlege, lasse sich ein »zunehmend verdichtetes rechtspopulistisches Orientierungsmuster im Zeitverlauf« feststellen (ebd.: 93). Dies wohlgemerkt bereits 2012, also bevor der sprunghafte Anstieg der Zahl flüchtender Menschen und die Erfolge der AfD und anderer rechtspopulistischer Parteien das Thema allgegenwärtig gemacht haben. Oliver Decker und Elmar Brähler unterstreichen, dass antidemokratische und ethnozentristische Positionen immer häufiger und in immer kürzeren Abständen öffentlich sichtbar würden (Decker/Brähler 2016: 15-16). Gleichzeitig aber habe sich das rechtspopulistische Werteprofil gegenüber früheren Perioden deutlich gewandelt: Zwar sei die gemessene »Ausländerfeindlichkeit« zwischen 2002 und 2014 kontinuierlich zurückgegangen, auch aufgrund einer sozialen Normenverschiebung, die etwa die »Nützlichkeit« von Zuwandernden in

Zeiten des Facharbeiter*innenmangels ins Zentrum stellt (ebd.). Wenn man sie braucht, sind Fremde also durchaus willkommen. Gleichzeitig allerdings konzentriert sich die Ablehnung auf bestimmte Gruppen: Muslime, Asylsuchende, Sinti und Roma – welche umso vehementer abgelehnt werden, als gerade bei ihnen die gesellschaftliche Nützlichkeit infrage gestellt wird.

Heitmeyer und Klein beschreiben darüber hinaus eine in vielen, aber längst nicht allen gesellschaftlichen Bereichen zunehmend normalisierte und akzeptierte rechtspopulistische Wertecollage: die Bevorzugung harter Strafen als Ausdruck von autoritärer Aggression im Sinne einer Law-and-Order-Politik; ein sekundärer Antisemitismus als Forderung nach einem *Schlussstrich*, im Zusammenhang mit einem vermeintlich neuen, unverkrampften Nationalstolz und Nationalismus. Dies alles summiere sich zu einer Gemengelage, in der eine konstruierte homogene Volksgemeinschaft Kriminellen ausgeliefert oder von ethnisch-kultureller beziehungsweise religiöser Überfremdung bedroht sei (Klein/Heitmeyer 2012). Auch Decker und Brähler zeichnen eine deutsche Gesellschaft, die trotz aller erfolgten Emanzipation und der Erfahrung der antiautoritären sozialen Bewegungen seit 1968 von autoritären Sehnsüchten und Reflexen durchzogen ist. Zwar nicht dergestalt, dass fortwährend nach einer starken Führungsperson gerufen würde – aber doch ein »sekundärer Autoritarismus« (Decker/Brähler 2016: 14), welcher die Sehnsucht nach Größe und Identifikation mit Symbolen wie der deutschen Wirtschaftskraft bedient (dazu grundlegend Decker 2015). Dass diese Sehnsüchte kein deutscher Sonderweg sind, sondern der Wunsch nach exklusiver Gemeinschaft und gesellschaftlicher Größe durchaus auch als Zeitdiagnose für die westliche Welt, und möglicherweise sogar darüber hinaus, gelten kann, hat etwa Zygmunt Bauman (2018) herausgearbeitet.

Die Zunahme von exkludierenden und ausgrenzenden Einstellungen hat auch mit der gleichzeitigen Abnahme von inkludierenden Werten und Normen sowie der sinkenden Akzeptanz inkludierender und Ausgleich schaffender Institutionen in den westlichen Gesellschaften zu tun. Wie in den vergangenen Jahren durch politik- und sozialwissenschaftliche Untersuchungen (Butzlaff 2016; Wiesendahl 2013) einerseits und in ihrer Tiefenschärfe ungemein eindrucksvolle Sozialbeobachtungen (Eribon 2016; Louis 2019) andererseits aufgezeigt worden ist, haben besonders die institutionalisierten Vehikel zur Absicherung der sozial Schwachen sowie zur Organisation sozialer Aufstiegsmöglichkeiten an Effektivität und in der Folge an Legitimation enorm eingebüßt. Die westlichen Wohlfahrtsstaaten und die Systeme etablierter Parteien werden gerade von denjenigen sozialen Gruppen, die auf Schutz und Hilfe angewiesen sind beziehungsweise die fürchten, es zukünftig zu sein, nicht als Garanten eines sozialen Status Quo oder gar als Hoffnung für eine sozial bessere Zukunft angesehen. Vielmehr werden sie im Gegenteil als Teile eines gesellschaftlichen Exklusionssystems empfunden, mit dessen Hilfe privilegierte und von der gesellschaftlichen Modernisierung bevorteilte Gesellschaftsgruppen ihre Stellung verteidigen (Nachtwey 2016a). Das Gefühl, dass repräsentative, liberale Demokratien in erster Linie Ausgleichsmechanismen zur Sicherung eines sozialen Friedens und zur Organisation eines möglichst großen Wohlstands für alle sind, ist darüber allerdings verloren gegangen. Im Gegenteil: Die repräsentative Demokratie und ihre Institutionen werden von denjenigen, die fürchten, schon jetzt oder zukünftig von anderen übervorteilt, ausgeschlossen oder herabgewürdigt zu werden, eben nicht als Garanten einer Inklusion aller verstanden, sondern als scharfe und unbarmherzige Exklusionsinstrumente, die den bedrohten Wohlstand gesellschaftlicher Eliten sichern sollen (vgl. Blühdorns Kapitel zur *Demokratie* in diesem Band). Der gesellschaftliche Wohlstand wirkt darüber zunehmend bedroht – und die Gewissheit, selbst Teil daran haben zu können, unsicherer denn je. »Für alle reicht es nicht«, wird dieses Gefühl zusammengefasst (Dörre et al. 2018: 57). Und da es keine zuverlässigen ausgleichenden, schützenden Institutionen mehr zu geben scheint, wird eine konsequente Trennung nötig zwischen denjenigen, welche gewünscht, nützlich und anspruchsberechtigt Teil der Gemeinschaft sein dürfen – und denjenigen, denen das abgesprochen werden kann oder muss (vgl. Blühdorns Kapitel zum *Paradigmenwechsel* in diesem Band). Die Integrationskraft und das gegenüber Volksparteien und anderen Institutionen (wie Medien, Justiz und Verwaltung) geäußerte Vertrauen ist denn auch besonders bei denjenigen gesunken, welche rechtspopulistische Werte verinnerlicht haben (Klein/Heitmeyer 2012).

Dies bedeutet nicht, dass ganze Gesellschaften sich von postmaterialistischen Werten abgewandt haben. »Demokratische Milieus« sind in Deutschland seit 2006 ebenso zahlenmäßig gewachsen (Decker/Brähler 2016: 19-20). Der Anstieg rechtspopulistischer und exkludierender Einstellungen verläuft parallel mit einer nach wie vor weiter wachsenden Akzeptanz postmaterialistischer, nachhaltigkeitsorientierter und kosmopolitischer Werte (Hradil 2003; Wahlström et al. 2019). Auch die jüngste Wahlkonjunktur der Grünen zeigt dies in vielen europäischen Ländern deutlich. Gleichzeitig aber ist der Kontrast zwischen demokratischen und autoritären Milieus gewachsen und verstärkt eine soziale Polarisierung und Radikalisierung, die als eine neue gesellschaftliche Konfliktlinie immer schärfer zwischen denjenigen trennt, die eine offene, postmaterialistische und nachhaltige Demokratie bevorzugen und denjenigen, die einer klar umrissenen und begrenzten Gemeinschaftsvorstellung anhängen – zumeist ethnisch verstanden – und denen Schutz, Autorität, Wohlstand und kulturelle Wurzeln zentral sind (Cuperus 2015; Roos 2019).

Auch diese Konfliktlinie ist vielleicht nichts grundlegend Neues, sondern hat in ähnlicher Form in den letzten zwei Jahrhunderten immer existiert. Sie blieb aber eingehegt von Institutionen und Organisationen und verblasste angesichts anderer Konfliktlinien zwischen Kapital und Arbeit, Staat und Kirche, Zentrum und Peripherie. Was allerdings neu ist, ist die Art und Weise, mit der sie mittlerweile die politische Kultur unserer Gesellschaft prägt und den politischen Diskurs radikalisiert. Das politische Selbstbewusstsein der »antidemokratischen Milieus« ist in Deutschland, aber auch in ganz Europa, über die letzten Jahre immer stärker gewachsen (Decker/Brähler 2016: 18). Die zunehmende Sichtbarkeit ihrer Werte im öffentlichen Diskurs und das Gefühl, nicht allein zu sein, motivieren und mobilisieren (Klein/Heitmeyer 2012). Und in vielen Gegenden Deutschlands, vor allem, aber nicht nur im Osten, hat sich diese Gemengelage zu einem neuen Momentum rechter gesellschaftlicher Transformationsvorstellungen verdichtet (Begrich 2019). Denn Werte und Normen, die nach Exklusion Andersdenkender oder auch nur Andersaussehender streben, tragen die Forderung nach Umsetzung und Realisierung in sich. Die Vehemenz, mit der auf den Pegida-Demonstrationen in Dresden von einem *Systemumsturz* die Rede war, oder die Radikalität, mit der in Teilen der AfD von *Alt- und Systemparteien* oder von *Lügenpresse* die Rede ist, denen es zu begegnen gelte – all dies zeigt, dass die Zunahme der Akzeptanz rechtspopulistischer Werte nicht einfach nur abstrakt und ohne Konsequenzen bleibt, sondern nach anderen, auch autoritäreren Strukturen strebt. Die gesellschaftliche Mitte in Deutschland jedenfalls, so resümieren Oliver Decker und Oliver Brähler, ist nicht »der Schutzraum der Demokratie«, als der sie oftmals verstanden wurde, »sondern aus ihr kann ein großes antidemokratisches Potenzial erwachsen« (Decker/Brähler 2016: 15).

Diese Diagnose ist hoch relevant für das Ansinnen des hier vorliegenden Bandes. Denn neben den Bestandsaufnahmen, mit denen eine nahende oder gar bereits eingeleitete Transformation zur Nachhaltigkeit behauptet wird, zeigen sich eben mindestens *auch* Tendenzen, die dem diametral entgegenstehen. Dass nämlich eine ganz anders geartete Transformation unserer Gesellschaften vonstattengeht: eine, in der die Exklusion des Fremden, die unbedingte Sicherung des eigenen Wohlstands und der Umbau einer träge gewordenen repräsentativen Demokratie gefordert wird. Der Soziologe Stefan Hradil hat bereits zu Beginn des neuen Jahrtausends von einem *Wandel des Wertewandels* gesprochen, welcher zentrale Prämissen und Errungenschaften von Ingleharts *stiller Revolution* infrage stelle und – in Teilen – zurücknehme (Hradil 2002). Auch Heinrich Geiselberger (2017), Oliver Nachtwey (2016a) und Zygmunt Bauman (2018) haben unterschiedliche Facetten einer geistigen und normativen Rückwärtsbewegung beschrieben. Die Wurzeln dieses *Wandels des Wertewandels* sollen nun im folgenden Abschnitt in den Blick genommen werden, um Konsequenzen für die Aussicht auf eine sozial-ökologische Transformation herauszuarbeiten.

Identitäre Sehnsucht und neue Ängste

Als Keimzellen dieses realen *Wandels des Wertewandels* wird von den meisten Beobachtern einerseits eine »Durchökonomisierung« der Gesellschaft (Hofmann 2012: 57), und andererseits eine – sich damit verbindende – gesellschaftliche Flexibilisierung und Individualisierung beschrieben, welche vor allem mit den Neuen Sozialen Bewegungen der 1970er und 1980er Jahre Einzug erhalten habe (vgl. Blühdorns Kapitel zur *Gegenwartsdiagnose* in diesem Band). Seit den 1980er Jahren habe sich die Logik des Ökonomischen auf immer mehr Bereiche des öffentlichen wie privaten Lebens ausgebreitet und damit den Zeithorizont sowie die gefühlten Gewissheiten der Lebensführung tiefgreifend verändert (Koppetsch 2011a). Die Mechanismen und Brillen ökonomischen Denkens haben darüber hinaus das Verständnis dessen, was als gut und richtig und was als schlecht und falsch verstanden wird, verschoben und nach den Prinzipien des ökonomischen Wertes und der Konkurrenzfähigkeit ausgerichtet. Das *Prinzip des Erfolgs*, beobachtet etwa

Gunter Hofmann, habe Einzug in beinahe alle Lebensbereiche erhalten, und dazu geführt, dass Menschen ihr Leben immer stärker aus einer Perspektive des *unternehmerischen Selbst* betrachteten (Hofmann 2012: 57-58). Immer mehr Sphären und Ereignisse des Lebens werden heute im Lichte ihres Beitrags zu einem persönlichen oder gesellschaftlichen Erfolg betrachtet – wobei *Erfolg* bedeutet, sich in einem zumeist ökonomischen Ringen gegen Konkurrenten durchzusetzen (vgl. den Beitrag von Butzlaff zu *Parteien* in diesem Band). Zwangsläufig werden damit Konkurrenzfähigkeit, Nützlichkeit und Stärke zu normativen Orientierungspunkten, die zwischen denjenigen Faktoren, Ressourcen oder auch Protagonisten trennen, welche zu einem Erfolg beitragen, und denjenigen, die das nicht tun oder sogar im Gegenteil, einen Erfolg weniger wahrscheinlich machen. Fortschritt, Ressourcenverbrauch, soziale Netzwerke, Lebensläufe, Lernerfahrungen – alles muss eingepasst werden in eine individuelle unternehmerische Erzählung, in welcher Erfolg nachgezeichnet und erklärt wird. Katalysator dieser Ökonomisierung und der immer umfassenderen Verwirklichung des unternehmerischen Selbst ist allerdings nicht ein äußerer Zwang oder ein Autoritarismus einer totalitären Regierungsform, sondern im Gegenteil eine Verinnerlichung ökonomischer Prinzipien durch den Einzelnen. Der Neoliberalismus seit den 1970er Jahren, so Oliver Nachtwey, habe zu einem beinahe religiösen Glauben an die Alternativlosigkeit des Marktes geführt (Nachtwey 2017: 220). Diese Entwicklung betrifft nicht nur die normative Orientierung der einzelnen Menschen, sondern auch die Art und Weise, wie Gesellschaften über sich selbst reflektieren. Die *Revolution des Normativen*, welche Cornelia Koppetsch (Koppetsch 2011b) und Gunter Hofmann diagnostizieren (Hofmann 2012: 56-57), führt dazu, dass Gesellschaftskritik und die Reflexion gesellschaftlicher Entwicklungen, etwa durch Sozialwissenschaftler*innen, Journalist*innen etc., immer weniger mit dem Ziel einer humaneren, demokratischeren oder liberaleren Gesellschaft formuliert werden – sondern lediglich *Beitrag* zu einer *erfolgreicheren* Gesellschaft zu sein haben. Die Umstellung der Sozialstaats- und Wohlfahrtsstaatsmodelle weg vom universellen Recht auf Unterstützung und hin zu einer Förderung von Konkurrenzfähigkeit und der individuellen Wettbewerbsfähigkeit von Arbeitslosen verdeutlicht diesen Blickwinkel.

In einer immer weiterreichenden Ökonomisierung ist das Prinzip der Marktkonkurrenz, also der Erfolg derjenigen, die in einer bestimmten Situation überlegen, besser vorbereitet oder ausgestattet sind, zum allgegenwärtigen und selbstverständlichen Sortierkriterium geworden. Die Allgegenwärtigkeit von Konkurrenz führt allerdings für immer größere Teile westlicher Gesellschaften zu einer zunehmenden Verunsicherung und gefühlter Prekarisierung, da ein permanenter Wettbewerb eben auch bedeutet, der eigenen sozialen und ökonomischen Position nie ganz sicher sein zu können, sondern diese fortwährend verteidigen zu müssen. Eine grassierende Erosion von Sicherheiten ist denn auch allen Bestandsaufnahmen des Zeitgeistes der letzten Jahrzehnte gemein (Hradil 2003). Denn Marktprinzip bedeutet neben permanentem Wettbewerb andererseits, dass die koordinierende Instanz des Marktes »diffuse Macht« (Koppetsch 2011a: 8) ausübt und weder kontrollierbar noch berechenbar ist. Dies betrifft bei weitem nicht nur die gesellschaftlichen Gruppen und geographischen Regionen, welche tatsächliche und reale Verlusterfahrungen gemacht haben, welche seit den 1980er Jahren zunehmend unter der Deindustrialisierung gelitten haben oder welche mangels Bildungserfolgen und Schulabschlüssen der geforderten Konkurrenzfähigkeit nicht genügen können (Walter 2013: 18-30). Ausgesetztheit, Verwundbarkeit beziehungsweise die permanente Prekarität des eigenen Status und Wohlstands betreffen auch die Gruppen, die im Selbstverständnis den ökonomischen Unsicherheiten bereits entwachsen sein sollten und sich in mittleren oder gehobenen sozialen Lagen zunehmend bedroht fühlen (Müller-Hilmer und Gagné, 2018). Denn Konkurrenz als Prinzip bedeutet eben auch, sich niemals sicher sein zu können, ob die eigene Qualifikation, Ausbildung und Ausstattung genügen, um den eigenen Wohlstand in der Zukunft halten oder ausbauen zu können – zumal die Zahl potenzieller Konkurrenten mit fortschreitender Globalisierung und europäischen Arbeitnehmerfreizügigkeiten exponentiell gestiegen ist. Die Wahrscheinlichkeit eines tatsächlichen sozialen Abstiegs aus den europäischen Mittelschichten ist zwar nach wie vor klein. Die Angst davor ist aber umso größer, je weniger es möglich scheint, ihr auf politischem Wege beziehungsweise demokratisch selbstbestimmtem Wege entgegen zu wirken (Koppetsch 2011a).

Oliver Nachtwey sieht die »Entzivilisierung« westlicher Gesellschaften, als die er die normativen Verschiebungen der letzten Jahrzehnte beschreibt, vor allem in den zunehmend ungleich verteilten Chancen und Fähigkeiten begründet, mit den wachsenden Unsicherheiten und Lebensperspektiven umzugehen (Nachtwey 2017: 216). Während einige soziale Gruppen sozial, ökonomisch und mit Bildungszertifikaten gut ausgestattet von den Freiheitsräumen der globalisierten Welt Gebrauch machen können, ist dieses Ideal für viele unerreichbar geblieben. Der Charakter sozialer Modernisierung, so Nachtwey, welcher für viele Fortschritt und eine Verbesserung bedeutet, mache andere zu relativen Verlierern und trage damit eben immer auch »ungleichzeitige und gegenläufige Entwicklungen« (ebd.: 217) in sich.

Gleichzeitig mit der Vereinzelung des Individuums als Eigenunternehmer, der für sein eigenes Glück und seinen Wohlstand streitet, hat sich die Verinnerlichung ökonomischer Werteprinzipien mit dem emanzipatorischen Projekt der Neuen Sozialen Bewegungen reibungslos verbunden. Die Idee der Befreiung des Einzelnen aus bevormundenden und einengenden Traditionszusammenhängen, aus den sozialen Milieus und Familienstrukturen, hat sich seit den 1970er Jahren mit großem Erfolg etabliert (Rucht 2018: 44-45). Autonomie, Selbstverwirklichung und Authentizität sind dabei zur normativen Richtschnur für einen großen Teil der Bevölkerung geworden (Reichardt 2014) und die »Selbstbezüglichkeit des Denkens« (Hradil 2003: 46) hat rapide zugenommen. Autonomie und Selbstverwirklichung umfassen allerdings auch, und hier gehen Ökonomisierung und Emanzipation Hand in Hand, eine Flexibilität und permanente Anpassungsfähigkeit des eigenen Selbst. Der Ort der Geburt oder die soziale Lage der eigenen Familie sollten nicht mehr die Lebensperspektive oder den eigenen Wertehorizont bestimmen, sondern Gegenstand eigener, eben selbstbestimmter und auch reversibler Entscheidungen sein. Langfristige Bindungen, konsistente Normen und stabile Zuordnungen wurden hingegen zunehmend als Hindernisse für eine fortschreitende Emanzipation des Individuums empfunden (Sennett 2007). Diese Ambivalenz hat Zygmunt Bauman in seiner Beschreibung liquider Identitäten zusammengefasst, die sich stets wandeln (müssen), und die dadurch jede Form kollektiven Handelns erschweren, da sie sich nicht für eine längere Zeit einem gemeinschaftlichen Sinnzusammenhang verschreiben möchten (Bauman 2003). Diese neuen Flexibilitäten und Bewegungsspielräume weisen auch auf eine Loslösung von einem traditionellen und stabilen Identitätsverständnis hin, nach welchem ein autonomes und aufgeklärtes Subjekt seine Erfüllung und Bestimmung in der Verwirklichung einer einheitlichen, authentischen und widerspruchsfreien Persönlichkeit findet, mit der die eigene Identität in allen Lebensbereichen kohärent durchdekliniert wird. Die Wandlung des Ideals vom eigenen Ich ist allerdings keine pathologische Abweichung von vermeintlich *gesunden*

Identitätskonstruktionen, sondern mindestens ebenso Emanzipation und Befreiung von als zu eng und bevormundend erfahrenen Milieus und Traditionen (vgl. Blühdorns Kapitel zur *Gegenwartsdiagnose* sowie den Beitrag von Deflorian in diesem Band).

Auf der anderen Seite sind unterdessen neue Pflichten und Abhängigkeiten entstanden, da die individuelle Identität und das unternehmerische Selbst nun immer wieder selbst konstruiert und verantwortet werden müssen, wofür Menschen ganz unterschiedlicher sozialer, ökonomischer und kultureller Ressourcen bedürfen. Gerade aber diese Ressourcen sind im Lichte der gewachsenen ökonomischen Unsicherheiten nicht nur ungleicher verteilt, wodurch sozial schwächere Teile der westlichen Gesellschaften es schwer bis unmöglich haben, an den Versprechungen der neuen Freiheiten teilzuhaben, sondern auch für wohlhabende und ressourcenstarke Gruppen nicht permanent gesichert, sondern ebenso nur unter Vorbehalt verfügbar (Koppetsch 2011b: 271). Die Notwendigkeit, seine eigene Subjektivität stets neu zu aktualisieren, schafft für das Individuum Nöte und Bürden, da es hierfür nicht mehr umfassend auf stabile soziale Großzusammenhänge zurückgreifen kann, von deren Umklammerung es sich ja befreit hat. Stattdessen ist es auf persönliche Ressourcen angewiesen ist – soziale, kulturelle, bildungstechnische, finanzielle –, die nicht jedem im gleichen Maße zur Verfügung stehen. Die Freiheit zur Selbstentfaltung ist darüber zu einer Bürde der Selbstoptimierung geworden.

Wie Stefan Hradil betont, führten aber gerade die Erfahrungen der »Schattenseiten der exzessiv praktizierten Selbstverwirklichung und Individualisierung« (Hradil 2003: 50) – namentlich steigende Unsicherheiten, Orientierungsprobleme und Risiken, ein permanenter Zwang, abzuwägen und das eigene Selbst zu optimieren – zu einem oft verklärten Blick zurück und hin zu Werten, welchen das progressiv-emanzipatorische Individuum längst den Rücken gekehrt zu haben glaubte. Westliche Gesellschaften sind mitnichten zu unzusammenhängenden Sammlungen hyperflexibler Subjekte ohne Sinn für Soziales, Tradition oder Transzendenz geworden. Zwar haben sich mit der Modernisierung eindeutige Zuordnungen und klare Unterschiede aufgelöst, was Menschen zu größerer Freiheit und Flexibilität befähigt; dies bedeutet aber nicht, dass Grenzen und Eindeutigkeiten ihre Funktion eingebüßt hätten. Im Gegenteil: Je mehr die fehlenden Gewissheiten der Moderne dem Einzelnen auferlegen, Entscheidungen selbst und immer wieder neu zu treffen, umso wichtiger werden das Bilden und Aufstellen von

»provisorisch-moralischen Grenzkonstruktionen« (Beck/Lau 2005: 114), um nicht unter der Optionenvielfalt zusammenzubrechen. Alte soziale Grenzvorstellungen werden also durch neue ersetzt, welche allerdings nach anderen Prinzipien und oft *ad hoc* zusammengestellt werden.

Mit diesen Diagnosen der Ökonomisierung des öffentlichen wie privaten Lebens einerseits sowie einer Individualisierung und Befreiung von stabilen Vergemeinschaftungen andererseits geht einher, dass die kollektive Organisation demokratischer Entscheidungen über Regeln des Zusammenlebens schwieriger wird. Die etablierten Formen repräsentativer liberaler Demokratien, die mit ihnen verbundenen Institutionen wie Parteien, Gewerkschaften oder Kirchen, die ihrerseits auf stabilen sozialen Identitäten und langfristigen Zuordnungen aufgebaut waren, werden jedenfalls zunehmend als überholt, schwerfällig und entleert empfunden (Klein/Heitmeyer 2012). Zudem stellen sowohl der Markt als gesellschaftliches Ordnungsprinzip, als auch das Individuum als von traditionellen Einhegungen befreites Subjekt die Autorität der etablierten Mechanismen repräsentativ-demokratischer Entscheidungen infrage (vgl. auch den Beitrag von Deflorian sowie den Beitrag von Butzlaff zu *Parteien* in diesem Band). Das der parlamentarischen Demokratie zugrundeliegende Prinzip des politischen Kompromisses ist im Lichte der Imperative der Wettbewerbs- und Konkurrenzfähigkeit sowie der individuellen Selbstoptimierung schwer aufrecht zu erhalten und gerät zunehmend in Akzeptanz- und Legitimationsschwierigkeiten (Michelsen/Walter 2013: 105-110). Demokratie und demokratische Institutionen jedenfalls werden, auch das ist für die Betrachtung eines Beitrags zu einer Gesellschaftstransformation wesentlich, kaum mehr als Aushandlungsarenen des Zeitgeistes empfunden, in denen Politiker*innen und öffentliche Repräsentant*innen Werte und Normen der Gesellschaft mitgestalten. Politiker*innen selbst reklamieren diese Rolle auch für sich selbst immer weniger, sondern handeln in immer größerem Maße reaktiv auf Stimmungen in der Bevölkerung (Hofmann 2012, siehe auch den Text von Butzlaff zu Parteiprogrammen in diesem Band). Dass vor allem Anhänger*innen von rechtspopulistischen Bewegungen nach direkter, unverstellter und ungefilterter Demokratie verlangen und die etablierten Institutionen als verfälschend und korrumpiert wahrnehmen (Landwehr et al. 2017), deutet darauf hin, dass sich in Teilen der westlichen Gesellschaften die Vorstellung *richtiger* und *guter* Demokratie immer mehr auf die Realisierung eines vermeintlichen Volkswillens konzentriert. Gerade für die

Betrachtung der Realisierungsmöglichkeiten einer sozial-ökologischen Transformation ist also genauer danach zu fragen, *welche* Form der Demokratisierung eigentlich gemeint ist und wie die dafür notwendigen normativen wie sozialen Voraussetzungen eigentlich entstehen können.

Mit der Fixierung auf die Realisierung eines extern bestehenden Volkswillens aber gibt sich die Demokratie als gesellschaftliches Ordnungsprinzip ein Stück weit auf und ist immer weniger dazu in der Lage, ausgleichend Entlastung für die ökonomischen Unsicherheiten und Prekaritäten einerseits sowie die Individualisierungsbürden und Identitätsnöte seiner Bürger*innen andererseits zu organisieren (vgl. Blühdorns Kapitel zur *Gegenwartsdiagnose* in diesem Band). Der hier in den Blick genommene Wandel des Wertewandels wurzelt nicht zuletzt in der Tatsache, dass das moderne Individuum den Zumutungen, denen es ausgesetzt ist, kaum mehr kollektiv organisiert etwas entgegen zu setzen hat, sondern sich in seinen Abwehrkräften auf sich selbst zurückgeworfen fühlt. Auch diese Schutzlosigkeit ist, wie Armin Schäfer eindrucksvoll gezeigt hat, sehr ungleich über die westlichen Gesellschaften verteilt. Während einige soziale Gruppen der Demokratie bereits den Rücken gekehrt haben, haben sich andere, vor allem die oberen Mittelschichten, ihrer bemächtigt (Schäfer 2015: 73-89). Wiederum andere wenden sich mit dem Rechtspopulismus denjenigen Kräften zu, die in einer Art modernen Reaktion und einem radikalisierten Wandel des Wertewandels eine Reorganisation der demokratischen Abwehrkräfte versprechen (Bauman 2018; Nachtwey 2017).

Exklusionsbestrebungen und neue Gemeinschaften

Wenngleich verschiedene Gesellschaftsgruppen, wie betont, in unterschiedlicher Art und Weise auf die Herausforderungen durch Ökonomisierung und Individualisierung der Wertevorstellungen antworten, so kreisen diese Reaktionen doch allesamt um eine Re-Etablierung von Sicherheiten und Gemeinschaftsanbindung, welche zumeist in der Vergangenheit verortet werden – ohne allerdings, dies ist ganz wichtig, die zwischenzeitig erlangten neuen Freiheiten und Emanzipationsgewinne aufzugeben. Zwar sind, wie im vorherigen Abschnitt beschrieben, diese Bewegungsspielräume und Modernisierungsprämien nur für einen Teil der westlichen Gesellschaften, ganz zu schweigen vom

Rest der Welt, erreichbar. Dies bedeutet aber keineswegs, dass sie als anzustrebendes *Ideal* eines emanzipierten Lebens aufgegeben würden (Bauman 2018: 65-108).

In etlichen soziologischen Studien werden Werteverschiebungen herausgearbeitet, welche Gemeinschaftswerte und Sozialzusammenhänge wichtiger werden lassen, und welche dem Individuum wieder Orientierungspunkte und lebensweltliche Haltpunkte zur Seite stellen sollen. Stefan Hradil hat in seinen Untersuchungen unterstrichen, wie sehr, auch angesichts der Auswirkungen von immer flexibleren Partnerschaften, Patchworkfamilien, steigenden Scheidungsraten etc., Werte wie Familie, Bindung und Zuverlässigkeit immer wichtiger werden. Das Private als Ruhepol und Gravitationszentrum des eigenen Lebens soll wieder Sicherheit, Stabilität und Gemeinschaft ermöglichen sowie frei von permanentem Konkurrenzdenken bleiben (Hradil 2003: 51). Freiheit, Unabhängigkeit, Selbstverwirklichung, auch ein ungebundenes Single-Daseins haben demgegenüber für viele Menschen an Bedeutung eingebüßt. Dies bedeutet nicht, dass aus den Postmaterialisten der 1980er Jahre nun wieder samt und sonders materialistisch orientierte Menschen geworden sind. Es bedeutet aber, dass der erwartete Siegeszug der postmaterialistischen Werteorientierung nicht eingetreten, sondern sich im Gegenteil seit dem Beginn der 1990er Jahre wieder verlangsamt hat oder stehen geblieben ist, während die Anteile derjenigen, die eher materialistischen Werten, oder aber einer Mischung aus postmaterialistischen und materialistischen Werten zustimmen, gestiegen sind (Klein/Pötschke 2000). Und es bedeutet, dass im Lichte ökonomischer Unsicherheiten materieller Wohlstand und Absicherung als Fluchtpunkte eines gelungenen Lebens an Bedeutung gewonnen haben.

Cornelia Koppetsch beschreibt diese »restaurativen Mentalitäts- und Identitätsmuster« als »neue Bürgerlichkeit« (Koppetsch 2011b: 265) der gesellschaftlichen Mittelschichten, welche sich von progressiven Entwicklungen deutlich abgrenzen und Selbstverwirklichungswünsche und Autonomievorstellungen durch eine Betonung von Sicherheits- und Gemeinschaftswerten ersetzt hätten. Koppetsch verortet die Wurzeln dieser neuen Bürgerlichkeit einerseits in den beschriebenen Unsicherheiten und permanenter Konkurrenz, andererseits in der durch die gesellschaftliche Ökonomisierung verloren gegangene gesellschaftliche Leitfunktion der Mittelschichten. Diese hätten die Normbildungsfunktion für die Gesellschaft eingebüßt und könnten sich – trotz der Tatsache, dass sie bis dato kaum real an Lebensstandard und sozio-ökonomischem Niveau eingebüßt hätten – ihrer gewohnten Sicherheit und Verhaltensmaximen immer weniger gewiss sein (ebd.: 268). Statussicherung, auch die Bildung gefühlter Gemeinschaften, um »im Spiel sozialer Platzierung zu bestehen« (ebd.: 271), werden darüber immer wichtiger. Ein (wieder) wachsendes Bekenntnis zu klaren Rollenverteilungen innerhalb von Partnerschaften, Ehen und Familien gehört ebenso dazu (Nachtwey 2017: 224). Die Zurschaustellung bürgerlicher Traditionen, Familiensinn, Patriotismus, Disziplin, Leistungsdenken und bürgerliche Symbolik, sind dabei einerseits Antworten auf einen als unkontrollierbar empfundenen Mobilitäts- und Flexibilisierungsimperativ. Sie bedienen die Sehnsucht, sich auf verbindliche Spiel- und Moralregeln beziehen zu können, die verlässlich den eigenen Status sichern, das Bedürfnis, das eigene Leben einschätzen und berechnen zu können, ohne permanent den Unsicherheiten eines sozialen Konkurrenzkampfes ausgesetzt zu sein. Andererseits fungieren sie als Distinktions- und Exklusionsprinzipien, welche Gemeinschaft und Grenzen konstruieren und helfen sollen, die eigene soziale Stellung abzusichern. Das Betonen der Bürgerlichkeit als Exklusions- und Distinktionsmechanismus soll unterstreichen, dass man zu denjenigen gehört, welche den Ansprüchen genügen, während andere den Unwettern der gesellschaftlichen Prekarität und Abstiegsängsten voll ausgesetzt sind, aber mit ihren Forderungen zu einer Gefahr werden. »Wer kann, schottet sich ab: gegen Flüchtlinge, gegen Arme, [...] die nicht als Opfer, sondern als Bedrohung gesehen werden« (Nelles 2019). Insofern bleiben die Grundprinzipien der Konkurrenz und des sozialen Wettbewerbs nach wie vor intakt, ebenso wie der Wertehorizont individueller Bewegungsfreiheit und materiellen Wohlstands – die neue Bürgerlichkeit der Mittelschichten, die restaurativen Tendenzen und neuen sozialen Exklusionsformen und Abgrenzungstendenzen sollen lediglich eine bessere Ausgangslage in diesem Kampf sichern.

Blickt man über die Mittelschichten hinaus und in die sozial schwächeren Lagen der westlichen Gesellschaften, so wird ersichtlich, dass die gefühlten Zwänge durch moderne Selbstverwirklichungsideale einerseits und die ökonomische Konkurrenzsituation andererseits noch viel unbarmherziger zuschlagen. Große Teile der Gesellschaften machen die fortwährende kollektive Erfahrung, in diesem Auswahlwettbewerb der Stärksten, Besten, Innovativsten lediglich Abwertung und Ausgrenzung vermittelt zu bekommen und den Anforderungen in bestenfalls ungenügender Art und Weise zu entsprechen (Dörre et al. 2018). Diese Erfahrung des Unterliegens im Wettbewerb und die permanente Steigerung der Konkurrenzdynamik im Zuge der Ausweitung der ökonomischen Logik auf immer mehr Lebensbereiche haben, im Gegensatz zu vielen Mittelschichtsangehörigen, bei den sozial schwächeren Lohnabhängigen in den vergangenen zwei Jahrzehnten etwa in Deutschland auch zu realen materiellen Einbußen geführt (Fratzscher 2016: 51-70).

Angesichts der gesellschaftlichen Verinnerlichung von Wettbewerbspostulat und Selbstverwirklichungsideal werden diese Entwertungserfahrungen ganzer sozialer Klassen, welche etwa für Frankreich von Didier Eribon (2016) und Éduard Louis (2019) in eindrücklicher Form ethnographisch beschrieben worden sind, in der öffentlichen Diskussion allerdings kaum thematisiert. Und gerade die Narrative des Postwachstumskapitalismus und der sozial-ökologischen Transformation, welche ja für das hier vorliegende Buch als Ausgangspunkt dienen, machen die Wahrnehmung der kollektiven Bedrängung für sozial Schwächere noch einmal besonders plausibel: Diese Narrative konfrontieren Menschen, die das Gefühl haben, bei wettbewerbsbasierten Verteilungskämpfen zu verlieren, mit der Aussicht, dass es in Zukunft *noch* weniger zu verteilen gebe – der Konkurrenzdruck also noch einmal wachsen wird (Dörre et al. 2018).

Rechtspopulistische Parteien geben auf beide Nöte – die Wahrnehmung des Konkurrenzdrucks sowie die Notwendigkeit, individuelle Identitäten immer wieder selbst herstellen zu müssen – eine eindeutige Antwort: die Konstruktion einer klar zuordenbaren Gemeinschaft und Grenzziehung als kollektive Verteidigung in einer Notlage (ebd.). Die Zugehörigkeit zur Volksgemeinschaft, die oftmals, etwa im Falle der AfD in Deutschland, ethnisch-national definiert wird, symbolisiert dabei den Anspruch auf ein gesichertes Leben und eine Aufrechterhaltung des eigenen Lebensstils frei von den Bedrohungen durch moderne Flexibilitäten oder ökonomische Globalisierung. Ermöglichen soll dies in der rechtspopulistischen Erzählung eine zunehmend radikalisierte Exklusion derjenigen, die vermeintlich nicht dazugehören, die wirtschaftlich nicht nützlich oder produktiv sind oder die mit ihren Ansprüchen den eigenen Status bedrohen. Solidarität gilt demgegenüber ausschließlich denjenigen, die dazugehören. Solidaritätsvorstellungen und auch emanzipatorische Perspektiven verlieren zunehmend ihren universellen Anspruch, sondern werden vor dem Hintergrund schwindender ökonomischer, sozialer wie ökologischer Ressourcen in vermehrtem Maße exklusiv (Bauman 2018: 65-108). Dieses Motiv rechtspopulistischer Bewegungen macht noch einmal deutlich, dass diese Schutz, Inklusion und Gemeinschaft anbieten, *indem* sie nach außen exkludieren und entwerten. Die Ansprüche auf Mitgestaltung, den eigenen Lebensstil und fundamentale Rechte werden nur denjenigen zuteil, welche als berechtigter Teil der Gemeinschaft anerkannt sind. Damit ermöglichen sie eine moralische Grenzziehung, die Orientierung und Sicherheit vermittelt (Nachtwey 2016b).

Gleichzeitig rückt mit der Betonung der Zugehörigkeitskriterien eine ethnisierte Volksvorstellung ins Zentrum dessen, was als funktionierende und normativ überlegene Demokratie verstanden wird (Dörre et al. 2018: 74). Demokratie ist in den Augen rechtspopulistischer Bewegungen nicht mehr die möglichst gleiche Beteiligung aller, sondern die direkte und möglichst ungefilterte Umsetzung des *Volkswillens* (siehe grundlegend Decker 2006). Nicht der durchaus konflikthafte Ausgleich und Kompromiss zwischen berechtigten pluralen Interessen oder die Anerkennung fortwährender Interessensgegensätze innerhalb einer Gesellschaft, deren friedliche Aushandlung mittels Parteiensystem und Parlament stattfindet, gelten hier als Ziel, sondern die endgültige Auflösung dieser Gegensätze in einem monolithischen Volkswillen. Die vermittelnden Institutionen des demokratischen Interessensausgleichs – Parteien, Verbände, Gewerkschaften, Parlamente – müssen in diesem Lichte betrachtet zu Verrätern dieses Volkswillens werden, da sie ihn permanent durch Ausgleich und Kompromiss verwässern.

Ob dieser konstruierte *Volkswille* der Rechtspopulist*innen in der Tat hauptsächlich diejenigen anspricht, welche real in den letzten Jahrzehnten an Wohlstand und Status eingebüßt haben, oder ob rechtspopulistische Bewegungen diejenigen mobilisieren, die Angst vor zukünftigen Verlusten haben, ist unter dem Stichwort der *Modernisierungsverlierer* kontrovers diskutiert worden (siehe exemplarisch Hambauer/Mays 2017; Lengfeld 2017; Spier 2010). Und es ist vielleicht auch gar nicht entscheidend. Viel wichtiger ist, dass aus Verlustängsten und Unsicherheiten ein »anti-institutioneller Impuls der Selbstermächtigung« (Nachtwey 2016b: 303) erwachsen ist, welcher einen realen Gesellschaftswandel anstrebt, der allerdings dem des sozial-ökologischen Transformationsnarrativs diametral entgegen steht. Die Universalität von demokratischer Teilhabe, Mitbestimmung, Solidarität und Menschenrechten wird von diesem Impuls infrage gestellt und die bestehende Institutionenordnung sowie die Verfasstheit der repräsentativen Demokratie als Instrumente zur Selbstverteidigung der Eliten werden immer stärker abgelehnt.

Dies bedeutet nicht, dass die repräsentative Demokratie und schon gar nicht Demokratie allgemein in westlichen Gesellschaften insgesamt auf einem brüchigen Fundament stehen (vgl. dazu auch Weßels 2015). Für Teile der Bevölkerung treffen die hier gemachten Beobachtungen sicherlich nur eingeschränkt oder auch gar nicht zu. Die Stimmanteile etwa für rechtspopulistische Bewegungen liegen in den meisten Industrieländern auch fern einer Mehrheit. Sie sind allerdings in den letzten Jahren, aufgrund der hier skizzierten Werteverschiebungen, deutlich angestiegen und haben die politischen Diskurse innerhalb Europas und Nordamerikas verschoben. Und sie zeugen von einer in den westlichen Gesellschaften insgesamt immer tieferen Kluft zwischen denjenigen, welche einer an postmaterialistischen und modernen Werten orientierten sozial-ökologischen Transformation wohlgesinnt gegenüberstehen und denjenigen, welche gerade darin eine zusätzliche Bedrohung ihres als prekär empfundenen Lebens erblicken.

Denkblockaden und Forschungsaufgaben

Vor dem Hintergrund der Erwartungen, dass einerseits eine fortschreitende Demokratisierung der Gesellschaft eine sozial-ökologische Transformation ermöglichen soll, und andererseits die Wertehorizonte innerhalb westlicher Gesellschaften sich bereits auf einen solchen Wandel zubewegten, müssen diese Bestandsaufnahmen verstören und beunruhigen. Denn auch wenn rechtspopulistische Politik in vielen Gesellschaften (noch) nicht mehrheitsfähig ist – eine beeindruckende Vielzahl an Sozialstudien und Untersuchungen unterstreicht, dass die eigentlich als staatstragend verstandene gesellschaftliche Mitte zumindest in Teilen exkludierende, chauvinistische und fremdenfeindliche Wettbewerbsmotive mittlerweile tief verinnerlicht hat (Micus 2019).

Darüber hinaus betrifft eine darin wurzelnde und immer lauter werdende Kritik an der Demokratie und den repräsentativ-demokratischen Institutionen keineswegs nur die Anhänger*innen rechtspopulistischer Parteien (vgl. Blühdorns Kapitel zur *Demokratie* in diesem Band). Die Kritik der Grundprinzipien von Kompromiss, Proporz, Aushandlung, Parlamentarismus und Repräsentation ist nach Jahrzehnten der Individualisierung und der Verinnerlichung ökonomischer Wettbewerbsprinzipien auch auf der politischen Linken groß. Der Politik des *Volkes* der Rechtspopulist*innen stellen sie eine »Politik der ersten Person« gegenüber (ebd.: 25; Rucht 2018: 45). Nicht der Partei oder den Politiker*innen traue ich zu, für mich entscheiden oder sprechen zu können – in Zeiten des stärker werden Konkurrenzdrucks kann ich das nur selbst! Interessant ist, dass sowohl eine Institutionenkritik von rechts als auch eine Institutionenkritik von links die vermeintlich richtige und bessere Demokratisierung für sich in Anspruch nehmen (Blühdorn/Butzlaff 2018). Während einmal die repräsentative Demokratie den Einzelnen unterdrückt und beschneidet, Parteien den Einzelnen bevormunden und in seiner Konkurrenzfähigkeit gefährden (Butzlaff 2016), bemächtigt sich aus rechtspopulistischer Sicht eine korrupte Elite der Demokratie und gefährdet die Wettbewerbsfähigkeit des Volkes, indem sie Grenzschließungen verhindert.

Aus der Perspektive der Erzählungen eines kommenden nachhaltigen Gesellschaftswandels hält diese Diagnose mehrere Probleme bereit. Erstens muss die Frage nach der *Mitschuld* der westlichen Demokratien und Rechtsstaaten an dieser Entwicklung gestellt werden: Inwiefern zeichnen die Politiken der vergangenen Jahrzehnte und die Überantwortung von Regelungsgewalt an den Markt für verloren gegangene Akzeptanz und Vertrauen verantwortlich? Zweitens muss vor diesem Hintergrund die Frage gestellt werden, in welcher Form eine Ausweitung demokratischer Mitbestimmung in westlichen Gesellschaften einen sozial-ökologischen Gesellschaftswandel wahrscheinlicher machen oder unterstützen kann – oder ob nicht eher direktere Formen der Demokratie angesichts der hier vorgestellten Hinweise auf einen *Wandel des Wertewandels* zu regressiven, rückwärtsgewandten und vermehrt exkludierenden Gesellschaftstransformationen führen könnten? Die postmarxistische Kritik an bestehenden liberal-repräsentativen Institutionen und die Forderung nach »umfassender« gesellschaftlicher Demokratisierung greift diese Problematik auf (Brand et al. 2019). Gleichzeitig aber wird auch hier die Erwartung formuliert, dass eine Demokratisierung *sämtlicher* Lebensbereiche Menschen angstfreier, postmaterialistischer und eine sozial-ökologische Transformation wahrscheinlicher macht. Demgegenüber unterstreicht aber die Annahme, dass Demokratien von gesellschaftlichen und normativen Voraussetzungen abhängig seien, welche sie – wenn überhaupt –

nur sehr langfristig selbst formen oder auch nur beeinflussen können, die Relevanz dieser beiden Fragen. Fortschritt und Demokratie scheinen jedenfalls keineswegs eine bestimmte Transformations*richtung* vorzuschreiben (vgl. hierzu auch Heisterhagen 2018; Lilla 2018).

Gleichwohl ist aber, drittens, fraglich, welchen Beitrag Demokratie dann zu einer (und welcher) Transformation überhaupt leisten kann – und ob nicht eine sozial-ökologische Transformation nach undemokratischen und/oder autokratischen Maßnahmen schreit. Angesichts der Tatsache, dass sowohl progressive wie auch rechtspopulistische Institutionenkritik Demokratisierung für sich in Anspruch nehmen, mit allerdings völlig unterschiedlichem Ziel; und angesichts der Tatsache, dass beide Wettbewerbs- und Konkurrenzgedanken auf die Spitze treiben – Selbstverwirklichung des Individuums einerseits und Volksstreben nach Wohlstand andererseits –, muss eine verantwortungsvolle Sozialwissenschaft in erster Linie die Konsequenzen verschiedener Vorstellungen von Demokratisierung aufzeigen. Die Tatsache, dass sich auch der Rechtspopulismus als Demokratisierungsbewegung im Sinne eines Einflusses des *Volkes* auf politische Entscheidungen versteht, zeigt deutlich, wie sehr sich die Vorstellungen von Demokratisierung überhaupt polarisiert haben. Sowohl die aktuell formulierten sozial-ökologischen Transformationsnarrative wie auch rechtspopulistische Wandlungsvorstellungen nehmen dabei Bezug aufeinander und benutzen sich wechselseitig als Feindbild und Drohszenario. Beide sind Antworten auf die beschriebene Ökonomisierung westlicher Gesellschaften und deren Folgen. Vor allem aber zeigen beide auf, wie schwer es sein wird, eine wachsende soziale Polarisierung über eine Demokratisierung der Gesellschaften in einer sozial-ökologischen Transformation aufzulösen.

Von Demokratisierung zu sprechen, weckt zudem den Eindruck, es handle sich um einen abgeschlossenen Reformprozess. Dabei ist die Geschichte der westlichen Welt der vergangenen zwei Jahrhunderte die einer fortwährenden Demokratisierung in dem Sinne, als dass Demokratie eine andauernde Anpassungsanstrengung zwischen Demokratieerwartungen und demokratischer Verfasstheit bedeutet. Dieses Verhältnis ist zwangsläufig immer dynamisch und im Fluss, wenn die Demokratie als Selbstregierung des Volkes auf einem sich wandelnden sozialen Kollektiv fußt. Steigende Direktheitserwartungen von Partizipation, stärkere Output-Orientierung von Partizipation, auch steigende Institutionenskepsis weisen erst einmal darauf hin, dass sich das Verhältnis zwischen Verfasstheit und Erwartungen verschoben hat. Angesichts der Entwicklung von Werten und Normen in westlichen Gesellschaften sowie der steigenden sozialen Polarisierung bleibt aus sozialwissenschaftlicher Perspektive allerdings die Erwartung wenig plausibel, dass eine Öffnung der Demokratie und eine direktere Einbindung zu einer sozial-ökologischen Transformation führen oder beitragen wird. Ob ein sozial-ökologischer Autoritarismus eine Antwort sein kann oder darf, oder ob der Verzicht auf soziologisch unplausible Transformationsnarrative geboten ist; ob eine Beibehaltung repräsentativ-demokratischer Institutionen akzeptabel ist, wenn doch genau diese die Gesellschaft aber in eine fortwährende Nicht-Nachhaltigkeit geführt haben; oder ob nicht andere Aushandlungsprinzipien Wandel und Gesellschaftskompromiss ermöglichen müssen – diese Fragen müssen einerseits sozialwissenschaftlich und andererseits politisch-aktivistisch stärker diskutiert und behandelt werden.

Literatur

Adloff, Frank (2018): »Zivilgesellschaft in der sozialökologischen Krise. Zur Transformation von Kapitalismus und Demokratie«, in: Forschungsjournal Soziale Bewegungen 31 (1-2), S. 298-309.

Almond, Gabriel A./Verba, Sidney (1963): The civic culture. Political attitudes and democracy in five nations, Princeton, NJ: Princeton University Press.

Bauman, Zygmunt (2003): Flüchtige Moderne, Frankfurt a.M.: Suhrkamp.

Bauman, Zygmunt (2018): Retrotopia, Berlin: Suhrkamp.

Beck, Ulrich/Lau, Christoph (2005): »Theorie und Empirie reflexiver Modernisierung. Von der Notwendigkeit und den Schwierigkeiten, einen historischen Gesellschaftswandel innerhalb der Moderne zu beobachten und zu begreifen«, in: Soziale Welt 56 (2/3), S. 107-135.

Begrich, David (2019): »Afd: Die neue Macht im Osten«, in: Blätter für deutsche und internationale Politik (7), S. 9-12.

Blühdorn, Ingolfur/Butzlaff, Felix (2018): »Rethinking Populism: Peak democracy, liquid identity and the performance of sovereignty«, in: European Journal of Social Theory 22 (2), S. 191-211.

Böckenförde, Ernst-Wolfgang (1991 [1976]): »Die Entstehung des Staates als Vorgang der Säkularisation«, in: Ernst-Wolfgang Böckenförde

(Hg.), Recht, Staat, Freiheit. Studien zur Rechtsphilosophie, Staatstheorie und Verfassungsgeschichte, Frankfurt a.M.: Suhrkamp, S. 92-114.

Boddenberg, Moritz (2018): »Nachhaltigkeit als Transformationsprojekt Praktiken einer transkapitalistischen Gesellschaft«, in: Sighard Neckel/Martina Hasenfratz/Sarah M. Pritz et al. (Hg.), Die Gesellschaft der Nachhaltigkeit. Umrisse eines Forschungsprogramms, Bielefeld: transcript, S. 123-144.

Brand, Ulrich/Görg, Christoph/Wissen, Markus (2019): »Overcoming neoliberal globalization: social-ecological transformation from a Polanyian perspective and beyond«, in: Globalizations 13 (2), S. 1-16.

Brand, Ulrich/Wissen, Markus (2017): Imperiale Lebensweise: Zur Ausbeutung von Mensch und Natur im globalen Kapitalismus, München: Oekom.

Butzlaff, Felix (2016): Die neuen Bürgerproteste in Deutschland. Organisatoren – Erwartungen – Demokratiebilder, Bielefeld: transcript.

Cuperus, René (2015): »Wie die Volksparteien (fast) das Volks einbüßten. Warum wir den Weckruf des Populismus erhöhren sollten«, in: Ernst Hillebrand (Hg.), Rechtspopulismus in Europa. Gefahr für die Demokratie?, Bonn: Dietz, S. 149-158.

Decker, Frank (2006): »Die populistische Herausforderung. Theoretische und ländervergleichende Perspektiven«, in: Frank Decker (Hg.), Populismus in Europa. Gefahr für die Demokratie oder nützliches Korrektiv?, Wiesbaden: VS Verlag für Sozialwissenschaften, S. 9-32.

Decker, Oliver (Hg.) (2015): Rechtsextremismus der Mitte und sekundärer Autoritarismus, Gießen: Psychosozial-Verlag.

Decker, Oliver/Baier, Dirk (Hg.) (2018): Flucht ins Autoritäre. Rechtsextreme Dynamiken in der Mitte der Gesellschaft: die Leipziger Autoritarismus-Studie 2018, Gießen: Psychosozial-Verlag.

Decker, Oliver/Brähler, Elmar (2016): »Autoritäre Dynamiken: Ergebnisse der bisherigen »Mitte«-Studien und Fragestellung«, in: Oliver Decker/Johannes Kiess/Elmar Brähler (Hg.), Die enthemmte Mitte. Autoritäre und rechtsextreme Einstellung in Deutschland/Die Leipziger Mitte-Studie 2016, Gießen: Psychosozial-Verlag, S. 11-21.

Decker, Oliver/Kiess, Johannes/Brähler, Elmar (Hg.) (2016): Die enthemmte Mitte. Autoritäre und rechtsextreme Einstellung in Deutschland/Die Leipziger Mitte-Studie 2016, Gießen: Psychosozial-Verlag.

Dörre, Klaus/Bose, Sophie/Lütten, John/Köster, Jakob (2018): »Arbeiterbewegung von rechts? Motive und Grenzen einer imaginären Revolte«, in: Berliner Journal für Soziologie 28 (1-2), S. 55-89.
Eribon, Didier (2016): Rückkehr nach Reims, Berlin: Suhrkamp.
Fratzscher, Marcel (2016): Verteilungskampf. Warum Deutschland immer ungleicher wird, München: Hanser.
Geis, Matthias/Pausch, Robert (2019): »In voller Blüte«, in: Die Zeit vom 23.05.2019.
Geiselberger, Heinrich (Hg.) (2017): Die große Regression. Eine internationale Debatte über die geistige Situation der Zeit, Berlin: Suhrkamp.
Hambauer, Verena/Mays, Anja (2017): »Wer wählt die AfD? – Ein Vergleich der Sozialstruktur, politischen Einstellungen und Einstellungen zu Flüchtlingen zwischen AfD-WählerInnen und der WählerInnen der anderen Parteien«, in: Zeitschrift für Vergleichende Politikwissenschaft 38 (3), S. 535.
Häusler, Alexander (2008): Rechtspopulismus als »Bürgerbewegung«. Kampagnen gegen Islam und Moscheebau und kommunale Gegenstrategien, Wiesbaden: VS Verlag für Sozialwissenschaften.
Heisterhagen, Nils (2018): Die liberale Illusion. Warum wir einen linken Realismus brauchen, Bonn: Dietz.
Hofmann, Gunter (2012): »Das Soziale und der Zeitgeist. Eine Einlassung auf das letzte Jahrzehnt«, in: Wilhelm Heitmeyer (Hg.), Deutsche Zustände. Folge 10, Berlin: Suhrkamp, S. 42-60.
Hradil, Stefan (2002): »Vom Wandel des Wertewandels. Die Individualisierung und eine ihrer Gegenbewegungen«, in: Wolfgang Glatzer/Roland Habich/Karl U. Mayer (Hg.), Sozialer Wandel und gesellschaftliche Dauerbeobachtung, VS Verlag für Sozialwissenschaften, S. 31-47.
Hradil, Stefan (2003): »Vom Leitbild zum ›Leidbild‹. Singles, ihre veränderte Wahrnehmung und der ›Wandel des Wertewandels‹«, in: Zeitschrift für Familienforschung 15 (1), S. 38-54.
Inglehart, Ronald F. (1977): The silent revolution. Changing values and political styles among western publics, Princeton, NJ: Princeton University Press.
Inglehart, Ronald F./Norris, Pippa (2016): Trump, Brexit, and the Rise of Populism. Economic Have-Nots and Cultural Backlash, https://www.hks.harvard.edu/publications/trump-brexit-and-rise-populism-economic-have-nots-and-cultural-backlash, zuletzt geprüft am 10.11.2019.

Inglehart, Ronald F./Norris, Pippa (2017): »Trump and the Populist Authoritarian Parties. The Silent Revolution in Reverse«, in: Perspectives on Politics 15 (2), S. 443-454.

Klein, Anna/Heitmeyer, Wilhelm (2012): »Demokratie auf dem rechten Weg? Entwicklungen rechtspopulistischer Orientierungen und politischen Verhaltens in den letzten zehn Jahren«, in: Wilhelm Heitmeyer (Hg.), Deutsche Zustände. Folge 10, Berlin: Suhrkamp, S. 87-104.

Klein, Markus/Pötschke, Manuela (2000): »Gibt es einen Wertewandel hin zum ›reinen‹ Postmaterialismus? Eine Zeitreihenanalyse der Wertorientierungen der westdeutschen Bevölkerung zwischen 1970 und 1997«, in: Zeitschrift für Soziologie 29 (3), S. 202-216.

Koppetsch, Cornelia (2011a): »Einleitung: Nachrichten aus den Innenwelten des Kapitalismus. Zur Transformation moderner Subjektivität«, in: Cornelia Koppetsch (Hg.), Nachrichten aus den Innenwelten des Kapitalismus. Zur Transformation moderner Subjektivität, Wiesbaden: VS Verlag für Sozialwissenschaften, S. 7-20.

Koppetsch, Cornelia (2011b): »Gesellschaft aus dem Gleichgewicht? Zur Signalfunktion neuer Bürgerlichkeit«, in: Cornelia Koppetsch (Hg.), Nachrichten aus den Innenwelten des Kapitalismus. Zur Transformation moderner Subjektivität, Wiesbaden: VS Verlag für Sozialwissenschaften, S. 265-282.

Landwehr, Claudia/Faas, Thorsten/Harms, Philipp (2017): »Bröckelt der Verfahrenskonsens? Einstellungen zu politischen Entscheidungen und demokratischen Entscheidungsverfahren in Zeiten des Populismus«, in: Leviathan 45 (1), S. 35-54.

Lengfeld, Holger (2017): »Die ›Alternative für Deutschland‹. Eine Partei für Modernisierungsverlierer?«, in: KZfSS Kölner Zeitschrift für Soziologie und Sozialpsychologie 69 (2), S. 209-232.

Lilla, Mark (2018): Der Glanz der Vergangenheit. Über den Geist der Reaktion, Zürich: NZZ Libro.

Louis, Édouard (2019): Wer hat meinen Vater umgebracht, Frankfurt a.M.: Fischer.

Lühmann, Michael (2019): »Wo Baerbock und Habeck sind, ist vorn. Anmerkungen zur grünen Standortsuche«, in: Neue Gesellschaft/Frankfurter Hefte (6), S. 7-11.

Michelsen, Danny/Walter, Franz (2013): Unpolitische Demokratie. Zur Krise der Repräsentation, Berlin: Suhrkamp.

Micus, Matthias (2019): »Versuch und Irrtum. Demokratie in aufgeregten Zeiten«, in: Göttinger Institut für Demokratieforschung (Hg.), Demokratie-Dialog No. 4, Göttingen, S. 21-28.

Müller-Hilmer, Rita/Gagné, Jérémie (2018): Was verbindet, was trennt die Deutschen? Werte und Konfliktlinien in der deutschen Wählerschaft im Jahr 2017, Düsseldorf: Hans-Böckler-Stiftung.

Nachtwey, Oliver (2016a): Die Abstiegsgesellschaft. Über das Aufbegehren in der regressiven Moderne, Berlin: Suhrkamp.

Nachtwey, Oliver (2016b): »PEGIDA, politische Gelegenheitsstrukturen und der neue Autoritarismus«, in: Karl-Siegbert Rehberg/Franziska Kunz/Tino Schlinzig (Hg.), PEGIDA – Rechtspopulismus zwischen Fremdenangst und »Wende«-Enttäuschung? Analysen im Überblick, Bielefeld: transcript, S. 299-312.

Nachtwey, Oliver (2017): »Entzivilisierung. Über regressive Tendenzen in westlichen Gesellschaften«, in: Heinrich Geiselberger (Hg.), Die große Regression. Eine internationale Debatte über die geistige Situation der Zeit, Berlin: Suhrkamp, S. 215-231.

Neckel, Sighard/Hasenfratz, Martina/Pritz, Sarah M./Wiegand, Timo/Besedovsky, Natalia/Boddenberg, Moritz (Hg.) (2018): Die Gesellschaft der Nachhaltigkeit. Umrisse eines Forschungsprogramms, Bielefeld: transcript.

Nelles, Roland (2019): »Amerika, wie tief bist du gesunken?«, in: Spiegel Online vom 18.07.2019, https://www.spiegel.de/politik/ausland/donald-trump-und-die-usa-amerika-wie-tief-bist-du-gesunken-kommentar-a-1277842.html, zuletzt geprüft am 09.10.2019.

Offe, Claus (Hg.) (2003): Demokratisierung der Demokratie. Diagnosen und Reformvorschläge, Frankfurt a.M.: Campus.

Reichardt, Sven (2014): Authentizität und Gemeinschaft. Linksalternatives Leben in den siebziger und frühen achtziger Jahren, Berlin: Suhrkamp.

Roos, Ulrich (2019): »Die Krise des Wachstumsdogmas. Ein Plädoyer für eine intervenierende Sozialwissenschaft«, in: Blätter für deutsche und internationale Politik (6), S. 49-58.

Rucht, Dieter (2018): »Demokratisierung durch Bewegungen? Demokratisierung der Bewegungen?«, in: Forschungsjournal Soziale Bewegungen 31 (1-2), S. 40-51.

Schäfer, Armin (2015): Der Verlust politischer Gleichheit. Warum die sinkende Wahlbeteiligung der Demokratie schadet, Frankfurt a.M.: Campus.

Schulte von Drach, Markus C. (2018): »Warum auch rechte Bewegungen zur Zivilgesellschaft gehören«, in: Süddeutsche Zeitung vom 17.08.2018, https://www.sueddeutsche.de/politik/gesellschaftsforschung-warum-auch-rechte-bewegungen-zur-zivilgesellschaft-gehoeren-1.4084420, zuletzt geprüft am 19.09.2019.

Sennett, Richard (2007): Der flexible Mensch. Die Kultur des neuen Kapitalismus, Berlin: Berliner Taschenbuch-Verlag.

Spier, Tim (2010): Modernisierungsverlierer? Die Wählerschaft rechtspopulistischer Parteien in Westeuropa, Wiesbaden: VS Verlag für Sozialwissenschaften.

Vehrkamp, Robert/Wegschaider, Klaudia (2017): Populäre Wahlen. Mobilisierung und Gegenmobilisierung der sozialen Milieus bei der Bundestagswahl 2017, Gütersloh: Bertelsmann Stiftung.

Wahlström, Mattias/Kocyba, Piotr/Vydt, Michiel de/Moor, Joost d. (2019): Protest for a future. Composition, mobilization and motives of the participants in Fridays For Future climate protests on 15 March, 2019 in 13 European cities, https://osf.io/m7awb/, zuletzt geprüft am 09.10.2019.

Walter, Franz (2013): Vorwärts oder abwärts? Zur Transformation der Sozialdemokratie, Berlin: Suhrkamp.

Walter, Franz/Marg, Stine/Geiges, Lars (2015): Pegida: Die schmutzige Seite der Zivilgesellschaft?, Bielefeld: transcript.

WBGU (2011): Welt im Wandel. Gesellschaftsvertrag für eine Große Transformation. Wissenschaftlicher Beirat der Bundesregierung Global Umweltveränderung, Berlin: Wissenschaftlicher Beirat der Bundesregierung Globale Umweltveränderungen (WBGU).

Weßels, Bernhard (2015): »Political Culture, Political Satisfaction and the Rollback of Democracy«, in: Global Policy 6 (1), S. 93-105.

Wiesendahl, Elmar (2013): »Restlaufzeiten der Parteiendemokratie«, in: Oskar Niedermayer/Benjamin Höhne/Uwe Jun (Hg.), Abkehr von den Parteien? Parteiendemokratie und Bürgerprotest, Wiesbaden: Springer VS, S. 9-42.

Wright, Erik O. (2010): Envisioning real utopias, London: Verso.

Zick, Andreas/Küpper, Beate/Berghan, Wilhelm (Hg.) (2019): Verlorene Mitte – Feindselige Zustände. Rechtsextreme Einstellungen in Deutschland 2018, Bonn: Dietz.

Zick, Andreas/Küpper, Beate/Krause, Daniela (2016): Gespaltene Mitte – Feindselige Zustände. Rechtsextreme Einstellungen in Deutschland 2016, Bonn: Dietz.

Demokratie der Nicht-Nachhaltigkeit
Begehung eines umweltsoziologischen Minenfeldes

Ingolfur Blühdorn

Wenn es um die Frage geht, warum die von unzähligen Wissenschaftler*innen und Aktivist*innen nachdrücklich geforderte sozial-ökologische Transformation moderner Konsumgesellschaften bisher nicht stattfindet, dürfen die Demokratie und die Demokratisierung als zu betrachtende Faktoren nicht ausgeklammert werden (vgl. auch den Beitrag von Hausknost sowie den von Butzlaff zum *Wertewandel* in diesem Band). Der bloße Gedanke allerdings, dass die Demokratie und die Demokratisierung ein Hindernis für einen gesellschaftlichen Wandel zur Nachhaltigkeit sein könnten, löst mitunter heftige Gegenreaktionen aus; und wenn man zudem noch erwägt, dass die Demokratie vielleicht sogar ein wesentliches Instrument der modernen Politik der Nicht-Nachhaltigkeit sein könnte, gilt dies umso mehr. Zwar lassen etwa die Demokratisierung von umweltpolitischen Problembestimmungen (vgl. Blühdorns Kapitel zur *Gegenwartsdiagnose* in diesem Band), die Beschränkung des modernen Umweltstaates durch seine Abhängigkeit von demokratischer Legitimation (vgl. den Beitrag von Hausknost in diesem Band) oder der Wandel gesellschaftlicher Wertepräferenzen wie er sich unter anderem in der Konjunktur des Rechtspopulismus niederschlägt (vgl. den Beitrag von Butzlaff zum *Wertewandel* in diesem Band) überhaupt keinen Zweifel daran, dass die Demokratie und Demokratisierung aus nachhaltigkeitspolitischer Sicht durchaus auch ihre Schattenseiten haben – eine Einsicht, die im Übrigen nicht eben neu ist (Schmidt 2004, 2005; Höffe 2009; Blühdorn 2010, 2011a, 2011b, 2013). Gleichzeitig aber gilt die Demokratie als die wichtigste politische Errungenschaft moderner Gesellschaften, der Glaube an die Demokratie und die Forderung nach einer umfassenden Demokratisierung aller gesellschaftlichen Bereiche gehört zu den Grundpfeilern des öko-emanzipatorischen Denkens, und nicht nur unter Bewegungsaktivist*innen und kritischen Sozialwissenschaftler*innen besteht bis in die Gegenwart ein weitreichender Konsens, dass eine Transformation zur Nachhaltigkeit nur dann gelingen kann und Bestand haben wird, »wenn es sich um eine dezidiert demokratische Transformation handelt« (Bohmann/Muraca 2016: 308). Wenig Wunder also, dass jeder Zweifel an der Demokratie umgehend Alarm auslöst – was sollte auch eine aussichtsreichere Alternative sein?

Die entscheidende Frage ist hier freilich: Von *welcher* Demokratie ist die Rede? Dass etwa die liberale, repräsentative Demokratie in einem Symbioseverhältnis mit dem Konsumkapitalismus steht und insofern eine klare Mitschuld an der sozial-ökologischen Nachhaltigkeitskrise trägt, war für die emanzipatorische Linke bereits zur Zeit der Entstehung Grüner Parteien unstrittig. Entsprechend forderten schon die neuen sozialen Bewegungen der 1970er Jahre eine radikale, basisdemokratische Erneuerung der politischen Institutionen (Die Grünen 1980). Die zukünftige, wahre Demokratie sollte eine partizipatorische, eine direktere, etwas später dann eine deliberative Demokratie sein (Macpherson 1977; Dryzek 2000; Wissenburg/Levy 2004). Sie sollte nicht bloß ein politisches Instrument sein, sondern eine soziale Lebensform, die sowohl auf das Individuum bezogen als auch gesamtgesellschaftlich transformativ wirken und so die nachhaltigkeitspolitischen Schwächen der liberalen, repräsentativen Demokratie überwinden würde. In diesem Sinne betonen kritische Beobachter*innen bis heute, eine sozial-ökologische Transformation müsse nicht nur »eine *demokratische* Transformation« sein, sondern auch »eine Transformation *der Demokratie selbst*« (Bohmann/Muraca 2016: 308, Herv. i. O.). Entschieden vertreten sie die Ansicht, die Nachhaltigkeitskrise »is upon us because democracy has been corrupted« und dass »reclaiming democracy for the citizenry« der aussichtsreiche Weg sei, diese Krise zu überwinden (Hamilton 2010: 223; auch Dörre 2019: 22). Unter *reclaiming* und einer *Transformation* der Demokratie wird dabei allemal die Entwicklung der bloß liberalen, repräsentativen Demokratie in Richtung des normativen Ideals einer radikal partizipativen, egalitären und inklusiven Demokratie verstanden; unter *Demokratisierung der Demokratie* (Offe 2003; Lessenich 2019) die fortschreitende Inklusion und gleichberechtigte Anerkennung und Teilhabe bisher ausgeschlossener Subjektivitäten. Politische Entscheidungen, so die Annahme, werden letztlich erst dann »sozial und ökologisch reflexiver ausfallen«, wenn wirklich »all jene gleichberechtigt [...] partizipieren können«, die von diesen Entscheidungen oder ihren Folgen betroffen sind (Wissen 2016: 58). In diesem Sinne ist von der »Praxis gelingender Demokratie« (Ketterer/Becker 2019: 15) die Rede sowie von dem »Ziel transformativer Demokratie« (ebd.: 16), die »Wiedereinbettung wirtschaftlichen Handelns in die Gesellschaft« zu erreichen (ebd.: 14). Eine Postwachstums- oder *Degrowth*-Gesellschaft werde zweifellos »a rebirth of democracy« bewirken, und »a real democracy will naturally choose Degrowth« (Romano 2012: 582).

All das sind in der entsprechenden Literatur aber vor allem der eigenen Rückversicherung zuträgliche Bekenntnisse zu den demokratischen Idealen, die seit jeher zur normativen Grundausstattung öko-emanzipatorischer Bewegungen gehören. Mit sozialwissenschaftlicher Analyse, den Realitäten moderner Nicht-Nachhaltigkeit und der empirisch beobachtbaren Transformation der Demokratie hat diese normative Literatur wenig zu tun. Sie beschäftigt sich bestenfalls mit Mikrostrukturen und Nischenphänomenen (MacGregor 2019; Schlosberg 2019; vgl. auch den Beitrag von Deflorian in diesem Band), betreibt »die Rettung der Welt« aber gewissermaßen, »ohne [ausreichende] Vorstellungen von *Gesellschaft*« zu haben (Büscher/Japp 2010: 7, Herv. i. O.). Tatsächlich erinnert ihre Gesellschaftsvergessenheit (Blühdorn 2017; Blühdorn et al. 2018) mitunter an die Realitätsverweigerung der Leugner*innen des Klimawandels: So wie diese sich den Erkenntnissen der naturwissenschaftlichen Klimaforschung versperren, interessiert sich die normative Transformationsliteratur auffällig wenig für den faktischen Wandel der modernen Demokratie und für die gesellschaftlichen Parameter und Dynamiken, die ihn offenbar bestimmen – nicht nur in der Gegenwart, sondern wahrscheinlich auch über sie hinaus. Fakt ist jedenfalls, dass die bisherigen Bemühungen um die *Demokratisierung der Demokratie* entgegen allen egalitären Intentionen zwar eine Vielzahl von Verbesserungen, aber nicht »the greatest good for the greatest number« gebracht haben, sondern eher »the greatest goodies for the best-organised few« (Putnam 2000: 340; Schäfer 2015; Dean 2009a: 76), dass die Forderung nach *wahrer* und *direkter* Demokratie inzwischen von Rechtspopulist*innen vereinnahmt wurde, die unter diesem Vorzeichen nicht etwa mehr sozial-ökologische Nachhaltigkeit, sondern mehr Exklusion und weniger Umwelt- und Klimaschutz fordern, und dass im Zeichen von Twitter, Facebook und Instagram die Fähigkeit und Bereitschaft zur demokratischen Deliberation und

Verantwortlichkeit nicht etwa zunimmt, sondern in schnellem Tempo verfällt. Angesichts der faktischen Transformation der modernen Gesellschaft und ihrer politischen Kultur (vgl. auch Butzlaffs Beitrag zum *Wertewandel* in diesem Band) scheinen die Demokratisierungsnarrative der normativen Transformationsliteratur daher geradezu unverantwortlich (Blühdorn et al. 2018). Realgesellschaftlich scheint tatsächlich zu gelten: »In the current conjuncture, to argue for democracy is to argue for more of the same« (Dean 2009b: 24).

Eine Untersuchung des Verhältnisses von Demokratie und (Nicht-)Nachhaltigkeit, die über die Bestätigung der bekannten Wünsche und Ideale hinausreicht, ist daher mehr als überfällig. Im Zentrum des Interesses müssten dabei zunächst die realgesellschaftlich beobachtbaren Verhältnisse und Transformationen stehen, nicht mehr die von kritischen Sozialwissenschaftler*innen und Aktivist*innen normativ geforderten. Und während in der gängigen Transformationsliteratur der Schwerpunkt vor allem auf der Nachhaltigkeit beziehungsweise der *Transformation zur* Nachhaltigkeit liegt, müsste der Schwerpunkt auch vor allem auf die Demokratie beziehungsweise die *Transformation der* Demokratie gelegt werden. Denn das Ziel wäre, neben dem ersten blinden Fleck der normativen Transformationsliteratur, nämlich der inhaltlichen Offenheit und Wandelbarkeit des Nachhaltigkeitsbegriffs (vgl. dazu Blühdorns Kapitel zur *Gegenwartsdiagnose* in diesem Band), auch ihren zweiten blinden Fleck zu exponieren: die inhaltliche Offenheit der Begriffe Demokratie und Demokratisierung. Ebenso wie sich Nachhaltigkeit nicht naturwissenschaftlich objektiv bestimmen lässt, haben ja auch Demokratie und Demokratisierung keine inhaltlich eindeutige, zeit- und gesellschaftsunabhängige Bedeutung. Beide Begriffe sind bekanntlich *ihrem Wesen nach umstrittene Konzepte* (Gallie 1956). Und genau das macht es notwendig, die Möglichkeit zu erkunden, dass bei einer entsprechenden Interpretation des Demokratiebegriffs mehr Demokratie auch zu *weniger* Nachhaltigkeit führen könnte, und eine Transformation oder weitere Demokratisierung der Demokratie dann entsprechend sogar zu *noch weniger* Nachhaltigkeit.

Für ein sozialwissenschaftliches Verständnis der Gesellschaft und Politik der Nicht-Nachhaltigkeit ist dieses Projekt zentral. Allerdings muss man darauf gefasst sein, dass die kritische Beschäftigung mit dem faktischen Zusammenspiel in modernen Gesellschaften von Demokratie und (Nicht-)Nachhaltigkeit schnell als Ablehnung von demokratischen Werten der Partizipation, Selbstbestimmung und

Gleichheit wahrgenommen wird – oder gar als Affirmation illiberaler, anti-egalitärer und autoritärer Tendenzen. Rancière etwa unterstellt einer »herrschenden Intelligenzija« (Rancière 2011: 7) einen *Hass der Demokratie* und wirft ihr vor, mit ihrem »antidemokratischen Diskurs« das »konsensuelle Vergessen der Demokratie« zu befördern, »an dem die staatlichen und wirtschaftlichen Oligarchien arbeiten« (ebd.: 136). Genau solche Angriffe – die in konkreten Fällen freilich durchaus gerechtfertigt sein mögen – machen die Untersuchung der Demokratie der Nicht-Nachhaltigkeit zu einem Minenfeld. Die reflexartige Gleichsetzung jeder kritischen Auseinandersetzung mit den nachhaltigkeitspolitischen Schwächen der Demokratie mit anti-demokratischen und reaktionären Werthaltungen; die Beschränkung der Umweltsoziologie auf die ritualisierte Wiederholung altbekannter demokratischer Bekenntnisse und Forderungen; und die Sorge, im Falle der Übertretung dieser Gebote als reaktionär und antidemokratisch wahrgenommen zu werden, sind aber insofern fatal, als sie nicht nur die Erörterung auf die Perspektive des normativ Geforderten einschränken und dabei die sozialwissenschaftliche Analyse des Realen ernsthaft be- oder sogar verhindern, sondern sie wirken als mächtiges Denkverbot und damit indirekt als Instrument zur Sicherung der nachhaltigen Nicht-Nachhaltigkeit: Auch ohne dass irgendjemandem eine entsprechende Intention unterstellt werden könnte, haben die moralische Ächtung und der demokratische Widerwille, der Möglichkeit der *Nicht-Nachhaltigkeit der Demokratie* und einer *Demokratie der Nicht-Nachhaltigkeit* ernsthaft nachzugehen, eine ähnliche Wirkung wie die neoliberale und rechtspopulistische Rhetorik, die im Namen der Demokratie jeden Versuch der nachhaltigkeitspolitischen Regelung und Begrenzung als inakzeptablen Eingriff in die persönliche Freiheit, als autoritär und als Öko-Diktatur denunziert – mit der Folge, dass die moderne Umwelt-, Klima- und Nachhaltigkeitspolitik sich über den Bereich der sogenannten *positiven Anreize* kaum mehr hinauswagt.

Nicht zuletzt in der Absicht, genau diesen Mechanismus zur Befestigung der nachhaltigen Nicht-Nachhaltigkeit zu durchbrechen und dabei vielleicht neue politische Denk- und Handlungsräume zu erschließen, wird nun zunächst der umfassende Vertrauensverlust in Erinnerung gerufen, der längst nicht mehr nur die vorhandenen demokratischen Institutionen betrifft, sondern der die Idee der Demokratie überhaupt erfasst hat, den die normative Transformationsliteratur aber bevorzugt ausblendet. Zur Erklärung dieses Vertrauensverlustes wird dann der als *Böckenförde-Theorem* bekannt gewordene Gedanke entwickelt, dass die Demokratie in verschiedener Hinsicht auf Voraussetzungen beruht, die sie nicht reproduzieren kann, die sie aber immer schneller auszehrt (Böckenförde 1991 [1976]; Greven 2009; Blühdorn 2019a). Dieser Auszehrungsprozess, so wird dann gezeigt, führt nicht nur zur verbreiteten Wahrnehmung einer Dysfunktionalität der Demokratie, sondern auch zu ihrer Metamorphose in ein Instrument der Politik der Nicht-Nachhaltigkeit. Abschließend wird dann noch einmal das normative Dilemma aufgegriffen, in dem die Kritik der allzu realitätsvergessenen Transformationsdiskurse und eine Theorie der Demokratie der Nicht-Nachhaltigkeit sich unvermeidlich verfangen.

Entzauberung und *anti-demokratisches Gefühl*

Während die normative Transformationsliteratur also vor allem damit beschäftigt ist, sich ihrer emanzipatorisch-demokratischen Wertorientierungen zu versichern und ihre Hoffnungsnarrative (Blühdorn 2017) vom demokratischen Übergang zur Nachhaltigkeit zu pflegen, entfaltet sich realgesellschaftlich selbst in den ältesten und scheinbar krisenfestesten Demokratien der Welt ein Phänomen, das in der einschlägigen Literatur wahlweise als *die große Regression* (Geiselberger 2017), *the recession of democracy* (Diamond 2015; Inglehart 2018), *the erosion of democracy* (Greven 2009), *die Entzauberung der Demokratie* (Willke 2016), *democratic fatigue syndrome* (Appadurai 2017; van Reybrouck 2016), *disgust with democratic politics* (Runciman 2018) oder eben als *Hass der Demokratie* (Rancière 2011) beschrieben wird. Im Vergleich zu der *Krise der Demokratie* oder der *Politiker-*, *Parteien-* und *Politikverdrossenheit*, die zum Teil schon vor Jahrzehnten diskutiert wurden (King 1975; Crozier et al. 1975; Dalton/Wattenberg 2000; Wiesendahl 2006; Embacher 2009), hat dieses Phänomen eine deutlich andere Qualität. Es betrifft wie gesagt auch nicht mehr nur die real existierenden, immer verbesserungsbedürftigen demokratischen Institutionen, sondern den normativen Kern der Idee der Demokratie selbst – und nicht nur der liberalen. Für das Verständnis des in der Gesellschaft der Nicht-Nachhaltigkeit zunehmend problematischen Verhältnisses zwischen Demokratie und (Nicht-)Nachhaltigkeit ist dieses Phänomen von zentraler Bedeutung, denn es ist die empirische Ausgangslage und setzt die Rahmenbedingungen für jede *angestrebte* demokratische Transformation und für die *faktische* Transformation der Demokratie.

Zwei gängige, gleichermaßen undifferenzierte, im gegenwärtigen Kontext aber dennoch wichtige Perspektiven auf das Phänomen bieten einerseits Vertreter*innen der *old critical orthodoxy* (vgl. Blühdorns Kapitel zur *Gegenwartsdiagnose* in diesem Band) in der Tradition der Kritischen Theorie, andererseits Vertreter*innen der Modernisierungstheorie und Wertewandel-Forschung im Sinne von Ronald Inglehart. Beide verleugnen das Problem eher, als dass sie in innovativer Weise zu seinem Verständnis beitrügen und bereit wären, sich seinen schwierigen Implikationen zu stellen. Die kritische Beschäftigung mit ihnen hilft aber, den Blick auf die diagnostizierte Entzauberung der Demokratie zu schärfen. Klaus Dörre etwa bietet als die »knappste der möglichen Antworten« auf die Frage, was mit der Demokratie falsch läuft: »Nichts oder nicht sehr viel« (Dörre 2019: 21). Er bezweifelt, dass es überhaupt gerechtfertigt sei, »von einer Krise der Demokratie zu sprechen« (ebd.); die verbreitete Rede von einer solchen Krise hält er vielmehr für »in einem normativen Sinne bedenklich« (ebd.: 22), denn sie suggeriere »zumindest unterschwellig, demokratische Institutionen und Verfahren seien den neuen gesellschaftlichen Herausforderungen nicht mehr gewachsen« (ebd.). Ähnlich wie der überwiegende Teil der Literatur zur *Postdemokratie* (Crouch 2008) und *Postpolitik* (Wilson/Swyngedouw 2014) sieht Dörre das Problem nicht bei der Demokratie, sondern vor allem beim expansiven Kapitalismus und der Hegemonie des Neoliberalismus, auf deren Altar die Demokratie geopfert werde (Dörre 2019: 22), aus deren Fängen sie aber von emanzipatorischen Gegenbewegungen zurückerobert werden könne (vgl. auch Crouch 2008) – notfalls, wie Chantal Mouffe vorschlägt, mit Hilfe eines *linken Populismus* (Mouffe 2018).

Was die Rolle des Kapitalismus und des Neoliberalismus anbetrifft, ist diese Sichtweise zweifelsfrei richtig. Die Behauptung, das Problem liege nicht bei der Demokratie selbst und die These der in Aussicht gestellten Erneuerung, Wiederbelebung oder Rückeroberung der Demokratie greifen aber zu kurz. Erstens nämlich lässt sich die Befürchtung, dass demokratische Institutionen und Verfahren den Herausforderungen moderner Gesellschaften nicht mehr gewachsen sind, angesichts der breit diskutierten Komplexitäts- (z.B. Zolo 1997; Willke 2016), Repräsentations- (z.B. Linden/Thaa 2014; Schäfer 2015), Ungleichheits- (z.B. Piketty 2016; Milanović 2017), Expansions- (z.B. Jörke 2019), kulturellen

Identitäts- (z.B. Goodhart 2017; Inglehart 2018) und Beschleunigungskrise (z.B. Bauman 2003; Rosa 2005) der Demokratie nicht einfach mit dem Verweis auf die *normative Bedenklichkeit* des Krisenbefundes vom Tisch fegen. Zweitens beruhen diese letztlich vor allem auf die Mobilisierung emanzipatorischer Bewegungen ausgerichteten Ansätze auf einem unangemessen einfachen, undialektischen Verständnis von Emanzipation und dem emanzipatorischen Projekt. Angesichts der Konjunktur und des politischen Einflusses anti-egalitärer, illiberaler und ausgrenzender Bewegungen und der derzeit vergleichsweise marginalen Wirksamkeit egalitärer, teilhabeorientierter Bewegungen im traditionellen, links-emanzipatorischen Sinne (vgl. dazu Blühdorns Kapitel zur *Gegenwartsdiagnose* sowie Butzlaffs Kapitel zum *Wertewandel* in diesem Band) erscheinen sowohl die Ursachenanalyse, die diese Ansätze für den Zustand der Demokratie anbieten, als auch ihr Vertrauen in die redemokratisierende Kraft emanzipatorischer Werte, wenig überzeugend. Ob aus Versehen oder aus Angst vor dem besagten Minenfeld: Die Realität und Dilemmata der *postdemokratischen Wende* (Blühdorn 2013) und *postdemokratischen Konstellation* (Blühdorn 2012, 2016) sowie deren Bedeutung für das Verhältnis zwischen Demokratie und (Nicht-)Nachhaltigkeit erfassen sie nicht. Sie illustrieren aber, wie normative Bedenken den Blick auf die vorfindlichen Realitäten verstellen – und sie dadurch sogar befestigen – können; und das ist unbedingt nützlich.

Ansätze, die Ingleharts Theorie der *stillen Revolution* (Inglehart 1977) weiter verfolgen, verleugnen das Problem ebenfalls und sind für die weitere Analyse in einer anderen Hinsicht wichtig. Die für wesentliche Teile der kritischen Soziologie und Transformationsforschung zentrale Spannung zwischen dem Kapitalismus und Marktliberalismus auf der einen und den Prinzipien der Demokratie auf der anderen Seite spielen in solchen Ansätzen keine nennenswerte Rolle. Sie lenken den Blick aber auf die Demokratie selbst oder genauer auf die Werte der Selbstbestimmung, Selbstverwirklichung und Selbsterfahrung, die sie als den innersten Motor der Entwicklung der Demokratie betrachten. So gehen etwa Alexander und Welzel (2019) auch im Zeichen der rechtspopulistischen Revolte weiterhin davon aus, dass sich im Zuge der fortschreitenden Modernisierung – zumindest langfristig – eine *human development sequence* (Inglehart/Welzel 2005) oder sogar ein *human development syndrome* (Inglehart/Oyserman 2004) entfalte, das moderne Gesellschaften und die gesamte Welt verlässlich immer demokratischer mache. Sie wehren sich entschieden gegen den »new democratic gloom« der umfassenden Literatur zur Krise und zum Niedergang der Demokratie. Mit erheblichem empirischem Aufwand argumentieren sie, dass von einer »new dark era«, in der die Menschen sich »from democracy and its liberal principles« abwenden, keine Rede sein könne (Alexander/Welzel 2019, ohne Seitenz.). Die entsprechende Debatte reduzieren sie auf eine Kontroverse zwischen »the pessimists'‹ gloomy turn« und »the revisionists'‹ optimistic interpretation« (ebd., ohne Seitenz.). Ihre eigene *optimistische* Sichtweise begründen sie mit der Beobachtung, die Inglehart bereits in den 1970er Jahren gemacht hatte, dass nämlich in modernen Gesellschaften, parallel zur wirtschaftlichen Entwicklung und zum Anstieg des durchschnittlichen Bildungsniveaus, Werte der Selbstbestimmung, Selbstverwirklichung und Selbsterfahrung stetig an Bedeutung gewinnen. Und dieser Wandel wiederum bedeute, dass die Demokratie sich verlässlich immer weiter entfalten werde. Die derzeitige Rezession der Demokratie und die Konjunktur des Rechtspopulismus erklären Alexander und Welzel schlicht damit, dass viele Gesellschaften, gemessen an ihrem jeweiligen Entwicklungsstand emanzipatorischer Werte, »over-democratized« gewesen wären und nun entsprechend eine »regression to the mean« erführen (ebd., ohne Seitenz.). In anderen Gesellschaften hingegen sei das Phänomen des »illiberal populism« eine »temporary reaction of traditionalist older cohorts to the increasingly emancipatory drive among younger generations« (ebd., ohne Seitenz; vgl. auch Inglehart 2018: 126; Norris/Inglehart 2019).

Richtig und für die weitere Analyse instruktiv ist an diesem Interpretations- und Argumentationsmuster der Fokus auf den gesellschaftlichen Wertewandel und insbesondere auf die Bedeutung von Werten der Selbstbestimmung, Selbstverwirklichung und Selbsterfahrung. Richtig ist auch, dass die Ansprüche und Erwartungen moderner Bürger*innen in Bezug auf diese Werte bis in die Gegenwart stetig steigen (vgl. dazu Blühdorns Kapitel zur *Gegenwartsdiagnose* sowie Butzlaffs Beitrag zum *Wertewandel* in diesem Band) und dass die Demokratie in empirischen Untersuchungen tatsächlich immer wieder als die bevorzugte Regierungsform bestätigt wird. Zweifelhaft sind diese Ansätze allerdings, weil sie ein übermäßig einfaches, lineares Verhältnis zwischen sogenannten *emanzipatorischen Werten* und demokratischer Entwicklung zugrunde legen, und weil ihr völlig undifferenziertes Verständnis sowohl von solchen Werten als auch von Demokratie keinerlei

Bewusstsein davon zeigt, dass Emanzipation und Demokratie Begriffe sind, die auf höchst unterschiedliche Weise interpretiert und politisch umgesetzt werden können. Darüber hinaus ist die – auch von Inglehart selbst betriebene (Inglehart 2018; Norris/Inglehart 2019) – Verlängerung der alten *silent revolution* These in die Gegenwart moderner Gesellschaften freilich auch politisch höchst bedenklich: Mit ihrer beruhigenden Botschaft, dass es »no need to panic« gebe (Inglehart 2018: 116), dass die »manipulative power of authoritarian indoctrination« begrenzt sei (Alexander/Welzel 2019, ohne Seitenz.), dass sich emanzipatorische Werte und die Demokratie letztlich sicher durchsetzen würden, und dass der derzeitige Erfolg »of illiberal populism« vor allem die »disproportional mobilization of an actually shrinking but emotionally aroused voter segment« reflektiere (ebd. ohne Seitenz; vgl. auch Inglehart/Norris 2016: 1), halten sie – beabsichtigt oder nicht – den Akteuren einer anti-egalitären und ausgrenzenden Politik der Nicht-Nachnachhaltigkeit politisch den Rücken frei. Die sozialwissenschaftlich kaum überzeugende Beschwichtigung, dass dieses Problem sich weitgehend von selbst lösen werde, »as older cohorts with traditional attitudes are gradually replaced in the population by their children and grandchildren, adhering to more progressive values« (Inglehart/Norris 2016: 5), ist angesichts der sich beschleunigenden Dynamik des Klimawandels und der rasanten Zerstörung demokratischer Institutionen und Verhandlungskulturen – gerade auch in den ehemaligen Vorbilddemokratien der USA und in Großbritannien – ideologisch höchst zweifelhaft.

Ansätze, die vor allem den expansiven Kapitalismus verantwortlich machen und/oder volles Vertrauen in emanzipatorische Werte und Bewegungen haben, externalisieren beziehgunsweise verleugnen das Problem also weitgehend und entziehen sich den normativen Schwierigkeiten, die sich ergeben, wenn dieses Problem tatsächlich auch in der Idee der Demokratie selbst liegen sollte. Ihnen stehen die Diagnosen derer gegenüber, die auch in den etabliertesten und unerschütterlich scheinenden Demokratien bei ganz verschiedenen gesellschaftlichen Gruppen verstärkt *anti-political sentiments* (Mair 2006), *anti-demokratische Gefühle* (Rancière 2011) oder zumindest ein höchst ambivalentes Verhältnis zur Demokratie feststellen (Blühdorn/Butzlaff 2018; Blühdorn 2019a, 2019b). Solche Diagnosen gehen nicht nur »unterschwellig« (Dörre 2019: 22), sondern ausdrücklich davon aus, dass demokratische Institutionen und Verfahren den Herausforderungen, mit denen moderne Gesellschaften sich konfrontiert sehen, immer weniger gewachsen sind. Bei Angehörigen der ökonomisch und sozial unterprivilegierten Teile der Gesellschaft, also der traditionellen Klientel partizipatorischer und egalitärer Bewegungen und Parteien, wird die Ursache dieser Entzauberung der Demokratie nicht zuletzt darin gesehen, dass die neuen sozialen Bewegungen, die sich eine umfassende Demokratisierung der Gesellschaft zum Projekt gemacht hatten, das Versprechen von mehr Gleichheit, Gerechtigkeit und einem guten Leben *für alle* nicht nur nicht erfüllt, sondern die politische Ungleichheit ungewollt sogar noch weiter verstärkt haben. Sie haben vielfältige neue Möglichkeiten der formellen und informellen politischen Beteiligung geschaffen, die aber vor allem auf die Bedürfnisse, Interessen und Fähigkeiten der gut gebildeten, vernetzten und ökonomisch relativ gesicherten Mittelschichten zugeschnitten sind und von diesen überdurchschnittlich stark genutzt werden (Gilens 2012; Offe 2003; Schäfer 2015). Entsprechend haben sie die politische Partizipation und Repräsentation weiter zu Lasten der sozial Benachteiligten verzerrt (Linden/Thaa 2014). Die neoliberale Politik der Austerität und Selbstverantwortlichkeit hat diese Erfahrung noch einmal verstärkt: »Real existing constitutional democracies privilege the wealthy [...], all the while promising that everybody wins« (Dean 2009a: 76). Und weil ohnehin schon privilegierte Teile der Gesellschaft die Möglichkeiten der Demokratie stets zu ihren eigenen Gunsten auszugestalten und zu nutzen verstehen, während die Gleichheits- und Gerechtigkeitsversprechen an die Marginalisierten stets unerfüllt bleiben, verlieren die weniger Privilegierten das Vertrauen in die Demokratie – und setzen einen Rest von Hoffnung darauf, dass autoritäre Anführer*innen, die sich volksnah geben und sich ausdrücklich gegen die etablierten Eliten und demokratischen Institutionen stellen, ihre Interessen letztlich vielleicht doch besser vertreten als die emanzipatorischen Bewegungen und die herkömmlich als progressiv bezeichneten demokratischen Parteien.

In den Mittelschichten liegen die Ursachen für ein zunehmend ambivalentes Verhältnis zur Demokratie woanders. Hier sorgt man sich etwa um die Effizienz und Effektivität demokratischer Verfahren bei politischen Aufgaben wie dem Ausbau wichtiger Infrastrukturen oder der Sicherung wirtschaftlicher Wettbewerbsfähigkeit und um die sich ausbreitende Irrationalität des politischen Diskurses beziehungsweise den Verfall aufklärerisch-zivilisierter Werte, die vor allem im rechtspopulistischen Lager verortet werden, und die als Indikator einer drohenden *großen Regression* (Nachtwey 2016; Inglehart/Norris 2016;

Geiselberger 2017) interpretiert werden (vgl. Blühdorns Kapitel zur *Gegenwartsdiagnose* in diesem Band). Galten sinkende Wahlbeteiligung und die sogenannte Politikverdrossenheit noch unlängst als Gründe zu erheblicher Besorgnis, führt die im Zeichen des Rechtspopulismus verbreitet wieder ansteigende Wahlbeteiligung nun zu der Überlegung, ob man nicht eigentlich »auf *noch weniger* Partizipation hoffen« sollte (Brennan 2016: 16). Weil »die Mehrheit von den meisten politisch zu verhandelnden Problemen nichts mehr versteht«, wird überlegt, ob »die Forderung nach allgemeiner demokratischer Partizipation« wirklich noch »sinnvoll und legitim« ist (Willke 2014: 63). Van Reybrouck bezeichnet den Glauben an das allgemeine und gleiche Wahlrecht nunmehr als irregeleiteten »electoral fundamentalism« (van Reybrouck 2016: 39-40). Wissenschaftliche Tagungen beschäftigen sich plötzlich mit der Frage, ob die Demokratie nicht eigentlich eine »Zumutung« sei (Baatz 2019), weil die Bürger*innen schließlich ein »Recht auf eine kompetente Regierung« hätten (Brennan 2016: 247-251), die Mehrheit der Wähler*innen »in politischen Dingen [jedoch] inkompetent, unwissend, irrational und moralisch unvernünftig« sei (ebd.: 250). Entsprechend, so die Überlegung, dürfe den Unwissenden nicht länger die Möglichkeit gegeben werden, ihre »unklugen und unvernünftigen Entscheidungen unschuldigen Mitbürgern aufzuzwingen« (ebd.: 24). Hätten solche Überlegungen (vgl. auch Willke 2014) noch vor kurzer Zeit als vollständig inakzeptable Provokation gegolten, bekommen sie angesichts des elektoralen Erfolgs von Donald Trump, Nigel Farage, Björn Höcke, Boris Johnson und anderen einen völlig anderen Status. Die Vorstellung einer »Befreiung von der Last der elektoralen Mehrheitsdemokratie« ist insofern keineswegs nur ein heimlicher Traum neoliberaler Eliten (Appadurai 2017: 32-33). Verstanden als der Kampf gegen die *große Regression* findet sie durchaus auch in der sich als liberal und progressiv verstehenden bürgerlichen Mittelklasse oder Intelligenzija (Rancière 2011: 107-143) Resonanz.

Schließlich bildet sich sogar bei vielen Umwelt- und Klimaschützer*innen ein deutlich ambivalentes Verhältnis zur Demokratie heraus (Westra 1998; Shearman/Smith 2007; Mitchell 2011; Randers 2012). War gerade von der politischen Ökologie der 1980er Jahre noch ein sehr starker Demokratisierungsimpuls ausgegangen (Die Grünen 1980; Fischer 2017), so wird inzwischen die Forderung lauter, dass die Umweltbewegung ihre »love affair with democracy« (Shearman/Smith 2007: 121) dringend beenden und das weitere Schicksal der Menschheit besser in die Obhut von expertengestützten »authoritarian management structures like those of the hospital's intensive care unit« geben solle (ebd.: 135; vgl. auch Giddens 2009). Diese Verschiebung ist vor allem dort zu beobachten, wo – wie etwa bei Klimawandel – der Schwerpunkt auf die biophysische Dimension der *ökologischen Frage* gelegt wird und ihre ehemals zentrale emanzipatorische Dimension bestenfalls noch eine untergeordnete Rolle spielt. Wenn es darum geht, *planetarische Grenzen*, die nicht überschritten werden dürfen (Rockström et al. 2009), möglichst objektiv zu bestimmen und im Rahmen eines *earth system management* (Biermann 2012; Rockström 2015) dafür zu sorgen, dass diese Grenzen auch wirklich eingehalten werden, besteht der Verdacht, dass demokratische Verfahren vor allem verzögernd, verwässernd und insgesamt behindernd wirken. Sie erschweren mitunter nicht nur das Geschäft der Wissenschaft (vgl. Blühdorns Kapitel zur *Gegenwartsdiagnose* in diesem Band), sondern beschränken auch die Handlungsfähigkeit des von demokratischer Legitimation abhängigen Umweltstaates (vgl. den Beitrag von Hausknost in diesem Band), dem bei der gesellschaftlichen Transformation zur Nachhaltigkeit – die Fridays-for-Future-Bewegung illustriert das deutlich – zunehmend wieder eine zentrale Rolle zugedacht wird (WBGU 2011; Hausknost/Hammond 2020). Entsprechend ist es nicht verwunderlich, dass Beobachter*innen ein neues Interesse an »non-democratic approaches to environmentalism as an alternative environmental policy model« (Chen/Lees 2018: 214) feststellen. Während vor allem die etablierten »*liberal democratic* institutions and practices« immer mehr als radikal »ill-suited to managing the boundless character of world risks« (Eckersley 2017: 991, Herv. hinzugefügt) betrachtet werden, wird dem nicht-demokratischen Staat – China ist hier ein viel zitiertes Beispiel – die Fähigkeit zugeschrieben »to achieve political feats unimaginable in liberal democracy« (Wainwright/Mann 2013: 10). *Environmental authoritarianism* (Beeson 2010) und *authoritarian environmentalism* (Chen/Lees 2018) erleben in der Debatte ein unerwartetes Comeback.

Dialektik der Demokratie

Der großen Hoffnung der normativen Transformationsliteratur auf eine demokratische Transformation zur Nachhaltigkeit und eine gleichzeitige Erneuerung der Demokratie im Sinne der Ideale, die die politische Ökologie der frühen 1980er Jahre noch einmal ergänzt und bekräftigt hatte, steht realgesellschaftlich also eine erhebliche Demokratieskepsis und Ernüchterung gegenüber, die sich in je eigenen Ausprägungen in ganz verschiedenen Teilen der Gesellschaft eingenistet hat. Vor ihrem Hintergrund erscheinen die rituell wiederholten Forderungen und Bekenntnisse, die wesentliche Teile der Transformationsliteratur bestimmen, umso mehr als eine vor allem nach innen gerichtete, die eigenen Normen befestigende Form des Selbstversicherungsdiskurses, dem politisch gesehen zwar erhebliche Bedeutung zukommt, der zum sozialwissenschaftlichen Verständnis der sich wandelnden Wechselbeziehung zwischen Demokratie und (Nicht-)Nachhaltigkeit aber wenig beiträgt.

Zur demokratietheoretisch orientierten Erklärung dieser demokratischen Ernüchterung und Ambivalenz hat sich in jüngster Zeit ein Analyseansatz entfaltet, der den Gedanken einer *Dialektik der Demokratie* entwickelt (Greven 2009; Blühdorn/Butzlaff 2018; Lessenich 2019; Blühdorn 2019a, 2019b). Er greift die unter anderem als *Böckenförde-Theorem* bekannte These auf, dass die Demokratie auf Voraussetzungen beruht, die sie selbst nicht sichern kann (vgl. den Beitrag von Butzlaff zum *Wertewandel* in diesem Band). Für die Untersuchung des sich derzeit sichtbar wandelnden Verhältnisses zwischen Demokratie und (Nicht-)Nachhaltigkeit ist dieser Ansatz insofern interessant, als er die Ursache für die Krise der Demokratie nicht mehr ausschließlich in externen Faktoren, wie eben der Konkurrenz zwischen der Logik der Demokratie und der des Kapitalismus oder Marktes (Streeck 2014) verortet, sondern auch innerhalb der demokratischen Idee und des demokratischen Projektes selbst: Die Dynamik genau jener emanzipatorischen Werte, die Inglehart und andere als Garanten für die fortschreitende Demokratisierung und als wirksames Bollwerk gegen autoritäre Tendenzen betrachten, sieht dieser Ansatz als wichtigen Treiber genau des Gegenteils, nämlich der *Rezession* (Diamond), *Erosion* (Greven) oder *Entzauberung* (Willke) der Demokratie. Die sogenannte Krise der Demokratie erscheint hier also als das Ergebnis einer reflexiven Selbstzerstörung durch die innere Dynamik der Demokratie. Die bequeme Behauptung, mit der Demokratie *selbst* sei eigentlich »nichts« oder nicht sehr viel« falsch (Dörre 2019: 21), wird aus dieser Perspektive ebenso zweifelhaft wie die Hoffnung auf eine Demokratisierung von bisher noch zu wenig oder noch gar nicht demokratischen Institutionen. Im gegenwärtigen Kontext ist dieser Ansatz zudem erhellend, weil er über die schlichte Alternative zwischen dem *Ende* und der *Rettung* der Demokratie hinausgeht und den Blick im engeren Sinne auf die – dialektische – Transformation der Demokratie richtet, also die inhaltliche Neuinterpretation eines seinem Wesen nach offenen und stets umstrittenen Konzepts.

Grundsätzlich neu ist der Gedanke einer Dialektik der Demokratie freilich nicht. Bereits Platon hatte im achten Buch von *Der Staat* ausgeführt, dass die Demokratie letztlich »an dem unersättlichen Streben nach ihrem höchsten Gut«, der Freiheit, zugrunde gehen (Platon 1982: 389) und in die Tyrannis einmünden werde: »Denn ein Übermaß von Freiheit schlägt beim einzelnen wie beim Staat in ein Übermaß von Knechtschaft um« (ebd.: 391). Das Böckenförde-Theorem vorwegnehmend hatte in der modernen Demokratietheorie etwa schon Lipset (1959) darauf hingewiesen, dass zu den *materiellen* Voraussetzungen für das Gedeihen demokratischer Institutionen ein gewisser Stand der ökonomischen Entwicklung gehöre – ein Befund, der im Übrigen auch Ingleharts These von der *stillen Revolution* zugrunde liegt. Und Almond und Verba benannten in ihrer viel zitierten Studie zur *Civic Culture* (Almond/Verba 1963) wenig später auch *kulturelle* Voraussetzungen, als sie betonten, die explosionsartige Entfaltung der Ansprüche moderner Bürger auf politische Mitsprache könne nur dann demokratisch konstruktiv sein, wenn sie durch eine starke Kultur der Zurückhaltung und des Maßhaltens im Zaum gehalten werde (vgl. den Beitrag von Butzlaff zum *Wertewandel* in diesem Band). Ihre implizite Angst vor der Maßlosigkeit und dem Exzess entsprach genau dem, was bereits Platon befürchtet hatte, und begründete in den 1970er Jahren die Sorge konservativer Kritiker*innen der neuen sozialen Bewegungen, die befürchteten, die wachsenden Partizipationsansprüche und Erwartungshaltungen der Bürger würden den Staat überlasten, die Demokratie in eine Krise stürzen und die Gesellschaft in einen Zustand der Unregierbarkeit führen (z.B. King 1975; Crozier et al. 1975).

Seit Ende der 1990er Jahre deuteten verschiedene Theoretiker der sogenannten *Postdemokratie* dann noch ausdrücklicher in Richtung einer Dialektik der Demokratie. Rancière etwa bezeichnete die Demokratie einerseits als das unerschöpfliche Dispositiv neuer Formen der politischen Subjektivierung und das demokratische Projekt als die Wahrung der Pluralität und des Konflikts; andererseits sah er die Demokratie aber auch als das Projekt der Zusammenführung von Pluralität und ihrer Einebnung im umfassenden Konsens. Beide Dynamiken hält er für gleichermaßen konstitutiv für das demokratische Projekt, das Streben nach Konsens, schreibt er, treibe dieses Projekt allerdings unvermeidlich in Richtung der Postdemokratie (Rancière 1995, 1997, 2011). Crouch, der diesen Begriff gut zehn Jahre später populär gemacht hat, spricht dann bekanntlich von einer unvermeidlichen und unumkehrbaren »Entropie der Demokratie« (Crouch 2008: 133) und vergleicht »die Geschichte der Demokratie« mit der »geometrische[n] Form der Parabel« (ebd.: 11). In noch jüngerer Zeit haben Mitchell (2011), Streeck (2014), Hausknost (2017; 2020 und der Beitrag in diesem Band) und andere (z.B. Pichler et al. 2019) dann das Argument aufgegriffen, dass die moderne Demokratie zu ihrer eigenen Stabilisierung und Reproduktion materielle Ressourcen ausbeutet, die nicht nur begrenzt und nicht erneuerbar sind, sondern deren Vernutzung die primäre Ursache des Klimawandels und der sozial-ökologischen Nicht-Nachhaltigkeit ist. Und mit Blick auf die nicht-materiellen, kulturellen Grundlagen der Demokratie haben Eribon (2016), Fraser (2017), Norris und Inglehart (2019) und viele andere argumentiert, die Konjunktur des Rechtspopulismus, der verbreitet als die größte Gefahr für die Demokratie betrachtet wird (Müller 2016), sei vor allem als ein *cultural backlash* gegen die Wertepräferenzen und Lebensformen genau jener gesellschaftlichen Schichten zu verstehen, die sich seit den 1970er Jahren als die Avantgarde des emanzipatorisch-demokratischen Projekts verstanden haben.

Zentrale Elemente einer Dialektik der Demokratie sind also immer wieder thematisiert worden. Auch Dörre sieht im Prinzip eine solche Dialektik, wenn er von der »Selbstentmündigung von Demokratien« spricht, von »der Tendenz zur Aushebelung demokratischer Rechte und Institutionen mit Hilfe demokratischer Verfahren« und von der Entstehung »demokratischer Nichtdemokratien« (Dörre 2019: 22). In der gängigen Literatur wird der Gedanke, dass die Demokratie nicht nur *ökologisch nicht-nachhaltig* sondern auch über die Auszehrung ihrer materiellen und kulturellen Grundlagen hinaus *nicht haltbar* sein könnte, dennoch nicht konsequent verfolgt – weil dieser Gedanke eben »in einem normativen Sinne bedenklich ist« (ebd.). Er wirft Fragen auf, für die sich dann kaum eine Antwort finden lässt. Für die Untersuchung des Verhältnisses zwischen Demokratie und (Nicht-)Nachhaltigkeit ist dieser Gedanke aber höchst instruktiv – und zwar vor allem, wenn man den Kreis zu Platon schließt, und zu denen, die wie Inglehart und Welzel die Entfaltung von Werten der Freiheit und Selbstbestimmung als den entscheidenden Motor der Demokratieentwicklung sehen. Zentral werden aus dieser Perspektive nämlich die gesellschaftlich vorherrschenden Verständnisse von Subjektivität, Identität und Selbstverwirklichung, deren Bedeutung auch Lessenich anspricht (Lessenich 2019: 127-128), denen er dann aber nicht genauer nachgeht (vgl. hierzu auch Blühdorns Kapitel zur *Gegenwartsdiagnose*, den Beitrag von Butzlaff zum *Wertewandel* und den Beitrag von Deflorian in diesem Band).

Der normative Bezugspunkt dieser veränderlichen Verständnisse von Freiheit, Selbstbestimmung und Subjektivität ist die Idee des *autonomen Subjekts*, die mit der Philosophie der Aufklärung prominent und dann schrittweise zur unantastbaren Norm wurde. Diese Idee des freien, selbstbestimmten Menschen, dessen Würde unantastbar ist, und der das Subjekt universaler Menschenrechte ist, ist der normative Kern der Demokratie und des demokratischen Projekts. Aus ihr leitet sich der Anspruch des Individuums auf Freiheit und Selbstbestimmung ab, ebenso wie der Anspruch auf die Souveränität des kollektiven Subjekts, des Volkes. Diese Idee ist zu verschiedenen Zeiten, in verschiedenen Ländern und von verschiedenen Akteuren auf unterschiedliche Weise ausbuchstabiert worden. Entsprechend begründet sie vielfältige Varianten der Demokratie. Immer ist sie dabei ein unerfülltes Ideal geblieben. Aber diese Idee ist der normative Referenzpunkt aller Kriterien, an denen konkrete politische Institutionen und Systeme gemessen werden und das Ziel, auf das demokratische Bewegungen ausgerichtet sind. Ohne diese Leitidee gäbe es weder ein emanzipatorisches noch ein demokratisches Projekt.

Und zu dieser Leitidee des autonomen Subjekts, also zu den fundamentalen Grundannahmen sowohl des emanzipatorischen als auch des demokratischen Projekts, gehörte von Anfang an, dass Freiheit und Selbstbestimmung als in mehrfacher Hinsicht begrenzt gedacht wurden. Denn der Subjektstatus des Menschen, seine unantastbare Würde und sein Anspruch auf Freiheit und Selbstbestimmung waren abgeleitet davon, dass er*sie ein vernunftbegabtes Wesen ist. Autonomie wurde dem Menschen also überhaupt nur zugesprochen, insofern er*sie zum Vernunftgebrauch in der Lage ist und als *mündig* betrachtet werden kann. Und diese Mündigkeit wiederum wurde von Kant bis zur politischen Ökologie der frühen 1980er Jahre als die untrennbare Einheit von zwei gleichrangigen Elementen verstanden: Freiheit und Verpflichtung auf die Vernunft. Freiheit, Selbstbestimmung und Selbstverwirklichung wurden hier verstanden als a) vor allem *inner-*

lich-moralische, nicht äußerlich-materielle; denn im Geiste der protestantischen Tradition sollte es primär um Glückswürdigkeit (Kant 1983: 813) gehen, nicht um empirisch-materielle Erfüllung; b) als *Vernunftbestimmtheit*, also begrenzt durch die Pflicht zur Konsequenz, Konsistenz, Einheit und Wahrheit; c) als *kollektiv-egalitär*, also begrenzt durch das Inklusions- und Gleichheitsprinzip; und d) zuletzt auch als *ökologisch-inklusiv*, also begrenzt durch das Gebot, den kategorischen ökologischen Vernunftimperativ, der Natur die gleiche Freiheit, Würde und Integrität zuzuerkennen, die die Moderne menschlichen Subjekten zuspricht. Genau in diesen Grenzen, genau solchermaßen definiert, wurden Freiheit und Selbstbestimmung zur normativen Grundlage der Demokratie. Oder umgekehrt, die Demokratie bildete sich als politisches Instrument genau dieses Verständnisses von Freiheit und Selbstbestimmung heraus. Zumindest war das – für das aufstrebende Bürgertum ebenso wie für die emanzipatorischen Bewegungen bis hin zur politischen Ökologie der 1980er Jahre – die normative Rechtfertigung des demokratischen Projekts und Anspruchs.

Das demokratische Subjekt wurde also stets – und gerade auch von den ökologisch-emanzipatorischen Bewegungen – als das vernünftige, besonnene, verantwortliche, selbstherrschte Subjekt verstanden. In dieser bestimmten Form, als die bürgerliche Idee des Vernunftsubjekts, ist das autonome Subjekt die wichtigste ideelle oder kulturelle Ressource, von der die Demokratie unverzichtbar abhängt – und nicht nur die liberale. Autonomie und Mündigkeit waren zwei Seiten derselben Medaille. Mündigkeit – als die Fähigkeit zur vernunftgeleiteten Selbstbestimmung und Selbstbegrenzung – war gleichzeitig die Voraussetzung und das Projekt der Demokratie. In der Hoffnung, dass demokratische Systeme diese wichtigste Voraussetzung aus sich selbst reproduzieren könnten, galt ihnen der*die *mündige Bürger*in* lange als das oberste Ziel der politischen Bildung. Seit den 1970er Jahren haben die Kritiker*innen der liberalen, repräsentativen, bloß individualistisch-elektoralen Demokratie sowie die Vordenker*innen der ökologisch-sozialen Bewegungen die enge Verbindung von Freiheit und Autonomie einerseits und vernunftgeleiteter, mündiger Selbstbegrenzung andererseits noch einmal bekräftigt. Sie wollten Demokratie als Lebensform, als Schule, als partizipative und deliberative Praxis verstanden wissen, und als individuell und gesamtgesellschaftlich transformativ (Macpherson 1977; Habermas 1981; Dryzek 2000) – mit dem Ziel der individuellen Mündigkeit, der gesamtgesellschaftlichen Vernünftigkeit und des *guten Lebens für Alle* (vgl. Blühdorns Kapitel zum *Paradigmenwechsel* in diesem Band). Dabei hatten sie jedoch nicht bedacht, dass das emanzipatorische Projekt nicht bei der Befreiung aus erstarrten Traditionen und von religiösen und säkularen Autoritäten stehen bleiben, sondern nahtlos in die Befreiung aus genau diesem vernunftbasierten Verständnis von Mündigkeit übergehen würde. Es liegt nämlich in der Natur des emanzipatorischen Projekts, dass es sich – *qua* emanzipatorisches – mit Begrenzungen nicht bescheiden kann, sondern sich in seinem eigenen Vollzug sukzessive auch reflexiv gegen seine vormaligen Selbstbegrenzungen wendet. Und so verlängerte sich der projektierte *Ausgang aus der selbstverschuldeten Unmündigkeit* übergangslos in die Befreiung aus der Verpflichtung zur Mündigkeit, d.h. aus der Verpflichtung auf die vierfache Begrenzung der Freiheit, die von Kant bis zur politischen Ökologie in der Freiheits- und Selbstbestimmungsidee implizit waren (vgl. hierzu das Kapitel zur *Gegenwartsdiagnose* in diesem Band). Genau damit haben die emanzipatorischen Bewegungen aber, ohne es zu wollen und zu bemerken, im Vollzug ihres innersten Anliegens schrittweise die unverzichtbaren Voraussetzungen und Grundlagen der Demokratie ausgezehrt – stets in der Ansicht und Absicht, damit das Eigentliche, das Authentische, das Wahre, das bisher Vorenthaltene, Entfremdete frei zu setzen. Und insofern kann dann tatsächlich von einer *Dialektik* der Demokratie gesprochen werden, denn hier wird genau das zum Totengräber der Demokratie, was ursprünglich ihr Geburtshelfer war: die ihrem Inhalt nach keineswegs auf das bürgerliche Vernunftsubjekt festgelegte, sondern immer offene Idee des autonomen Subjekts.

Dysfunktionalität und Metamorphose

Die Entzauberung, Erosion oder Rezession der Demokratie hat ihre Ursache also ganz wesentlich in der Entfaltungsdynamik emanzipatorischer Werte. Diese Dynamik ist der Ausbreitung und Vertiefung der Demokratie zunächst zuträglich – ganz so wie nicht nur die These der *stillen Revolution* es besagt, sondern auch all jene, die sich von emanzipatorischen Bewegungen eine Demokratisierung der Gesellschaft und eine Transformation zur Nachhaltigkeit erwarten. Wenn diese Dynamik sich aber reflexiv gegen die Begrenzungen wendet, die für den Begriff des autonomen Subjekts im Sinne des protestantischbürgerlich-ökologischen Vernunftsubjekts konstitutiv sind, beginnt sie – als *Emanzipation zweiter Ordnung* (vgl. dazu Blühdorn 2013 sowie das Kapitel zur Gegenwartsdiagnose in diesem Band) – die normativen Grundlagen auszuzehren, auf denen die Demokratie im hergebrachten Sinne unverzichtbar beruht. Entsprechend ist diese Demokratie also nicht nur ökologisch *nicht-nachhaltig*, weil sie nämlich zu ihrer eigenen Stabilisierung und Reproduktion begrenzte natürliche Ressourcen auszehrt, bei deren Vernutzung sie den Klimawandel anheizt, die Reproduktionsfähigkeit ökologischer Systeme zerstört und *planetarische Grenzen* überschreitet. Sie ist darüber hinaus auch *nicht haltbar*, weil ihre innere Dynamik der Grenzüberschreitung und Entgrenzung unvermeidlich in eine Krise und Selbstzerstörung führt, die nicht nur die *liberale* Demokratie betreffen, sondern alle Verständnisse von Demokratie, die auf die kollektive Selbstbestimmung im bürgerlich-aufklärerischen Sinne *mündiger* und *verantwortlicher* Subjekte setzen. Genau das ist die Krise, die sich in modernen Gesellschaften im Zeichen des Neoliberalismus einerseits und des Rechtspopulismus andererseits derzeit entfaltet. Und im Hinblick auf den Glauben an eine demokratische Nachhaltigkeitstransformation ist diese Erkenntnis entscheidend.

Das hergebrachte Projekt der emanzipatorischen Demokratisierung der Demokratie verliert an diesem Punkt seine Grundlage. Es wird abgelöst von einer *emanzipatorischen Entdemokratisierung der Demokratie*, einer demokratischen Entdemokratisierung, und der Herausbildung einer neuen politischen Form, die mit dem Kampfbegriff *Postdemokratie* nur sehr behelfsmäßig beschrieben ist. Tatsächlich verlieren die Beschreibungsansätze, die in dieser Konstellation weiter an der Perspektive der *old critical orthodoxy* festhalten, mehr denn je den Zugang zur Gegenwartsgesellschaft und an deskriptiv-analytischer Kraft. Getrieben wird diese emanzipatorische Entdemokratisierung von der sich ausbreitenden Wahrnehmung einer mehrfachen Dysfunktionalität der Demokratie. Aufbauend auf die vorhergehenden Beobachtungen zum *anti-demokratischen Gefühl* und im Anschluss an die Unterscheidung zwischen der *systemischen* Performanz demokratischer Systeme (Erfüllung von Bedürfnissen wie materielle Versorgung, Gesundheit, Sicherheit) und ihrer *demokratischen* Performanz (Erfüllung spezifisch demokratischer Ansprüche) (Fuchs 1998; Roller 2005) lassen sich drei Dimensionen dieser wahrgenommenen Dysfunktionalität unterscheiden: die *systemische*, die *emanzipatorische* und eine dritte, die vielleicht als *mechanische* Dysfunktionalität bezeichnet werden kann.

Die erste dieser Dimensionen betrifft genau das, was in Betracht zu ziehen Dörre für *normativ bedenklich* hält, nämlich dass demokratische Verfahren strukturell immer weniger in der Lage sind, die Komplexität, transnationale Vernetzung und Dynamik moderner Gesellschaften und ihrer Funktionssysteme zu bewältigen, sodass ihre Steuerungs- und Problemlösungsfähigkeit kontinuierlich sinkt (Willke 2014). Das Problem ist freilich nicht neu. Schon in den 1990er Jahren wurde mit Verfahren der *Entpolitisierung* experimentiert, die die Effizienz und Effektivität des Regierens sichern sollten, indem politische Entscheidungen und Verantwortlichkeiten an nicht-majoritäre Entscheidungsgremien und Expertenkommissionen delegiert wurden (Burnham 2001; Flinders/Buller 2006; Maggetti 2009; Wood/Flinders 2014). Der Mangel an traditioneller Input-Legitimation – gerade auch beim *Regieren jenseits des Nationalstaats* (Zürn 1998) –, der zu der Zeit breit als *demokratisches Defizit* diskutiert wurde (Majone 1998, 1999; Moravcsik 2002, 2004), sollte durch ein höheres Maß an Output-Legitimation ausgeglichen werden (Scharpf 1999, 2003, 2004). Doch die weitere Zunahme der Komplexität, die fortgesetzte Beschleunigung sowie auch die zunehmende Bedeutung von Aktienmärkten oder Akteuren wie Ratingagenturen hat das Vertrauen in die Leistungsfähigkeit demokratischer Institutionen weiter ausgezehrt. Gleichzeitig haben die weiter wachsenden Ansprüche der Bürger*innen auf effizientes und kompetentes Regieren den Eindruck der mangelnden Problemlösungsfähigkeit der Institutionen noch weiter verstärkt. Umgekehrt hat das Vertrauen in Expertenregierungen und entscheidungsstarke politische Führungspersönlichkeiten deutlich zugenommen. Der ungewöhnliche Glaube der neuen Klimaschutzbewegung an die Wissenschaft und einen starken, führenden Staat ist in dieser Hinsicht ein aufschlussreiches Beispiel.

Der Begriff *emanzipatorische Dysfunktionalität* zielt auf den Umstand, dass aus der Perspektive hergebrachter Demokratieverständnisse und der wesentlichen Versprechen, die sie implizierten – gleiche und effektive Teilhabe am politischen Prozess und der Selbstbestimmung des demokratischen Souveräns; sozialer Ausgleich, soziale Integration und soziale Gerechtigkeit (Jörke 2019) – von den vorhandenen Institutionen offensichtlich immer weniger zu erwarten und die Hoffnung auf eine zukünftige Demokratisierung dieser Institutionen immer weniger begründet ist. Der hegemoniale Neoliberalismus, der Zerfall der demokratischen Institutionen etwa in Großbritannien und die anhaltende Konjunktur des Rechtspopulismus zeigen das unmissverständlich an. Aus der Perspektive heute idealisierter Selbstverständnisse, Selbstverwirklichungsmuster und Lebensstile wiederum sind hergebrachte partizipatorische, egalitäre, inklusive und redistributive Verständnisse von Demokratie und entsprechende Institutionen kein brauchbares politisches Instrument mehr; sie sind geradezu kontraproduktiv. Denn an den unübersehbaren Grenzen des Wachstums – sowohl im ökologischen Sinne als auch im Sinne der trotz unmäßiger Anstrengungen nur noch minimalen Fähigkeit des ökonomischen Systems, Wachstum zu generieren – sind die egalitären und inklusiven Versprechen solcher Demokratieverständnisse nicht nur für relativ kleine gesellschaftliche Eliten problematisch, die der Tendenz nach immer schon eher anti-egalitär eingestellt waren, sondern auch für all die, die auf sehr viel bescheidenerem Niveau ihren erreichten Lebensstandard verteidigen und weiter ausbauen wollen. Dies gilt umso mehr, je offensichtlicher die gesellschaftlich vorherrschenden Verständnisse von Freiheit, Selbstverwirklichung und einem guten Leben, an denen sich auch die am wenigsten privilegierten Gruppen orientieren, nicht-verallgemeinerbar sind und also notwendigerweise auf dem Prinzip der sozialen Ungleichheit und Exklusion beruhen (vgl. dazu ausführlicher Blühdorns Kapitel zur *Gegenwartsdiagnose* sowie den Beitrag von Butzlaff zum *Wertewandel* in diesem Band).

Der etwas behelfsmäßige Begriff *mechanische Dysfunktionalität* schließlich verweist auf den Zerfall des zentralen Elements der Demokratie in ihrem herkömmlichen Verständnis. In genau dem Maße, in dem das emanzipatorische Projekt das Ideal des mündigen und verantwortlichen Vernunftsubjektes hinter sich lässt; in genau dem Maße, wie moderne Bürger*innen sich aus den Verpflichtungen und Begrenzungen befreien, die dieses Verständnis von Autonomie und Subjektivität implizierte, wird die Demokratie im engeren Sinne funktionsuntüchtig. Genau dieser Zerfall lässt sich in vielen Gesellschaften derzeit beobachten. Das Subjekt der Demokratie, der *Souverän*, verflüssigt und verflüchtigt sich in der *flüchtigen Moderne* (Bauman 2003) und der *Gesellschaft der Singularitäten* (Reckwitz 2017) nicht nur auf der kollektiven Ebene, sondern auch auf der individuellen (vgl. Blühdorns Kapitel zur *Gegenwartsdiagnose* in diesem Band) und führt damit in eine »Krise der Souveränität« (Appadurai 2017: 19). Die Mechanismen der Repräsentation, Partizipation und Legitimation können nicht mehr funktionieren.

Die von Regierungen allenthalben als Prioritätsprojekt vorangetriebene Digitalisierung beschleunigt diesen Prozess noch einmal deutlich von der technologischen Seite her. An die Stelle der Idee des autonomen Subjekts und der mündigen Bürger*in setzt sie eine unendliche Masse gesammelter Daten, die weit hinausgeht über das, was die Datenspender*innen selbst von sich wissen.

Digitalisierte Verwaltungsapparate ordnen, verarbeiten und nutzen diese Daten auf der Grundlage von Algorithmen, deren Leistungsfähigkeit die Ordnungs- und Verwaltungskapazitäten des menschlichen Bewusstseins weit überschreitet. Und nach Maßgabe von Parametern, die die Datengeber*innen nicht bestimmen und verstehen, setzen sie aus diesen Daten Profile zusammen, die von natürlichen Personen abstrahiert sind, die die Datengeber*innen weder kennen noch kontrollieren können, die aber notwendig zum Bezugspunkt aller *evidence-based policy* und *strategy* werden müssen. Denn sie liefern den jeweils relevanten Entscheidungsträger*innen – die freilich auch ihrerseits von Algorithmen abgelöst werden – ein viel verlässlicheres Bild der Präferenzen, Werte, Bedürfnisse und Verhaltensweisen der Bürger*innen als es mit Hilfe von Umfragen, Beteiligungsverfahren oder politischen Wahlen festgestellt werden könnte. Sukzessive übernehmen *data mining* und *behavioural data analytics* daher die Funktion von demokratischer Partizipation und Repräsentation (Ulbricht 2019; Straßheim 2019). Sie entkoppeln die politische Legitimität von der Kategorie des autonomen Subjekts, sodass die Forderung nach Transparenz und demokratischer Rechenschaft ihren Bezugspunkt verliert.

Parallel zur Befreiung aus der bürgerlich verstandenen Mündigkeit wird die Zentralkategorie der Demokratie, das autonome Subjekt – sowohl in seinem individuellen als auch in seinem kollektiven Verständnis –, also auch durch die digitale Revolution dezentralisiert und aufgelöst. Zusammen machen die Befreiung aus der Mündigkeit und die digitale Revolution die Demokratie, so wie sie traditionell verstanden wurde, von zwei verschiedenen Seiten her kommend funktionsuntüchtig und scheinbar überflüssig. Sie bahnen den Weg zu einer funktionalen Spaltung zwischen *algorithm-based decision making* auf der einen und speziellen kommunikativen Praktiken auf der anderen Seite, die sich auf die diskursive Performanz und Erfahrbarmachung dessen konzentrieren, was von dem aufklärerischen Projekt und Anspruch in modernen Gesellschaften noch erhalten ist (Blühdorn 2013). Im Bereich dieser im doppelten Sinne *regenerativen* Diskurse lässt sich etwa die Wir-sind-das-Volk-Rhetorik des Rechtspopulismus verorten, aber auch die Diskurse der *old critical orthodoxy*, die Diagnosen der Krise oder gar

Dysfunktionalität der Demokratie auf Grund normativer Bedenken ablehnt, sowie auch die gesellschaftstheoretisch immer weniger plausiblen Hoffnungsnarrative, die in Teilen der Transformationsliteratur gepflegt werden (Blühdorn 2016, 2017).

Tatsächlich führen aber weder die Dialektik der Emanzipation noch auch die digitale Revolution zu einem Ende der Demokratie – sonst wäre die Rede von einer Dialektik auch unpassend – sondern zur Herausbildung einer neuen politischen Form, die in der Regel weiterhin als Demokratie bezeichnet wird, in der die etablierten politischen Institutionen sich aber schrittweise wandeln, und die auch in ihrem normativen Kern grundlegend verändert ist. Denn nicht nur bleibt der Nachhall hergebrachter Verständnisse von Autonomie und Subjektivität noch lange erhalten – und entsprechend bedarf es der Arenen und Praktiken der *simulativen Demokratie*, die auf die »Krise der Souveränität« mit einem »Theater der Souveränität« (Appadurai 2017: 19-20) antworten. Sondern die Ansprüche auf Freiheit, Selbstbestimmung und Selbstverwirklichung sowie das entsprechende Berechtigungsbewusstsein steigen auch jenseits der Befreiung aus der Mündigkeit unvermindert an und kollidieren immer heftiger mit den neuen Grenzen des Wachstums. Der Demokratie wächst in diesem Kontext eine ganz neue, unverzichtbare Funktion zu. Konkret geht es um die Frage, wie soziale Ungleichheit und Exklusion sowie die fortgesetzte Zerstörung biophysischer Systeme, die sich im Zeichen der ausdrücklich nicht verhandelbaren Freiheitsverständnisse und Lebensstile moderner Bürger*innen unvermeidlich verschärfen, politisch abgesichert, organisiert und legitimiert werden können. Und in der politischen Praxis führt dies zu einem Umbau der Demokratie von einem Instrument der Ermächtigung, Gleichheit und Inklusion in ein Instrument der Marginalisierung, Ungleichheit und Exklusion.

Dass die Demokratie zu einer so radikalen Metamorphose überhaupt in der Lage ist, verdankt sich zum einen der Tatsache, dass sie eben eine inhaltlich immer offene Idee ist, die nach Maßgabe der jeweils vorherrschenden Verständnisse von Autonomie und Subjektivität sehr verschieden ausbuchstabiert werden kann. Zum anderen war die Demokratie seit jeher nicht nur ein »Mechanismus der Inklusion«, sondern immer auch einer »des Ausschlusses« (Krastev 2017: 131). So fasst etwa Lessenich die Dialektik der Demokratie nicht wie oben ausgeführt in Begriffen der Grenzüberschreitung und Entgrenzung, sondern wesentlich in Begriffen der Grenzziehung und Ausgrenzung. Ausgehend von der Annahme, dass die »verallgemeinerte Gegenseitigkeit der Anerkennung als Gleiche und Gleichberechtigte« (Lessenich 2019: 123) den normativen Kern der Demokratie ausmache, betont Lessenich, die realgesellschaftliche Umsetzung dieser Norm sei immer schon inhärent gebunden gewesen an verschiedene Formen der Grenzziehung und Ausgrenzung, und jede Ausweitung der demokratischen Inklusion habe immer auch Gegenkräfte der Exklusion mobilisiert (ebd.: 130-136). Gerade in einer Konstellation, die bestimmt wird von der Gleichzeitigkeit klar hervortretender Grenzen des Wachstums einerseits und andererseits Selbstverwirklichungsansprüchen sowie einem Berechtigungsbewusstsein, die sich über hergebrachte Grenzen weit hinausentwickelt haben, ist es daher nicht verwunderlich, dass die »Demokratie als eine Staatsform, welche die Emanzipation von Minderheiten fördert« sich verwandelt in eine »Demokratie als ein politisches Regime, das die Macht der Mehrheiten sichert« (Krastev 2017: 123-124). Konkret geht es dabei um genau die Mehrheit, die sich zunehmend klar darüber wird, dass für die Verteidigung *ihrer Freiheit, ihrer Werte und ihres Lebensstils* (vgl. dazu Blühdorns Kapitel zum *Paradigmenwechsel* und zur *Gegenwartsdiagnose* in diesem Band) – die sie gar nicht schon real praktizieren müssen, sondern nur für die Zukunft anstreben – strikte Grenzziehungen und Ausgrenzung erforderlich sind, sowohl innerhalb der eigenen Gesellschaft als auch darüber hinaus.

Krastev spricht in diesem Zusammenhang von »bedrohten Mehrheiten« (ebd.: 119) und betont richtig, dass diese Mehrheiten in modernen Konsumgesellschaften zur politisch bestimmenden Kraft avanciert sind. Die Bedrohung liegt für sie nicht mehr im republikanischen Sinne in der *Tyrannei einer Minderheit*, gegen die das Gemeinwohl und die Souveränität des Volkes zu schützen wäre. Ebenso wenig liegt sie freilich im liberalen Sinne in der *Tyrannei der Mehrheit*, vor der die Grund- und Freiheitsrechte jedes Einzelnen und vor allem von Minderheiten zu schützen wären. Sondern sie liegt in den Teilhabe- und Gerechtigkeitsansprüchen all derer – innergesellschaftlich und global –, auf deren Kosten die Bürger*innen der *Externalisierungsgesellschaft* (Lessenich 2016) ihre entgrenzten Freiheits- und Selbstverwirklichungsansprüche, ihre *imperiale Lebensweise* (Brand/Wissen 2017), durchzusetzen entschieden sind. Und die Bedrohung liegt in der *Tyrannei der Ökos*, die Verbote fordern, CO_2-Steuern befürworten und den Fleischkonsum rationieren wollen. Die bedrohte Mehrheit sind also nicht etwa die viel zitierten Modernisierungsverlierer*innen, die immer wieder als der

Kern rechtspopulistischer Bewegungen gesehen werden, sondern weit darüber hinaus eine breite Allianz ganz verschiedener gesellschaftlicher Gruppen, die – mitunter gegeneinander, aber doch gemeinschaftlich – den *post-ökologischen Verteidigungskonsens* (Blühdorn 2016; Blühdorn/Dannemann 2019) tragen, den stillen Gesellschaftsvertrag für die nachhaltige Nicht-Nachhaltigkeit. Für ihre Agenda mobilisiert diese Mehrheit das republikanische Demokratieverständnis, wenn sie *das Volk* oder *die Normalbürger*innen* gegen *die Eliten, das Establishment, die Klimafanatiker*innen* oder die wie immer definierten *Anderen*, nicht Dazugehörigen, in Stellung bringt, in denen eine Bedrohung für das zu Verteidigende gesehen wird. Auf das liberale Demokratieverständnis rekurriert sie, wenn es um die Freiheit, die Privilegien und vor allem den Besitzstand derer geht, die sich mit den Teilhabe- und Gleichheitsforderungen der Ausgeschlossenen konfrontiert sehen.

Diese bedrohte Mehrheit verwandelt die Demokratie also in ein Instrument für ihre Politik der zunehmenden Ungleichheit und Exklusion. Ihre direktdemokratische Stärkung ist das entscheidende Mittel zur Definition und Ausgrenzung derer, die nicht dazu gehören und nicht anspruchsberechtigt sein sollen – und zur Verteidigung der Nicht-Nachhaltigkeit. Ihre neue Form der Demokratie suspendiert hergebrachte Erfordernisse der Information, Deliberation, Rechtfertigung und gesamtgesellschaftlichen Verantwortlichkeit. Statt auf Verständigung und Kompromiss setzt sie auf Spaltung und Polarisierung. Und an die Stelle der wissenschaftlich und argumentativ begründeten Wahrheit rückt sie die ausgezählte Mehrheit. Das Ziel ist dabei allemal, per Mehrheitsbeschluss Ballast abzuwerfen und nicht mehr wachsende Ressourcen für eine verkleinerte Gemeinschaft zu reservieren. Zum *Ballast* gehören aus dieser Perspektive Ideale der Gleichheit und Gerechtigkeit ebenso wie ökologische Verantwortlichkeiten, internationale Abkommen zum Klimaschutz oder universale Menschenrechte. Indem sie Mehrheiten für die Definition nicht länger Anspruchsberechtigter organisiert und politischen Druck für deren praktische Ausgrenzung aufbaut, demokratisiert diese Agenda die bisher elitenzentrierte Politik der Ungleichheit. Sie betreibt gewissermaßen die demokratische Inklusion in die Exklusion und ist das zentrale Mittel zur Abwehr politischer Maßnahmen, die im Namen übergeordneter Zielsetzungen – seien sie sozialer oder ökologischer Art – *unsere Freiheit, unsere Werte und unseren Lebensstil* bedrohen könnten.

Metakritik und Systemaffirmation

So werden die Demokratie und die Demokratisierung, die in der kritischen Soziologie, der Bewegungsforschung und wesentlichen Teilen der Transformationsliteratur weiterhin unbekümmert als das zentrale Instrument eines gesellschaftlichen Umbaus zur sozial-ökologischen Nachhaltigkeit gehandelt werden, realgesellschaftlich also zu einem mächtigen Instrument der Politik der Nicht-Nachhaltigkeit. Tatsächlich werden sie zum Kern der politischen Resilienzstrategie nachhaltig nicht-nachhaltiger Gesellschaften. Für das Projekt einer grundlegenden Revision *unserer Freiheit, unserer Werte und unseres Lebensstils* hingegen, für die große sozial-ökologische Transformation, verbleibt weder ein politisches Idiom noch eine aussichtsreiche Strategie.

Die Umweltsoziologie und Transformationsforschung rutschen damit in ein fundamentales Dilemma: Die Analyse des ambivalenten Verhältnisses moderner Bürger*innen zur Demokratie, die Erklärung dieses Phänomens in Begriffen einer Dialektik der Demokratie und die Betrachtung der faktischen Transformation der Demokratie in ein Instrument zur Organisation und Legitimation der Nicht-Nachhaltigkeit verbieten es, am kritisch-emanzipatorischen Narrativ der Demokratisierung der Demokratie bedenkenlos festzuhalten, denn es ist deutlich sichtbar geworden, wie das emanzipatorische Projekt selbst die ideellen und materiellen Grundlagen der Demokratie auszehrt, ihren normativen Kern grundlegend verändert und ihre politische Stoßrichtung geradezu umkehrt. Gleichzeitig können die Umweltsoziologie und Transformationsforschung aber keine aussichtsreichere Alternativstrategie anbieten. Sollen sie also, auch wenn sich dieses Narrativ empirisch, sozialtheoretisch und moralisch weniger denn je begründen lässt, weiter an dem Projekt einer zukünftigen, wahren Demokratie festhalten, die die sozial-ökologische Transformation der modernen Gesellschaft letztlich vollbringen werde? Ist das Festhalten an dieser Erzählung noch verantwortbar? Ist es umgekehrt verantwortbar, sie abzubrechen? Und auf der Grundlage welcher Normen sollen diese Fragen überhaupt beantwortet werden?

Wesentliche Teile der umweltsoziologischen Literatur, ebenso wie der normativen Demokratietheorie und der sich als *transformativ* verstehenden Sozialwissenschaft (WBGU 2011; Schneidewind/Singer-Brodowski 2014), managen dieses Dilemma wie gesagt einstweilen, indem sie sich weigern, sich den Realitäten zu stellen. Die gesellschaftsdiagnostischen und -theoretischen Defizite dieser Literatur sind mitunter beträchtlich; und auch wo dies offensichtlich nicht der Fall ist, werden mit dem Hinweis, man werde »ja wohl noch seine Träume äußern dürfen« (Lessenich 2019: 138) letztlich doch wieder die alten Narrative von der »Demokratisierung der Demokratie« (ebd.: 137) bemüht. Der Glaube an »neue Subjektivitäten, aus denen sich neue Kollektivitäten bilden können« (ebd.: 138), scheint unverwüstlich (vgl. auch Crouch 2008; Lessenich 2016; Brand/Wissen 2017; Mouffe 2018), auch wenn Jahrzehnte der praktischen Erfahrung mit diesem Projekt und die aktuelle Gesellschaftstheorie kaum Indizien dafür hergeben, dass dieses Projekt aussichtsreich sein könnte, sondern vielmehr zeigen, dass die faktische Entwicklung konsequent in die entgegengesetzte Richtung geht.

Die normativen Bedenken, die hier zum Teil zugrunde liegen, sind verständlich und die entsprechenden Warnungen begründet. Immerhin haben die Kritik und der Zweifel an der Demokratie schon einmal zu den Wegbereitern des Faschismus gehört, und in heutigen Gesellschaften spricht Einiges dafür, dass sich ein ähnliches Wechselverhältnis zwischen Demokratiekritik und autoritären Tendenzen erneut entfalten könnte. Lange war man sich sicher, dass sich ein Zusammenbruch der Demokratie und eine Machtergreifung durch selbstherrliche Führer nicht wiederholen könne, weil mündige und allweil kritische Bürger*innen dies nie wieder zulassen würden. Angesichts der jüngsten Erfahrungen in den USA oder der von Boris Johnson verordneten Aussetzung des Parlamentsbetriebs in Großbritannien (im Spätsommer 2019) ist diese Sicherheit aber zerfallen, und es gibt vielfältige Anzeichen, dass vollmundige Bekenntnisse zur Demokratie durchaus kompatibel sind mit der gezielten Zerstörung demokratischer Institutionen und der demokratischen Kultur. In einer solchen Situation, könnte man sagen, ist jede kritische Auseinandersetzung mit den Demokratisierungsnarrativen der Literatur und den Widersprüchlichkeiten des emanzipatorischen Projekts ein gefährliches Spiel mit dem Feuer (Rancière 2011: 107-143). Gleichzeitig wäre es aber ein schlimmer Fehler zu glauben, man könne die Demokratie schützen und die sozial-ökologische Transformation befördern, indem man vor den faktischen Entwicklungen die Augen verschließt, sich eine klare Analyse verbietet, bestimmte, wohlbegründete Interpretationsvarianten als zu unbequem ablehnt, und sich stattdessen weitgehend unplausible Geschichten erzählt.

Derartige Geschichten, die Endlosschleife, in der gerade die kritisch-aktivistische Literatur sich zum Teil verfangen hat, werden vielmehr ihrerseits zunehmend normativ bedenklich. Denn die Behauptung, mit der Demokratie liege eigentlich »nichts oder nicht sehr viel« im Argen, und der Weigerung, die innere Dynamik des demokratischen Projektes selbst als wesentliche Mitursache nicht nur der sogenannten Krise der Demokratie, sondern auch der fast unüberwindbar scheinenden sozial-ökologischen Nicht-Nachhaltigkeit zu sehen, sind nicht weniger bedenklich als die Verleugnung anderer Realitäten – etwa des Klimawandels. Die vielfältigen Beteuerungen, die Pionier*innen des Wandels seien bereits am Werk, präfigurative soziale Bewegungen praktizierten in gesellschaftlichen Reallaboren bereits die Lebensformen und politischen Praktiken einer nachhaltigen Zukunft, der technologische Fortschritt bahne den Weg zur sozial-ökologischen Transformation und auch der erforderliche Werte- und Kulturwandel habe bereits begonnen, sind zwar nicht so explizit fahrlässig wie die Inglehartsche Botschaft, die rechtspopulistische Revolte sei »no need to panic« (Inglehart 2018: 116), die Demokratie sei »a learning system« und die »emancipatory dynamic of recent decades« werde dafür sorgen, dass diese Revolte ein kurzes Zwischenspiel bleibe (Alexander/Welzel 2017: 12, 2019). Aber auch sie vermitteln das beruhigende Gefühl, dass Rettung durchaus in Sicht ist. Wenn auch sicher ungewollt und unbewusst, halten auch sie der Politik der Nicht-Nachhaltigkeit den Rücken frei und müssen sich entsprechend dem Verdacht einer gewissen *Komplizenschaft* stellen (Blühdorn/Dannemann 2019). Skeptisch sollte soziologische Beobachter*innen dieser Diskurse schon allein die Tatsache stimmen, dass sie vornehmlich in sozialen Kreisen gepflegt werden, »deren Situation alles andere als aussichtslos ist[,] ...die kaum danach streben, unter anderen Gesetzen zu leben« (Rancière 2011: 107), und die von den emanzipatorischen Bewegungen auch in der Vergangenheit schon immer in besonderem Maße profitiert haben. Diese Logik zu durchbrechen und solchen Formen von stiller Komplizenschaft nachzuspüren, ist die Aufgabe einer metakritischen Sozialwissenschaft.

Nichts spricht freilich dagegen, gegenüber der nachhaltigen Nicht-Nachhaltigkeit und der faktischen Transformation der Demokratie in ein Instrument zu deren Sicherung weiter das Ideal einer anderen, einer besseren, einer erst noch zu verwirklichenden Demokratie hochzuhalten, die eine große Transformation erreichen und ihre Ergebnisse stabilisieren könnte. Gerade im Zeichen des realgesellschaftlich zunehmend ambivalenten Verhältnisses zur Demokratie, des »konsensuellen Vergessens der Demokratie« (ebd.: 136), mag es politisch sogar unbedingt wünschenswert sein, die Erinnerung an das Ideal der egalitären, inklusiven und ökologischen Demokratie wach zu halten. Das darf aber nicht dazu führen, dass die Umweltsoziologie sich in eine hermetische Blase zurückzieht, in der gesellschaftliche Realitäten und Entwicklungen nur noch aus der Perspektive bestimmter Normen wahrgenommen und verhandelt werden, die ihrerseits als unveränderlich und nicht hinterfragbar betrachtet werden. Denn anders als für die aktivistische Mobilisierungsliteratur ist es für die Sozialwissenschaft kennzeichnend und entscheidend, dass sie – gewissermaßen als *Beobachterin zweiter Ordnung* (Luhmann 1986) – aus verschiedenen Perspektiven denken kann, ohne sich mit den jeweils zugrunde gelegten Normen einseitig zu identifizieren. Wenn sie die Realität der nachhaltigen Nicht-Nachhaltigkeit erfassen und erklären will, wird ein solches Vorgehen sogar unerlässlich sein. Zumindest wird es erst so möglich, diese nachhaltige Nicht-Nachhaltigkeit nicht mehr bloß auf den entfremdenden Kapitalismus und den hegemonialen Neoliberalismus zurückzuführen, sondern auch auf die Logik und Dynamik des Emanzipationsprojekts selbst. Erst so kann die Untersuchung sich der Möglichkeit öffnen, dass die postdemokratische Wende und die Politik der Nicht-Nachhaltigkeit sich aus genau diesem Grunde nicht ohne weiteres werden umkehren lassen, dass die Demokratie in ein Instrument der Nicht-Nachhaltigkeit mutiert, und dass die hergebrachten Narrative der Demokratisierung der Demokratie ihrerseits zur Politik der Nicht-Nachhaltigkeit beitragen könnten.

Für die kritische, politisch engagierte, sich mitunter sogar als *transformativ* verstehende Sozialwissenschaft ist all dies natürlich schwer verdaulich. Es ist aber zu befürchten, dass die große Transformation, die moderne Gesellschaften derzeit faktisch erleben, tatsächlich »kein zeitweiliger Rückschlag« (Krastev 2017: 119), keine kurzfristige Unterbrechung der *human development sequence* (Inglehart/Welzel 2005) ist, und auch nicht angemessen als *große Regression* (Geiselberger 2017) oder *cultural backlash* (Norris/Inglehart 2019) begriffen werden kann, sondern der Logik einer emanzipatorisch-progressiven Entwicklung folgt, aus der – aus eben diesem Grunde – ein Ausstieg nicht ohne weiteres absehbar ist. Gerade das macht die Lage so irritierend und beängstigend, und die unplausiblen Hoffnungsnarrative der aktivistischen Literatur so frustrierend.

Für eine reflexiv kritische Sozialwissenschaft bleibt demgegenüber das Doppelproblem bestehen, dass erstens schon der vorsichtige Gedanke, die Demokratie könnte nicht nachhaltig, ein Hindernis für eine sozial-ökologische Transformation oder sogar ein Instrument der Politik der Nicht-Nachhaltigkeit sein, klar erwartbare Abwehrreflexe provoziert, und entsprechende Überlegungen daher einstweilen eine normative No-go-Area, ein umweltsoziologisches Minenfeld bleiben. Zweitens kann die metakritische Umweltsoziologie keinen Ausweg, keine Lösungsperspektive und keine Hoffnung anbieten, sondern dekonstruiert vielmehr was an derartigen Narrativen vorhanden ist. Automatisch kommt sie damit – gerade auch bei denen, die sich klima- und umweltpolitisch stark engagieren und die auf schnelles und effektives Handeln drängen – in den Verdacht, nur pessimistisch und in keiner Weise konstruktiv zu sein. Die metakritische Umweltsoziologie läuft also Gefahr, als antidemokratisch, reaktionär und politisch blockierend wahrgenommen zu werden. Derartige Bedenken können sich aber nur dann ergeben, wenn die normativen Annahmen einer bestimmten analytischen Perspektive mit einem politischen Bekenntnis zu diesen Normen verwechselt werden. Und der Pessimismusvorwurf beruht auf der Verwechslung zwischen Sozialwissenschaft und Politikberatung beziehungsweise einer Vereinnahmung der Sozialwissenschaften als Lösungsprovider für vermeintlich objektive Probleme, deren konstitutive Parameter sie nicht mehr reflektieren sollen. Eine Umweltsoziologie oder Sozialwissenschaft, die der nachhaltigen Nicht-Nachhaltigkeit ernsthaft auf die Spur kommen will, wird sich gegen beide Formen der Verwechslung entschieden zur Wehr setzen. Und sie wird sich jederzeit in Erinnerung halten, dass derartige Verwechslungen keineswegs nur versehentlich passieren. Vielmehr sind sie ihrerseits ein Instrument der Diskurskontrolle und ein Mechanismus zur Sicherung der bestehenden Ordnung.

Zu der Annahme, dass die Sozialwissenschaften einen wesentlichen Beitrag zur Überwindung der nachhaltigen Nicht-Nachhaltigkeit leisten können, gibt es guten Grund. Dieser Beitrag wird aber nicht darin liegen, dass sie sich als Hoffnungsmacher und/oder Lösungsprovider versteht, sondern darin, dass sie die normativen Grundlagen und stillen Annahmen der von den verschiedensten Seiten mit Objektivitätsanspruch vorgetragenen Problemdiagnosen und der ebenso vielfältigen, mit Effektivitätsanspruch auftretenden Lösungsangebote offen legen, und damit beide für den politischen Diskurs und die gesellschaftliche Verhandlung wieder zugänglich machen. Das gilt in besonderer Weise für die Begriffe der Demokratie und der Emanzipation, die sowohl in nachhaltigkeitsbezogenen Problemdiagnosen als auch in entsprechenden Lösungsnarrativen einen zentralen Platz einnehmen und die eine Art politische Immunität genießen, die durchaus problematisch geworden ist.

Literatur

Alexander, Amy C./Welzel, Christian (2017): »The Myth of De-Consolidation: Rising Liberalism and the Populist Reaction«, in: Journal of Democracy 28, S. 1-14.

Alexander, Amy C./Welzel, Christian (2019): »Democratic Horizons: What Value Change reveals about the Future of Democracy«, in: World Values Research, im Erscheinen.

Almond, Gabriel A./Verba, Sidney (1963): The civic culture. Political attitudes and democracy in five nations, Princeton, NJ: Princeton University Press.

Appadurai, Arjun (2017): »Demokratiemüdigkeit«, in: Heinrich Geiselberger (Hg.), Die große Regression. Eine internationale Debatte über die geistige Situation der Zeit, Berlin: Suhrkamp, S. 17-36.

Baatz, Ursula (2019): DEMOKRATIE! Zumutung oder Zukunft. Die Alternative zu Demokratie ist Demokratie: Doch wie soll sie aussehen? Informationsbroschüre zum Symposion Dürnstein 2019, Stift Dürnstein, https://www.nfb.at/fileadmin/noe-fb.at/dateiliste/Dokumente/Symposion-Duernstein/2019/symposion_folder_1-19_web_Version_3.pdf, zuletzt geprüft am 18.09.2019.

Bauman, Zygmunt (2003): Flüchtige Moderne, Frankfurt a.M.: Suhrkamp.

Beeson, Mark (2010): »The coming of environmental authoritarianism«, in: Environmental Politics 19 (2), S. 276-294.

Biermann, Frank (2012): »Planetary boundaries and earth system governance: Exploring the links«, in: Ecological Economics 81, S. 4-9.

Blühdorn, Ingolfur (2010): »Nachhaltigkeit und postdemokratische Wende. Zum Wechselspiel von Demokratiekrise und Umweltkrise«, in: Vorgänge 49 (2), S. 44-54.

Blühdorn, Ingolfur (2011a): The sustainability of democracy. On limits to growth, the post-democratic turn and reactionary democrats, https://www.eurozine.com/the-sustainability-of-democracy/, zuletzt geprüft am 05.09.2019.

Blühdorn, Ingolfur (2011b): »Zur Zukunftsfähigkeit der Demokratie: Nachdenken über die Grenzen des demokratischen Opsitmismus«, in: Rita Trattnigg (Hg.), Demokratie & Umweltkrise. Brauchen wir mehr Mitbestimmung?, München: oekom, S. 19-28.

Blühdorn, Ingolfur (2012): »die postdemokratische Konstellation: Was meint ein soziologisch starker Begriff der Postdemokratie?«, in: Jürgen Nordmann/Kathrin Hirte/Walter Ötsch (Hg.), Demokratie! Welche Demokratie? Postdemokratie kritisch hinterfragt, Marburg: Metropolis, S. 69-92.

Blühdorn, Ingolfur (2013): Simulative Demokratie. Neue Politik nach der postdemokratischen Wende, Berlin: Suhrkamp.

Blühdorn, Ingolfur (2016): »Das Postdemokratische Diskursquartett. Kommunikative Praxis in der simulativen Demokratie«, in: psychosozial 39 (1), S. 51-68.

Blühdorn, Ingolfur (2017): »Post-capitalism, post-growth, post-consumerism? Eco-political hopes beyond sustainability«, in: Global Discourse 7 (1), S. 42-61.

Blühdorn, Ingolfur (2019a): »The dialectic of democracy: modernization, emancipation and the great regression«, in: Democratization 3 (1), S. 1-19.

Blühdorn, Ingolfur (2019b): »The Legitimation Crisis of Democracy: Emancipatory politics, the environmental state and the glass ceiling to socio-ecological transformation«, in: Environmental Politics, im Erscheinen.

Blühdorn, Ingolfur/Butzlaff, Felix (2018): »Rethinking Populism: Peak democracy, liquid identity and the performance of sovereignty«, in: European Journal of Social Theory 22 (2), S. 191-211.

Blühdorn, Ingolfur/Butzlaff, Felix/Deflorian, Michael/Hausknost, Daniel (2018): Transformationsnarrativ und Verantwortlichkeit: Die gesellschaftstheoretische Lücke der Transformationsforschung. in: IGN-Interventions Jan/2018, https://www.wu.ac.at/fileadmin/wu/d/i/ign/IGN_Interventions_01_2018.pdf, zuletzt geprüft am 05.09.2019.

Blühdorn, Ingolfur/Dannemann, Hauke (2019): »Der post-ökologische Verteidigungskonsens. Nachhaltigkeitsforschung im Verdacht der Komplizenschaft«, in: Carolin Bohn/Doris Fuchs/Antonius Kerkhoff et al. (Hg.), Gegenwart und Zukunft sozial-ökologischer Transformation, Baden-Baden: Nomos, S. 113-134.

Böckenförde, Ernst-Wolfgang (1991 [1976]): »Die Entstehung des Staates als Vorgang der Säkularisation«, in: Ernst-Wolfgang Böckenförde (Hg.), Recht, Staat, Freiheit. Studien zur Rechtsphilosophie, Staatstheorie und Verfassungsgeschichte, Frankfurt a.M.: Suhrkamp, S. 92-114.

Bohmann, Ulf/Muraca, Barbara (2016): »Demokratische Transformation als Transformation der Demokratie: Postwachstum und radikale Demokratie«, in: AK Postwachstum (Hg.), Wachstum – Krise und Kritik. Die Grenzen der kapitalistisch-industriellen Lebensweise, Frankfurt a.M., New York, NY: Campus, S. 289-312.

Brand, Ulrich/Wissen, Markus (2017): Imperiale Lebensweise. Zur Ausbeutung von Mensch und Natur in Zeiten des globalen Kapitalismus, München: oekom.

Brennan, Jason (2016): Against democracy, Princeton, NJ, Oxford: Princeton University Press.

Burnham, Peter (2001): »New Labour and the Politics of Depoliticisation«, in: The British Journal of Politics and International Relations 3 (2), S. 127-149.

Büscher, Christian/Japp, Klaus P. (2010): »Vorwort«, in: Christian Büscher/Klaus P. Japp (Hg.), Ökologische Aufklärung. 25 Jahre »Ökologische Kommunikation«, Wiesbaden: VS Verlag für Sozialwissenschaften, S. 7-16.

Chen, Geoffrey C./Lees, Charles (2018): »The New, Green, Urbanization in China: Between Authoritarian Environmentalism and Decentralization«, in: Chinese Political Science Review 3 (2), S. 212-231.

Crouch, Colin (2008): Postdemokratie, Frankfurt a.M.: Suhrkamp.

Crozier, Michel/Huntington, Samuel P./Watanuki, Joji (1975): The crisis of democracy. Report on the Governability of Democracies to the Trilateral Commission, New York, NY: New York University Press.

Dalton, Russell J./Wattenberg, Martin P. (Hg.) (2000): Parties without partisans. Political change in advanced industrial democracies, Oxford: Oxford University Press.

Dean, Jodi (2009a): Democracy and other neoliberal fantasies. Communicative capitalism and left politics, Durham, NC: Duke University Press.

Dean, Jodi (2009b): »Politics without Politics«, in: Parallax 15 (3), S. 20-36.

Diamond, Larry (2015): »Facing Up to the Democratic Recession«, in: Journal of Democracy 26 (1), S. 141-155.
Die Grünen (1980): Das Bundesprogramm, https://www.boell.de/sites/default/files/assets/boell.de/images/download_de/publikationen/1980_001_Grundsatzprogramm_Die_Gruenen.pdf, zuletzt geprüft am 06.09.2019.
Dörre, Klaus (2019): »Demokratie statt Kapitalismus oder: Enteignet Zuckerberg«, in: Hanna Ketterer/Karina Becker (Hg.), Was stimmt nicht mit der Demokratie? Eine Debatte zwischen Klaus Dörre, Nancy Fraser, Stephan Lessenich und Hartmut Rosa, Berlin: Suhrkamp, S. 21-51.
Dryzek, John S. (2000): Deliberative democracy and beyond. Liberals, critics, contestations, Oxford: Oxford University Press.
Eckersley, Robyn (2017): »Geopolitan Democracy in the Anthropocene«, in: Political Studies 65 (4), S. 983-999.
Embacher, Serge (2009): Demokratie! Nein danke? Demokratieverdruss in Deutschland, Bonn: Dietz.
Eribon, Didier (2016): Rückkehr nach Reims, Berlin: Suhrkamp.
Fischer, Frank (2017): Climate crisis and the democratic prospect. Participatory governance in sustainable communities, Oxford: Oxford University Press.
Flinders, Matthew/Buller, Jim (2006): »Depoliticisation: Principles, Tactics and Tools«, in: British Politics 1 (3), S. 293-318.
Fraser, Nancy (2017): »Vom Regen des progressiven Neoliberalismus in die Traufe des reaktionären Populismus«, in: Heinrich Geiselberger (Hg.), Die große Regression. Eine internationale Debatte über die geistige Situation der Zeit, Berlin: Suhrkamp, S. 77-92.
Fuchs, Dieter (1998): »Kriterien demokratischer Performanz in Liberalen Demokratien«, in: Michael T. Greven (Hg.), Demokratie – eine Kultur des Westens? in Bamberg, Opladen: Leske + Budrich, S. 151-179.
Gallie, W. B. (1956): »Essentially Contested Concepts«, in: Proceedings of the Aristotelian Society 56 (1), S. 167-198.
Geiselberger, Heinrich (Hg.) (2017): Die große Regression. Eine internationale Debatte über die geistige Situation der Zeit, Berlin: Suhrkamp.
Giddens, Anthony (2009): The politics of climate change, Cambridge: Polity.

Gilens, Martin (2012): Affluence and influence. Economic inequality and political power in America, Princeton, NJ: Princeton University Press.

Goodhart, David (2017): The road to somewhere. The populist revolt and the future of politics, London: Hurst & Company.

Greven, Michael T. (2009): »The Erosion of Democracy – The Beginning of the End?«, in: Redescriptions: Political Thought, Conceptual History and Feminist Theory 13 (1), S. 83-102.

Habermas, Jürgen (1981): Zur Kritik der funktionalistischen Vernunft, Frankfurt a.M.: Suhrkamp.

Hamilton, Clive (2010): Requiem for a species. Why we resist the truth about climate change, London: Earthscan.

Hausknost, Daniel (2017): »Greening the Juggernaut? The modern state and the ›glass ceiling‹ of environmental transformation«, in: Mladen Domazet (Hg.), Ecology and Justice: Contributions from the margins, Zagreb: Institute for Political Ecology, S. 49-76.

Hausknost, Daniel (2020): »The environmental state and the glass ceiling of transformation«, in: Environmental Politics, im Erscheinen.

Hausknost, Daniel/Hammond, Marit (2020): »Beyond the Environmental State? The Political Prospects of a Sustainability Transformation«, in: Environmental Politics, im Erscheinen.

Höffe, Otfried (2009): Ist die Demokratie zukunftsfähig? Über moderne Politik, München: Beck.

Inglehart, Ronald (2018): Cultural evolution. People's motivations are changing, and reshaping the world, Cambridge: Cambridge University Press.

Inglehart, Ronald/Oyserman, Daphna (2004): »Individualism, autonomy and self-expression: The human development syndrom«, in: Henk Vinken/Joseph L. Soeters/Peter Ester (Hg.), Comparing cultures. Dimensions of culture in a comparative perspective, Leiden: Brill, S. 74-96.

Inglehart, Ronald/Welzel, Christian (2005): Modernization, cultural change, and democracy. The human development sequence, Cambridge: Cambridge University Press.

Inglehart, Ronald F. (1977): The silent revolution. Changing values and political styles among western publics, Princeton, NJ: Princeton University Press.

Inglehart, Ronald F./Norris, Pippa (2016): Trump, Brexit, and the Rise of Populism. Economic Have-Nots and Cultural Backlash https://

www.hks.harvard.edu/publications/trump-brexit-and-rise-popu lism-economic-have-nots-and-cultural-backlash, zuletzt geprüft am 10.11.2016.

Jörke, Dirk (2019): Die Größe der Demokratie. Über die räumliche Dimension von Herrschaft und Partizipation, Berlin: Suhrkamp.

Kant, Immanuel (1983): »Kritik der reinen Vernunft«, in: Wilhelm Weischedel (Hg.), Immanuel Kant Werkausgabe in sechs Bänden, Darmstadt: Wissenschaftliche Buchgesellschaft.

Ketterer, Hanna/Becker, Karina (2019): »Einleitung: Was stimmt nicht mit der Demokratie«, in: Hanna Ketterer/Karina Becker (Hg.), Was stimmt nicht mit der Demokratie? Eine Debatte zwischen Klaus Dörre, Nancy Fraser, Stephan Lessenich und Hartmut Rosa, Berlin: Suhrkamp.

King, Anthony (1975): »Overload: Problems of Governing in the 1970s«, in: Political Studies 23 (2-3), S. 284-296.

Krastev, Ivan (2017): »Auf dem Weg in die Mehrheitsdiktatur?«, in: Heinrich Geiselberger (Hg.), Die große Regression. Eine internationale Debatte über die geistige Situation der Zeit, Berlin: Suhrkamp, S. 117-134.

Lessenich, Stephan (2016): Neben uns die Sintflut. Die Externalisierungsgesellschaft und ihr Preis, München: Hanser.

Lessenich, Stephan (2019): »Die Dialektik der Demokratie. Grenzziehungen und Grenzüberschreitungen im Wohlfahrtskapitalismus«, in: Hanna Ketterer/Karina Becker (Hg.), Was stimmt nicht mit der Demokratie? Eine Debatte zwischen Klaus Dörre, Nancy Fraser, Stephan Lessenich und Hartmut Rosa, Berlin: Suhrkamp, S. 121-138.

Linden, Markus/Thaa, Winfried (Hg.) (2014): Ungleichheit und politische Repräsentation, Baden-Baden: Nomos.

Lipset, Seymour M. (1959): »Some Social Requisites of Democracy: Economic Development and Political Legitimacy«, in: American Political Science Review 53 (1), S. 69-105.

Luhmann, Niklas (1986): Ökologische Kommunikation. Kann die moderne Gesellschaft sich auf ökologische Gefährdungen einstellen?, Opladen: Westdeutscher Verlag.

MacGregor, Sherilyn (2019): »Finding Transformative Potential in the Cracks? The Ambiguities of Urban Environmental Activism in a Neoliberal City«, in: Social Movement Studies, im Erscheinen.

Macpherson, Crawford B. (1977): The life and times of liberal democracy, Oxford: Oxford University Press.

Maggetti, Martino (2009): »Delegated Authority: Legitimising the Regulatory State«, in: Ingolfur Blühdorn (Hg.), In search of legitimacy. Policy making in Europe and the challenge of complexity, Opladen: Budrich, S. 135-150.

Mair, Peter (2006): »Ruling the Void«, in: New Left Review (42), S. 25-51.

Majone, Giandomenico (1998): »Europe's ›Democratic Deficit‹: The Question of Standards«, in: European Law Journal 4 (1), S. 5-28.

Majone, Giandomenico (1999): »The regulatory state and its legitimacy problems«, in: West European Politics 22 (1), S. 1-24.

Milanović, Branko (2017): Haben und Nichthaben. Eine kurze Geschichte der Ungleichheit, Darmstadt: Theiss.

Mitchell, Timothy (2011): Carbon democracy. Political power in the age of oil, London: Verso.

Moravcsik, Andrew (2002): »In defence of the ›democratic deficit‹: reassessing legitimacy in the European Union«, in: Journal of common market studies 40 (4), S. 603-624.

Moravcsik, Andrew (2004): »Is there a ›Democratic Deficit‹ in World Politics? A Framework for Analysis«, in: Government and Opposition 39 (2), S. 336-363.

Mouffe, Chantal (2018): Für einen linken Populismus, Berlin: Suhrkamp.

Müller, Jan-Werner (2016): Was ist Populismus? Ein Essay, Berlin: Suhrkamp.

Nachtwey, Oliver (2016): Die Abstiegsgesellschaft. Über das Aufbegehren in der regressiven Moderne, Berlin: Suhrkamp.

Norris, Pippa/Inglehart, Ronald (2019): Cultural backlash. Trump, Brexit, and authoritarian populism, Cambridge: Cambridge University Press.

Offe, Claus (Hg.) (2003): Demokratisierung der Demokratie. Diagnosen und Reformvorschläge, Frankfurt a.M.: Campus.

Pichler, Melanie/Brand, Ulrich/Görg, Christoph (2019): »The double materiality of democracy in capitalist societies: Challenges for social-ecological transformations«, in: Environmental Politics, im Erscheinen.

Piketty, Thomas (2016): Ökonomie der Ungleichheit. Eine Einführung, München: C.H. Beck.

Platon (1982): Der Staat. (Politeia), Stuttgart: Reclam.

Putnam, Robert D. (2000): Bowling alone. The collapse and revival of American community, New York, NY: Simon & Schuster.

Rancière, Jacques (1995): On the shores of politics, London: Verso.

Rancière, Jacques (1997): »Demokratie und Postdemokratie«, in: Alain Badiou/Jacques Rancière/Rado Riha (Hg.), Politik der Wahrheit, Wien: Turia & Kant, S. 119-156.
Rancière, Jacques (2011): Der Hass der Demokratie, Berlin: August.
Randers, Jørgen (2012): 2052. Der neue Bericht an den Club of Rome: eine globale Prognose für die nächsten 40 Jahre, München: oekom.
Reckwitz, Andreas (2017): Die Gesellschaft der Singularitäten. Zum Strukturwandel der Moderne, Berlin: Suhrkamp.
Rockström, Johan (2015): Bounding the Planetary Future: Why We Need a Great Transition. Great Transition Intitiative, https://greattransi tion.org/images/GTI_publications/Rockstrom-Bounding_the_Pla netary_Future.pdf, zuletzt geprüft am 10.09.2019.
Rockström, Johan/Steffen, Will/Noone, Kevin/Person, Åsa/Chapin, F. S., III/Lambin, Eric/Lenton, Timothy M./Scheffer, Marten/Folke, Carl/Schellnhuber, Hans J./Nykvist, Björn/Wit, Cynthia A. de/Hughes, Terry/van der Leeuw, Sander/Rodhe, Henning/Sörlin, Sverker/Snyder, Peter K./Costanza, Robert/Svedin, Uno/Falkenmark, Malin/Karlberg, Louise/Corell, Robert W./Fabry, Vicoria J./Hansen, James/Walker, Brian/Liverman, Diana/Richardson, Katherine/Crutzen, Paul/Foley, Jonathan (2009): »Planetary Boundaries: Exploring the Safe Operating Space for Humanity«, in: Ecology and Society 14 (2).
Roller, Edeltraud (2005): The performance of democracies. Political institutions and public policies, Oxford: Oxford University Press.
Romano, Onofrio (2012): »How to rebuild democracy, re-thinking degrowth«, in: Futures 44 (6), S. 582-589.
Rosa, Hartmut (2005): Beschleunigung. Die Veränderung der Zeitstrukturen in der Moderne, Frankfurt a.M.: Suhrkamp.
Runciman, David (2018): How democracy ends, New York, NY: Basic Books.
Schäfer, Armin (2015): Der Verlust politischer Gleichheit. Warum die sinkende Wahlbeteiligung der Demokratie schadet, Frankfurt a.M.: Campus.
Scharpf, Fritz W. (1999): Governing in Europe. Effective and democratic?, Oxford: Oxford University Press.
Scharpf, Fritz W. (2003): Problem-solving effectiveness and democratic accountability in the EU, https://www.econstor.eu/bitstre am/10419/41664/1/639580440.pdf, zuletzt geprüft am 25.09.2019.

Scharpf, Fritz W. (2004): Legitimationskonzepte jenseits des Nationalstaats, https://www.econstor.eu/bitstream/10419/41650/1/639579930.pdf, zuletzt geprüft am 25.09.2019.

Schlosberg, David (2019): »From postmaterialism to sustainable materialism: the environmental politics of practice-based movements«, in: Environmental Politics 8 (4), S. 1-21.

Schmidt, Manfred G. (2004): »Sind Demokratien zukunftsfähig?«, in: André Kaiser/Thomas Zittel (Hg.), Demokratietheorie und Demokratieentwicklung. Festschrift für Peter Graf Kielmansegg, Wiesbaden: VS Verlag für Sozialwissenschaften, S. 377-390.

Schmidt, Manfred G. (2005): »Zur Zukunftsfähigkeit der Demokratie. Befunde des internationalen Vergleichs«, in: André Kaiser/Wolfgang Leidhold (Hg.), Demokratie – Chancen und Herausforderungen im 21. Jahrhundert, Münster: Lit Verlag, S. 70-91.

Schneidewind, Uwe/Singer-Brodowski, Mandy (2014): Transformative Wissenschaft. Klimawandel im deutschen Wissenschafts- und Hochschulsystem, Marburg: Metropolis.

Shearman, David/Smith, Joseph W. (2007): The climate change challenge and the failure of democracy, Westport, CT: Praeger.

Straßheim, Holger (2019): »De-biasing Democracy. Behavioural Public Policy and the Post-Democratic Turn«, in: Democratization, im Erscheinen.

Streeck, Wolfgang (2014): »How will capitalism end?«, in: New Left Review (87), S. 35-64.

Ulbricht, Lena (2019): »Scraping the Demos. Digitalization, Opinion Mining and the Democratic Project«, in: Democratization, im Erscheinen.

van Reybrouck, David (2016): Against elections. The case for democracy, London: The Bodley Head.

Wainwright, Joel/Mann, Geoff (2013): »Climate Leviathan«, in: Antipode 45 (1), S. 1-22.

WBGU (2011): Welt im Wandel. Gesellschaftsvertrag für eine Große Transformation, Berlin: Wissenschaftlicher Beirat der Bundesregierung Globale Umweltveränderungen (WBGU).

Westra, Laura (1998): Living in integrity. A global ethic to restore a fragmented earth, Lanham, MD: Rowman & Littlefield.

Wiesendahl, Elmar (2006): Mitgliederparteien am Ende? Eine Kritik der Niedergangsdiskussion, Wiesbaden: VS Verlag für Sozialwissenschaften.

Willke, Helmut (2014): Demokratie in Zeiten der Konfusion, Berlin: Suhrkamp.
Willke, Helmut (2016): Dezentrierte Demokratie. Prolegomena zur Revision politischer Steuerung, Berlin: Suhrkamp.
Wilson, Japhy/Swyngedouw, Erik (Hg.) (2014): The Post-Political and Its Discontents. Spaces of Depoliticisation, Spectres of Radical Politics, Edinburgh: Edinburgh University Press.
Wissen, Markus (2016): »Jenseits der carbon democracy. Zur Demokratisierung der gesellschaftlichen Naturverhältnisse«, in: Alex Demirović (Hg.), Transformation der Demokratie – demokratische Transformation, Münster: Westfälisches Dampfboot, S. 48-66.
Wissenburg, Marcel L. J./Levy, Yoram (Hg.) (2004): Liberal democracy and environmentalism. The end of environmentalism?, London: Routledge.
Wood, Matt/Flinders, Matthew (2014): »Rethinking depoliticisation: beyond the governmental«, in: Policy & Politics 42 (2), S. 151-170.
Zolo, Danilo (1997): Die demokratische Fürstenherrschaft. Für eine realistische Theorie der Politik, Göttingen: Steidl.
Zürn, Michael (1998): Regieren jenseits des Nationalstaates. Globalisierung und Denationalisierung als Chance, Frankfurt a.M.: Suhrkamp.

Autoren und Autorinnen

Ingolfur Blühdorn, geb. 1964, Professor für Soziale Nachhaltigkeit, ist Leiter des Instituts für Gesellschaftswandel und Nachhaltigkeit [IGN] an der Wirtschaftsuniversität Wien. Er forscht und lehrt mit den Schwerpunkten Gesellschaftswandel, Nachhaltigkeit, soziale Bewegungen, emanzipatorische Politik sowie Gesellschafts- und Demokratietheorie.

Felix Butzlaff, geb. 1981, Politikwissenschaftler, ist Universitätsassistent am Institut für Gesellschaftswandel [IGN] an der Wirtschaftsuniversität Wien. Studium der Politikwissenschaften, Volkswirtschaftslehre und Völkerrecht in Göttingen und Santiago de Chile. 2015 Promotion an der Georg-August-Universität Göttingen mit einer Arbeit über die Organisator*innen und Demokratievorstellungen zeitgenössischer Bürger*innenproteste. Er arbeitet und lehrt am IGN zu den Schwerpunkten Demokratie, Partizipation, soziale Bewegungen und politische Parteien.

Michael Deflorian, geb. 1990, Politikwissenschaftler, ist Universitätsassistent am Institut für Gesellschaftswandel [IGN] an der Wirtschaftsuniversität Wien. Studium der Politikwissenschaften und der Umweltgeschichte in Berlin und Uppsala. Er forscht zu Nischenbewegungen, Umweltpolitik und Theorien der modernen Gesellschaft.

Daniel Hausknost, geb. 1975, Politikwissenschaftler, ist Assistenzprofessor am Institut für Gesellschaftswandel und Nachhaltigkeit [IGN] an der Wirtschaftsuniversität Wien. Studium der Politikwissenschaften und Philosophie in Wien neben beruflicher Tätigkeit in internationalen Umwelt-NGOs. 2012 Promotion an der Keele University in Großbritannien mit einer Arbeit zu strukturellen Transformationsschranken liberaler Demokratien. Er forscht und lehrt mit den Schwerpunkten Demokratie, Staat und gesellschaftliche Transformation.

Miriam Mock, geb. 1989, Soziologin, ist Universitätsassistentin am Institut für Gesellschaftswandel und Nachhaltigkeit [IGN] an der Wirtschaftsuniversität Wien. Studium der Soziologie und der Internationalen Entwicklung in Wien. Sie forscht zu den Themen Sharing Economy, Nachhaltiger Konsum, Soziale Praktiken und Theorien der modernen Gesellschaft.

Soziologie

Naika Foroutan
Die postmigrantische Gesellschaft
Ein Versprechen der pluralen Demokratie

2019, 280 S., kart., 18 SW-Abbildungen
19,99 € (DE), 978-3-8376-4263-6
E-Book: 17,99 € (DE), ISBN 978-3-8394-4263-0
EPUB: 17,99 € (DE), ISBN 978-3-7328-4263-6

Maria Björkman (Hg.)
Der Mann und die Prostata
Kulturelle, medizinische
und gesellschaftliche Perspektiven

2019, 162 S., kart., 10 SW-Abbildungen
19,99 € (DE), 978-3-8376-4866-9
E-Book: 17,99 € (DE), ISBN 978-3-8394-4866-3

Franz Schultheis
Unternehmen Bourdieu
Ein Erfahrungsbericht

2019, 106 S., kart.
14,99 € (DE), 978-3-8376-4786-0
E-Book: 17,99 € (DE), ISBN 978-3-8394-4786-4
EPUB: 17,99 € (DE), ISBN 978-3-7328-4786-0

**Leseproben, weitere Informationen und Bestellmöglichkeiten
finden Sie unter www.transcript-verlag.de**

Soziologie

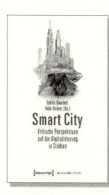

Sybille Bauriedl, Anke Strüver (Hg.)
Smart City – Kritische Perspektiven auf die Digitalisierung in Städten

2018, 364 S., kart.
29,99 € (DE), 978-3-8376-4336-7
E-Book: 26,99 € (DE), ISBN 978-3-8394-4336-1
EPUB: 26,99 € (DE), ISBN 978-3-7328-4336-7

Weert Canzler, Andreas Knie, Lisa Ruhrort, Christian Scherf
**Erloschene Liebe?
Das Auto in der Verkehrswende**
Soziologische Deutungen

2018, 174 S., kart.
19,99 € (DE), 978-3-8376-4568-2
E-Book: 17,99 € (DE), ISBN 978-3-8394-4568-6
EPUB: 17,99 € (DE), ISBN 978-3-7328-4568-2

Juliane Karakayali, Bernd Kasparek (Hg.)
movements. Journal for Critical Migration and Border Regime Studies
Jg. 4, Heft 2/2018

2019, 246 S., kart.
24,99 € (DE), 978-3-8376-4474-6

**Leseproben, weitere Informationen und Bestellmöglichkeiten
finden Sie unter www.transcript-verlag.de**